Christina Stoddard

Die Spur der Schlange

Durch Inquire Within

ℰMNIA VERITAS.

Christina Stoddard
(Inquire Within)

Seit einigen Jahren ein Ruling Chief des Muttertempels
der Stella Matutina und R.R. et A.C.

Autor von *Lichtträger der Finsternis*

Erstmals veröffentlicht von Boswell Publishing Co. Ltd.
10 Essex Street, London, W.C.2 - 1936

Die Spur der Schlange

Ins Deutsche übersetzt und herausgegeben von Omnia Veritas Limited

© Omnia Veritas Ltd - 2024

ⵔMNIA VERITAS.

www.omnia-veritas.com

„Das, was oben ist, ist wie das, was unten ist, und das, was unten ist, ist wie das, was oben ist, um die Wunder einer Sache zu vollbringen.

„Sein Vater ist die Sonne, seine Mutter ist der Mond; der Wind trägt ihn in seinem Bauch, die Erde ist seine Amme;

Es ist das universelle Prinzip, das Telesma der Welt".

Die Smaragdtafel des Hermes.

„Die Schlange, die zum Ungehorsam, zum Ungehorsam und zur Revolte inspiriert, wurde von den alten Theokraten verflucht, obwohl sie von den Eingeweihten verehrt wurde...

Dem Göttlichen gleich zu werden, das war das Ziel der alten Mysterien... Bis heute hat sich das Programm der Einweihung nicht verändert."

OSWALD WIRTH - Das *Kompagnonbuch.*

VORWORT

V or fünf Jahren veröffentlichten wir „*Light Bearers of Darkness*",[1] das weitgehend auf Artikeln basiert, die zwischen 1925 und 1930 im *Patriot* erschienen sind, und das Ergebnis unserer eigenen Erfahrungen und Nachforschungen über verschiedene einzelne Geheimgesellschaften, ihre Verbindungen, ihre okkulten Praktiken, ihre pseudoreligiösen und politischen Aktivitäten ist.

Heute veröffentlichen wir in *The Trail of the Serpent* einen weiteren Teil dieser Forschungen, die fast vollständig auf Beiträgen zum *Patriot* aus den Jahren 1930 bis 1935 beruhen. Wir gehen zurück bis in die patriarchalische Zeit und versuchen, Schritt für Schritt die Verehrung der alten Schlange, des schöpferischen Prinzips, des Gottes aller Eingeweihten, von den frühen Cabiri über das Heidentum bis zum Pseudochristentum der Gnostiker und Cabalisten nachzuzeichnen, wobei letztere weitgehend unter dem Einfluss der hellenisierten Juden von Alexandria entstanden sind.

Wir haben uns bemüht zu beweisen, dass das Ziel in den höheren Graden dieser verschiedenen Mysterien und Kulte darin besteht, diese Schlange, die Sexualkraft oder den „Gott im Inneren" des Menschen zu erwecken, sie durch Prozesse und yogische Methoden zu erheben und sie mit dem universellen schöpferischen Prinzip zu vereinen, ohne die latenten Sinne zu entwickeln oder den Adepten sozusagen zu vergöttern, sondern nur, damit er von einem schlauen, äußeren und stärkeren Geist

---

[1] *Light Bearers of Darkness*, von Inquire Within, *Lichtträger der Finsternis* veröffentlicht von Omnia Veritas Ltd, www.omnia-veritas.com.

oder einer Gruppe von Geistern versklavt werden kann, die, wie es scheint, versuchen, die Nationen durch hypnotisch kontrollierte Adepten zu beherrschen. Denn eine und alle diese modernen Mysterien werden von einer unbekannten Hierarchie beherrscht und beherrscht, so wie in den alten Mysterien die ägyptischen Hohepriester die Herren der alten Welt waren durch ihr Wissen und ihre Macht, diese unsichtbaren Schlangenkräfte, die magnetischen Kräfte der ganzen Natur, zu manipulieren, mit deren Hilfe sie die Mysten und sogar die Epopten und durch sie die Massen banden und beherrschten.

Diese revolutionären Mysterien erscheinen zunächst als Pseudoreligionen, bis durch eine Art scheinbar religiöser Erhebung die notwendige Verbindung mit dem Hauptgeist hergestellt wird. Dann wird sie offen politisch und revolutionär, untergräbt alle Aspekte des Lebens der Nation und versucht, durch Internationalismus und Universalismus alle Völker zu vereinen, sozial, wirtschaftlich, politisch, in Kunst und Religion, und bereitet so eine neue Ära, einen neuen Himmel und eine neue Erde vor.

Wir haben schließlich versucht, diese unsichtbaren Meister zu materialisieren, und wenn wir die Kabbalisten für sich selbst sprechen lassen, kommen wir zu den revolutionären und kabbalistischen Juden, dem kosmopolitischsten aller Völker, die das Kommen ihres messianischen Zeitalters erwarten. Für einige von ihnen ist der Messias ihre Rasse, und ihre Rasse ist ihr Gott, das Tetragrammaton, das schöpferische Prinzip, diese Schlangenkraft, die bindet und vereint, was zu der Hoffnung führt, alle Rassen, alle Glaubensrichtungen unter dem Gesetz dieser Einheit der Rasse zu vereinen und so das „Großjudentum" zu schaffen, von dem die *Jüdische Welt am* 9. und 16. Februar 1883 sprach.

KAPITEL I

SABEISMUS ELEUSIS UND MITHRAS

1871 schrieb General Albert Pike, Großmeister des Schottischen Ritus, Südliche Jurisdiktion, U.S.A., in *Moral und Dogmen:*

„Bei den frühen Völkern verdrängte eine wilde Begeisterung und eine sinnliche Vergötterung der Natur bald die einfache Anbetung des allmächtigen Gottes... Die großen Kräfte und Elemente der Natur und das lebenswichtige Prinzip der Produktion und Fortpflanzung durch alle Generationen hindurch; dann die himmlischen Geister oder himmlischen Heerscharen, die leuchtenden Armeen der Sterne und die große Sonne und der geheimnisvolle, sich ständig verändernde Mond (die von der gesamten antiken Welt nicht als bloße Lichtkugeln oder Feuerkörper betrachtet wurden, sondern als belebte, lebende Substanzen, die Macht über das Schicksal und die Geschicke der Menschen hatten); als nächstes wurden die Genien und Schutzgeister und sogar die Seelen der Toten göttlich verehrt... Himmel, Erde und die Vorgänge der Natur wurden personifiziert; die personifizierten guten und schlechten Prinzipien wurden ebenfalls zu Objekten der Anbetung."

Außerdem erklärte er am 15. August 1876 in New York auf dem Obersten Rat des 33.rd Grades:

„Unsere Gegner, zahlreich und furchterregend, werden sagen, und sie werden das Recht haben zu sagen, dass unser *Principe Créateur* identisch ist mit dem *Principe Générateur* der Inder und Ägypter, und dass er passend symbolisiert werden kann, wie er in der Antike symbolisiert wurde, durch den Lingam... Dies anstelle eines persönlichen Gottes zu akzeptieren, bedeutet, das Christentum und die Anbetung Jehovas aufzugeben und sich wieder in den Fäkalien des Heidentums zu suhlen."

In seinem Buch *Dieu et les Dieux* (1854) gibt Le Chevalier Gougenot des Mousseaux eine erschöpfende Darstellung dieser zahlreichen pantheistischen, heidnischen und phallischen Formen der alten Verehrung. Er sagt uns, dass der Sabéismus seine Wurzeln tief in das Herz der patriarchalischen Traditionen getrieben und die frühen Offenbarungen pervertiert hat. Dieser Sabeismus, der seinen Namen nicht vom Land Saba, sondern von *Tzaba*, einer bewaffneten Truppe, hat, zwang die Menschen, das Knie vor der Sternenarmee des Firmaments zu beugen; er war stellar, bevor er solar wurde, und verehrte den Polarstern, der in Chaldäa als I.A.O., das schöpferische Prinzip, bekannt war. Etwas später vermischte er sich mit dem korrupteren Kult des Natur-Sabeismus oder dem Kult der Sterne und des Naturalismus. Um den allmählichen Verfall der frühen patriarchalischen Traditionen zu verfolgen, ist der Stein einer der sichersten Anhaltspunkte, denn zur Zeit seines Glanzes wurde er vom chinesischen Reich bis an die äußersten Grenzen des Westens verehrt. Zunächst war er ein grober, aus dem Felsen herausgelöster Block, dann wurde er zur Säule, zum Flansch, zum Sockel, der zunächst von einem und später von zwei menschlichen Köpfen (Zwittergott) gekrönt wurde, und schließlich wurde er in den magischen Linien von Apollo und Venus geformt.

Die Religion der Juden beruht auf Offenbarung: Ihre Schriften und Überlieferungen besagen, dass Gott den Patriarchen an verschiedenen Orten erschien und zu ihnen sprach; dort errichteten die Juden Altäre, die die Form von groben Steinen annahmen und allgemein Beth-el - Haus Gottes - genannt wurden. Doch schon bald stellte man sich vor, dass Gott in diesen Steinen wohnte; so wurde daraus das Beth-aven - das Haus der Falschheit - ganz materiell. Das Beth-el gab es in Chaldäa, Asien, Ägypten, Afrika, Griechenland, sogar in den entlegensten Teilen Europas, bei den Druiden, Galliern und Kelto-Skythen und in der Neuen Welt, im Norden und Süden. Die sinnliche Vorstellungskraft des Menschen erlaubte es ihm bald, „seine Götter im Staub zu sammeln und sie so zu gestalten, wie es ihm gefiel". Die Heiden ahmten das Beth-el Jakobs nach und weihten sie mit Öl und Blut, machten sie zu Göttern und nannten sie Betyles oder Both-al-Jupiter, Cybele, Venus, Mithras. Der größte Teil der natürlichen Betyles waren die schwarzen Meteoriten oder Feuerkugeln, die vom Himmel fielen und von den Sabäern als himmlische Gottheiten angesehen wurden. Diese Meteoriten waren die Cabiri, und die Pelasgi - wandernde oder versprengte Menschen - waren ihre bekanntesten Verehrer. Außerdem erkennen wir in diesen Cabiri ebenso wie im Sabeismus den Kult der Sterne. Der Sabeismus entstand aus dem Prinzip der Einheit, das vom unsichtbaren Gott auf den Gott der Natur, den Sonnengott, übertragen wurde; dann folgte die Dualität, männlich-weiblich, Sonne-Mond, Gott-Göttin der Natur. Dies ging über in die Vermehrung der Götter durch die Zahl der Sterne und führte zurück zur Einheit. Denn „bald waren alle Sterne zusammen nur noch der Gott des Lichts, der Gott der Natur, der Gott der Phänomene ... alles war Emanation, jedes Ding war *Gott-Teil von Gott - der Pantheismus* war geschaffen!" M. Creuzer vertrat die Idee, dass die Cabiri Ägyptens und Phöniziens sowie die pelasgischen griechischen Cabiri (jap.) die großen planetarischen Gottheiten sind: das heißt, die Götter des Himmels, universelle Götter, die vielen Götter in einem, die die Luft, die Erde und die Wellen beherrschen, und sie vermischten sich mit denen der Betylen. Sie waren immer die sieben Planeten - Saturn, Jupiter, Mars, Sonne, Venus, Merkur und der Mond - die zusammen mit der Erde die acht kabirischen Götter bildeten.

Nachdem der Schöpfer zum Gott der Materie, zum Gott der Natur geworden war, bestand seine Hauptfunktion darin, zu zeugen; daher wurden die Zeugungsorgane zum Symbol der Göttlichkeit. Der Stein nahm die Form des Phallus und des Cteis, der Lingam-Yoni Indiens, an. So wurde der Naturalismus, der sich mit dem Stein der Patriarchen vereinigte, für die gelehrten Männer des Götzendienstes zum *Principe Générateur* aller Dinge. Wie der gelehrte konvertierte Rabbi Drach schrieb:

„Unsere Väter, die Söhne *Sems*, bewahrten im Heiligtum des Tempels von Jerusalem den Beth-El-Stein Jakobs auf und verehrten in diesem Stein den Messias. Dieser Kult wurde von unseren Nachbarn aus Phönizien, den Söhnen *Cham*, nachgeahmt, die eine gemeinsame Sprache mit uns hatten. Von dort aus verbreitete sich der Kult der Steine, die Betyles oder Beth-el genannt wurden, die das Geschlecht *Japhets* auch *lapides Divi*, göttliche oder lebendige Steine, nannte, und diese Betyles ähnelten den von Lampridius erwähnten belebten Steinen des Tempels der Diana in Laodicea."

Zwischen dem Stein, dem Baum, der Quelle oder dem Brunnen bestand immer eine einzigartige und enge Verbindung; daher schlossen sie ihre Götter, nachdem sie sie in Stein-Betyles eingeschlossen hatten, in Baum-Betyles ein, wie die alte Eiche mit ihrer Quelle, die im Tempel von Dodona verehrt wurde und die I.A.O. - das schöpferische Prinzip - repräsentierte und die ihre Orakel und Blutopfer hatte. Wiederum finden wir die Betyle in der ältesten Form, der des Eies, dem universellen Keim aller Dinge, und oft zusammen mit ihm die Schlange der dualen Kräfte des Lebens. Das kombinierte Ergebnis all dieser Formen war der Pantheismus. Der Mensch versuchte dann, diese Göttlichkeit, diese dualen Kräfte, zu manipulieren, und durch Magie, Beschwörungen und Beschwörungen wurden die Menschen verführt und in die Irre geführt. Außerdem wurden die Cabiri, Cybele und Atys, Venus und Adonis, Isis und Osiris, Ceres und Iacchus, überall durch den Phallus Betyle repräsentiert, und da die Grundlagen all ihrer Mythen so auffallend miteinander verbunden sind, kann man nicht umhin, unter der Vielfalt der Namen dieselbe Personifizierung der Natur, der himmlischen und der irdischen - des Universums - also des materiellen Gottes zu sehen.

Der älteste dieser Gottestitanen oder Cabiri war *Axieros-Unity*, der Demiurg, das schöpferische Prinzip; von ihm ging *Ariokersos-Axiokersa, die Dualität* der generativen Prinzipien, Himmel und Erde, aus; aus dieser Dualität ging *Cadmillus*, Eros oder Hermes hervor und vervollständigte so die kabirische Trinität in der Einheit. In den entarteten Formen war es der Kult des Lingam und die Vergöttlichung der sinnlichen und erotischen Begierden. Außerdem wurden die Leidenschaften des Volkes bei ihren Festen oft in Brand gesetzt, um dann in unbeschreiblichen Orgien und Bacchanalien zu erlöschen.

In den Zeremonien, so des Mousseaux, verbanden sich die kabirischen Priester so eng mit ihren Göttern, dass sie deren Namen, Zahlen und Zuschreibungen übernahmen und bei feierlichen Anlässen sogar ihre eigene Persönlichkeit aufgaben; wenn es der Kult erforderte, ahmten sie sie auch in exakter mystischer Mummenschanz nach. Des Weiteren schreibt General Albert Pike über diese Cabiri:

„Die kleine Insel Samothrake war lange Zeit der Aufbewahrungsort einiger erhabener Mysterien... Man sagt, dass sie von den alten Pelasgern, frühen asiatischen Kolonisten in Griechenland, besiedelt wurde. Die Götter, die in den Mysterien dieser Insel verehrt wurden, wurden Cabiri genannt, von Varro 'mächtige Götter - Himmel und Erde' genannt, Symbole der aktiven und passiven Prinzipien der universellen Erzeugung... In den Zeremonien wurde der Tod des jüngsten der Cabiri dargestellt, der von seinen Brüdern erschlagen wurde, die nach Etrurien flohen und die Arche mit sich führten, die seine Genitalien enthielt; und dort wurden der Phallus und die heilige Arche verehrt."

Alle diese Mysterien, schreibt Clemens von Alexandria, die Morde und Gräber zeigen, hatten als Grundlage den fiktiven Tod und die Auferstehung der Sonne, des Lebensprinzips.

Heutzutage ist dieser Sabeismus in allen modernen Mysterien zu finden - sowohl in den okkulten als auch in den illuminierten. Nehmen wir zum Beispiel die Stella Matutina, ein Orden der Rosenkreuzer und Martinisten, und ihren Grad 3 = 8, der dem Wasser zugeschrieben wird und bei dem *Elohim Tzabaoth* angerufen und angebetet wird. Die drei Oberhäupter und der Kandidat stellen zusammen die samothrakische kabirische Dreifaltigkeit in der Einheit dar; im Ritual lesen wir: *Hierophant - So* sprach Axieros, der erste Kabir: „Ich bin die Spitze des Flammendreiecks; ich bin das Sonnenfeuer, das seine Strahlen über die untere Welt ausgießt. Leben spendend, Licht erzeugend" (Zeus und Osiris). Hiereus-Axiokersos, der zweite Cabir: „Ich bin der linke Basalwinkel des Flammendreiecks; ich bin das Feuer, vulkanisch und irdisch, blitzend, flammend durch die Abgründe der Erde; feuerzerreißend, feuerdurchdringend, die Vorhänge der Materie zerreißend; feuergehemmt, feuerquälend, wütend und wirbelnd in grellem Sturm" (Pluto und Typhon). Hegemon-Axiokersa, der dritte Cabir: „Ich bin der rechte Basalwinkel des Flammendreiecks; ich bin das Feuer, astral und flüssig, das sich durch das Firmament windet und leuchtet. Ich bin das Leben der Wesen, die vitale Hitze der Existenz" (Proserpine und Isis). Sie repräsentieren das Feuer oder das erzeugende Prinzip, das in Erde, Wasser und Luft wirkt. Der Kandidat ist Casmillos oder Cadmillus (Horus) und erhält den mystischen Namen „Monokeros de Astris", das „Einhorn von den Sternen". Darüber hinaus wurden kabirische Gottheiten, die nach den Anweisungen ihres geheimnisvollen Meisters in Mesopotamien erschaffen worden waren, von diesen leitenden Beamten in der Zeremonie astral angenommen, und für eine Weile wurden sie in Gedanken zu diesen Göttern oder den Kräften der Natur, und wie diese kabirischen Priester praktizierten sie Theurgie und magnetische Heilung.

Es ist daher interessant, dass Dollinger in *Paganism and Judaism* von den chaldäisch-sabäischen Astrologen schreibt: dass diese Männer eine Stütze in der stoischen Philosophie fanden, die Gott mit der Natur identifizierte, die Sterne als eminent göttlich ansah und die Regierung der Welt in den unabänderlichen Lauf der Himmelskörper legte. Diese Menschen lehrten, dass eine geheime Kraft ununterbrochen auf die Erde herabsteigt und dass eine enge Verbindung zwischen den Planeten, den Himmelskörpern und der Erde sowie den dort lebenden Wesen besteht. Außerdem glaubten sie, dass der Mensch die Macht habe, den guten Einfluss zu verstärken oder das Böse durch Beschwörungen und magische Zeremonien abzuwenden. Von allen modernen geheimen okkulten Orden wird gesagt, dass sie in ihren magischen Zeremonien und Beschwörungen Kräfte erwecken und wiedererwecken, indem sie planetarische, zodiakale und elementare Geister und Einflüsse anrufen, wobei sie immer die erforderlichen so genannten potenten, göttlichen oder „barbarischen" Namen verwenden.

DAKTYLEN, CORYBANTEN UND TELCHINEN

In *Psychologie des sentiments* schreibt M. Ribot über diese mehr oder weniger primitiven Sekten:

> „Die Geschichte ist zu allen Zeiten reich an physiologischen Prozessen, die dazu dienen, eine künstliche Ekstase zu erzeugen ... sozusagen die Göttlichkeit in sich selbst zu haben. Es gibt minderwertige Formen, mechanische Rauschzustände, die durch den Tanz, die rhythmische Musik der Primitiven erzeugt werden, die sie erregen und in einen Zustand versetzen, der reif für die Inspiration ist. Der Rausch durch Drogen, Soma, Wein, die Dionysien, die Menades-Orgien, das Blutvergießen, das in den kleinasiatischen Kulten so weit verbreitet ist: Atys, die Korybanten,

die Gallier, die sich mit Schwertern verstümmeln und schneiden; im Mittelalter die Flagellanten, und in unserer Zeit die Fakire und Derwische."

Auch in den wilden Tänzen der Khlysty und anderer primitiver gnostischer Sekten und sogar in der modernen Eurhythmie der Anhänger von Dr. Steiner, die alle auf Vergöttlichung abzielen. In *Les Mystères du Paganisme,* überarbeitet und herausgegeben von Silvestre de Sacy, 1817, gibt uns Sainte-Croix viele wertvolle Informationen über diese frühen Mysterien. Er sagt: „Es gibt nichts Faszinierenderes in der Antike als das, was die Cabiri, Dactyles, Curetes, Corybantes und die Telchines betrifft. Sie wurden unter verschiedenen Namen bezeichnet, waren sie Götter, Genien, Gesetzgeber oder Priester? ... Man hat sie oft mit den anderen verwechselt." Zweifellos war es so, dass die Priester sowohl den Namen als auch die Attribute ihrer Götter annahmen, denn der druidische Priester sagt: „Ich bin ein Druide, ich bin ein Architekt, ich bin ein Prophet, ich bin eine Schlange", wobei die Schlange eine mächtige Kraft in seinem Kult war. Nach Strabo:

„Einige nehmen an, dass die Kureten mit den Korybanten, den Daktylen vom Berg Ida und den Telchinen identisch sind. Andere behaupten, dass sie zur selben Familie gehören, mit einigen Unterschieden. Im Allgemeinen sind sie alle gleich, was die Ekstase, die bacchantische Raserei, den Tumult, den Lärm, den sie mit ihren Waffen, Trommeln und Flöten machen, und ihre außergewöhnlichen Schreie während ihrer heiligen Feste betrifft... alles hatte mit der Religion zu tun und war der Philosophie nicht fremd."

Nach Sainte-Croix fanden die kabirischen Zeremonien nachts statt, oft in einer Höhle, und alles Wissen über sie und die Götter war wie ein unantastbares Geheimnis vor den Profanen verborgen. Die Daktylen Asiens, die manchmal mit den Kabiren verwechselt werden, waren ursprünglich Kinder des Himmels und der Erde, und durch Zaubersprüche, Illusionen und Verhexungen, die auch in ihren Mysterien verwendet wurden, gewannen sie die Menschen in Phrygien und Samotthia für sich und machten sich unentbehrlich, indem sie Medizin praktizierten und sie lehrten, mit Metallen zu arbeiten. Es heißt jedoch, dass die Phryger ihre erste Zivilisation den korybantischen Gauklern und Wahrsagern verdankten, die auch die Musik und den Tanz eifrig pflegten, so dass ihr Name eine Art heftige Leidenschaft für diese Übungen bezeichnete, die nach de Sacy „wirklich die Vorstellung einer übernatürlichen Erregung, einer göttlichen Raserei, real oder simuliert, bedeutete, die einen Menschen aus sich selbst herausführt und ihn nicht mehr Herr seiner Handlungen und Bewegungen sein lässt. Es drückte eine Art von Wahnsinn oder Ekstase göttlichen Ursprungs aus, die Wirkungen wie die eines wirklich unausgeglichenen Geistes zu erzeugen scheint." Bis zum Ende des Heidentums existierte noch etwas von den Mysterien der Corybanten.

Wie die Cabiri, Dactyles und Corybantes, mit denen sie durch Gewohnheit und Beruf so viele Verbindungen hatten, waren die Telchines zunächst einfache Wahrsager, dann Pelasgi-Priester. Um ihre Zahl und Macht zu vergrößern, bedienten sie sich der Künste der Illusion und der Zauberei, begleitet von der Androhung künftiger Strafen, und lockten so die Menschen aus ihren Bergen und Wäldern, brachten sie dazu, das Land zu bestellen und eine neue Religion anzunehmen, indem sie ihren alten Saturnkult aufgaben. Mit der Zeit wurde der Name Telchine zum Synonym für Scharlatan, Zauberer, Giftmischer und sogar für einen bösen Geist.

GEHEIMNISSE VON ELEUSIS

Im selben Buch gibt Sainte-Croix einen langen Bericht über die Mysterien von Eleusis, die auf das Jahr 1423 v. Chr. zurückgehen sollen; sie waren ägyptischen Ursprungs, wurden aber von den Griechen verändert und verschleiert, um die Quelle ihrer Anleihen zu verbergen. Wie die ägyptischen Mysterien waren auch diese Mysterien von Eleusis in die Kleinen und die Großen Mysten, die Mysten und die Epopten, unterteilt, mit etwa fünfjährigen Prüfungen dazwischen. Eusebius nennt die Amtsträger wie folgt: *Hierophant*, Vater der Generation, oder Demiourgos; *Dadoukos*, Räucherträger, der die Sonne repräsentiert; *Epibomos*, Altarträger, der den Mond repräsentiert; *Hieroceryx*, der Heilige Herold, der den Caduceus - die Zwillingsschlangen der Generation - trägt und Merkur repräsentiert. Alle Zeremonien wurden in einem geheimen unterirdischen Tempel abgehalten, der für den profanen Bereich gesperrt war. Viele Zeremonien wurden praktiziert, eine der wichtigsten war die Erhebung des Phallus, ein seltsamer Ritus ägyptischen Ursprungs, über den Clemens von Alexandria, Tertullian und andere oft berichten. Nach Diodorus Siculus wurde er zum Gedenken an die männlichen Teile von Osiris abgehalten, die von Typhon in den Nil geworfen worden waren, und von denen Isis gewünscht hatte, dass sie in Opfern und Mysterien göttliche Ehren erhalten sollten. In den Großen Mysterien wurde er durch die Figur des antiken, fruchtbaren Merkur dargestellt - er soll der Logos sein, zugleich Interpret und Erschaffer der Dinge, die waren, die sind und die sein werden; der Geist des Samens, so die Nasseni, ist die Ursache aller existierenden Dinge und ist das geheime und unbekannte Geheimnis des Universums, das die Ägypter in ihren Riten und Orgien verbergen.

Die Frauen hatten ihre eigenen Mysterien, die so genannten *Thesmophorien*, von denen alle Männer, so heißt es, ausgeschlossen waren. Die Mitglieder mussten Jungfrauen oder rechtmäßig verheiratete Frauen sein, die alle rechtmäßig geboren waren. Die *Thesmophorien* in Athen wurden in der Nacht im Oktober gefeiert und dauerten etwa fünf Tage. Anstelle des Phallus verehrten die Frauen den Cteis oder das weibliche Geschlechtsorgan, und während der Zeremonien gab es einen fröhlichen Tanz, ähnlich wie in Persien, bei dem sich alle an den Händen nahmen, einen Kreis bildeten und im Rhythmus zu den Klängen einer Flöte tanzten. Es waren nur wenige Einzelheiten über diese Mysterien bekannt, aber alle basierten auf dem Mythos von Ceres und Proserpine.

Die Abenteuer von Ceres und Proserpina waren identisch mit denen von Osiris und Isis. Wir haben also Isis - Mund oder Mutter der Welt; Ceres - Demeter, die Erdmutter - beide stehen für die Fruchtbarkeit der Erde. Proserpine war die Tochter von Ceres und Jupiter, und wir wissen, wie der Mythos ihre Entführung in die Unterwelt durch Pluto beschreibt, ihren obligatorischen Aufenthalt dort für sechs Monate im Jahr, gefolgt von sechs Monaten oben bei ihrer Mutter. Sie wurde symbolisch „der in der Erde verborgene Same" genannt. Die gelehrtesten ägyptischen Priester betrachteten Osiris den Philosophen zufolge als die samengebende Substanz, und einige behaupten, dass die Bestattung des Gottes ein Symbol für den im Schoß der Erde verborgenen Samen war. Er wurde auch als die Sonnenkraft betrachtet, als Prinzip der Fruchtbarkeit in Verbindung mit dem Mond - auch Ceres und Isis -, der die Zeugung beherrscht.

Nach der subtilen Philosophie der Neuplatoniker über den Ursprung der menschlichen Seelen und ihre Emanation aus der Weltseele oder dem universellen Lebensprinzip stellte die Entführung Proserpins durch Pluto den Abstieg der Seele dar, die die höheren Regionen verließ, sich in die Materie stürzte und sich mit einem Körper vereinigte. Iacchus und Bacchus, die von den Titanen zerstückelt wurden, waren der universelle Geist, der durch die Zeugung in eine Vielzahl von Wesen geteilt und zerstreut wurde (Pantheismus), und Platon lehrte, dass das Ziel der Mysterien darin bestand, die Seelen in die höheren Regionen und in ihren ursprünglichen Zustand der Vollkommenheit zurückzubringen, aus dem sie ursprünglich herabgestiegen waren. Zweifellos bestand das geheime Wissen der Priester, das nur wenigen vermittelt wurde, in der hermetischen Kraft, die von Merkur und seinem Caduceus verkörpert wurde, auf die Sexualkraft des Menschen einzuwirken, sie zu erheben und mit der universellen Lebenskraft, ihrer Gottheit, zu vereinen, wodurch eine Form der so genannten Erleuchtung entstand.

Da sich das Christentum in Griechenland ausbreitete, waren die Priester gezwungen, bei der Auswahl der Epopten vorsichtiger zu sein, falls sie Männer aufnahmen, die geneigt waren, das Heidentum zu verlassen und Christen zu werden, und die die Geheimnisse der Einweihung preisgeben könnten. Deshalb wurde bei der Eröffnung der Zeremonie eine Warnung ausgesprochen: „Wenn irgendein Atheist, Christ oder Epikuräer anwesend ist, der Zeuge dieser Mysterien ist, soll er gehen und denen, die an Gott glauben, erlauben, unter glücklichen Umständen eingeweiht zu werden."

GEHEIMNISSE ÄGYPTENS

In *Les Sectes et Sociétés Secrètes* - politisch und religiös - stellt Le Couteulx de Canteleu 1863 fest, dass das Ziel der Geheimgesellschaften

„war, ist und wird immer der Kampf gegen die Kirche und die christliche Religion sein, und der Kampf derer, die nicht haben, gegen die, die haben... Alle Geheimgesellschaften haben fast analoge Einweihungen, von den Ägyptern bis zu den Illuminaten, und die meisten von ihnen bilden eine Kette und geben Anlass zu anderen."

Zu den modernen Illuminaten gehört die „Bruderschaft des Lichts" in Los Angeles, Kalifornien, die sich als

„eine westliche Bruderschaft hermetischer Studenten, die die Wahrheit der universellen Bruderschaft erkannt haben und ihre Energien der physischen, mentalen und spirituellen Erhebung der Menschheit widmen. Sie erforschen alle Bereiche der Natur, um die verborgenen und aktiven Kräfte zu entdecken und sie dem kaiserlichen Willen des Menschen zu unterwerfen."

Ihr Unterricht ist für

„die endgültige Absicht, die *Religion der Sterne* wiederzubeleben, die eine Religion des Naturgesetzes ist - so wie sie von den hermetischen Eingeweihten des alten Ägypten und Chaldäa verstanden und gelehrt wurde."

Der Hochfreimaurer Albert Pike erklärt: „Die sieben großen Urvölker, von denen alle anderen abstammen, die Perser, Chaldäer, Griechen, Ägypter, Türken, Inder und Chinesen, waren alle ursprünglich Sabäer und verehrten die Sterne." Die Chaldäer betrachteten die Natur als die große Gottheit, die ihre Kräfte durch das Wirken ihrer Teile, der Sonne, des Mondes, der Planeten und der Fixsterne, durch den Wechsel der Jahreszeiten und durch das Zusammenwirken von Himmel und Erde, d. h. der kosmischen Kräfte und der magnetischen Kräfte der Erde, ausübte. Herodot, Plutarch und das gesamte Altertum betrachten einstimmig Ägypten als den Ursprung der Mysterien. In jenem anonymen Buch, dem *Kanon*, *wird* uns gesagt, dass die ägyptischen Priester praktisch die Herren der alten Welt waren, dass alles und jeder ihrer Rechtsprechung unterworfen war, und die alten griechischen Historiker behaupten mit Nachdruck, dass die wesentlichen Lehren der griechischen Religion aus Ägypten kamen. Die mystischen Geheimnisse der alten Priester wurden von Eingeweihten und Mystikern von Generation zu Generation weitergegeben, und dieser Mystizismus war gleichbedeutend mit Gnostizismus und war den Ägyptern, Griechen und Hebräern gemeinsam.

Nach Le Couteulx de Canteleu bildeten diese ägyptischen Priester einen Bund von Philosophen, die sich zusammenschlossen, um die Kunst des Regierens der Menschen zu studieren und sich auf das zu konzentrieren, was sie für die Wahrheit hielten. Er bestand aus drei Klassen: (1) den Priestern, die als einzige mit den Göttern in Kontakt treten konnten und sie mit Hilfe von Illusionen und Orakeln dem Volk aufzwangen; (2) den größeren Eingeweihten, die wie die Priester aus den Reihen der Ägypter ausgewählt wurden und vor denen es nichts zu verbergen gab; (3) den kleineren Eingeweihten, die zum größten Teil Fremde waren und denen das anvertraut wurde, was die Oberhäupter ihnen mitzuteilen für richtig hielten. Die Mysterien wurden von einem Obersten Rat geleitet, der aus fünf Dienern bestand, von denen der oberste König, Hierophant oder Heiliger Redner genannt wurde. Sie wurden in die Großen Mysterien, die Epoptes, und die Kleinen Mysterien, die Mystes, unterteilt; die Feier der Großen Mysterien war die Einweihung derjenigen, die in die Kleinen Mysterien aufgenommen worden waren, nachdem sie sich den notwendigen Prüfungen unterzogen hatten. Faber schreibt in seinem Buch *Pagan Idolatry (Heidnische Idolatrie),* dass man annahm, dass die Epopten eine gewisse Regeneration erfuhren ... und man glaubte, dass sie einen großen Zuwachs an Licht und Wissen erlangt hatten", d.h. Illumination oder Vergöttlichung. Sobald die Priester von einem Mann hörten, dessen Genie, Talente und Wert bei den Völkern Beachtung gefunden hatten, setzte der Bund alle möglichen Mittel ein, um ihn anzuwerben und einzuweihen, und alle wurden dazu gebracht, nach seinem System und seinen Ansichten zu handeln. Das Wissen der ägyptischen Priester war immens. Sie waren die Väter der Astronomie und der Geometrie, und das Studium der Natur war ihnen vertraut; sie verfügten über Säle für Botanik, Naturgeschichte und Chemie sowie über immense Bibliotheken, in denen Bücher der Wissenschaft und der Geschichte und sogar heilige Bücher standen, die nur Eingeweihten zugänglich waren. Ägypten war der *Treffpunkt* aller berühmten Männer, die Unterricht suchten.

Alle diese Mysterien scheinen aus der gleichen Quelle zu stammen, die eine vollständige Kosmogonie und eine Erklärung der primitiven Natur und des Ursprungs des Menschen enthält. Überall tauchten die unreinen Genien des Heidentums auf, denn alle ihre Mythen hatten neben der kosmogonischen auch eine obszöne Seite, und diese nächtlichen Feste waren voll von unreinen Gesängen und Zeremonien. Der Eingeweihte wurde zunächst schrecklichen Prüfungen durch Dunkelheit, Feuer und Wasser, langes Fasten, Visionen usw. unterworfen, und wenn er diese überstand und bei Verstand blieb, was vielen nicht gelang, wurde er von den Priestern aufgenommen. Halluzinationen waren eine der großen Methoden der ägyptischen Theurgie; verbranntes Opium, Stechapfel, Bilsenkraut, Haschisch, Zimt und Lorbeer bildeten diese Dämpfe, die den Rausch der Pythonin oder des Eingeweihten hervorriefen.

„Die Ideen des Mysteriums, der Magie, der Anrufung der Toten und der Geister waren zu jener Zeit so mächtig, dass der Verstand der Weisesten ihnen nicht widerstehen konnte, die größten Genies und großen Philosophen kamen, um eingeweiht zu werden. Aber die epikureische Negation und der stoische Pantheismus vermischten sich mit den Mysterien der Ceres ... die Poesie der Religion, die sie anriefen, verschwand allmählich, ihre schönen Träume wurden zu einem finsteren Pantheismus, die Elemente waren die einzigen wahren Götter, und die poetischen Visionen der Einweihungsnacht verschwanden allmählich und führten den Eingeweihten zur Skepsis."

Wie Le Couteulx de Canteleu weiter ausführt, war die Zeugung die Grundlage aller Mysterien. Im gesamten Universum ist es das Gesetz, das allem, was existiert, auferlegt ist, geboren zu werden, zu sterben und sich zu reproduzieren. Es ist ein ständiger Wechsel von Schöpfung, Zerstörung und Regeneration, und das war die Grundlage und der Ursprung aller alten Mythologien und Religionen. Die Ägypter, sagt Diodorus Siculus, kennen zwei große Götter, die Sonne und den Mond, oder Osiris und Isis; durch sie wird die Erzeugung der Wesen bewirkt. Die gesamte

Natur wird von ihnen in Verbindung mit ihren fünf Qualitäten - Äther, Feuer, Luft, Wasser und Erde - erhalten. Oder wie Le Couteulx de Canteleu erklärt, vereinen sich fünf verschiedene Prinzipien bei der Erzeugung der Wesen:

(1) *Die Ursache* - der Vater, das aktive Prinzip, das Männliche, der Schöpfer; bei den Alten vertreten durch die Sonne, das Feuer, Osiris, den Vater des Lichts; symbolisiert durch Ptah der Ägypter, das Dreieck und die Pyramide.

(2) *Das Subjekt* - die Mutter, die Materie, die weibliche, passive Natur, dargestellt durch das Wasser. Es ist die Natur, die von allen Völkern unter vielen Formen verehrt wird: der Mond, Cybele, Venus, Ceres und Isis bei den Ägyptern.

(3) *Der Vermittler* - der Samen, der Äther, die Lebensflüssigkeit, das Instrument der Fortpflanzung; dargestellt durch den Phallus oder die Luft, den Geist des Lebens, die magnetische Flüssigkeit der Sonne, Eros, Bacchus, Herkules, Hermes und Thoth der Ägypter.

(4) *Die Wirkung* - *die* Befruchtung, die Gärung, die Fäulnis, die Zersetzung, aus der das Leben entsteht; sie wird durch die Erde, die Mutter aller Körper, repräsentiert, in der sich Gemüse und Mineralien entwickeln.

(5) *Das Ergebnis* - die Erschaffung eines neuen Lebens, das dazu bestimmt ist, seine Art zu reproduzieren; es ist der Äther, das fünfte Element, der Horus der Alten, der Flammende Stern der Freimaurer, das Pentagramm, der vergöttlichte Adept.

Einweihung, Erleuchtung oder Vergöttlichung bedeutet die Fixierung des Äther- oder Astrallichts auf einer materiellen Grundlage durch Auflösung, Sublimierung und Fixierung, wobei das Werk in Übereinstimmung mit seinem Prinzip vollbracht wird, das das besagte Prinzip reproduziert. Daher werden diese Prinzipien der Erzeugung oder Regeneration bei den Subversiven auf das religiöse, politische, soziale, moralische und geistige Leben angewendet. Wie der Kabalist sagt: „Das Formulierte muss zuerst unformuliert werden, damit es sich unter neuen Bedingungen neu formulieren kann" (Tod und Auflösung); oder wie der Revolutionär es ausdrückt: „Alles muss zerstört werden, weil alles erneuert werden muss." Im Illuminismus muss die

Persönlichkeit des Adepten ausgelöscht und ein neues Wesen gebildet werden - das kontrollierte Werkzeug durch Fixierung des Astrallichts, der ätherischen Verbindung!

H. P. Cooke sagt in seiner Studie über *Osiris*, wenn er von Amen oder Amoun spricht: „Das Wort oder die Wurzel *Amen* bedeutet sicherlich 'das Verborgene' ... und bezieht sich auf etwas mehr als die 'Sonne, die unter dem Horizont verschwunden ist'; eines der Attribute, die ihm zugeschrieben wurden, war das der *Ewigkeit*. Er sieht aus wie die Quelle allen Lebens."

Nun sagt uns Albert Pike, dass Amùn oder Amoun, der Gott von Unterägypten, „der himmlische Herr war, der Licht auf verborgene Dinge wirft". „Er war die Quelle des göttlichen Lebens, dessen Symbol der *crux ansata* ist, die Quelle aller Macht... Er war das Licht, der Sonnengott." Die crux ansata war das ägyptische Symbol für das Leben, die dualen Kräfte der Erzeugung in allen Dingen.

Zur weiteren Erläuterung dieser ägyptischen Mysterien wenden wir uns dem modernen Rosenkreuzerorden der Stella Matutina und seinem Inneren Orden des R.R. et A.C. zu. In der Einweihungszeremonie des S.M. stellt der Hierophant auf der Dais im Osten Osiris dar; seine Macht, die durch die Farben seines Lamens - rot und grün - repräsentiert wird, ist „wie das lodernde Licht des Sonnenfeuers, das die grüne Vegetation der sonst unfruchtbaren Erde ins Leben ruft". Auch durch sein Symbol, das Kalvarienkreuz mit der Rose in der Mitte, „repräsentiert er die Kraft der Selbstaufopferung, die derjenige erlangen muss, der in die heiligen Mysterien eingeweiht werden will." Er ist der Osiris des Niederen Landes. Hiereus im Westen wiederum ist Horus, der Rächer der Götter; er ist der Wächter der Mysterien gegen diejenigen, die in der Dunkelheit wohnen. Die vier Elemente, die „lebenden Kreaturen" aus Hesekiels Vision, der Löwe, der Stier, der Mensch und der Adler, stellen die Sphinx dar. Ihre Stellvertreter sind die Kinder des Horus - Amset, Süden; Hapi, Norden; Taumutef, Osten; Qebhsennuf, Westen. Außerdem stellt das Mystische Mahl der SM die Kommunion im Körper des Osiris dar, und wenn der Kerux - Anubis, der Wächter der Götter - den Kelch am Ende umdreht, ruft er laut: „Es ist vollbracht! „Es ist vollbracht", die Regeneration durch Selbstaufopferung ist vollbracht. In der Inneren Einweihung schließlich, nachdem er aus dem Grab aufgestiegen ist, ruft der Haupt-Adept aus: „Ich bin die Sonne bei ihrem Aufgang. Ich bin durch die Stunde der Wolken und der Nacht gegangen. Ich bin Amoun, der Verborgene, der Eröffner des Tages. Ich bin Osiris On-nopheris, der Gerechte. Ich bin der Herr des Lebens, der über den Tod triumphiert. Es gibt keinen Teil von mir, der nicht von den Göttern ist." Der Verborgene oder der „verborgene Gott" im Menschen ist die Kundalini, und durch ihre Vereinigung mit der universellen Lebenskraft, so heißt es, wird der Adept eins mit den Göttern. Wie Lepsius sagte: „Wenn du vom Körper befreit bist, wirst du zum freien Äther aufsteigen, du wirst ein unsterblicher, dem Tod entronnener Gott sein."

Das Ritual des R.R. und A.C. sagt uns, dass die Götter eine bestimmte symbolische materielle Aktion der Naturkräfte darstellen, und alle magischen Zeremonien dienen dem Zweck, die Sonnenkräfte und das Licht der Natur anzuziehen und sie für einen bestimmten Zweck zu nutzen, im Falle der Einweihung, um den verhexten oder „verborgenen Gott" im Menschen zu befreien. Sie ist völlig pantheistisch, und wie wir wissen, betrachteten die alten Weisen die Sonne als die große magnetische Quelle des Universums. Durch ihr tiefes und geheimes Wissen um diese Kräfte konnten die Priester Ägyptens zu Herren der alten Welt werden, so wie heute eine geheimnisvolle Hierarchie hinter und durch alle modernen Mysterien hindurch versucht, die Menschheit mit Hilfe desselben Geheimwissens zu vereinen und zu beherrschen.

In *Moral und Dogma* erzählt uns Albert Pike, dass Apuleius Lucius immer noch in der Gestalt eines Esels darstellt, wie er seine Anrufungen an Isis richtet, die Ceres, Venus, Diana und Proserpina ist, wobei sie als Mond ihr zitterndes Licht an die Stelle der hellen Strahlen der Sonne setzt. An Lucius gewandt, sagt Isis:

> „Die Mutter der universellen Natur hört auf deinen Ruf. Die Herrin der Elemente, initiativer Keim der Generationen ... Sie regiert mit ihrem Nicken die leuchtenden Höhen des Firmaments, die heilsamen Brisen des Ozeans, die stillen, bedauernswerten Tiefen der Schatten darunter; eine einzige Gottheit unter vielen Formen,

die von den verschiedenen Nationen der Erde unter vielen Titeln und mit verschiedenen religiösen Riten verehrt wird."

Bei der Beschreibung der Einweihung in die Mysterien der Isis fährt Apuleius fort:

„Ich näherte mich der Wohnstätte des Todes; mit meinem Fuß drückte ich die Schwelle von Proserpines Palast. Ich wurde durch die Elemente transportiert und wieder zurückgeführt. Um Mitternacht sah ich das helle Licht der Sonne leuchten. Ich stand in der Gegenwart der Götter, der Götter des Himmels und der unteren Schatten; ich stand in der Nähe und betete an."

Osiris nennt er

„der große Gott, oberster Elternteil aller anderen Götter, der unbesiegbare Osiris..."

Im Grad 6 = 5 des R.R. et A.C. wird der Adept zeremoniell in der Gruft begraben, fällt in Trance mit den unvermeidlichen Visionen und wird von der Shekinah, verschleiert, mit der Mondsichel auf der Stirn, geweckt, die, eine brennende Lampe hochhaltend, sagt: „Steh auf, leuchte, denn dein Licht ist gekommen, und die Herrlichkeit deines Herrn ruht auf dir." Es ist die Erleuchtung oder Einweihung, eine Kraft, die nicht für den Adepten selbst, sondern für seinen unbekannten Herrn und Meister eingesetzt werden soll.

MITHRAISM

Nach dem Aufkommen des Zoroastrismus - manchmal auch als Ormuzd- oder Mazda-Glaube bezeichnet - nahm Mithras, ein persischer Lichtgott, seinen Platz zwischen Ormuzd und Ahriman oder Pluto der Perser - dem ewigen Licht und der ewigen Dunkelheit - ein, um, wie es heißt, bei der Vernichtung des Bösen und der Verwaltung der Welt zu helfen. Er war der Gott der Vegetation, der Gott der Zeugung und Vermehrung, und wurde in der offiziellen Religion Persiens anerkannt. Er galt auch als Vermittler zwischen der Menschheit und dem unbekannten Gott, der im Äther herrschte. Sein Kult verbreitete sich mit dem persischen Reich in ganz Kleinasien, und Babylon war ein wichtiges Zentrum, das nach den Eroberungen Alexanders an Stärke gewann. Sein Niedergang begann um 275 n. Chr., aber er überlebte noch im fünften Jahrhundert. Er wurde in Asien durch den Kontakt mit den chaldäischen Sternanbetern, die Mithras mit dem Sonnengott Schamasch identifizierten, und durch die Griechen Asiens, die ihn als Helios ansahen, verändert. Erst gegen Ende des ersten Jahrhunderts konnte sie sich in Rom durchsetzen, wo sowohl ihre Politik als auch ihre Philosophie ihren Erfolg begünstigten. Hadrian verbot jedoch diese Mysterien in Rom wegen der grausamen Menschenopfer, die mit einigen ihrer Riten einhergingen, bei denen in den Eingeweiden zukünftige Ereignisse vorhergesagt wurden. Dennoch tauchten sie unter Commodus wieder auf und verbreiteten sich sogar in Britannien.

Die mithraische Legende, Theologie und Symbolik wurden von Franz Cumont in seinen *Textes et monuments figures relatifs aux mystères de Mithra*, 1896, rekonstruiert. Die Legende, wie sie auf diesen berühmten mithraischen Reliefs dargestellt ist, die auch von Sainte-Croix beschrieben werden, lautet kurz gefasst: Geboren aus einem Felsen, aß Mithras von der Frucht eines Feigenbaums und bekleidete sich mit dessen Blättern. Das Relief zeigt die Abenteuer des Mithras mit dem heiligen Stier, der von Ormuzd geschaffen wurde; er packte das Tier bei den Hörnern, wurde mitgerissen, bis er es schließlich unterwarf, in eine Höhle schleppte und auf Befehl des Sonnengottes opferte. Das zentrale Relief stellt Mithras mit wallendem Gewand und phrygischer Mütze dar, der den heiligen Stier erschlägt; der Stier wurde geopfert, um irdisches Leben hervorzubringen. Der Skorpion, der seine Genitalien angreift, wurde von Ahriman aus der Unterwelt gesandt, um die Zeugungskraft zu zerstören und so die Fruchtbarkeit zu verhindern; der Hund, der sich auf die Wunde in der Seite des Stiers stürzt, wurde von den Persern als Begleiter des Mithras verehrt; die Schlange ist das Symbol der Erde, die durch das Trinken des Blutes des geopferten Stiers fruchtbar wird. Der Rabe, der Mithras anleitet, ist der Herold des Sonnengottes, der das Opfer angeordnet hat; verschiedene Pflanzen in der Nähe des Stiers und Weizenkörner symbolisieren das fruchtbare Ergebnis. Die Fackelträger stellen einen von drei Aspekten dar: die Sonne zur Frühlings- und Herbsttagundnachtgleiche und zur Sommersonnenwende, die Erneuerung der Natur und ihre Fruchtbarkeit. Die mithraischen

Mysterien wurden zur Wintersonnenwende gefeiert - „der Tag der Geburt des Unbesiegbaren".

Die Höhle oder künstliche Grotte, die bei ihren Einweihungen verwendet wurde, stellte das Universum dar, d.h. die sieben Planeten, die zwölf Tierkreiszeichen, die vier Elemente usw., denn die Wissenschaft der Mysterien stand in enger Verbindung mit der Astrologie und der Physik; außerdem stellte das mystische symbolische Ei ihren Dualismus von Licht und Dunkelheit, Gut und Böse, Nacht und Tag, negativ und positiv dar. Ein Text des Heiligen Hieronymus und Inschriften bewahren das Wissen um die sieben Einweihungsgrade. Die Leiter mit den sieben Planeten stellt, so heißt es, die sieben Stufen dar, über die der Mensch in die Materie hinabgestiegen ist und über die er zum Äther und zur Erleuchtung zurückkehren muss. Nach Celsus lautet die Reihenfolge der Rückkehr: Saturn, Venus, Jupiter, Merkur, Mars, Mond, Sonne, und unterscheidet sich damit vom kabbalistischen System, das von der Erde zum Mond, Merkur, Venus, Sonne, Mars, Jupiter und Saturn verläuft. Die mithraischen Grade waren:

(1) *Rabe,* der Diener der Sonne;

(2) *Okkult* oder verschleiert;

(3) *Soldat,* der Kampf gegen das Böse im Dienste des Mithras;

(4) *Löwe,* das Element des Feuers;

(5) *Perser,* gekleidet in asiatischer Tracht;

(6) *Heliodromus,* Bote der Sonne. *Pater* oder *Vater - Patres Sacrorum,* Leiter des Kultes.

In den ersten drei Graden waren sie nur Diener.

Im ersten Grad wurde ein Schweigegelübde abgelegt, dem Läuterungen und Fasten vorausgingen. Im Soldatengrad wurde der Myste laut Tertullian mit einem Tau auf der Stirn gezeichnet oder gebrandmarkt. Bei den Löwen und Persern wurde Honig auf Hände und Zunge aufgetragen. Es gab auch eine mystische Kommunion aus geweihtem Brot und Wasser; später ersetzte Wein möglicherweise das Soma, das in ähnlichen Riten des Mazdaismus verwendet wurde. In den höheren Graden trugen bei den Teilnehmern die Auswirkungen des Trinkens des heiligen Weins, die Manipulation des Lichts in der Krypta, die Verabreichung des Eids und die Wiederholung heiliger Formeln dazu bei, einen Zustand ekstatischer Erhabenheit herbeizuführen. Springett spricht in seinem Buch *Secret Sects of Syria* von Lustrationen mit Feuer, Wasser und Honig, die nach vielen Prüfungen mit einem fünfzigtägigen Fasten in ständiger Stille und Einsamkeit endeten. „Wenn der Kandidat dem teilweisen oder vollständigen Wahnsinn entkam, was sehr häufig vorkam, und die Prüfungen seiner Tapferkeit überstand, war er für die höheren Grade geeignet.'' Yarker berichtet in seinen *Arkanen Schulen*, dass Mithras auf einigen der Mithras-Denkmäler mit einer Fackel in jeder Hand erscheint, während ein flammendes Schwert aus seinem Mund kommt; auf anderen hat er auf jeder Seite einen Mann, von denen einer eine flammende Fackel nach oben hält, der andere hält sie umgekehrt. Das Flammenschwert ist auch ein Symbol der modernen Rosenkreuzer und der kabbalistischen Sekten, wo Adam Kadmon, der Logos, auf dem kabbalistischen Lebensbaum mit dem Flammenschwert aus seinem Mund dargestellt ist; es ist das astrale Licht, das töten oder lebendig machen kann, in Bewegung gesetzt durch einen starken Willen und einen geschulten Adepten, der es kontrolliert.

In diesen Mysterien sehen wir also wieder den Kult der Natur und der Zeugung, angewandt auf die so genannte Regeneration des Menschen, die geistige Erleuchtung durch die Wirkung des Astrallichts, die in vielen Fällen zu Illusion, Fanatismus und manchmal sogar zu Wahnsinn führt.

KAPITEL II

KABBALISTEN, GNOSTIKER, UND GEHEIME SYRISCHE SEKTEN

E ine wertvolle Serie von Artikeln über subversive Bewegungen im Laufe der Jahrhunderte, *The Anatomy of Revolution*, von G. G., besser bekannt als „Dargon", Autor von *The Nameless Order*, wurde vom *Patriot im* Oktober 1922 veröffentlicht. In einem dieser Artikel schreibt er:

„Seit Jahrhunderten gibt es bestimmte esoterische Schulen der mystischen Philosophie, die offenbar ihren Ursprung in verschiedenen orientalischen Denkströmungen haben, die sich in der Levante, in Ägypten und im näheren Osten treffen. Wir finden in diesen Schulen Elemente des Buddhismus, des Zoroastrismus und des ägyptischen Okkultismus, vermischt mit griechischen Mysterien, jüdischem Kabalismus und Fragmenten alter syrischer Kulte. Aus diesem Mischmasch aus orientalischer Philosophie, Magie und Mythologie entstanden in den ersten Jahrhunderten der christlichen Ära zahlreiche gnostische Sekten und nach dem Aufkommen des Mohammedanismus mehrere häretische Sekten unter den Anhängern des Islam - wie die Ismaeliten, Drusen und Assassinen -, die ihre Inspiration im Haus der Weisheit in Kairo fanden. Auf dieselben Quellen können die Ideen zurückgeführt werden, die solche politisch-religiösen Bewegungen des Mittelalters wie die der Illuminaten, Albigenser, Katharer, Waldenser, Troubadoure, Wiedertäufer und Lollards inspirierten. Auf dieselben Inspirationen ist auch die Entstehung der frühen Geheimbünde zurückzuführen. Die Templer sollen von den Assassinen in antichristliche und subversive Mysterien eingeweiht worden sein, und wir finden ähnliche Spuren eines alten und okkulten Ursprungs bei den Alchemisten, den Rosenkreuzern und den späteren mystischen Kulten, von denen die Swedenborgianer ein bekanntes Beispiel sind."

Albert G. Mackay, Generalsekretär des Obersten Rates 33° für die südliche Jurisdiktion der USA, schreibt in seinem *Lexikon der Freimaurerei:*

> „Die Kassideaner oder Assideaner... entstanden entweder während der Gefangenschaft oder bald nach der Wiederherstellung... Die Essener waren jedoch zweifellos mit dem Tempel (Salomons) verbunden, da ihr Ursprung von dem gelehrten Scaliger mit jedem Anschein von Wahrheit von den Kassideanern abgeleitet wird, einer Bruderschaft jüdischer Anhänger, die sich in der Sprache von Laurie als 'Ritter des Tempels von Jerusalem' zusammengeschlossen hatten.'... Von den Essenern bezog Pythagoras viel, wenn nicht alles, von dem Wissen und den Zeremonien, mit denen er die esoterische Schule seiner Philosophie ausstattete."

Er sagt auch, dass Pythagoras den Juden in Babylon begegnete, wo er während der Gefangenschaft weilte, und, so Oliver, „in das jüdische System der Freimaurerei eingeweiht wurde". Über die Kabbala schreibt Mackay:

> „Mit *der* praktischen Kabbala, die sich mit der Herstellung von Talismanen und Amuletten beschäftigt, haben wir nichts zu tun. Die theoretische unterteilt sich in die wörtliche und die dogmatische. Die Dogmatik ist nichts anderes als die Zusammenfassung der von den kabbalistischen Ärzten gelehrten metaphysischen Doktrin. Es ist, mit anderen Worten, das System der jüdischen Philosophie."

Über die *Sepher Yetzirah,* die älter ist als der *Zohar, schreibt* Adolphe Franck in seinem Buch *La Kabbale,* 1843:

> „Die Wolken, mit denen die Phantasie der Kommentatoren es umhüllt hat, werden sich von selbst auflösen, wenn wir, anstatt darin, wie sie es taten, Geheimnisse unaussprechlicher Weisheit zu suchen, nur eine Anstrengung der Vernunft im Augenblick des Erwachens sehen, um den Plan des Universums und die Verbindung zu erkennen, die alle Elemente an ein gemeinsames Prinzip bindet, dessen Zusammenstellung sie uns anbietet."

Es stellt die zweiunddreißig Pfade des kabbalistischen Lebensbaums dar - die zehn Sephiroth oder Zentren des Lichts, die durch die zweiundzwanzig Pfade vereint sind, denen die hebräischen Buchstaben zugeordnet sind, die als mächtige Kräfte betrachtet werden. Diese Buchstaben sind unterteilt in drei *Mutterbuchstaben* - shin, Feuer; *mem,* Wasser; *aleph,* Luft; sieben Doppelbuchstaben, die den Planeten zugeordnet sind;

zwölf Einzelbuchstaben, die den Tierkreiszeichen zugeordnet sind. Und darüber, alles vereinigend, steht der Geist oder Äther. Manche sagen, dass er den Abstieg der Seele in die Materie und ihre Rückkehr und Vereinigung mit der universellen Lebenskraft darstellt, was zu Erleuchtung, Ekstase, Vergöttlichung und ähnlichen Zuständen führt. Was den kabbalistischen Gott betrifft, so ist er zuerst *Ain - negativ*; dann *Ain Soph* - grenzenloser Raum; schließlich *Ain Soph Aur* - grenzenloses Licht. Der negative Gott wurde erweckt, er wurde aktiv. Jehova wiederum, das jüdische Tetragrammaton, das in kabbalistischen und magischen Operationen so häufig verwendet wird, ist Yod, He, Vau, He, das schöpferische Prinzip in der Einheit - der Vater, die Mutter, der Sohn und die Tochter oder die materielle Basis, die manchmal die Braut genannt wird. Es wird gesagt: Das absolute Wesen und die Natur haben nur einen Namen, der Gott bedeutet; er steht für alle Kräfte der Natur. In der ersten Schöpfung, sagen sie, gab es nur Emanation, wie die Funken, die von einem Amboss fliegen, aber da sie nicht im Gleichgewicht waren, verschwanden sie alle, wie die Edomiter-Könige; dann erschienen die beiden Geschlechter als getrennte Kräfte, und mit ihnen kam die ausgeglichene Schöpfung.

Franck ist der Ansicht, dass der Zohar oder das Buch des Lichts, die Entstehung des Lichts der Natur, dort beginnt, wo der Sepher Yetzirah aufhört. Aus kabbalistischer Sicht wird das Absolute das *Weiße Haupt* genannt, da sich in seinem Licht alle Farben vermischen. Er ist der Uralte der Tage oder die erste Sephira auf dem kabbalistischen Lebensbaum, er ist das Höchste Haupt, die Quelle allen Lichts, das Prinzip aller Weisheit - Einheit. Aus dieser Einheit gehen zwei parallele, aber scheinbar gegensätzliche Prinzipien hervor, die in Wirklichkeit untrennbar sind: das männliche, aktive, das Weisheit genannt wird, das andere, passive, weibliche, das Verstehen, denn „alles, was existiert, alles, was vom Alten der Tage geformt wurde, kann nur durch ein männliches und ein weibliches existieren." Der Alte der Tage, den Franck mit dem persischen Ormuzd vergleicht, ist der Vater, der alle Dinge durch die wunderbaren Wege hervorbringt, durch die sich die Kraft im Universum ausbreitet und allem, was existiert, eine Form und Grenzen auferlegt. Der Verstand ist die Mutter, die empfängt und sich fortpflanzt. Aus ihrer geheimnisvollen und ewigen Vereinigung geht ein Sohn hervor, der die Eigenschaften des Vaters und der Mutter besitzt und somit von beiden zeugt. Dieser Sohn ist das Wissen und die Wissenschaft. Diese drei Personen umschließen und vereinen alles, was ist, und sind ihrerseits im Weißen Haupt vereint. Manchmal werden sie als drei Köpfe dargestellt, die einen bilden, manchmal werden sie mit dem Gehirn verglichen, das, ohne seine Einheit zu verlieren, in drei Teile geteilt ist und mit Hilfe von zweiunddreißig Nervenpaaren im ganzen Körper, dem *Mikrokosmos*, wirkt, so wie die Göttlichkeit mit Hilfe der zweiunddreißig Pfade der Weisheit im ganzen Universum, dem *Makrokosmos*, verbreitet wird. Sie stellt auch drei aufeinanderfolgende und absolut notwendige Phasen der universellen Erzeugung dar.

Franck zitiert Corduero und fährt fort: Die ersten drei Sephiroth - Krone, Kether; Weisheit, Chokmah; Verstand, Binah - sollten als die Drei in Einem betrachtet werden, denn sie sind der Vater, der Sohn und der Heilige Geist oder die Mutter. Die anderen sieben Sephiroth des Aufbaus entwickeln sich ebenfalls in Trinitäten, in denen jeweils zwei Extreme durch ein drittes vereint sind. Die zweite Trinität ist: Barmherzigkeit, Chesed, männlich; Strenge, Geburah, weiblich, d.h. Ausdehnung und Konzentration des Willens. Diese werden durch die Schönheit, Tiphareth, oder die Sonne vereint, die Trinität, die die moralische Kraft repräsentiert. Die dritte Trinität ist rein dynamisch und zeigt die Göttlichkeit als die universelle Kraft, den *Principe Générateur* aller Wesen; es ist der Sieg, Netzach, weiblich; die Pracht, Hod, männlich, was die Ausdehnung und Vermehrung aller Kräfte im Universum bedeutet. Diese wiederum werden durch das Fundament, Yesod, den Mond, vereint und werden durch die Organe der Erzeugung, die Wurzel von allem, was ist, repräsentiert. Die zehnte Sephira ist Malkuth, das Reich oder die materielle Basis, in der sich das permanente und immanente Wirken der vereinigten Sephiroth findet, die reale Gegenwart Gottes inmitten der Schöpfung, wie sie durch die Shekinah zum Ausdruck kommt. Das Werk von Sonne und Mond besteht darin, durch ihre Vereinigung das Werk der Schöpfung zu verbreiten und zu verewigen. Die dritte Dreifaltigkeit ist die Kundalini oder der Caduceus, die durch Mystik und Yoga erweckt wird und durch die Sephiroth zur Krone aufsteigt, der Quelle allen Lichts, und sich mit dem universellen schöpferischen Prinzip vereint. So ist nach der Kabbala jede Form der Existenz, von der Materie bis zur ewigen Weisheit, eine Manifestation dieser unendlichen Kraft. Es reicht nicht aus, dass alle Dinge von Gott kommen, um Wirklichkeit und Bestand zu haben; es ist auch notwendig, dass Gott immer in ihrer Mitte gegenwärtig ist, dass er unter diesen Formen lebt, sich entwickelt und sich unendlich fortpflanzt. Die Kabbala ist also völlig pantheistisch.

Über seinen Ursprung schreibt Franck: „Wenn man den *Zohar* untersucht *und* versucht, etwas Licht auf seinen Ursprung zu werfen, wird man nicht lange zögern, an der Ungleichheit des Stils, dem Mangel an Einheitlichkeit in der Darstellung, der Methode und der Anwendung allgemeiner Prinzipien und schließlich an den detaillierten Gedanken zu erkennen, dass es völlig unmöglich ist, ihn einer einzigen Person zuzuschreiben." Sie erhebt sich zu großen Höhen, sinkt aber wieder zu großen Kinderkrankheiten, Unwissenheit und Aberglauben herab. „Wir sind daher gezwungen, zu schließen, dass es im Laufe mehrerer Jahrhunderte und durch die Arbeit mehrerer Generationen von Kabbalisten entstanden ist." Er weist auf drei Fragmente hin, die in sich selbst, im Gegensatz zum Rest, ein koordiniertes Ganzes bilden: (I) das *Buch der Mysterien, das* als das älteste angesehen wird; (2) die *Große Versammlung, die* Reden von Rabbi Simon ben Jochai, etwa 160 n. Chr., inmitten seiner zehn Jünger; (3) die *Kleine Versammlung,* in der Simon auf seinem Sterbebett seine Jünger unterwies, die durch den Tod auf sieben reduziert worden waren. In diesen finden sich, manchmal in allegorischer, manchmal in metaphysischer Sprache, eine Beschreibung der göttlichen Attribute und ihrer verschiedenen Erscheinungsformen, des Ursprungs der Welt und der Beziehungen zwischen Gott und den Menschen.

Einige behaupten, dass die Kabbala erst gegen Ende des dreizehnten Jahrhunderts entwickelt wurde, aber Adolphe Franck ist der Ansicht, dass sie nach den von ihm angeführten Beweisen während der siebzigjährigen jüdischen Gefangenschaft in Babylon entstanden sein muss und daher den alten Religionen von Chaldäa und Persien viel verdankt. Dort errichteten die

Oberhäupter der Gefangenen unter ziviler und religiöser Autorität die Synagoge von Babylon, die sich mit der von Palästina vereinigte, und es wurden viele religiöse Schulen gegründet, in denen schließlich der Talmud von Babylon entstand, der letzte und vollständige Ausdruck des Judentums. Alle Chronisten, jüdische und christliche, stimmen darin überein, dass die erste Befreiung Israels, das seit der Zeit Nebukadnezars in Chaldäa gefangen war, unter der Führung Zorobabels in den ersten Jahren der Herrschaft des Kyros über Babylon stattfand, etwa 536-530 v. Chr. Zarathustra hatte seine religiöse Mission bereits 549 v. Chr. begonnen und die Lehre vom Dualismus Licht und Dunkelheit, Gut und Böse gelehrt, vierzehn Jahre vor der ersten Rückkehr der gefangenen Israeliten in ihr eigenes Land, und zweifellos trugen sie das Gepräge dieser Lehre mit sich. Offenbar übte keine andere Nation einen so starken Einfluss auf die Juden aus wie Persien und das religiöse System des Zoroaster mit seinen langen Traditionen.

Die Praktische oder Magische Kabbala mit ihren Kombinationen und Korrespondenzen war die astrologische, magische und magnetische Grundlage, die von den Alchemisten und Magiern des Mittelalters bei der Durchführung ihrer Transmutationen und Beschwörungen verwendet wurde. Sie war durchdrungen von der „flüssigen Magie", die aus sehr alten Kulten stammte und noch zur Zeit der Gefangenschaft von den Persern und Chaldäern praktiziert wurde. Heutzutage verwenden alle Rosenkreuzer und kabbalistischen Sekten diese magische Kabbala für ihre Wahrsagerei, Hellsichtigkeit, hypnotische und magnetische Heilung, die Herstellung von Talismanen und die Kontaktaufnahme mit ihren geheimnisvollen Meistern. Wie der jüdische Schriftsteller Bernard Lazare sagte:

> „Die Geheimgesellschaften repräsentierten die beiden Seiten des jüdischen Geistes, den praktischen Rationalismus und den Pantheismus, jenen Pantheismus, der als metaphysische Widerspiegelung des Glaubens an den einen Gott bisweilen in kabbalistische Theurgie mündete."

KABBALISTEN UND GNOSTIKER

Albert Pike erzählt uns in *Moral und Dogmen*, dass nach der Vermischung der verschiedenen Nationen, die aus den Kriegen Alexanders resultierte, die Lehren Griechenlands, Ägyptens, Persiens und Indiens überall aufeinander trafen und sich vermischten. Gnosis, sagt er, ist die Wissenschaft der Mysterien, die von Generation zu Generation in esoterischen Traditionen weitergegeben wird.

„Die Gnostiker leiteten ihre führenden Lehren und Ideen von Platon und Philo, der Zend-Avesta, der Kabbala und den heiligen Büchern Indiens und Ägyptens ab und führten so die kosmologischen und theosophischen Spekulationen, die den größten Teil der alten Religionen des Orients ausmachten, in den Schoß des Christentums ein, verbunden mit den ägyptischen, griechischen und jüdischen Lehren, die die Neuplatoniker ebenfalls im Abendland übernommen hatten... Es wird zugegeben, dass die Wiege des Gnostizismus wahrscheinlich in Syrien und sogar in Palästina zu suchen ist. Die meisten seiner Erklärer schrieben in jener verdorbenen Form des Griechischen, die von den hellenistischen Juden verwendet wurde... und es gab eine auffallende Analogie zwischen ihren Lehren und denen des jüdisch-ägyptischen Philo von Alexandria, der selbst der Sitz dreier Schulen war, die zugleich philosophisch und religiös waren - der griechischen, der ägyptischen und der jüdischen. Pythagoras und Platon, der mystischste der griechischen Philosophen (der dickere Erbe der Lehren des ersteren), und der auf Reisen war, der letztere in Ägypten und der erstere in Phönizien, Indien und Persien, lehrten ebenfalls die esoterische Lehre... Die vorherrschenden Lehren des Platonismus fanden sich im Gnostizismus wieder...

„Die jüdisch-griechische Schule von Alexandria ist nur durch zwei ihrer führenden Köpfe bekannt, Aristobulus und Philo, beide Juden aus Alexandria in Ägypten. Sie gehörte durch ihren Ursprung zu Asien, durch ihren Wohnsitz zu Ägypten, durch ihre Sprache und ihre Studien zu Griechenland und bemühte sich zu zeigen, dass alle Wahrheiten, die in den Philosophien anderer Länder enthalten waren, von Palästina dorthin verpflanzt worden waren. Aristobulos erklärte, dass alle Fakten und Details der jüdischen Schriften nur Allegorien seien, hinter denen sich die tiefsten Bedeutungen verbargen, und dass Plato alle seine besten Ideen aus ihnen entlehnt habe. Philo, der ein Jahrhundert nach ihm lebte, vertrat die gleiche

Theorie und versuchte zu zeigen, dass die hebräischen Schriften durch ihr System von Allegorien die wahre Quelle aller Religionen und philosophischen Lehren seien. Seiner Meinung nach war die wörtliche Bedeutung nur für das gemeine Volk bestimmt.

... Die Juden von Syrien und Judäa waren die direkten Vorläufer des Gnostizismus; und in ihren Lehren waren reichlich orientalische Elemente enthalten. Diese Juden hatten zu zwei verschiedenen Zeiten enge Beziehungen zum Orient, die sie mit den Lehren Asiens und vor allem von Chaldäa und Persien vertraut machten ... Da sie fast zwei Drittel eines Jahrhunderts und viele von ihnen noch lange danach in Mesopotamien, der Wiege ihrer Rasse, lebten, dieselbe Sprache sprachen und ihre Kinder mit denen der Chaldäer, Assyrer, Meder und Perser aufzogen, übernahmen sie notwendigerweise viele Lehren ihrer Eroberer... und diese Ergänzungen der alten Lehre wurden bald durch den ständigen Handelsverkehr nach Syrien und Palästina verbreitet...

„Aus Ägypten oder Persien entlehnten die Neuplatoniker die Idee, und die Gnostiker übernahmen sie von ihnen, dass der Mensch in seiner irdischen Laufbahn nacheinander unter dem Einfluss von Mond, Merkur, Venus, Sonne, Mars, Jupiter und Saturn steht, bis er schließlich die elysischen Felder erreicht."

Diese letztere Lehre ist in der einen oder anderen Form in allen modernen gnostischen und kabbalistischen Sekten zu finden. So sind im Äußeren und Inneren Orden der Stella Matutina die Grade auf dem kabbalistischen Lebensbaum angeordnet, und es heißt, dass der Kandidat nacheinander unter dem Einfluss dieser Planeten in der oben genannten Reihenfolge steht, bis er bei I0 = I, dem höchsten Grad, erleuchtet wird und nicht mehr sein eigener Herr ist. Diese Einflüsse entsprechen in ihren Farben dem Spektrum der so genannten „Göttlichen Weißen Brillanz" - dem elektromagnetischen Fluidum - der Rosenkreuzer, von dem die Adepten gelehrt werden, es auf sich herabzuziehen und für magische Zwecke zu projizieren. Wie Albert Pike sagt:

„Die Quellen unseres Wissens über die kabbalistischen Lehren sind die Bücher Yetzirah und Zohar, von denen das erste im zweiten Jahrhundert und das zweite etwas später verfasst wurde; aber sie enthalten Material, das viel älter ist als sie selbst... In ihnen, wie auch in den Lehren Zarathustras, entspringt alles, was existiert, aus einer Quelle unendlichen Lichts."

JÜDISCHE SCHULE VON ALEXANDRIA

Die „Bruderschaft des Lichts", Kalifornien, über die wir bereits geschrieben haben, behauptet, dass „dieser ehrwürdige Orden der *Gelehrsamkeit in Alexandria den Anstoß* gab, der diese Stadt zu Recht so berühmt machte". Und weiter: „Es war die Bruderschaft des Lichts, die den Kegel der Gelehrsamkeit während des dunklen Zeitalters vor dem völligen Aussterben bewahrte. Es ist daher interessant, dass Dion Fortune, das Oberhaupt der „Bruderschaft des Inneren Lichts", über die Hermetik schreibt:

> „Die höchste Entwicklung fand in den ägyptischen und kabbalistischen Systemen statt, und es wurde in den Schulen der Neuplatoniker und Gnostiker mit dem christlichen Denken vermischt ... Seine Studien wurden nur während des dunklen Zeitalters unter den Juden am Leben erhalten, die die Hauptvertreter seines kabbalistischen Aspekts waren ... und es ist bis heute lebendig."

Der Freimaurer Springett erzählt uns in seinem Buch „*Secret Sects of Syria*", dass

> „In späteren Zeiten war Gnosis der Name für das, was Porphery die antike und orientalische Philosophie nennt, um sie von den griechischen Systemen zu unterscheiden. Aber der Begriff wurde zuerst (nach Matter) in seiner eigentlichen Bedeutung des *himmlischen* und *himmlischen* (kosmischen) Wissens von den jüdischen Philosophen der berühmten alexandrinischen Schule verwendet. Eine sehr charakteristische Produktion dieser jüdischen Gnosis ist bis in unsere Zeit im *Buch Henoch überliefert*, dessen Hauptthema darin besteht, die Beschreibung der Himmelskörper bekannt zu machen, und deren korrekte Namen dem Patriarchen durch den Engel Uriel offenbart werden. Dieses Bekenntnis verrät von selbst die magische Quelle, aus der die Inspiration stammte."

In *Le Problème Juif* schreibt Georges Batault über diese alexandrinischen jüdischen Philosophen, dass sie glühende Propagandisten waren, die darauf erpicht waren, Proselyten zu machen, und sich zu diesem Zweck bemühten, das Judentum dem Hellenismus anzupassen, in der Überzeugung, dass ohne das Gesetz und ohne Israel, das es praktizierte, die Welt aufhören würde zu sein, die Welt nur dann glücklich sein würde, wenn sie diesem universellen Gesetz, d.h. dem Reich des Juden, unterworfen wäre. Wie der jüdische Schriftsteller Bernard Lazare in *L'Antisémitisme* zugab:

„Von Ptolemaios Philadelphos bis zur Mitte des dritten Jahrhunderts widmeten sich die alexandrinischen Juden, um ihre Propaganda aufrechtzuerhalten und zu verstärken, einer außergewöhnlichen Arbeit der Fälschung echter Texte zur Unterstützung ihrer Sache. Die Verse von Aischylos, Sophokles, Euripides, die angeblichen Orakel des Orpheus, die in Aristobulus und den Stromata des Clemens von Alexandria überliefert sind, feierten so den einen Gott und den Sabbat. Historiker wurden gefälscht, mehr noch, sie schrieben ihnen ganze Werke zu, und so stellten sie eine Geschichte der Juden unter den Namen Hécatee d'Abdère. Die wichtigste dieser Erfindungen war die der Sibyllinischen Orakel, die vollständig von den alexandrinischen Juden erfunden wurden und die die zukünftige Ära ankündigten, in der die Herrschaft des einen Gottes eintreten würde. Die Juden versuchten sogar, sich selbst die griechische Literatur und Philosophie zuzuschreiben. In einem Kommentar zum Pentateuch, den uns Eusebius überliefert hat, versuchte Aristobulus zu zeigen, wie Platon und Aristoteles ihre metaphysischen und ethischen Ideen in einer alten griechischen Übersetzung des Pentateuch gefunden hatten."

Georges Batault fährt fort:

„Die Exegese, die darin besteht, Texte zu verdrehen, um aus ihnen das herauszuholen, was sie wollen, ist die einzige „Wissenschaft", die auf die Juden zurückgeht. Sie wurde in den Händen der Judäo-Alexandriner zu einer gewaltigen Waffe, die durch die perfide Kraft ihrer verschleierten Lügen den Hellenismus trotz seiner selbst *in den* Dienst des Exklusivismus und des religiösen Proselytismus der Israeliten stellte. Der Versuch, den Hellenismus zu 'judaisieren', der uns heute so vollkommen absurd und verhängnisvoll erscheint, hatte dennoch das Ergebnis, die Intelligenz der Menschheit für Hunderte von Jahren zu verdunkeln."

Der italienische Freimaurer Reghellini de Schio schrieb 1833:

„Das neu errichtete Alexandria wurde von den Juden besiedelt, die in Scharen kamen, um die neue Stadt zu bevölkern. Das Ergebnis war eine Mischung von Menschen verschiedener Nationen und Religionen, die mehrere philosophische und religiöse Vereinigungen hervorbrachten. Der Platonismus wurde von den Griechen in Alexandria öffentlich gelehrt und von den alexandrinischen Juden eifrig aufgenommen, die ihn an die Juden in

Judäa und Palästina weitergaben... In Ägypten und Judäa hatte die Philosophie des Pythagoras und Platons vor dem Beginn des Christentums tiefe Wurzeln unter den Juden geschlagen, aus denen die Dogmen der Essener, Therapeuten, Sadduzäer, Karpokratiker, Kabbalisten-Gnostiker, Basilizäer und Manichäer hervorgingen; alle diese Dogmatiker passten einen Teil der Lehre der ägyptischen Weisen und Priester der oben genannten Philosophie an. Sie verbreiteten sich mit der Zeit in Asien, Afrika und Europa. Diese verschiedenen Judenchristen bewahrten die Geheimnisse des salomonischen Tempels mit der Allegorie des großen Baumeisters, der der jüdische Messias war, eine Idee, die von den Juden bis heute bewahrt wird."

Wie des Mousseaux feststellt, bewahrten die Gnostiker und Manichäer die Kabbala dieser primitiven Freimaurerei, von der ein Zweig bei den Drusen tiefe Wurzeln geschlagen hat, und als die Kreuzfahrer Asien überschwemmten, infizierten sie die Vorfahren unserer Freimaurerei damit - die Templer, die Rosenkreuzer und die Organe des westlichen Okkultismus.

MANICHEANS

Die Manichäer lehrten sowohl Pantheismus als auch Dualismus - Gut und Böse, Licht und Dunkelheit; die Immanenz ihres Gottes, des schöpferischen Prinzips mit seinen negativen und positiven Aspekten, in allen lebenden Dingen. Nach Matter waren die Karpokratiker die universellsten Kommunisten; ihre Theorie lautete: „Die Natur offenbart die beiden großen Prinzipien, die Gemeinschaft und die Einheit aller Dinge. Menschliche Gesetze, die im Widerspruch zu den Naturgesetzen stehen, sind schuldhafte Verstöße gegen die legitime und göttliche Ordnung; um diese Ordnung wiederherzustellen, ist es daher notwendig, eine Gemeinschaft der Länder, Güter und Frauen einzuführen." Darüber hinaus lehnte Manes den Krieg ab, selbst wenn er aus gerechten Motiven geführt wurde, und seine Anhänger verurteilten die politischen und zivilen Magistrate als vom bösen Gott geschaffen und eingesetzt. Manes verurteilte auch jeglichen Besitz von Häusern, Land oder Geld. Schließlich waren sowohl die Gnostiker als auch die Manichäer für ihre ungeordnete Moral bekannt. Manes verbot die Ehe, erlaubte aber ihre Vergnügungen, und einige entschuldigten sich mit den

Worten: „Für die Reinen ist alles rein". Baronius zufolge
verführten die Manichäer die Menschen mit erhabenen Worten
und großen Versprechungen und verstrickten ihre unglücklichen
Opfer in so mächtige Netze, dass es fast unmöglich war, sich zu
befreien, wenn sie einmal gefangen waren. Die Jünger
verpflichteten sich mit einem unverletzlichen Eid, die
Geheimnisse der Sekte zu wahren. Sie durften schwören und
einen Meineid leisten, aber niemals die Geheimnisse preisgeben,
gemäß ihrer berühmten Maxime: *Jura, perjura secretum prodere
noli.*

Eines der Ergebnisse des Mithraismus war der Manichäismus,
der seinen Namen von Manes ableitete, von dem einige sagen, er
sei Cubricus, ein persischer Sklave und Gelehrter, und andere
behaupten, er sei von seinem Vater in Ktesiphon erzogen worden,
sei in der Religion der „Baptisten" von Südbabylon
aufgewachsen, die mit den Mandäern verbunden waren, und sei
später viel und weit gereist, auch nach China und Indien, um
seinen Glauben zu verbreiten. Gegen den Widerstand der
herrschenden magischen Priester wurde er schließlich
gekreuzigt. Der Manichäismus war ein kompromissloses System
des Dualismus in Form einer fantastischen, rein materialistischen
Naturphilosophie. Es handelt sich um einen Konflikt zwischen
Licht und Dunkelheit, Gut und Böse, männlich und weiblich; die
Dunkelheit versuchte, die Menschen durch Sinnlichkeit zu
binden, das Licht versuchte, sie durch das Wissen um die Natur
und ihre Kräfte zu retten. Der Mensch hatte keinen „Erlöser",
sondern nur einen physischen und gnostischen Erlösungsprozess,
der den Lichtfunken aus der Dunkelheit oder der Materie, d.h.
aus dem Körper des Menschen, befreite und ihn in *das*
universelle Licht zurückführte. Hierin liegt die ganze Grundlage
der modernen kabbalistischen und gnostischen Sekten.

M. de Beausobre fasst in seiner *Histoire Critique de Manichee et
du Manichéisme* (1734) dieses System zusammen: Manes
beanspruchte die Autorität als Apostel und Prophet Jesu Christi,
der direkt vom „Paraklet" erleuchtet wurde, um alle Religionen
zu reformieren und *der* Welt jene Wahrheiten zu offenbaren, die
den ersten Jüngern vorenthalten worden waren. Er verwarf das
Alte Testament und reformierte das Neue. Er leugnete die

Inspiration der hebräischen Propheten und stellte ihnen die Bücher von Seth, Henoch und anderen Patriarchen entgegen, von denen es hieß, sie seien von guten Engeln empfangene Wahrheiten. Diese so genannte Weisheit existiert noch immer in Büchern und Schulen der orientalischen Philosophie. Manes stellte sich die Gottheit als ein lebendiges Licht vor, einen Vater aller Lichter, immateriell, ewig, wohnhaft in einem höchsten leuchtenden Himmel, ebenfalls ewig, denn nichts kann aus dem Nichts geschaffen werden, und immer begleitet von Äonen, Emanationen dieser göttlichen Essenz, aber minderwertig. Gott war eine Ursache in immerwährender und ewiger Aktion (schöpferisches Prinzip). Aus dem Wesen des Vaters gingen der Sohn und der Heilige Geist hervor, die zwar wesensgleich, aber *dem* Vater untergeordnet waren. Seit der Erschaffung der Welt und bis zur Vollendung wohnt der Sohn in der Sonne als Kraft und im Mond als reflektierte Weisheit der Mutter des Lebens; der Heilige Geist wohnt in der Luft, beide führen die Befehle des Vaters aus. Hier haben wir offenbar eine Variante der Smaragdtafel des Hermes.

M. de Beausobre erklärt dann die Finsternis. In einer Ecke des weiten Raumes befindet sich eine bösartige, ebenfalls ewige Kraft, die philosophisch Materie, mystisch Dunkelheit und vom gemeinen Volk Teufel genannt wird. Sowohl das Licht als auch die Finsternis wurden in fünf Elemente unterteilt: Wasser, Erde, Feuer, Luft und Licht oder Finsternis, ansonsten Äther, d.h. die vier Eigenschaften des Auflösens, Gerinnens, Erwärmens und Abkühlens. Das Licht kannte die Finsternis, aber die Finsternis wurde sich des Lichts erst bewusst, als sich in diesem Reich (Luzifer) eine Revolte erhob, bei der die Finsternis in das Licht eindrang, und obwohl der Urmensch (Christus), unterstützt vom Lebendigen Geist, der aus fünf Elementen besteht, sich ihr entgegenstellte und sie überwältigte, wurde ein Teil des Lichts gestohlen, und Finsternis und Licht vermischten sich. Der Lebendige Geist trennte daraufhin die leuchtende Substanz ab, die nicht von der Materie ergriffen worden war, und formte daraus die Sonne und den Mond und andere Planeten sowie unseren unteren Himmel; der Rest bildete unsere sublunare Welt, in der Materie und Licht miteinander vermischt waren. Der Fürst der Finsternis oder der Materie, der den Funken des Lichts behalten wollte, bildete zwei Körper nach dem Vorbild des Urmenschen, aber mit verschiedenen Geschlechtern, und schloss diese Funken oder Seelen ein, indem er sie mit den Gefühlen der Sinne bezauberte, und im Laufe der Zeugung wurden mehr und mehr auf diese Weise eingeschlossen und tranken aus dem Kelch des Vergessens. Dann, so Manes, erschienen gute Engel, Weisen und Propheten, um die vergessenen Wahrheiten zu lehren, und schließlich kam der „Phantom"-Erlöser. Er vertrat den doktrinären Glauben, dass die Materie böse und der Körper Christi nur ein Phantom sei, dass seine Taten und Leiden, einschließlich Kreuzigung, Auferstehung und Himmelfahrt, nur scheinbar und in Wirklichkeit nur mystische Lehren seien. Er leugnete auch die Inkarnation. Für die Auserwählten lehnte er die Ehe ab, da sie von der Finsternis erfunden wurde, um die Rückkehr zum Licht zu verzögern (für diese Rückkehr ist unverbrauchte Sexualkraft erforderlich!); Entbehrungen, kein Fleisch, kein Wein, wurden befürwortet, um das Fleisch zu schwächen und den Funken im Inneren freizusetzen. Die Auserwählten mussten sich der Armut hingeben, und die einzigen erlaubten Vergnügungen waren Musik und Düfte, die beide den Funken oder die Seele von den Fesseln der Materie befreiten. Wenn diese Seele ausreichend gereinigt war, ging sie in den Mond über, wo sie eine Oberflächenbeleuchtung erhielt, und von dort aus wurde sie in die Sonne entlassen, wo sie leuchtete, und wurde schließlich in die „Säule der Herrlichkeit" entlassen, frei von aller Materie. Die Seelenwanderung wurde zugelassen, da ein einziges Leben nicht ausreichte, um den Funken von dem Makel der Materie zu befreien.

Dann wird das böse Feuer aus den Höhlen befreit; der Engel, der die Erde hält, wird sie in Flammen aufgehen lassen, und die ganze Masse wird in die äußere Finsternis verbannt werden. Diejenigen, die es nicht geschafft haben, sich rechtzeitig zu befreien, werden zu Wächtern der Teufel gemacht, um sie daran zu hindern, erneut Materie in das Reich des Lichts zu bringen. Das ist das wunderbare Märchen, hinter dem sich die Naturverehrung des alten und modernen Magismus verbirgt, der heute als Illuminismus bekannt ist und oft christlich genannt wird! - wie z.B. die Anthroposophie oder der Steinerismus, mit ihren beiden gegensätzlichen Kräften Luzifer und Ahriman,

Licht und Materie, und ihrem solaren und erleuchtenden Christus. Und die Erlösung besteht bei ihnen in einem physischen und gnostischen Prozess der Befreiung des Lichtelements von der Materie oder dem Körper mittels der ungenutzten Sexualkraft und seiner Vereinigung mit dem universellen magnetischen Agens außerhalb, mehr als zehn, die einen Geist mit einem anderen in einer magnetischen Kette verbinden, wobei der schwächere von dem stärkeren beherrscht wird, was eine weltweite Überschwemmung von Mitteilungen sogenannter „Weisen und Propheten" hervorruft, die sowohl das Christentum als auch die westliche Zivilisation zerstören.

Yarker, in *Arcane Schools,* gibt die manichäischen Grade wie folgt an: Jünger, Zuhörer oder Mystiker und die Vollkommenen oder Auserwählten, die Priester; aus diesen letzteren wurde der Magistri oder Zwölferrat gebildet und ein Dreizehnter als Präsident, wie im chaldäischen System. Außerdem hatten sie geheime Formen der Anerkennung: Wort, Griff und Brust. Schließlich heißt es, dass der Körper, da er als böse angesehen wurde, geschändet oder gedemütigt werden musste, daher die erotischen und sexuellen Praktiken, die bei den Manichäern und anderen gnostischen Sekten zu finden waren, mehr als zehn nach ihren frenetischen Tänzen; all das sollte den Funken freisetzen und die Vergöttlichung beschleunigen.

Wie Gibbon feststellte, blühte das große manichäische System im byzantinischen Zeitalter von Persien bis Spanien, trotz der Verfolgungen durch arianische und orthodoxe Kaiser gleichermaßen. Und Springett erzählt uns in The *Secret Sects of Syria:*

> „Die manichäischen Lehren wurden also zu einer Zeit verbreitet, als die Templer auf dem Höhepunkt ihres Wohlstandes und ihrer Macht standen, und King widmet mehrere Seiten seines Werkes einer Betrachtung der engen Ähnlichkeit zwischen diesen Orden.
>
> Er weist darauf hin, dass der Gnostizismus in der einen oder anderen Form im Hauptquartier des Ordens unter seinen engsten Verbündeten oder Feinden, den Bergbewohnern von Syrien, weiterlebte."

ISMAILIS

Wie von Hammer in seiner *Histoire de l'Ordre des Assassins* (1835) schreibt, erkannte der Gründer der ismailitischen Sekte, Abdallah, Sohn des Maimoun, der in allen Wissenschaften bewandert und durch die blutigen Aufstände seiner Zeit gelehrt war, die Gefahr einer offenen Kriegserklärung gegen die Religion und die herrschenden Dynastien, insbesondere wenn er vom Volk und einer mächtigen Armee unterstützt wurde. Daher entwickelte er einen sorgfältig durchdachten Plan, um heimlich zu untergraben, was er nicht offen angreifen konnte. Seine Doktrin, die das Khalifat untergrub, musste geheimnisvoll verschleiert und erst dann enthüllt werden, wenn er durch geheime Intrigen die Macht an sich gerissen hatte. Schließlich träumte er davon, nicht nur das zu zerstören, was er die Irrtümer des Dogmas und der positiven Religion nannte, sondern auch die Grundlage aller Religion und aller Moral. Er teilte seine Lehre in sieben Stufen ein und ergriff auf diese Weise allmählich den Verstand seiner Anhänger und untergrub ihn. Aus dieser Lehre ging die Sekte der Karmathiten hervor, die sich offener und gewaltsamer gegen das Khalifat auflehnte, sowohl politisch als auch moralisch. Ein Jahrhundert lang hielten sich die furchtbaren Lehren der Karmathiten, bis die Sekte schließlich in ihrem eigenen Blut ausgelöscht wurde. Schließlich entkam einer ihrer eifrigsten Dais, Abdallah, der behauptete, ein Nachkomme Mohammeds, des Sohnes Ismails, zu sein, aus dem Gefängnis, setzte sich auf den Thron und gründete um 910 n. Chr. in Kairwan unter dem Namen Obeid-allah die Dynastie der Fatimiten.

HAUS DER WEISHEIT

Unsere Autoritäten zu den neun Einweihungsgraden, wie sie von den Ismailis in der Großloge oder im Haus der Weisheit in Kairo gegeben wurden, sind von Hammer und *Expose de la Religion des Druzes*, von Silvestre de Sacy, 1838; beide zitieren Macrisi und Nowairi. Wie van Hammer schreibt:

> „Die Einzelheiten, die uns Macrisi über den Ursprung dieser Lehre und die verschiedenen Einweihungsgrade, die von sieben bis neun reichten, überliefert hat, sind die wertvollsten und ältesten, die wir

über die Geschichte der Geheimgesellschaften des Ostens haben, in deren Fußstapfen später die des Westens traten. Die enge Übereinstimmung zwischen dieser Lehre und derjenigen der Assassinen ist bemerkenswert."

Diese Lehre von Abd'allah, dem Sohn von Maimoun, beherrschte seit der Gründung des Fatimitenreiches sowohl den Hof als auch die Regierung, zunächst in Mahadia und dann in Kairo. Das Oberhaupt des *Darol-Hikmet*, des Hauses der Weisheit, war als *Daial-Doat*, als Großprior der Loge, bekannt. Sie hielten Ismail als Gründer des „Pfades" hoch und ließen Männer und Frauen zu. Unter El Hakem, dem sechsten fatimitischen Khalifen, einem wahren Ungeheuer der Grausamkeit und des Verbrechens, der heute von den Drusen als gottgewollter Mann verehrt wird, wurde dort die Geheimlehre gelehrt und die neun Grade verliehen.

Zusammengefasst von de Sacy, der sowohl Macrisi als auch Nowairi zitiert, die ihre Informationen offenbar aus ein und derselben Quelle bezogen haben, waren sie:

(1)   Der Dai, der Missionar, gab sich andächtig, um seine Proselyten zu verführen; bei den Gelehrten klatschte er Beifall und stimmte ihren Meinungen zu, wobei er darauf achtete, dass seine Pläne und sein Geheimnis nicht verraten wurden. Den Einfältigen, die sich leicht verführen ließen, erklärte er, die Religion sei eine verborgene und abstruse Wissenschaft, deren innere Bedeutung nur den Imamen bekannt sei. Mit Fragen zu den Widersprüchen zwischen positiver Religion und Vernunft, den Unklarheiten und Absurditäten des Korans schürte er Zweifel und Verwirrung sowie eine heftige Neugier, die er nicht befriedigen konnte, und bevor er weitere Belehrungen erteilte, verlangte der Dai einen unverletzlichen Eid, in dem der Proselyt schwor, das Geheimnis nicht zu verraten, die Loge nicht zu belügen und nicht gegen sie zu paktieren. Wenn er einwilligte, wurde ein Geldpfand verlangt, dessen Höhe der Dai festlegte. Sollte er sich weigern, den Eid abzulegen oder das Geld zu zahlen, wurde er sich selbst überlassen und erfuhr nichts weiter.

(2)   Er war dann davon überzeugt, dass die Lehre nur durch göttlich ernannte Imame empfangen werden konnte.

(3)   Ferner, dass die Zahl dieser „offenbarten" Imame der Ismailiten sieben war, im Gegensatz zu den zwölf Imamen der Imamias, wodurch das Imamat und sein Oberhaupt Mousa in Misskredit gerieten.

(4)   Dem Proselyten wurde gesagt, dass es seit Anbeginn der Welt sieben göttliche Gesetzgeber oder sprechende Propheten gegeben habe - Adam, Noah, Abraham, Moses, Jesus, Mohammed (Mahomet) und Ismail, Sohn des Djafar -, die auf göttlichen Befehl die vorhergehende Religion aufheben und eine neue Religion einführen konnten. Jedem dieser „Sprecher" war ein anderer beigegeben, der seine Lehre übernahm und ihm nach seinem Tod folgte; sieben solcher *Stummen*, die die bestehende Religion weiterführten, folgten ununterbrochen auf jeden Gesetzgeber, bis schließlich der siebte dieser Gesetzgeber alle vorhergehenden Religionen aufhob. Nach Ansicht der Ismailiten war dieser letzte Mohammed, der Sohn Ismails, der die neue Wissenschaft von der inneren und mystischen Bedeutung aller äußeren Dinge begründete und offenbarte. Er allein war der Lehrer, und die ganze Welt musste ihm folgen und gehorchen. Der Proselyt, der dem zustimmt, schwört dem Gesetz des Propheten Mohammed ab und wird damit zum Abtrünnigen.

(5)   Man lehrte ihn die Tugend der Zahlen und einige Grundsätze der Geometrie und erzählte ihm, dass jeder Imam zwölf Diener habe - die zwölf Zeichen des Tierkreises. Der Dai bereitete den Proselyten dann darauf vor, alle von den Propheten begründeten Religionen aufzugeben und führte ihn zu den Lehren der Philosophen.

(6)   Der Dai, der sich seines Schweigens sicher war und seinen Glauben neu ausgerichtet hatte, begann, seinen Glauben zu untergraben, indem er die Gebote des Gebets, des Zehnten, der Pilgerfahrten und anderer religiöser Observanzen allegorisch darstellte und sie lediglich als Mittel zur Beherrschung der Massen erscheinen ließ. Der Dai lobte dann die Grundsätze von Philosophen wie Platon, Aristoteles usw. und sprach andererseits geringschätzig über diejenigen, die diese religiösen Rituale eingeführt hatten, kritisierte die Imame und behandelte sie mit Verachtung. Da der Proselyt all seiner Überzeugungen beraubt war, war er eine leichte Beute.

(7)   Er ging von der Philosophie zum Mystizismus über, dem orientalischen pantheistischen Mystizismus der Sufees. Er wandte sich von der Einheit Gottes dem Dualismus und Materialismus zu.

(8)   Der Dai erläuterte dann die Mission des wahren Propheten, die darin bestehe, bestimmte politische Institutionen zu schaffen, die eine wohlgeordnete Regierung bilden, ein philosophisches System und spirituelle Lehren, die allegorisch auf geistige Dinge angewandt werden, und schließlich ein religiöses System, das auf der Autorität dieses Propheten beruht. Die Lehren des Korans bedeuteten nichts anderes „als die periodische Umdrehung der Sterne und des Universums, die Erzeugung und Zerstörung aller Dinge, entsprechend der Anordnung und Kombination der Elemente, in Übereinstimmung mit der Lehre der Philosophen" (Kosmische Kräfte und universelle Erzeugung).

(9)   Nachdem sie so weit gekommen waren, übernahmen einige die Lehren der Manes, der Weisen oder der Philosophen oder vermischten sie miteinander und gaben schließlich alle offenbarten Religionen auf. Um der neuen Lehre gerecht zu werden, verdrehten die Dai durch allegorische Auslegungen die Worte der Religion, zu der sich die Proselyten bekannten, immer zugunsten des Propheten Mohammed, des Sohnes Ismails, als des einzigen von Gott inspirierten Propheten. In Bezug auf diesen Propheten sagten sie zunächst, dass er in die Welt zurückkehren würde, dann änderten sie dies und sagten, dass „er geistig durch Meditation über die mystischen Lehren kontaktiert werden könne; was seine Manifestation betrifft, so bestand sie in der Verkündigung seiner Lehren, die den Menschen durch die Zungen seiner treuen Diener mitgeteilt wurden."

Wie van Hammer schrieb:

„Sobald der Proselyt den neunten Grad erreicht hatte, war er reif, als blindes Instrument für alle Leidenschaften und vor allem für ein grenzenloses Streben nach Herrschaft zu dienen. Die ganze Philosophie lässt sich in zwei Worten zusammenfassen: *nichts glauben und alles wagen*. Diese Prinzipien zerstörten von Grund auf jede Religion, jede Moral und hatten kein anderes Ziel als die Verwirklichung finsterer Pläne, die von klugen Ministern ausgeführt wurden, denen nichts heilig war. So sehen wir diejenigen, die die Beschützer der Menschheit hätten sein sollen, einem unersättlichen Ehrgeiz überlassen, unter den Trümmern von Thronen und Altären inmitten der Schrecken der Anarchie begraben, nachdem sie Unglück über die Völker gebracht und den Fluch der Menschheit verdient haben."

Schließlich wurde dem Dai von seinen Vorgesetzten dieser merkwürdige Befehl erteilt: „Du musst dich üben und große Kunstfertigkeit erlangen, um die Augen zu faszinieren (hypnotische Illusion), damit du die Wunder wirken kannst, die von dir erwartet werden." Wie wir bereits gezeigt haben, waren bei den Daktylen, Korybanten und in den Großen Mysterien Illusionen, Gaukeleien und Beschwörungen das Mittel, um nicht nur die Epopten und Mysten, sondern auch das unwissende Volk zu täuschen.

Heutzutage werden in diesen zahlreichen Sekten, den kabbalistischen und den Illuminaten, weitgehend die gleichen Methoden wie bei den Ismailis angewandt und die gleiche Lehre gelehrt. Es handelt sich immer um eine allmähliche Neuausrichtung, zunächst um den Versuch, diese Lehren der Weisen,. Manes und der Philosophen an das Christentum anzupassen, wobei das Wesen des christlichen Glaubens zerstört wird, was zu Pantheismus, Dualismus und Materialismus führt und oft in einem pantheistischen Mystizismus endet. Durch mystische Meditation und Yoga erreichen sie eine magnetische, aber kontrollierte Vereinigung mit ihren finsteren Meistern, von denen sie die universellen Lehren erhalten, die für das „Große Werk" ihres Meisters, die Einigung und die Kontrolle der Welt - religiös, politisch und intellektuell - notwendig sind.

In Bezug auf das Haus der Weisheit zitiert Springett das Buch von Ameer Ali, *A Short History of the Saracens*, in dem es heißt:

„Makrisis Bericht über die verschiedenen Einweihungsgrade, die in der Loge angenommen wurden, ist ein unschätzbares Dokument der Freimaurerei. In der Tat wurde die Loge von Kairo zum Vorbild für alle Logen, die danach in der Christenheit gegründet wurden."

MEUCHELMÖRDER UND TEMPELRITTER

Wie wir zeigen werden, haben die modernen subversiven Ideen
ihren Ursprung im näheren Osten und wurden weitgehend durch
die primitiven kabbalistischen Sekten und ihre älteren Anleihen
verbreitet. In seinem Buch *Le Juif, le Judaisme et la Judaïsation
des Peuples Chrétiens,* I869, schreibt Gougenot des Mousseaux,
der von den Manichäern, Gnostikern, Yeziden, Drusen, etc.
spricht:

> „Primitiver Kabalismus war das, was diese Sekten sind, denn sie
> bleiben Sabäer; sie verehren die Sonne, die Sterne, den Geist der
> Sterne und das böse Prinzip, das die Perser Ahriman nennen... Unter
> diesen Sekten werden alle Leidenschaften, selbst die
> schändlichsten, als heilig angesehen... Dieser absolute Despotismus
> der Großmeister des chaldäischen Kabalismus war der des Fürsten
> der Assassinen, und die Drusen bewahren die Lehre und die Moral
> dieser Kabbala. Es ist die des geheimen Großmeisters der
> Hochfreimaurerei, die von den Juden beherrscht wird."

Die östlichen Ismailiten oder Assassinen wurden um 1090 von
Hassan Sabah gegründet, der, nachdem er in das Haus der
Weisheit in Kairo aufgenommen worden war, wegen seiner
Intrigen fliehen musste. Da er erkannte, dass eine politische
Gesellschaft eine Festung braucht, erwarb er durch weitere
Intrigen die Burg von Alamoot am Kaspischen Meer, wo er
schließlich seinen Orden gründete. Er erwarb viele Burgen in
Persien und erlangte große Macht, indem er durch plötzliche
Ermordungen von Kalifen und Wesiren die Herzen aller in Angst
und Schrecken versetzte. Ihr Oberhaupt oder Scheich war als
„Alter Mann vom Berg" bekannt, und es hieß, „die Eingeweihten
arbeiteten mit ihren Köpfen und führten die Waffen der Fedavis
in Ausführung der Befehle des Scheichs, der mit seiner Feder die
Dolche führte." Später wurde er zerstreut, existiert aber immer
noch in Indien und anderen Ländern.

In seinem Buch *Secret Sects of Syria* zeichnet Springett den
Einfluss der jüdischen Philosophen der berühmten
alexandrinischen Schule auf die Gnostiker und Manichäer und
über diese auf die Templer nach. Er zitiert King und von
Hammer, um zu beweisen, dass die Verfassung des
Templerordens

„ist eine sklavische Kopie der Assassinen. Die Statuten der Assassinen sind der unumstößliche Beweis dafür; sie wurden bei den Gefangenen ihrer Hauptstadt Alamoot vom Mogul Halakoo im Jahr 1335 gefunden, als Kalif und Papst durch ein seltsames Zusammentreffen damit beschäftigt waren, das Vorbild und die Kopie im Osten und Westen zur gleichen Zeit auszurotten."

Aus diesen Dokumenten wurden die „Acht Stufen der Einweihung" verifiziert, wie sie von Hassan, dem ersten Großmeister oder „Prinzen oder Alten Mann des Berges", festgelegt wurden. In Nummer 3 finden wir die Leugnung der Wahrheit des Korans und aller anderen heiligen Schriften; 4, die Prüfung des schweigenden und vollkommenen Gehorsams; 5, die Bekanntgabe der Namen der großen Ordensbrüder, der königlichen, sakralen und patrizischen, in allen Teilen der Welt; 7, die allegorische Auslegung des Korans und aller anderen Schriften. In diesem Orden wurde die Göttlichkeit aller Begründer religiöser Systeme gleichermaßen geleugnet. Die Religion wurde als bloßer Schritt zur Erkenntnis dargestellt, ihre Erzählungen als rein allegorisch und als Darstellung des Fortschritts der bürgerlichen Gesellschaft; so bedeutete der Sündenfall die politische Sklaverei, die Erlösung die Wiederherstellung von Freiheit und Gleichheit. 8, dass alle Handlungen gleichgültig seien, sofern sie nur zum Wohle des Ordens erfolgten, da es weder ein absolutes Laster noch eine absolute Tugend gebe. Dies ist fast identisch mit den Lehren der Illuminaten.

Von Hammer erläutert in seiner *Geschichte der Assassinen* diesen „Katechismus des Ordens", wie er ihn nennt, weiter. Vom vierten sagt er, dass der Kandidat, nachdem er einen Eid abgelegt hatte, blinden Gehorsam versprach und gleichzeitig schwor, „alle Zweifel, die er über die Geheimnisse und Lehren der Ismaeliten haben könnte, niemandem außer seinen Vorgesetzten mitzuteilen." Seltsamerweise wurde dem verstorbenen Dr. Felkin, dem Häuptling der Stella Matutina, der 1909 weitere Lehren von den „Verborgenen Häuptlingen" oder Sonnenmeistern wünschte, gesagt, er müsse zuerst ein Gelübde ablegen, „bei allem, was ihm am furchtbarsten und heiligsten ist, die Methode niemals an sterbliche Menschen zu verraten." Ein Teil des Versprechens lautete: „Sollte ich in Zukunft von

Zweifeln geplagt werden, werde ich diese Zweifel nur den Meistern offenbaren... Sollte ich mich zu irgendeinem Zeitpunkt nicht mehr in der Lage sehen, dieses Gelöbnis einzuhalten, werde ich meinen Brüdern und Schwestern des Ordens nichts sagen, was ihren Glauben schwächen könnte, sondern ich werde stillschweigend in den Schwebezustand übergehen." Das Gelöbnis wurde abgelegt.

Was den siebten Grad betrifft, so finden wir dieselbe Idee in der jüdischen Schule von Alexandria, denn, wie wir bereits sagten, erklärte Aristobulus, dass alle Fakten und Einzelheiten der jüdischen Schriften so viele Allegorien seien, die die tiefsten Bedeutungen verbergen. Auch Philo verfolgte dieselbe Theorie und versuchte zu zeigen, dass die hebräischen Schriften durch ihr System von Allegorien die wahre Quelle aller Religionen und philosophischen Lehren seien. Die wörtliche Bedeutung war nur für das gemeine Volk bestimmt. Wie Philo lehrte auch Steiner von der Anthroposophie die gleiche Interpretation, dass die Bibel lediglich eine Allegorie der allmählichen und mystischen Vergöttlichung des Menschen sei, wie sie in allen alten und modernen Mysterien symbolisch dargestellt wird. Diese Vergöttlichung wird durch den „verborgenen Gott" Amoun der Ägypter und die *crux ansata* symbolisiert, *wobei letztere* das Zentrum des theosophischen Symbols ist und die dualen Kräfte der Zeugung - die Kundalini - bedeutet; der Caduceus des Hermes wiederum, der auf dem unteren Teil der pantheistischen Figur Baphomet des Templerkults platziert ist, repräsentiert die generativen Kräfte im Menschen, das Mittel der Vergöttlichung.

Darüber hinaus findet man bei den Chlysty und anderen primitiven Gnostikern dieselbe allegorische Interpretation der Evangelien und des Alten Testaments, mit derselben Vergöttlichung oder Erschaffung von „Christus" im Blick. Wie M. Ribot sagt, gibt es viele Möglichkeiten, eine künstliche Ekstase herbeizuführen oder die Göttlichkeit in sich selbst zu haben - rhythmische Tänze, Soma, Wein, Blut, Orgien und Drogenrausch, darunter zweifellos Haschisch, wie es der „Alte Mann vom Berg" benutzte, der seinen fanatisierten Fedavis, berauscht von allen Verlockungen der Sinne, einen so genannten Vorgeschmack auf das Paradies verschaffte, oder vielleicht hypnotisiert, so dass sie bereit und willens waren, die geplanten Morde an den Opfern des Großmeisters mit Dolch oder Gift auszuführen.

Laut von Hammer gab es sieben Klassen von Assassinen, die denen der Templer sehr ähnlich waren:

1. Großmeister oder „Alter Mann des Berges".

2. Dailkebir, oder Großprior.

3. Dais, oder eingeweihte Meister, Rekrutierer.

4. Refik, oder Gefährten.

5. Fedavis, blinde Instrumente, die Wächter des Ordens.

6. Lassiks, Anwärter.

7. Batini, oder geheime Brüder, schließen sich an.

Zu den sieben schweigenden Imamen gehörte der „Unsichtbare Imam", in dessen Namen der Großmeister vom Volk Gehorsam einforderte. Wie die geheimen Anstifter der Französischen Revolution, so Louis Blanc, Großmeister der Templer, die mit den Illuminaten von Weishaupt verbunden waren, wollte Hassan Throne und Altäre stürzen, erkannte aber, dass Anarchie, auch wenn sie für die Regierten oft nützlich ist, niemals das Ziel der Regierenden sein sollte. Sein Ziel war es, auf den Ruinen des Khalifats und der Familie von Abbas ein Reich zu gründen.

Die Assassinen waren kein Fürstentum, sondern lediglich eine Bruderschaft oder ein Orden, ähnlich wie die Johanniter, der Deutsche Orden oder die Templer. Wie von Hammer sagt:

> „Die Art der Funktionen, die im letztgenannten Orden von seinen Großmeistern und Großprioren ausgefüllt wurden, seine religiösen Einrichtungen, die politische Tendenz seines Geistes und seiner Lehren, alles bis hin zu seiner Kleidung, gaben ihm eine gewisse Ähnlichkeit mit den Assassinen... Die Grundregel der beiden Orden war es, Festungen und Burgen in den benachbarten Ländern einzunehmen, um das Volk leichter kontrollieren zu können; beide waren gefährliche Rivalen für die Fürsten und bildeten einen Staat im Staat."

Heute ist es nicht nur ein Staat im Staat, der von geheimen Sekten regiert wird, sondern ein universeller Weltstaat, der von unbekannten „Übermenschen" regiert wird.

DRUSEN

Nach Springett sollen die Drusen ihren Namen von Mohammed Ibn Ismail el-Dorazi erhalten haben, einem Perser, der um 1017 nach Ägypten kam. Da er in Kairo fanatische Unruhen verursachte, indem er die Göttlichkeit des Khalifen El-Hakem verkündete, wurde er vom Volk gezwungen, zu fliehen, und wurde von El-Hakem in den Libanon geschickt, wo die Drusen auf seine Anweisung hin El-Hakems Göttlichkeit anerkannten. Einige Jahre später schickte der wahre Gründer ihrer Religion, Hamzeh, ein Dai oder Missionar des Hauses der Weisheit, Moktana Baha-edeen, um Dorazi zu ersetzen, und brachte die Drusen dazu, das Einweihungssystem der Großloge in Kairo zu akzeptieren, wodurch die Religion in ihrer heutigen Form entstand. Dorazis Lehre war eine Form von Mysterien, die „einen Mantel über die schlimmsten Leidenschaften der menschlichen Natur warf", und diese herrschen bis zu einem gewissen Grad immer noch vor und teilen die Drusen in zwei Sekten - die eher orthodoxe moralische und religiöse Lehre von Hamzeh und die Zügellosigkeit von Dorazi. Mackenzie beschreibt ihre Religion als eine Mischung aus Judentum, Christentum und Mohammedanismus; sie haben eine Priesterschaft, eine Art Hierarchie, Passwörter und Zeichen, und beide Geschlechter sind zugelassen.

Nach den Worten von Frau Blavatsky, die Mitglied des Drusenordens war, handelt es sich um eine gnostische und magische Religion, die an die Einheit Gottes glaubt, der die Essenz des Lebens ist, unsichtbar, aber durch gelegentliche Manifestationen in menschlicher Form bekannt. Sie nennt es ein letztes Überbleibsel der archaischen Weisheitsreligion, die heute als „Kabalismus, Theosophie und Okkultismus" bekannt ist. Sie ist pantheistisch. Äußerlich, wie in ihren heiligen Büchern, bekennen sie sich dazu, den Koran und die Evangelien zu lesen, während sie insgeheim ihren Mysteriendoktrinen folgen. Sie behauptet auch, dass es eine enge Verwandtschaft zwischen den turanischen Lamaisten und den semitischen El-Hammisten oder Drusen gibt. Die Turanier in Indien sind, schreibt Yarker, eine Rasse von Baumeistern, Baum- und Schlangenanbetern. In einer frühen Ausgabe des *Theosophist* zitiert Frau Blavatsky Laurence Oliphant wie folgt:

„Die Drusen sind der festen Überzeugung, dass das Ende der Welt bevorsteht ... [das] durch das Herannahen einer mächtigen Armee aus dem Osten gegen die streitenden Mächte des Islam und des Christentums signalisiert wird ... unter dem Kommando des Universellen Geistes [Illuminismus!] und aus Millionen chinesischer Unitarier bestehen wird. Christen und Mohammedaner werden sich ergeben und vor ihr nach Mekka marschieren, El-Hakem wird dann erscheinen (als die letzte göttliche Inkarnation) ... Die Drusen warten sehnsüchtig auf ein Armageddon, in dem sie sich dazu bestimmt sehen, eine herausragende Rolle zu spielen."

Yarker sagt über Mme Blavatsky:

„Blavatsky, die eine Eingeweihte der (drusischen) Sekte war, informiert uns, ... dass ihre Grundlage der alte ophitische (oder nassenische) Gnostizismus ist."

Auch sie gehörte, wie wir wissen, den revolutionären, jüdisch dominierten Carbonari an und behauptete später, mit Meistern in Tibet in Verbindung zu stehen. Einige Punkte über sie sind erwähnenswert, wie sie der französische Orientalist Rene Guenon in *Le Théosophisme beschreibt*. Bevor sie die Theosophische Gesellschaft gründete, stand sie unter dem starken Einfluss von Palos Metamon, einem Kopten oder, wie manche sagen, Chaldäer, der sich mit Magie und Spiritismus beschäftigte; außerdem erklärte Sinnet, dass „Frau Blavatsky eine Karriere von fünfunddreißig bis vierzig Jahren mystischer Studien mit einem siebenjährigen Rückzug in die Einsamkeit des Himalaya krönte"; das war, bevor sie 1873 nach Amerika ging, zu diesem Zeitpunkt war sie erst zweiundvierzig! Wie Rene Guenon bemerkt, „müssten wir zu dem Schluss kommen, dass sie ihre Studien schon bei ihrer Geburt begonnen haben muss, wenn nicht sogar ein wenig früher!" Indem er ihr Leben Revue passieren lässt und Daten angibt, kommt er zu dem Schluss, dass ihr Besuch in Tibet reine Erfindung war. Was ihre Kontrollen betrifft, so war sie eine Zeit lang Mitglied der hermetischen Bruderschaft von Luxor, die lehrte, dass *„diese Phänomene nicht* *auf die Geister der Toten zurückzuführen sind, sondern auf bestimmte Kräfte, die von lebenden Menschen gelenkt werden."* Er erklärt weiter, dass ihre „Geistführer" - John King, Serapis und der Kaschmir-Bruder - lediglich die aufeinanderfolgenden Einflüsse darstellen, die sie benutzten, und dass „es legitim ist, zu schließen, dass Frau Blavatsky vor allem unter vielen Umständen ein „Subjekt" oder Instrument in den Händen von Einzelpersonen oder okkulten Gruppen war, die sich hinter ihrer Persönlichkeit verbargen, so wie andere ihrerseits Instrumente in ihren Händen waren." Und das ist es, was man in der ganzen Geschichte dieser Sekten findet, im Altertum und in der Neuzeit - Illusion, Gaukelei, Magie - die Verwendung dieser „flüssigen Magie", die bis in die fernste Vergangenheit zurückreicht, es ist das Feuer, das Prometheus den Göttern gestohlen hat.

SUFIS UND DERWISCHE

Wiederum erfahren wir von Springett in seinem Buch *Secret Sects of Syria*, dass „die Sufees eine geheime Gesellschaft persischer mystischer Philosophen und Asketen sind, deren ursprüngliche Religion die der Chaldäer oder Sabäer gewesen sein könnte, die an die Einheit Gottes glaubten, aber die Heerscharen des Himmels (Tsaba), insbesondere die sieben Planeten, als Repräsentanten Gottes anbeteten". Die Sufi-Meister verstehen unter Gott die allen Phänomenen zugrunde liegende Kraft, die überall und in allem ist. Es ist ein pantheistischer Mystizismus. Diese Sufi-Prinzipien werden auch von den höheren Graden der Derwische vertreten. Die Sufee-Lehre, so King, beinhaltet die Idee eines universellen Glaubens, der insgeheim unter jedem äußeren Glaubensbekenntnis vertreten werden kann. Der Derwisch-Führer unterrichtet den Kandidaten in der mystischen Philosophie, und wenn sie den Schüler in irgendeiner Weise schockiert, wird er mit einem doppelten Sinn ausgestattet, so dass er alle Ängste oder Einwände abwehren kann. Auf die gleiche Weise könnten die pantheistischen Lehren der Stella Matutina von heute so verdreht werden, dass sogar ein christlicher Priester davon überzeugt werden könnte, darin das Christentum zu sehen.

Zur Initiation eines Derwischs sagt Springett über den Kadiri-Orden, dass der Scheich dem Kandidaten nach einer mehrmonatigen Probezeit im Kloster bei der Versammlung der Brüder eine weiße Filzkappe auf den Kopf setzt, an der eine Stoffrose mit achtzehn Blütenblättern befestigt ist, in deren Mitte sich die verschlungenen Dreiecke des Salomonischen Siegels befinden - das jüdische Symbol für die dualen Kräfte der Natur, wie oben so unten. Bevor er als Derwisch voll akzeptiert wird, durchläuft er Zwischenstufen unter der Leitung eines Oberen oder Eingeweihten des höchsten Grades.

„Er wird gelehrt, seine Gedanken so vollständig auf seinen 'Führer' zu konzentrieren, dass er geistig in ihm aufgeht, als eine geistige Verbindung mit dem höchsten Objekt aller Hingabe. Der Führer muss das Schutzschild des Neophyten gegen alle weltlichen Gedanken und Wünsche sein (lass das Materielle los!); sein Geist muss ihm bei all seinen Bemühungen helfen, ihn begleiten, wo immer er auch sein mag, und in seiner geistigen Vision immer gegenwärtig sein. Eine solche Geisteshaltung wird als „Annihilation in den Murshid" bezeichnet, und der Führer erkennt durch seine eigenen Visionen den Grad der Spiritualität, den sein Schüler erreicht hat, und inwieweit seine Seele in der seinen aufgegangen ist."

Er betritt dann den „Pfad", und je nach seiner Begabung und Bereitschaft, die mystische Philosophie des Führers anzunehmen, auch wenn sie gegen seine religiösen Gefühle gerichtet ist, wird sein Fortschritt entsprechend schnell sein.

„Es wird angenommen, dass er nun unter den spirituellen Einfluss des *Pir* oder des Ordensgründers gerät, in den er seinerseits geistig in einem solchen Ausmaß absorbiert wird, dass er praktisch eins mit ihm wird und seine Eigenschaften und die Kraft, übernatürliche Handlungen auszuführen, erwirbt. Das nächste Stadium des mystischen Lebens wird von den Derwischen als „spirituelles Wissen" bezeichnet, und der Schüler ... wird vom Scheich ... als inspiriert angesehen ... Er tritt nun in geistige Gemeinschaft mit dem Propheten selbst, in dessen Seele seine eigene aufgegangen ist."

Im vierten Grad schließlich, „während vierzigtägigem Fasten und Zurückgezogenheit ... glaubte er in einem ekstatischen Zustand, Teil der Gottheit geworden zu sein, und sieht Ihn in allen Dingen." Der Scheich „erweckt den Schüler dann sanft aus seiner Ekstase und verleiht ihm, nachdem er ihn in seinen normalen Zustand zurückversetzt hat, den Rang eines *Khalifeh* (Nachfolger). Der Mystiker nimmt nun seine äußere Befolgung der Riten des Islam wieder auf und bereitet sich auf seine Pilgerreise zu den Heiligen Städten vor."

Heutzutage ist die ganze Welt zu einem wahren Bienenstock kabbalistischer und gnostischer Sekten geworden, und in allen findet sich dasselbe System der allmählichen mentalen Absorption der Persönlichkeit des Adepten auf seinem Weg nach oben, wie bei den Derwischen, nacheinander durch den offiziellen Lehrer des Ordens, durch einen Lehrer auf der Astralebene, im Rosenkreuzer-Orden durch seinen sogenannten Gründer Christian Rosenkreutz, und schließlich die vollständige Absorption durch eine unbekannte zentrale Macht, noch im materiellen Körper. Auf diese Weise werden Orakel ausgebildet, die scheinbar inspiriert sind und Lehren erteilen, die wiederum durch die verschiedenen Grade des Ordens weitergegeben werden und den Mitgliedern Orientierung geben. Schließlich gehen sie unter das Volk und verbreiten die Ideen, oft im Namen von Freiheit, Gleichheit und Brüderlichkeit, und führen es unter dem direkten oder indirekten Einfluss dieser Sekten und ihrer äußeren Erscheinungsformen, der internationalen, universellen, sozialistischen, kommunistischen und atheistischen, in die Irre.

YEZIDIS

Wie Springett schreibt:

> „Die Yeziden stammen der Überlieferung nach ursprünglich aus Basrah und aus dem Land, das vom unteren Teil des Euphrat bewässert wird; nach ihrer Auswanderung ließen sie sich zunächst in Syrien nieder und nahmen später den Sindjar-Hügel und die Gebiete in Besitz, die sie heute in Kurdistan bewohnen... Es gibt bei ihnen eine seltsame Mischung aus Sabäertum, Christentum und Mohammedanismus, mit einem Hauch der Lehren der Gnostiker und des Manichäismus; das Sabäertum scheint jedoch das vorherrschende Merkmal zu sein."

Sie haben eine große Ehrfurcht vor der Sonne und ihrem Symbol, dem Feuer. In *Le Juif* erzählt des Mousseaux, indem er Autoritäten zitiert, dass Chaldäa seit jeher die Wiege der dämonischen Kabbala war, die von den Kainiten und den Sabäern abstammt, die die Sonne, die Sterne, den Geist der Sterne und das böse Prinzip anbeteten. Diese Kabbala drang unter die Yeziden und Drusen ein.

Nun sagt W. B. Seabrook in seinen *Abenteuern in Arabien*, dass Shaitan im „Schwarzen Buch" der Yeziden befiehlt: „Sprecht nicht von meinem Namen und erwähnt nicht meine Eigenschaften, damit ihr nicht schuldig werdet, denn ihr habt keine wahre Kenntnis davon, sondern ehrt mein Symbol und mein Bild." Seabrook wurde gesagt, dass „Shaitan" der „Helle Geist Melek-Taos" (Engel Pfau) ist, der „Geist der Macht und der Herrscher der Welt" - Luzifer! Er spricht auch von den sieben Türmen Shaitans oder „Machthäusern", die angeblich eine Kette quer durch Asien bilden, von der nördlichen Mandschurei über Tibet, westlich durch Persien und endend in Kurdistan, und in jedem Turm befindet sich ein Priester, der angeblich Weltmagie betreibt. Er sah einen solchen Turm in Scheich-Adi; er war weiß getüncht, kanneliert und kegelförmig, mit einer polierten Gold- oder Messingkugel auf der Spitze, die aufblitzte, wenn sie von der Sonne getroffen wurde; oft, so wurde ihm gesagt, verbrachte ein besonderer Zauberer viele Tage allein darin. Über dem Eingang zu ihrem Heiligtum befand sich eine schwarze Schlange!

Nach des Mousseaux wurden die Yeziden von einem Obersten Emir regiert, der Patriarch und Pontifex war und über absolute Macht verfügte; mittels untergeordneter Emire übermittelte er seine Befehle an alle Yeziden (Schamaniten), die in Kurdistan, Medien, Mesopotamien und den Bergen Zindjar verstreut waren. Und „es ist wahrscheinlich, dass seine Befehle durch geheimnisvolle Verzweigungen bis in die entlegensten Winkel Asiens und vielleicht sogar Europas gelangten." Weiter,

> „Alle Leidenschaften, selbst die schändlichsten, werden als heilig angesehen ... der Teufel ist für sie nur ein gefallener Engel ... Gott, so sagen sie, ist unendlich gut, unfähig, den Menschen Böses zu tun. Der Teufel hingegen ist unendlich böse, und in seiner Bosheit besteht sein einziges Vergnügen darin, sie zu quälen. Es ist daher vor allem klug, wenn man hier unten glücklich sein will, den Kult Gottes, der nichts Böses tun kann, aufzugeben ... und sich unter den

Schutz des Wesens zu stellen, das allein die Menschen von den Übeln dieses Lebens befreien kann, da nur er sie zufügen kann ..."

Es heißt, dass sie sich den außergewöhnlichsten theurgischen Praktiken hingeben, all dem, was an Magie und Zauberei am teuflischsten ist. Zur Bestätigung vieler dieser Aussagen schreibt Springett weiter:

„Wenn der yezidische Glaube in der Tat eine Ablehnung des Teufels ist, und wenn, wie Herr Layard andeutet, der Pfau ein Symbol für Satan ist, der in ihren Augen nur das Oberhaupt der rebellischen Engel ist, dann würde der Malek Taoos eher das schlechte als das gute Prinzip repräsentieren, und so weit wäre er mit dem goldenen Kalb der Drusen verwandt und würde auch persischen Ursprung der Sekte und die alten Vorstellungen von Ahura Mazda (oder Ormuzd) und Ahriman implizieren."

Der yezidische Häuptling selbst sagte, dass der „Malek Taoos" ein Symbol sei, das sehr verehrt werde.

Springett erklärt, dass die Yeziden von zwei Scheichs regiert werden, von denen einer die zivilen Angelegenheiten leitet, während der andere den religiösen Riten vorsteht und insbesondere mit der Betreuung ihres Heiligtums betraut ist, das nach ihrem obersten Heiligen, *Scheich Adi*, benannt ist. Die Hierarchie umfasst vier Priesterorden - Pirs, Scheichs, Kawals und Fakire, die erblich sind und von Frauen besetzt werden können, wenn sie in der Erbfolge stehen. Was ihren Glauben betrifft, so glauben sie an ein Höchstes Wesen, die Essenz des Guten,

„und verehren auch den Satan, obwohl sie seinen Namen nie aussprechen oder auch nur annähernd... Sie scheinen also sowohl die guten als auch die bösen Gottheiten der alten Perser zu verehren, sagen aber, da die letzteren manchmal Gutes tun können, während die ersteren unmöglich etwas Böses tun können, sei es das böse Prinzip, das sie beschwichtigen müssen."

Er spricht auch von „dem äußerst geschätzten heiligen Buch, das die Yeziden besitzen", und laut Badger und Layard ist es in Arabisch geschrieben und besteht aus einer poetischen Rhapsodie über die Verdienste und Eigenschaften von Sheikh Adi.

Wie die *Revue Internationale des Sociétés Secrètes* im Mai 1932 berichtete, berichtete Pierre van Passen vom *Toronto Daily Star* über eine Zeremonie der Schwarzen Messe, der er im Tempel in der Rue de Montparnasse in Paris beiwohnte. Er sagte, es gebe elf Tempel und schätzungsweise 10.000 Teufelsanbeter in Paris - Männer und Frauen, die eine lange Ausbildung durchlaufen haben. Diese Teufelsanbeter stehen in Verbindung mit einer Sekte, die noch immer in der syrischen Wüste in der Nähe von Bagdad existiert und die „Shaitan" verehrt, ein Name, der niemals ausgesprochen werden darf, nicht einmal in Worten, die mit den ersten beiden Buchstaben beginnen. Seit zehn oder zwanzig Jahren gibt es zahlreiche Beschwerden von außen, aber aufgrund des Dekrets über die „Freiheit der Religionsausübung" wird diese Sekte von der französischen Regierung unter der Bedingung zugelassen, dass keine offene Propaganda betrieben wird.

KAPITEL III

ROSENKREUZER UND ILLUMINATEN

D er Ursprung der Rosenkreuzer ist immer noch ein ungelöstes Rätsel; es ist sogar so, wie Disraeli 1841 schrieb:

„Dieser mystische Orden verbreitete sich unter den Deutschen, einem mystischen Volk, wo sein Ursprung in der Tat genauso diskutiert wurde wie der anderer Geheimgesellschaften; in der Tat entziehen sich seine verborgenen Quellen der Forschung." -

Andererseits behauptet der R.R. et A.C. - *Rosae Rubeae et Aureae Crucis* - in seinem 5 = 6 Ritual, wie alle so genannten Rosen-Kreuz-Orden, bis in die fernsten, ja mythischen Zeiten des Altertums zurückzugehen, denn es heißt:

„Wisse, dass der Orden der Rose und des Kreuzes seit Urzeiten existiert und dass seine mystischen Riten in Ägypten, Eleusis, Samothrake, Persien, Chaldäa, Indien und in weitaus älteren Ländern praktiziert und seine Weisheit gelehrt wurde, und so die geheime Weisheit des Altertums an die Nachwelt weitergegeben wurde. Es gab viele Tempel und viele Völker, in denen sie sich niederließen, obwohl einige im Laufe der Zeit die Reinheit ihres ursprünglichen Wissens verloren."

Die geheimnisvollen Brüder vom Rosenkreuz nannten sich selbst *Unsichtbare*, und ihre legendäre Geschichte war kurz und bündig folgende: Die Bruderschaft wurde von einem gewissen Christian Rosenkreutz gegründet, der, wie es heißt, im Jahr 1378 in einer adligen deutschen Familie geboren wurde. Zwölf Jahre lang, vom fünften Lebensjahr an, wurde er in einem Kloster erzogen und reiste dann nach Damaskus und von dort zu einem Ort namens Damcar in Arabien, wo er von den Heiligen Drei Königen gut aufgenommen wurde. Diese Weisen erwarteten von ihm, dass er derjenige sei, der die Welt erneuern würde, und sie weihten ihn in ihre arabische Magie ein. Nachdem er Fez und Spanien besucht hatte, kehrte er nach Deutschland zurück, wo er zusammen mit drei Schülern die Bruderschaft gründete und sie ihr Haus mit dem Namen „Domus Sancti Spiritus" bauten, in dem C. R. bis zu seinem Tod lebte. Dort schrieben sie das Buch „M" - Magicon, nach Dr. Wynn Westcott - das, wie es heißt, aus der Magie zusammengestellt wurde, die C. R. von den Arabern in Damcar gelehrt wurde. Außerdem die Bücher Axiomata, Rota Mundi und Protheus.

Christian Rosenkreutz starb 1484, im Alter von hundert oder mehr Jahren, und hundertzwanzig Jahre lang blieb der Ort seines Grabes unbekannt. Im Jahr 1604 stießen sie bei Reparaturarbeiten an dem Gebäude auf die Tür der Gruft, und als sie sie öffneten, fanden sie dort den Leichnam ihres Gründers und viele magische Gegenstände und okkulte Manuskripte. Nach seinem Tod widmeten sich die Brüder dem Studium der Geheimnisse der Natur und ihrer verborgenen Kräfte und praktizierten unentgeltlich Medizin, wobei sie einige geheimnisvolle Heilmittel verwendeten. Ihre Vereinbarung lautete: (1) Keiner von ihnen sollte sich zu etwas anderem bekennen als zur Heilung von Kranken, und zwar unentgeltlich. (2) Keiner der Nachkommenschaft sollte gezwungen werden, eine bestimmte Art von Gewand zu tragen, sondern darin dem Brauch des Landes zu folgen. (3) Sie sollen sich jedes Jahr am Tag C. (Fronleichnam, Sommersonnenwende) im Haus Sancti Spiritus versammeln oder den Grund ihrer Abwesenheit schreiben. (4) Jeder Bruder soll sich um eine würdige Person bemühen, die nach seinem Ableben seine Nachfolge antreten kann. (5) Die Buchstaben R. C. sollen ihr Siegel, ihr Zeichen und ihr Charakter sein. (6) Die Bruderschaft soll hundert Jahre lang geheim bleiben.

Diese Unsichtbaren warteten auf das, was sie die Läuterung der Kirche nannten, und hofften, vor dem Ende der Welt alles in seiner ursprünglichen Integrität wiederherstellen zu können. Nach der Öffnung des Grabes, nachdem die festgesetzten hundertzwanzig Jahre mehr als verstrichen waren, gaben sie zwei Manifeste heraus - Fama Fraternitatis R.C., 1614, und Confessio

Fraternitatis Rosae Crucis, 1615, und schickten sie an alle gelehrten Männer und Regierungen in Europa, um sie einzuladen, sich dem Orden bei der allgemeinen Reform anzuschließen. Eine Zeit lang erregten sie großes Aufsehen, aber mit geringem äußerem Ergebnis. Diese Dokumente wurden von vielen Jean Valentin Andrea zugeschrieben, obwohl er selbst die Urheberschaft immer bestritt.

In seinem Buch *Les Rose-Croix Lyonnais au XVIIIe Siècle*, 1929, geht Paul Vulliaud auf diese Manifeste usw. ein und bringt sie mit Paracelsus und Cornelius Agrippa, der Theosophie und dem Illuminismus in Verbindung. Über das *Livre du Monde* von Ch. Fauvety (Magie der Natur) schreibt Vulliaud:

„In einer sehr interessanten Studie behauptet Fauvety, es habe mit dem *Magnetismus zu tun*... Er hat die Bedeutung, die dem *magnetischen Fluidum* in den theosophisch-wissenschaftlichen Lehren zur Zeit des Paracelsus beigemessen wurde, gut aufgezeigt... Nachdem er bemerkt hat, dass die Anhänger von Paracelsus und van Belmont daraus ein Mysterium machten, fügt Fauvety hinzu, dass die *magnetische Kraft* „in der Tat, einigen Schriftstellern zufolge, das Geheimnis der Rosenkreuzer gewesen sein könnte, von denen man im sechzehnten Jahrhundert sagte, sie besäßen ein Universalheilmittel. Für diese Annahme spricht, dass selbst die Gegner des Magnetismus den Ärzten, den Anhängern des Paracelsus, vorwarfen, durch magnetische Prozesse zu heilen, die denen der Rosenkreuzer ähnelten".

So schrieb Gustave Bord in *La Franc-Maçonnerie en France*, 1908:

„Die Lehre des Paracelsus entstammt der Kabbala, der hermetischen Philosophie und der Alchemie. Er behauptete, das gesamte System der geheimnisvollen Kräfte, die in der Natur und im Menschen wirken, zu kennen und zu erklären... Der Mensch muss sich mit den Kräften vereinen, die erforderlich sind, um entweder physische oder geistige Phänomene hervorzubringen. Das Universum war der Makrokosmos, der Mensch war der Mikrokosmos, und sie waren einander ähnlich (wie oben, so unten)."

Weiter sagt Vulliaud, dass J. J. Monnier auch wusste, dass die Eingeweihten in bestimmten Logen Magnetismus praktizierten. Monnier zufolge „magnetisierten sie durch göttliche Gnade *[sic]*, durch die Kraft des Glaubens und des Willens, durch Mauern hindurch bis in große Entfernungen, von Paris bis nach Dominica". Schließlich kommt Vulliaud zu dem Schluss:

„Zusammenfassend lässt sich sagen, dass das Rosenkreuzertum aus mystischem Illuminismus in Verbindung mit Alchemie, Astrologie, Magnetismus und Kommunikation mit Geistern [astral!], wenn nicht sogar mit dem Wort selbst, besteht; es besteht manchmal aus einer, manchmal aus mehreren dieser Formen des Wunderbaren und Okkulten. In bestimmten Logen ... wird die Theurgie eifrig praktiziert."

In einem anonymen Buch mit dem Titel „*Mysteries of the Rosie Cross*" aus dem Jahr 1891, das eine Fülle dokumentierter Informationen enthält, ist zu lesen:

„Über den Ursprung und die Bedeutung des Begriffs Rosenkreuzer sind verschiedene Meinungen vertreten und geäußert worden. Einige sind der Meinung, dass er sich aus *rosa* und *crux* (Rose und Kreuz) zusammensetzt, aber andere behaupten mit scheinbar gutem Grund, dass es sich um eine Zusammensetzung aus *ros* (Tau) und *crux (Kreuz) handelt.*

... Ein Kreuz in der Sprache der Feuerphilosophen ist dasselbe wie *Lux* (Licht), denn die Figur eines Kreuzes zeigt alle drei Buchstaben des Wortes *Lux* auf einen Blick... Ein Rosenkreuzer ist also ein Philosoph, der mit Hilfe von *Tau* nach *Licht* sucht, das heißt nach der Substanz des Steins der Weisen.

die Quintessenz oder die fünf Elemente, Erde, Luft, Feuer, Wasser und Äther; der erleuchtete Mensch!

Was die Interpretation von Rosa-Crux betrifft, so gibt uns das Ritual des R.R. et A.C. den Schlüssel zur

„Das Grab des Osiris On-nopheris, des Gerechten (erleuchtet), die symbolische Grabstätte unseres mystischen Gründers Christian Rosenkreutz, die er zur Darstellung des Universums machte ... ist die Form der Rose und des Kreuzes, des alten Crux Ansata, des ägyptischen Symbols des Lebens, das das Leben der Natur und die in den Worten I.N.R.I. verborgenen Kräfte wieder aufnimmt."

Wie wir wissen, steht I.N.R.I. für *Igne Natura Renovatur Integra* - die gesamte Natur wird durch Feuer erneuert. Es steht für die drei Phasen der universellen Erzeugung - Schöpfung, Zerstörung und Regeneration. Die angegebenen Zeichen sind L.V.X., die die gleiche Idee darstellen. Zur weiteren Erläuterung von L.V.X. heißt es im selben Ritual: An der Tür des Grabes angekommen,

„Bei näherer Betrachtung der Tür werden Sie feststellen, ... dass unter dem CXX in der Inschrift die Buchstaben L.V.X. stehen, das Ganze entspricht 'Post CXX Annos Lux Crucis Patebo' - am Ende von 120 Jahren werde ich mich dem Licht des Kreuzes offenbaren. Denn die Buchstaben L.V.X. sind aus den zerlegten und zusammengefügten Winkeln eines Kreuzes + gebildet."

Außerdem waren die Rosenkreuzer gelehrte Kabbalisten, und Adolphe Franck zitiert in *La Kabbale* Simon ben Jochai im *Zohar, der* vom Alten der Tage spricht, dem ersten der Sephiroth am Baum des Lebens:

„Er sitzt auf einem Thron aus Funken, die er seinem Willen unterwirft ... Von seinem Haupt schüttelt er einen *Tau*, der die Toten erweckt und in ihnen ein neues Leben gebiert. Deshalb steht geschrieben: 'Dein Tau ist ein Tau des Lichts. Er ist die Nahrung der Heiligen der höchsten Ordnung. Er ist das Manna, das den Gerechten für das künftige Leben bereitet wird. Er steigt herab in die Felder der heiligen Früchte (Adepten der Kabbala). Der Aspekt dieses Taus ist weiß wie ein Diamant, dessen Farbe alle Farben einschließt".

Dieses Tau ist das „Göttliche Weiße Licht oder die Brillanz" der Rosenkreuzer, die magnetische Flüssigkeit ihrer Magie. Außerdem heißt es in demselben R.R. et A.C. Ritual: „Farben sind Kräfte und die Signatur der Kräfte, und Kind der Kinder der Kräfte bist du, und deshalb ist um den Thron des Mächtigen ein Regenbogen der Herrlichkeit und zu seinen Füßen das Kristallmeer." Es ist die Kraft des Illuminismus, ein Licht der Natur!

Jane Lead, die Hauptinspiratorin der Panacea Society, spricht über die Eigenschaften des kabbalistischen Lebensbaums und beschreibt die fünfte als: „Die Süße des Taus, der immer auf den Zweigen des Baumes liegt... Es ist alles paradiesische (oder erleuchtende) Kraft." Dieselbe Kraft, das magnetische Fluidum, ist die Grundlage ihres rosenkreuzerischen Allheilmittels. Außerdem, so der Autor von *The Mysteries of the Rosie Cross:* „Im Jahre 1616 wurde in Straßburg ein bemerkenswertes Werk mit dem Titel *The Hermetic Romance, or the Chymical Wedding* veröffentlicht. *Geschrieben in Hochniederländisch von Christian Rosencreutz.* Dieses Buch ... soll in einem Manuskript ... bereits 1601 existiert haben und ist damit das älteste erhaltene Rosenkreuzerbuch." Einige sagen, es sei das Werk von Valentin Andrea; auf jeden Fall scheint es die Vereinigung des Adepten mit dem universellen Agenten darzustellen, und es ist möglich, dass die ganze Legende von Christian Rosenkreutz lediglich dieselbe mystische Idee darstellt, die bei allen Yogis und Mystikern zu finden ist und geheimnisvolle Kräfte erweckt.

Wie Gustave Bord schrieb:

> „Zu allen Zeiten gab es geheime Sekten, die behaupteten, die Gesetze zu verstehen, die das Universum regeln; einige glaubten, sie besäßen wirklich das unaussprechliche Geheimnis; andere, die Klugen, machten ihre Geheimnisse zu einem Lockmittel für die Menge und behaupteten so, sie zu beherrschen und zu führen; zumindest fanden sie einen Weg, sie zu ihrem Vorteil zu nutzen."

Im Vorwort des kuriosen Buches „*The Long Livers*" von Robert Samber, der unter dem Pseudonym „Eugenius Philalèthes Junior" schrieb, das 1722 der Großloge von London gewidmet wurde und auf das die Freimaurerhistoriker Mackay, Whytehead und Yarker Bezug genommen haben, wird deutlich darauf hingewiesen, dass es oberhalb der drei traditionellen Grade eine *Erleuchtung* und eine Hierarchie gibt, deren Natur nicht offenbart wird, aber die Sprache, die verwendet wird, ist ganz die der Alchemie und von Rose-Croix. Louis Daste, der über die Freimaurerei in der Französischen Revolution spricht, bemerkt dazu:

> „Diese geheimnisvolle Erleuchtung der niedrigen Grade der Freimaurerei, diese Hierarchie, deren Geheimnis Philalèthes Junior so eifersüchtig gehütet hat, diese 'Unbekannten Oberen', die von den judaisierenden Martinisten und Philalèthes verehrt werden, die die Herrschaft über die gewöhnlichen Logen beanspruchen - ist das alles nicht die unzerreißbare Kette, die die jüdische Kabbala mit der Freimaurerei verbindet, und haben wir nicht fortan das Recht, die hinter den freimaurerischen Logen verborgene okkulte Macht als das Gehirn des Judentums zu vermuten, das die ganze Welt erobern und beherrschen würde?"

MARTINES DE PASQUALLY

In seinem Buch über den Orden der *Élus Coens* aus dem 18. Jahrhundert berichtet R. le Forestier, dass dieser Orden - der bis heute als Martinisten fortbesteht - um 1760 von Martines de Pasqually, angeblich einem portugiesischen Juden, gegründet wurde. Es handelte sich um eine der interessantesten okkulten Gruppen jener Zeit, „die unter dem Deckmantel der Freimaurerei eines der letzten Glieder der langen Kette geheimnisvoller und eifersüchtig verschlossener Vereinigungen darstellte, deren Mitglieder behaupteten, durch magische Vorgänge mit dem Göttlichen zu kommunizieren, um an einer gesegneten Unsterblichkeit teilzuhaben" - Illuminismus! Der Name *Coen*, den Pasqually seinen Mitgliedern gab, ist eine Abwandlung des hebräischen Begriffs *Cohanim*, der die höchste sakrale Kaste bezeichnete, die in Jerusalem unter Salomon gebildet wurde, um den göttlichen Dienst im Tempel zu gewährleisten; man sagte, dass sie in direkter Linie von Aaron abstammten. Die Coens behaupteten also, Erben und Bewahrer der geheimen jüdischen Tradition zu sein. Pasqually baute ein merkwürdiges metaphysisches und mystisches System auf, das „aus geheimen Traditionen entlehnt war und ein schwaches, aber sehr deutliches Echo der verschiedenen esoterischen Lehren darstellte, die in den ersten Jahrhunderten unserer Zeitrechnung im Osten entstanden, nachdem sie andere, ältere Traditionen übernommen hatten, und die später über die jüdische Kabbala in den Westen eindrangen". Seine Schüler waren die Nachfolger der Mystiker Asiens, Ägyptens, Griechenlands und Italiens, der Valentinianer, Orphiker und Mithras-Anhänger; sie bekannten sich zu den mystischen Lehren der Neuplatoniker, Gnostiker und Kabbalisten und pflegten zur Zeit der *Enzyklopädie* die „Geheime Weisheit der Alten".

Die theoretische Kabbala behandelt, wie wir wissen, die Natur der Gottheit, ihre Beziehungen zum Menschen und den Ursprung der Welt. Die praktische oder magische Kabbala hingegen befasste sich mit „dynamischer und theurgischer Magie, lehrte die Kunst, Geister zu befehligen, die Zukunft zu erraten, aus der Ferne hellzusehen und Amulette herzustellen". In ihren mystischen Strömungen fanden sich Einflüsse der chaldäischen

Astrologie und Dämonologie, der ionischen Naturphilosophie, der mazedonischen, manichäischen, sabäischen und mithraischen Konzepte sowie der pythagoreischen Arithmetik und Geometrie. Es handelte sich um ein Überbleibsel der primitiven Kulte, die auf „fluidischer Magie" beruhten - der magischen magnetischen Flüssigkeit der Alchemisten, Rosenkreuzer und Illuminaten - und die noch während der Gefangenschaft in den babylonischen und persischen Religionen fortlebten. Jahrhundert schrieb J. B. van Helmont in seinem *Hortus Medicine*: „Eine magische Kraft, die durch die Sünde eingeschlafen ist, schlummert im Menschen; sie kann durch die Gnade Gottes oder durch die Kunst der Kabbala erweckt werden." Es geht um die Erweckung der Kundalini durch magische Prozesse oder Yoga! Jahrhundert im Herzen der jüdischen Sekten, die mit den in Mitteleuropa weit verbreiteten Frankisten verbunden waren.

Schließlich sagt le Forestier, dass das theurgische Verfahren, das vor allem von der Praktischen Kabbala vertreten wird, auf der wunderbaren Kraft der göttlichen Namen beruht; es leitet sich von einer der Grundlagen aller Arten von Magie ab, die auf die ältesten Zeiten zurückgeht. Pasqually betonte auch die den Kabbalisten bekannte Idee, dass der Name seine Kraft vor allem dann entfaltet, wenn er mit lauter Stimme ausgesprochen wird. Hier haben wir es mit der „vibrierenden Art der Aussprache göttlicher Namen" zu tun, die in der Stella Matutina und dem R.R. et A.C., einem Martini-Orden, angewandt wird und deren Verpflichtungen vorschreiben, dass sie niemals offenbart werden dürfen! Die Macht wird, wie bei magischen Beschwörungen, durch das Aussprechen des Namens zusammen mit all seinen Entsprechungen stark erhöht, wie in Crowleys Buch *777* gezeigt. Außerdem zeigen die Operationen der Coens mit ihren Diagrammen, Lustrationen, Weihrauchverbrennungen, Niederwerfungen, Anrufungen und Beschwörungen ganz offensichtlich die magischen Zeremonien, denen sich die Jünger von Pasqually widmeten. Die gleichen Vorgänge finden wir heute in der SM und der R.R. et A.C. wieder. Um auf Eliphas Levi zurückzukommen, einen anderen und späteren Martinisten, der in seiner *Geschichte der Magie* schreibt

„Außerdem führt das Gesetz des Gleichgewichts in Analogie zur Entdeckung eines universellen Mittels, das das große Geheimnis der Alchemisten und Magier des Mittelalters war. Es wurde gesagt, dass dieses Mittel ein Lebenslicht ist, durch das belebte Wesen magnetisch werden, während Elektrizität nur eine vorübergehende Störung ist. Die Praxis dieser wunderbaren Kabbala beruht ganz auf der Kenntnis und dem Gebrauch dieses Mittels. Nur die praktische Magie öffnet den geheimen Tempel der Natur für die stets begrenzte, aber stets fortschreitende Macht des menschlichen Willens."

Der *Zohar*, sagt er, ist eine Genesis des Lichts (der Natur). Die *Sepher Yetzirah* ist die Leiter der Vollendung und Anwendung; sie hat zweiunddreißig Stufen - zehn Sephiroth oder Zentren des Lichts, und zweiundzwanzig Pfade oder Kanäle, die die Sephiroth verbinden und durch die das Licht oder die magische Flüssigkeit fließt. Es ist der kabbalistische Baum des Lebens. In der kabbalistischen und magischen Ordnung auf den Mikrokosmos oder das Gehirn und Nervensystem des Menschen angewandt, ist er voller Gefahren und Illusionen, geistig, moralisch und physisch. Eliphas Levi sagt weiter, dass die Wissenschaft des Feuers und seiner Beherrschung das Geheimnis der Weisen war, das ihnen die Herrschaft über die okkulten Kräfte der Natur verlieh: „Auf jeder Seite treffen wir auf den Zauberer, der den Löwen tötet und die Schlangen beherrscht. Der Löwe ist das himmlische (kosmische oder sternförmige) Feuer, während die Schlangen die elektrischen und magnetischen Ströme der Erde sind. Auf dieses Geheimnis der Heiligen Drei Könige sind alle Wunder der hermetischen Magie zurückzuführen.

Und schließlich sind diese kontrollierenden „Übermenschen" hinter den Kulissen offenbar Meister im Wissen und Wirken dieser praktischen Kabbala, die aus den Kulten der fernsten Vergangenheit hervorgegangen ist. Ist es daher nicht gerechtfertigt anzunehmen, dass diese Übermenschen magisch arbeitende, kabbalistische und revolutionäre Juden sind?

PERNETY

Joanny Bricaud, in *Les Illuminés d'Avignon*, 1927, gibt uns einige interessante Details über die Entwicklung dieser Bewegung:

„Seltsame Sache! Die Epoche der *Enzyklopädisten* und Philosophen war auch die Epoche der Propheten und Thaumaturgen. Gegenüber Voltaire, Diderot, d'Alembert, den Ungläubigen und Skeptikern, erschienen Swedenborg, Martines de Pasqually, Saint-Martin, Mesmer und Cagliostro, Gründer mystischer Gruppen, die sich allen Praktiken der Theurgie, der Magie und des Illuminismus hingaben."

Wie Bricaud berichtet, wurde Dom Pernety, der Gründer der Gruppe von Avignon, 1716 in Roanne in Forez geboren und wurde Benediktiner von Saint-Maur. Während seines Aufenthalts in der Abtei Saint-Germain-des-Prés stieß er auf zahlreiche Bücher über hermetische Lehren und Alchemie und ließ sich von diesem Zeitgeist anstecken. Da er das klösterliche Leben für unerträglich hielt, gab er es auf und ging nach Avignon, wo er 1766 seinen hermetischen Ritus gründete. Später sehen wir ihn in Berlin, wo er immer noch mit seinen Adepten in Kontakt bleibt. Allmählich wird sein Hermetismus von der Mystik Swedenborgs und Böhmes durchdrungen, er wird zum Seher und Erleuchter, der sich von einem sogenannten Engel Assadai leiten lässt und Mitteilungen von einer unsichtbaren Macht namens Sainte-Parole empfängt.

M. Bricaud sagt weiter, dass es in der Bibliothèque Calvet in Avignon ein seltsames Manuskript von 155 Seiten in Pernetys eigener Handschrift gibt, das während der Revolution in seinem Haus beschlagnahmt wurde. Es stammt aus Berlin (1779-1783) und Avignon (1783-1785) und ist ein Bericht über die Bitten und Fragen seiner Eingeweihten an diese Sainte-Parole und die Antworten dieser Macht. Die Eingeweihten sind mit okkulten Zahlen bezeichnet, die die Grundlage für ihre kabbalistischen Operationen bilden, wenn sie Sainte-Parole konsultieren. Nichts wurde ohne die Zustimmung dieser unbekannten Macht getan. Wie Weishaupt gesagt hat: „Wir können die Menschen nicht so gebrauchen, wie sie sind; sie müssen so geformt werden, wie man sie gebrauchen will." Auf dieselbe Weise wurden Pernety und seine Eingeweihten geprüft, ermahnt und verwirrt, bis die Macht absoluten Glauben und Gehorsam von ihnen erlangte. Sie wurden auf einem Hügel über Berlin geweiht, regeneriert und erleuchtet; Pernety war dazu bestimmt, eine Gesellschaft für das „neue Volk Gottes" zu gründen und eine neue Stadt als Vorbereitung für einen „neuen Himmel und eine neue Erde" zu errichten. Er sollte das Zentrum und der Pontifex sein, und ein anderer Adept, Graf Grabianka, sollte König werden. Die sechsjährige Tochter des letzteren sollte sieben Jahre lang von Eltern und Land isoliert werden, um als Orakel vorbereitet zu werden, durch das er regieren sollte. Schließlich wurde der *Thabor-Tempel* in der Nähe von Avignon errichtet, und die Gruppe wurde als *Illuminés d'Avignon* bekannt. Ihr Kult war absolut geheim, und ihre Ideen entsprachen im Großen und Ganzen denen Swedenborgs, aber sie bekannten sich auch zum Kult der Jungfrau, offenbar der Großen Mutter der Gnostiker. Don Pernety starb 1796, und die letzten Überlebenden traten zum Martinismus über.

SAINT-MARTIN

Der Martinistische Illuminismus wurde, wie wir gesehen haben, von Martines de Pasqually gegründet, der die Doktrin der Reintegration lehrte; von 1754 bis 1768 propagierte er seine höheren Grade unter den Freimaurerlogen Frankreichs.

M. de Maistre schrieb 1810, dass die Martinisten einen Kult und höhere Eingeweihte oder Priester hatten, die mit dem hebräischen Namen *Cohen* bezeichnet wurden, und er stellte fest, dass alle diese großen Eingeweihten an der Revolution teilnahmen, wenn auch nicht im Übermaß. Saint-Martin, der unbekannte Philosoph, war ein Schüler Pasquallys und entwickelte die Bewegung später erheblich weiter, indem er seine *Loge maçonnique des Chevaliers de la bienfaisance* in Lyon gründete. Nach Louis Blanc:

> „Der Martinismus machte in Paris rasche Fortschritte; er herrschte in Avignon; in Lyon hatte er ein Zentrum, von dem aus er nach Deutschland und Russland ausstrahlte. Aufgepfropft auf die Freimaurerei, bildeten die neuen Lehren einen Ritus, der aus zehn Stufen bestand..., die die Adepten nacheinander durchlaufen mussten; und zahlreiche Schulen wurden mit dem einzigen Ziel

gegründet, den Schlüssel zum mystischen Kodex zu finden und ihn zu verbreiten. So entstand aus einem einzigen Buch (*Des Erreurs et de la Verité par un philosophe inconnu*) eine riesige Menge von... Bemühungen, die dazu beitrugen, die unter den alten Institutionen gegrabene Mine zu vergrößern." [Er fügt hinzu:] „Im Namen des frommen Spiritualismus erhebt sich der unbekannte Philosoph gegen die Torheit der menschlichen Kulte. Auf den Wegen der Allegorie führt er zum Herzen des geheimnisvollen Reiches, das der Mensch in seinem Urzustand bewohnt hatte."

Die Illuminaten, die unter dem Gesetz der Geheimhaltung organisiert waren, übten einen bedeutenden Einfluss auf die revolutionären Bewegungen aus, und sowohl die Martinisten als auch die Swedenborgianer verbündeten sich mit den Illuminaten von Weishaupt, wie der Wilhelmsbader Konvent von 1782 zeigt, *dessen* Ziel von einem entsetzten Delegierten, dem Comte de Virieu, der von der Mystik Saint-Martins getäuscht worden war, so ausgedrückt wurde:

„Es gibt eine Verschwörung, die so gut geplant und so tiefgreifend ist, dass es für die Religion und die Regierungen sehr schwierig sein wird, ihr nicht zu erliegen.

Im *Rituel de l'Ordre Martiniste,* herausgegeben von Teder, 1913, wird der Adept des dritten Grades gewarnt, die Geheimnisse nicht zu enthüllen:

„Wenn du aber durch die Kraft deines freien Willens und den Segen des Göttlichen dazu gelangst, die Wahrheit von Angesicht zu Angesicht zu betrachten, dann erinnere dich daran, dass du über das Geheimnis, in das du eingedrungen bist, schweigen musst, selbst wenn deine Treue dich das Leben kosten sollte. Denke immer an das Schicksal der großen Eingeweihten, die, wenn auch in bester Absicht, versucht haben, vor der Menge einen Winkel des heiligen Schleiers der Isis zu lüften."

„Es folgen einige Namen: Jesus, Jacques Molay, Paracelsus, Cazotte, Cagliostro, Saint-Martin, Wronski, Eliphas Levi, Saint-Yves d'Alveydre und Hunderte von anderen. Und sie fahren fort: 'Solltest du auch nur das Geringste der Geheimen Künste oder irgendeinen Teil der verborgenen Geheimnisse verraten, die du durch Meditation zu verstehen gelernt hast, gibt es keine körperliche Folter, die nicht süß wäre im Vergleich zu der Strafe, die deine Torheit über dich bringen wird.' Kein materielles

Symbol kann den Schrecken der geistigen und körperlichen Vernichtung ausdrücken, der den unglücklichen Offenbarer des Wahren Wortes erwartet, denn Gott ist ohne Gnade für jeden, der sein Heiligtum entweiht und unwürdigen Augen das unaussprechliche Geheimnis brutal offenbart.

Schließlich muss der Superior Inconnu im Zweiten Tempel schwören, „mit all meiner Kraft daran zu arbeiten, auf der Erde die Vereinigung aller Interessen (Profits), die Föderation aller Nationen, die Allianz aller Kulte und die Universelle Solidarität zu errichten". Im Jahr 1913 war „Papus", Dr. G. Encausse, Großmeister und Präsident des Obersten Rates der Martinisten.

SWEDENBORG

Was den Swedenborgianismus betrifft, so finden wir in *Les Sectes et Sociétés Secrètes* aus der Feder von Le Couteulx de Canteleu eine kurze, aber interessante Skizze von Swedenborg und seinem System: Emanuel Swedenborg war der Sohn eines lutherischen Bischofs von Skara in Schweden und wurde um 1688 in Upsala geboren. Im Jahr 1743 begann er, seinen Glauben zu verbreiten, eine Mischung aus Mystik, Magnetismus und Magie. Wie bei allen Lehren dieser Art gab es auch bei ihm zwei Systeme: ein System für Dummköpfe und Narren, das angeblich das Christentum durch einen fantastischen Deismus reformieren sollte, den herrschenden Glauben an sein Neues Jerusalem; seine Anhänger glaubten an seine wunderbaren Visionen und Prophezeiungen, seine Gespräche mit Engeln und Geistern.

Die anderen führten geradewegs zur Gottlosigkeit, zum Atheismus und zum Materialismus, wo, wie in der Hermetik, Gott nur eine Sonne, ein Lichtgeist, eine den Körper belebende geistige Wärme war. Diesen letzteren stellte er seine Lehre als die der Ägypter und der Weisen dar, und diese Adepten waren mit ganzem Herzen für die Revolution, die dem Menschen seine ursprüngliche Gleichheit und Freiheit zurückgeben sollte.

Allein in England hatte er 1780 20.000 solcher Anhänger, die die Revolution zum Umsturz aller anderen Glaubensrichtungen erwarteten; Swedenborgs Gott sollte der einzige König sein, der übrig blieb! In Avignon hatte er viele Adepten, die sich mit den

Martinisten vermischten und als erleuchtete Theosophen bekannt
waren, und unter diesen fanden sich die gleichen Gelübde
zugunsten einer antisozialen, antireligiösen Revolution.

In einem Vorwort zu einem der Bücher von Emanuel
Swedenborg über die *Lehre von der neuen Kirche* - dem neuen
Jerusalem, das 1797 aus dem Latein der Amsterdamer Ausgabe
von 1769 übersetzt wurde, heißt es zur Erläuterung dieser Lehre:

> „Gleichzeitig in der natürlichen und in der geistigen Welt zu sein, in
> der ersten in der Gesellschaft der Menschen zu leben und sich in der
> zweiten in der Gesellschaft der Engel zu befinden, sie zu sehen, mit
> ihnen zu sprechen, sie zu hören, sich in einem Reich geistiger
> Substanzen zu bewegen - das ist zweifellos mehr, als nötig ist, um
> das materialistische Verständnis der Weisen von heute zu
> verwirren."

Es ist daher nicht verwunderlich, dass de Luchet der Meinung
war, dass „Theosophen, Swedenborgianer, Magnetiseure und
Illuminaten eine nationale Gefahr darstellen".

TEMPLARS

Als sich die Französische Revolution näherte, wurde der Boden
für den finsteren Umsturz von 1789 unter anderem durch die
noch immer aktive Macht des ehemaligen Templerordens
vermint und vorbereitet. Eliphas Levi informiert uns, dass der
geheime Kult der Templer, obwohl sie nach außen hin Katholiken
waren, der Johannismus war, und dass ihr geheimes Ziel darin
bestand, den Tempel Salomos nach dem Vorbild der Vision
Ezechiels wieder aufzubauen - die Wappen der Tempelmaurer,
ein Löwe, ein Ochse, ein Mensch und ein Adler, waren die
Banner der vier führenden hebräischen Stämme. Die Johanniter,
die Kabbalisten und Gnostiker waren, übernahmen einen Teil der
jüdischen Traditionen und talmudischen Berichte; sie
betrachteten die Fakten der Evangelien als Allegorien, zu denen
der heilige Johannes den Schlüssel hatte; ihre Großfürsten
nahmen den Titel Christus an. Mit der Zeit wurden die Templer
zu einer Gefahr für Kirche und Staat und bedrohten die ganze
Welt mit einer gigantischen Revolution, so dass sie schließlich

unterdrückt wurden. Wie der Hochfreimaurer Albert Pike in *Moral und Dogmen* schrieb:

„Der Orden verschwand sofort... Dennoch lebte er unter anderen Namen und wurde von unbekannten Häuptlingen regiert, die sich nur denjenigen offenbarten, die sich beim Durchlaufen einer Reihe von Graden als würdig erwiesen hatten, mit dem gefährlichen Geheimnis betraut zu werden... Die geheimen Drahtzieher der Französischen Revolution hatten geschworen, den Thron und den Altar auf dem Grab von Jacques de Molai zu stürzen."

Laut Louis Blanc in seiner *Geschichte der Französischen Revolution von* 1848 wurde Cagliostro 1781 in Frankfurt unter der Autorität der „Großmeister der Templer", den Illuminaten von Weishaupt, eingeweiht, von denen er Anweisungen und Geldmittel erhielt, um ihre teuflischen Intrigen gegen Marie Antoinette durchzuführen und die spätere Machtergreifung durch die illuminierten Logen des Großorient vorzubereiten. Louis Blanc schrieb über die Projekte Weishaupts:

„Durch die alleinige Anziehungskraft des Geheimnisses, durch die alleinige Macht der Assoziation, Tausende von Menschen in allen Ländern der Welt demselben Willen zu unterwerfen, mit demselben Atem zu beleben ... aus diesen Menschen durch langsame, allmähliche Erziehung neue Wesen zu machen, sie bis zur Raserei oder zum Tode gehorsam zu machen gegenüber unsichtbaren und unbekannten Häuptlingen; mit einer solchen Legion heimlich auf den Hof einzuwirken, die Herrscher zu umgeben, ohne dass die Regierungen es merken, und Europa zu jenem Punkt zu führen, an dem aller Aberglaube vernichtet, alle Monarchien gestürzt, alle Geburtsprivilegien für ungerecht erklärt und sogar das Recht auf Eigentum abgeschafft wird; das war der gigantische Plan der Gründer des Illuminismus."

In *Orthodoxie Maçonnique*, 1853, beschreibt der Jude und Freimaurer J. M. Ragon die beiden Grade des Ordens „Juges Philosophes Inconnus", eines Templerordens. Er ordnet diese wahrscheinlich dem „Orden Christi" zu, einem Orden, der nach der Aufhebung der Templer in Portugal von König Denis gegründet wurde und in den die reformierten Templer aufgenommen wurden, allerdings ohne ihre früheren Immunitäten und in völliger Abhängigkeit vom Staatsoberhaupt. Es wird zugegeben, dass die modernen Templer den Schleier der

Freimaurerei benutzt haben, weil er für die Verbreitung ihrer Ideen besser geeignet ist, aber er ist nur in der Form freimaurerisch. Das Schmuckstück des Adepten ist ein Dolch, und sein Werk ist die Rache. Der Novizengrad dieser „Philosophes Inconnus" ist der erste im letzten Grad der Freimaurerei-Kadosch, 30. Grad - der Bruder muss mindestens Rose-Croix (18. Grad) und bereits in der königlichen Kunst unterwiesen sein. Der Präsident spricht ihn an:

> „Du warst lange Zeit das Objekt unserer Beobachtung und unseres Studiums ... sobald du deine neue Verpflichtung übernommen hast, wirst du aufhören, dir selbst zu gehören; sogar dein Leben wird zum Eigentum des Ordens geworden sein. Der absoluteste Gehorsam, die völlige Unterwerfung deines Willens, die unverzügliche und unbesonnene Ausführung der Befehle, die dir von Seiten der höchsten Macht übermittelt werden, das werden deine Hauptpflichten sein. Die schrecklichsten Strafen sind den Meineidigen vorbehalten ... und wer ist in den Augen des Ordens ein Meineidiger? Derjenige, der auch nur in der leichtesten Sache gegen die Befehle verstößt, die er vom Oberhaupt erhalten hat, oder sich weigert, sie auszuführen, denn nichts ist unwichtig in unserem erhabenen Orden ... Deine Aufgabe wird es in Zukunft sein, die Menschen zu formen ... Du musst hier lernen, wie die Füße und Hände derer, die die Rechte der Menschen an sich reißen, gebunden werden können; du musst lernen, die Menschen zu regieren und sie zu beherrschen, nicht durch Angst, sondern durch Tugend [sic]. Du mußt dich ganz dem Orden weihen, der es unternommen hat, den Menschen in seiner ursprünglichen Würde wiederherzustellen ... Die geheime Regierung, die aber nicht weniger mächtig ist, muß andere Regierungen zu diesem edlen Ziel hinführen, ohne jedoch zuzulassen, daß sie wahrgenommen wird, außer durch die allgemeine Meinung und Zustimmung der Gesellschaft. Es gibt eine beträchtliche Anzahl unserer Brüder; wir sind über die entferntesten Länder verstreut, alle von einer unsichtbaren Kraft geführt... Wenn du nur ein Meineidiger und ein falscher Bruder sein willst, verpflichte dich nicht unter uns, du wirst verflucht und unglücklich sein; unsere Rache wird dich überall erreichen."

Wenn er zögert, werden ihm die Augen verbunden und er wird hinausgeführt; wenn er einwilligt, übernimmt er die Verpflichtung und wird aufgenommen. Nach drei Jahren des Studiums und der Vorbereitung kann der letzte Grad, Juge-Commandeur, verliehen werden. Dann legt er eine weitere

Verpflichtung ab, in der er verspricht und schwört, für die Ausbreitung des Ordens und seine Sicherheit zu arbeiten und seinen Oberen in jeder Hinsicht zu gehorchen, ob sie ihm bekannt sind oder nicht. Schließlich wird zu ihm gesagt:

„Du schwörst und versprichst, die Geheimnisse, die ich dir anvertraue, unverletzlich zu bewahren, Verrätern niemals zu verzeihen und sie dem Schicksal zu unterwerfen, das der Orden für sie vorsieht ... dich vor den Exzessen des Weines, der Tafel und der Frauen zu hüten, den gewöhnlichen Ursachen der Indiskretion und der Schwäche" [im Falle des Verrats von Ordensgeheimnissen!]

Am Ende beider Stufen wird dem Adepten ein Teil einer gekürzten Geschichte über die Zerstörung der Tempelritter vorgelesen. Und über ihren Orden wurde gesagt:

„Es kann nicht mehr geleugnet werden, dass wir in früheren Zeiten nie mehr als fünf Wissensgrade anerkannt haben; die Zahl von fünfundzwanzig oder dreiunddreißig Graden, die den Rahmen der schottischen Freimaurerei bilden, ist das Ergebnis der Liebe zu Neuerungen oder das Produkt der Selbstüberschätzung; denn es ist sicher, dass von den dreiunddreißig Graden, die heute praktiziert werden, achtundzwanzig apokryphe sind, die kein Vertrauen verdienen."

In ihrer Satzung heißt es in Artikel 32:

„Die Strafen gegen die Brüder, die sich eines Vergehens schuldig gemacht haben, sind: Verweis, Ausschluss und noch schwerere Strafen, wenn das Verbrechen die Gesellschaft gefährdet. Die letztgenannten Strafen können nicht ohne die Bestätigung des Urteils durch die Oberste Gewalt vollzogen werden."

In seiner letzten Rede über das unglückliche Schicksal der Templer sagte der Chef der Philosophes Inconnus:

„... Da nun die Zahl der Templer, die dem mörderischen Schwert der Verfolgung entkommen waren, sehr gering war, und da es, um das unerhörte Verbrechen, dem sie zum Opfer gefallen waren, zu rächen, notwendig war, ihre Verluste wieder gutzumachen, nahmen sie Männer von anerkanntem Verdienst in ihren Orden auf, die sie unter den Freimaurern suchten und fanden... Sie boten ihnen die Aufnahme in ihren Orden an, die eifrig angenommen wurde, und im Gegenzug wurden die Templer in die freimaurerischen Mysterien eingeweiht."

Abschließend geben wir zwei Passagen aus Le Couteulx de Canteleu wieder, der sich in seinem gut dokumentierten Buch auf den Prozess gegen die Templer bezieht:

„Gewiss, es liegt mir fern, das grausame Vorgehen gegen mehrere Ordensmitglieder und die Folterungen während der Verhöre zu verteidigen; es liegt mir fern, all die Absurditäten zu glauben, derer sie beschuldigt wurden. Aber inmitten all dieser Grausamkeiten und Schändlichkeiten war die Grundlage der Anschuldigung wahr; Sie wussten es, und das war es, was mehr als 300 Mitglieder, die noch nicht der Folter unterworfen waren, dazu brachte, Tatsachen zuzugeben, die uns so außergewöhnlich erschienen, aber die man verstand, wenn man die Grundlage ihrer Doktrin kannte, die aus ägyptischen und hebräischen Einweihungen stammte, sowie ihre Zugehörigkeit zu den Freimaurern des Ostens (den Assassinen) und die Laster, die die Großmeister in den Orden hatten einfließen lassen, wahrscheinlich, um ihre Macht zu vergrößern."

Er hält es auch für sicher, dass der Templer Guillaume de Monthard die freimaurerische Einweihung vom Alten Mann des Berges in einer Höhle im Libanon erhielt und dass die Assassinen dem Glauben der Ophiten anhingen, die Schlangen oder zweigeschlechtliche Wesen verehrten, daher, so sagt er, Baphomet! Auch Papst Clemens V. habe nur langsam an diese gewaltige Ketzerei geglaubt:

„Erst nachdem er zweiundsiebzig Ritter in seinem Beisein verhört hatte, als Mann, der daran interessiert war, sie für unschuldig zu erklären, und von ihnen keinen anderen Eid verlangte, als auf die gestellten Fragen zu antworten; erst nachdem sie in Anwesenheit von Notaren ihre Geständnisse abgelegt hatten, sah er sich gezwungen, ihre Schuld anzuerkennen und die (zuvor angeordnete) Suspendierung der Bischöfe zu widerrufen, indem er ihnen gestattete, die von Philippe le Bel getroffenen Vorkehrungen fortzusetzen, um zu einem Urteil zu gelangen."

KAPITEL IV

WEISHAUPTS ILLUMINATI UND DIE FRANZÖSISCHE REVOLUTION

In seinem 1789 veröffentlichten *Essai sur la secte des Illuminés* schreibt der Freimaurer de Luchet über die Illuminaten:

„Es gibt eine gewisse Anzahl von Menschen, die den höchsten Grad der Hochstapelei erreicht haben. Sie haben den Plan gefasst, über die Meinungen zu herrschen und nicht etwa Königreiche oder Provinzen zu erobern, sondern den menschlichen Geist. Dieses Projekt ist gigantisch und hat etwas von Wahnsinn an sich, was weder einen Arm noch Unbehagen hervorruft; aber wenn wir zu den Einzelheiten hinabsteigen, wenn wir betrachten, was vor unseren Augen an verborgenen Prinzipien vorbeigeht, wenn wir eine plötzliche Revolution zugunsten der Unwissenheit und des Unvermögens wahrnehmen, müssen wir nach der Ursache dafür suchen; und wenn wir finden, dass ein offenbartes und bekanntes System alle Phänomene erklärt, die mit erschreckender Schnelligkeit aufeinander folgen, wie können wir es nicht glauben?... Man beachte, dass die Mitglieder des Mystischen Bundes an sich zahlreich genug sind, aber nicht im Verhältnis zu den Menschen, die sie täuschen sollen ... In der Tat muss man, um dieses Verhältnis zu erkennen, eine Vorstellung von der Kraft des vereinigten Menschen bekommen (war nicht Mazzinis Ruf: „Vereinige dich, vereinige dich"?). Ein Faden kann nicht das Gewicht eines Pfundes heben, tausend Fäden heben den Anker eines Schiffes ... auch der Mensch ist ein schwaches, unvollkommenes Wesen ... aber wenn mehrere Menschen Halbqualitäten miteinander vermischen, mäßigen und stärken sie sich gegenseitig ... der Schwache gibt dem Stärkeren nach, der Geschickteste nimmt von jedem, was er liefern kann. Einige sehen zu, während andere handeln, und dieses gewaltige Ensemble erreicht sein Ziel, was immer es auch sein mag... Nach diesem Prinzip wurde die Sekte der

Illuminaten gegründet. Man kann zwar weder ihre Gründer
benennen, noch die Epochen ihres Bestehens nachweisen, noch die
Schritte ihres Wachstums markieren, denn ihr Wesen ist das
Geheimnis; ihre Handlungen spielen sich im Dunkeln ab, ihre
flüchtigen Großpriester verlieren sich in der Menge. Dennoch ist sie
in genügend Dinge eingedrungen, um die Beobachter, die Freunde
der Menschheit, in Erstaunen zu versetzen und auf die
geheimnisvollen Schritte der Sektierer aufmerksam zu machen."

Jean Adam Weishaupt, der Gründer des Illuminatenordens,
wurde am 6. Februar 1748 in Ingolstadt, Bayern, geboren, wie
aus dem Buch von R. le Forestier, *Les Illuminés de Bavière et la
Franc-Maçonnerie Allemande*, 1914, hervorgeht, dem wir die
folgenden Angaben entnehmen: Sein Vater, der damals Professor
an der dortigen Universität war, hatte eine Nichte von Frau
Ickstatt geheiratet, deren Mann Kurator an derselben Universität
war. 1756 sicherte Baron Ickstatt seinem Sohn Adam ein
Stipendium für das Jesuitenkolleg in Ingolstadt. Mit fünfzehn
Jahren trat er in die Universität ein, um Jura zu studieren, und
vertiefte sich gleichzeitig in die Literatur der atheistischen
Philosophen seiner Zeit. Die Kurfürsten von Bayern waren
überzeugte Anhänger des katholischen Glaubens, und Ingolstadt
wurde von 1556 bis zu ihrer Aufhebung durch Clemens XIV. im
Jahr 1773 allmählich zu einer Hochburg der jesuitischen Lehre;
selbst dann wurden sie mangels anderer qualifizierter Männer an
den Lehrstühlen für Theologie gehalten. Die Universität
Ingolstadt und alle den Gymnasien gleichgestellten Schulen in
Bayern waren in die Hände der Jesuiten gelegt worden. 1775
fasste Weishaupt, damals Professor für Kirchenrecht in
Ingolstadt, „den Plan eines Vereins, dessen Haupt er sein würde
... der den vereinigten Kräften des Aberglaubens und der Lüge
(der Religion) immer zahlreichere Gruppen von Freidenkern und
Fortschritten entgegenstellen würde."

Er und seine Mitarbeiter glaubten, „dass die Gegner allen
intellektuellen und moralischen Fortschritts die Priester und
Mönche waren ... Da sie die Staatsreligion und vor allem die
wachsamsten Soldaten des Katholizismus, die Jesuiten,
bekämpfen wollten, war es notwendig, die Existenz des Ordens
zu verheimlichen ... Historiker, die im Illuminatenorden eine
Kriegsmaschine sehen, die von einem ehemaligen Schüler der

DIE SPUR DER SCHLANGE

Jesuiten erfunden wurde, um sie mit ihren eigenen Waffen zu bekämpfen, liegen daher nicht weit daneben." René Fülöp-Miller, in seinem Buch *Die Macht und das Geheimnis der Jesuiten*, 1930, unterstützt diese Meinung. Er sagt uns, dass die *Enzyklopädisten* „sich vieler Ideen der Jesuiten bedienten, um daraus eine revolutionäre Philosophie zu entwickeln, die allen Überzeugungen der Kirche zuwiderlief." Und weiter sagt er:

„Neben den Freimaurern entstand eine verwandte Vereinigung, der 'Orden der Illuminaten', der von Anfang an als antijesuitische Organisation gedacht war. Sein Gründer, der Ingolstädter Professor Weishaupt, hasste die Jesuiten von ganzem Herzen und gründete seinen Illuminatenbund mit der ausdrücklichen Absicht, 'die Mittel, die der Jesuitenorden zum Schlechten eingesetzt hatte, zum Guten zu verwenden'; dieses Mittel bestand vor allem in der Einführung einer Verpflichtung zum unbedingten Gehorsam, die an die *Konstitutionen* von Loyola erinnerte, in einer weitreichenden gegenseitigen Überwachung der Ordensmitglieder und in einer Art Aurikularbeichte, die jeder Untergebene seinem Oberen abzulegen hatte."

Über die jüdische Macht in diesen Geheimbünden schreibt Bernard Lazare in *L'Antisémitisme*, 1894:

„Es ist sicher, dass es an der Wiege der Freimaurerei Juden gab - kabbalistische Juden, wie einige bestehende Riten beweisen; sehr wahrscheinlich traten sie in den Jahren vor der Französischen Revolution in noch größerer Zahl in die Räte der Gesellschaft ein und gründeten selbst Geheimgesellschaften. Es gab Juden im Umfeld von Weishaupt; und Martinez Paschalis, ein Jude portugiesischer Herkunft, organisierte zahlreiche Gruppen von Illuminés in Frankreich."

In einer Ausgabe von *La Vieille France*, 31. März - 6. April 1921, wurde festgestellt, dass fünf Juden an der Organisation und Inspiration der Illuminaten beteiligt waren - Wessely, Moses Mendelssohn und die Bankiers Itzig, Friedlander und Meyer. Interessant ist auch, dass der bedeutende Illuminat Mirabeau unter dem Einfluss von Mendelssohns Schülern ein Buch mit dem Titel „*On Moses Mendelssohn; on the Political, Reform of the Jews*, 1787" schrieb.

Die Freimaurerei spielte schließlich eine wichtige Rolle im Illuminatenorden. Weishaupt wurde 1777 in diesen Orden aufgenommen und beschloss 1778, seinen Orden mit der Freimaurerei zu verbinden. In den Großen Mysterien waren zwei Grade äußerst wichtig, nämlich der des Priesters und der des Regenten. „Das Priesterkollegium sollte im Orden ein Seminar für Atheisten bilden ... der Grad des Regenten entsprach in der Politik dem des Priesters in der Religion." „Weishaupt betrachtete ihn jedoch als „unvergleichlich weniger wichtig als den letzteren". An der Spitze der Hierarchie stand das Oberste Kollegium der Areopagiten, das laut Weishaupt in München tagte und aus sieben Mitgliedern bestand, von denen drei Vorsteher waren.

Außerdem stellte Weishaupt neben anderen Vorschriften fest, dass ohne besondere Erlaubnis „Juden, Heiden, Frauen, Mönche und Mitglieder anderer Gesellschaften vom Orden ausgeschlossen sind". Was die Juden betrifft, so spricht Louis Daste von Dokumenten, die zeigen, dass die frühen englischen Freimaurerlogen zwar alle Religionen zuließen, dass aber später die geheimen Oberhäupter der Freimaurerei in Holland, Deutschland und Frankreich wegen vorübergehender Hindernisse ihre Logen nur den Christen vorbehalten haben. Auf dem Wilhelmsbader Kongress von 1782 wurde jedoch beschlossen, dass Juden nicht mehr von den Logen ausgeschlossen werden sollten. Es gibt jedoch eine Fülle von Beweisen, die den jüdischen Einfluss auf und hinter allen Geheimgesellschaften belegen, und wie Disraeli 1870 in *Lothair* sagte:

> „Wenn Sie mit politischer Freiheit die Machenschaften der Illuminaten und der Freimaurer meinen, die den Kontinent unaufhörlich quälen, all die dunklen Verschwörungen der Geheimgesellschaften, dann gebe ich zu, dass die Kirche im Widerspruch zu solchen Freiheitsbestrebungen steht... Die bürgerlichen Mächte haben sich von der Kirche getrennt.
>
> ... Es ist nicht ihre Wahl: Sie werden von einer unsichtbaren Macht angetrieben, die antichristlich ist und der wahre, natürliche und unerbittliche Feind der einen sichtbaren und universalen Kirche ist."

In *Marie-Antoinette et le Complot Maçonnique,* 1910 [2] , zitiert
Louis Daste eine seltene Broschüre, *The Role of Freemasonry in
the XVIIIth Century,* von F.-. Brunellière, in der es heißt:

„Weishaupt strebte nichts Geringeres an als den völligen Umsturz
der Autorität, der Nationalität und der gesamten
Gesellschaftsordnung, mit einem Wort, die Unterdrückung des
Eigentums usw... Sein Prinzip war absoluter und blinder Gehorsam,
universelle Spionage, der Zweck heiligt die Mittel. Dieses so stark
organisierte System der Verschwörung, das die Welt umwälzen
sollte, breitete sich in Deutschland aus, wo es fast alle
Freimaurerlogen erfasste. Weishaupt schickte Joseph Balsamo, den
sogenannten Comte Cagliostro, nach Frankreich, um die
französische Freimaurerei zu erleuchten. Schließlich berief er 1782
einen Kongress in Wilhelmsbad ein, zu dem er alle deutschen und
ausländischen Logen einlud... 1785 wurden die Illuminaten der
bayerischen Regierung offenbart, die sich in ihrer Angst an alle
Regierungen wandte, doch die protestantischen Fürsten hatten
wenig Eile, sie zu unterdrücken. Weishaupt fand Zuflucht bei dem
Prinzen von Sachsen-Gotha. Im Übrigen hatte er darauf geachtet,
den Fürsten und auch vielen seiner Eingeweihten nicht alles zu
sagen; er hatte ihnen den Appell an die Kraft der Massen
verschwiegen; er hatte ihnen die Revolution verschwiegen"
(Freimaurerischer Bericht, *l'Ordre de Nantes,* 23. April 1883).

Der Verdacht der bayerischen Regierung, so le Forestier, wurde
ernsthaft geweckt, und bei weiteren Durchsuchungen wurden die
mit dem Orden verbundenen Papiere von Zwack und Bassus
gefunden und bei zwei verschiedenen Gelegenheiten
beschlagnahmt. Der Kurfürst ordnete an, dass diese wie folgt
veröffentlicht werden sollten:

1. Am 26. März 1787:

„Einige Original-Schriften des Illuminaten-Ordens, die im Hause
des ehemaligen Regierungsrats Zwack bei einer in Landshut am 11.
und 12. Oktober 1786 durchgeführten Untersuchung gefunden und
auf Anordnung seiner Kurfürstlichen Hoheit veröffentlicht
wurden."

---

[2] Herausgegeben von Omnia Veritas Ltd, www.omnia-veritas.com.

Im Vorwort wurden alle, die an der Echtheit der Dokumente zweifelten, aufgefordert, sich an das Geheime Archiv zu wenden, wo ihnen die Originaldokumente gezeigt würden.

2. „Nachtrag zu den Original-Schriften, die im Allgemeinen die Sekte der Illuminaten und im Besonderen ihren Gründer, Adam Weishaupt, ehemaliger Professor zu Ingolstadt, betreffen, Dokumente, die im Schloss des Barons Bassus zu Sandersdorf während der in dieser berühmten Höhle der Illuminaten durchgeführten Perquisition gefunden wurden, auf Befehl des Kurfürsten sofort veröffentlicht und im Geheimen Archiv zur Einsichtnahme durch alle, die den Wunsch dazu zeigten, hinterlegt." (Zwei Teile, München 1787.)

Äußerlich fertiggestellt, setzten die Illuminaten ihren Bergbau unter Tage fort.

Wie von Crétineau-Joly berichtet, sagte Kardinal Caprara in einem vertraulichen Memoire im Oktober 1787: „Die Gefahr naht, denn aus all diesen verrückten Träumen des Illuminismus, des Swedenborgianismus und der Freimaurerei muss sich eine schreckliche Realität entwickeln. Die Visionäre haben ihren Tag, die Revolution, die sie voraussagen, wird ihren Tag haben."

Es waren die Logen der *Amis réunis*, in die Mirabeau und Bonneville die Illuminaten von Weishaupt einführten. Einer ihrer Anführer war der berühmte Revolutionär Savalette de Langes, Hüter des königlichen Schatzes, aber insgeheim tief in alle Geheimnisse und Logen und alle Verschwörungen gegen Religion und Königtum verstrickt. Sie nannten sich *Philalèthes* - Wahrheitssucher; es handelte sich um eine Form des Martinismus, die laut Clavel zur Vergöttlichung des Menschen führte und eine Mischung aus den Dogmen Swedenborgs und de Pasqualis war. Um seine Intrigen zu decken, überlässt Savalette de Langes zuweilen die gemeinsame Loge Adepten, Brüdern und Schwestern von hohem Rang, die von Gleichheit und Freiheit tanzen und singen, während in der oberen Loge das geheime Komitee, das oben und unten von zwei *frères terribles* bewacht wird, ihnen unbekannt ist. Zu den wichtigsten Mitgliedern dieses Gremiums gehörten Willermoz, Chappe de la Heuziére, Mirabeau, Comte de Gebelin und Bonneville. Dort wurde die kodifizierte Korrespondenz des Grand Orient von Savalette de

Langes entgegengenommen und vom Komitee bearbeitet. Um zu diesen Räten zugelassen zu werden, mussten sie als *Chevalier du Soleil* den Hass auf das Christentum und als *Chevalier kadosch* den Hass auf Kronen und Papsttum schwören. Sie hatten eine Niederlassung in Paris, die von Saint-Germain, Raymond, Cagliostro, Condorcet, Dietrich, den Brüdern von Avignon und den Schülern von Swedenborg und Saint-Martin besucht wurde. Nach außen hin gaben sie sich als Scharlatane, Visionäre, Geisterbeschwörer und Wunderkünstler aus, während sie heimlich in den Freimaurerlogen nach Komplizen suchten.

Mirabeau verkehrte mit den Hauptjüngern von Weishaupt und wurde in Braunschweig in die letzten Mysterien des Illuminismus eingeweiht. Er kannte bereits den Wert der Freimaurerei für die Revolution, und nach seiner Rückkehr nach Frankreich führte er diese Mysterien bei den *Philalèthen* ein. Daraufhin wurde beschlossen, alle Logen Frankreichs zu illuminieren; zu diesem Zweck wurden die Illuminaten, Bode oder *Aurelius* und Baron de Busche oder *Bayard, ein* Schüler von Knigge, als Helfer abgestellt. Nach eingehender Diskussion wurde beschlossen, die bayerischen Mysterien zu übernehmen, ohne die alten Logenformen zu verändern, sie zu illuminieren, ohne den Namen der Sekte zu verraten, von der man die Mysterien erhalten hatte, und den Code von Weishaupt nur insoweit zu verwenden, als er die Revolution beschleunigen würde (Le Couteulx de Canteleu).

Von da an wurde das politische Ziel betont, ein neuer Grad wurde hinzugefügt, der die freimaurerischen Embleme und Riten bewahrte, und dieser wurde an die Provinzen weitergegeben. Das engste Bündnis wurde geschlossen, und ein allgemeiner Konvent der Freimaurer in Frankreich und im Ausland wurde vom Geheimausschuss für den 15. Februar 1785 einberufen. Savalette de Langes wurde zum Präsidenten gewählt, und zu den Abgeordneten gehörten: Saint-Germain, Saint-Martin, Etrilla, Mesmer, Cagliostro, Mirabeau und Talleyrand, Bode, Dalberg, Baron de Gleichen, Lavater, Prinz Louis von Hessen, sowie Abgeordnete aus den Großherzogtümern Polen und Litauen. Der Duc d'Orléans war damals Großmeister des Grand Orient von Frankreich, und sein Komitee hatte Logen aus 282 Städten in

Frankreich und im Ausland unter seiner Jurisdiktion und seinen Anweisungen (Mirabeau). Auf diesem Kongress wurde die französische Revolution und ihre Ausbreitung in ganz Europa beschlossen, bis hin zum Dekret über den Königsmord. Die Rolle, die das Volk laut Mirabeau spielen sollte, wird in seinen Memoiren von Marmontel so beschrieben:

„Müssen wir den großen Teil des Volkes fürchten, der unsere Vorhaben nicht kennt und nicht bereit ist, uns zu unterstützen?
... Wenn sie sie missbilligen, dann nur zaghaft und ohne lautes Geschrei. Im Übrigen, weiß das Volk, was es will? Wir werden es dazu bringen, das zu wollen und zu sagen, woran es noch nie gedacht hat... Das Volk ist eine große Herde, die nur ans Grasen denkt und die die Hirten mit guten Hunden nach Belieben führen... Man wird der Bourgeoisie, die durch die Veränderung nichts zu verlieren, aber alles zu gewinnen sieht, etwas aufzwingen müssen. Um sie aufzurütteln, hat man die mächtigsten Motive: Armut, Hunger, Geld, Gerüchte von Angst und Schrecken, die Raserei des Schreckens und der Wut, mit der wir ihren Verstand treffen werden... Was werden wir mit all diesen Menschen tun, während wir ihre Prinzipien von Ehrlichkeit und Gerechtigkeit mundtot machen? Die guten Menschen sind schwach und ängstlich; die Schurken sind entschlossen. Es ist vorteilhaft für die Menschen während der Revolutionen, keine Moral zu haben ... es gibt keine einzige unserer alten Tugenden, die uns dienen kann ... Alles, was für die Revolution notwendig ist, alles, was ihr nützlich ist, ist gerecht - das ist das große Prinzip."

Etwa zu Beginn der Revolution wurde vom Komitee des Großorient ein Manifest herausgegeben, das sich an alle Freimaurerlogen und -räte richtete und in ganz Europa verwendet werden sollte. Darin

„Alle Logen wurden aufgerufen, sich zusammenzuschließen, um ihre Anstrengungen für die Aufrechterhaltung der Revolution zu vereinen, überall Anhänger, Freunde und Beschützer zu suchen, ihre Flamme zu verbreiten, ihren Geist zu schüren, Eifer und Begeisterung für sie in allen Ländern und mit allen Mitteln, die in ihrer Macht stehen, zu erregen."

Nach dem Erhalt dieses Manifests wurden antimonarchische und republikanische Ideen überall vorherrschend, und antireligiöse

Ideen wurden nur benutzt, um Nationalitäten zu untergraben (Deschamps, *Les Sociétés Secrètes et la Société*, Bd. ii). .

Der Jude und Freimaurer Crémieux, Gründer und Präsident *der Alliance-israélite-universelle*, sagte in seinem Manifest von 1860:

„Das Netz, das Israel jetzt über den Erdball auswirft, wird größer und weiter... Unsere Macht ist unermesslich; lerne, diese Macht für unsere Sache einzusetzen. Der Tag ist nicht mehr fern, an dem alle Reichtümer, alle Schätze der Erde, den Kindern Israels gehören werden."

In seinem Buch *Marie-Antoinette et le complot maçonnique* zeigt Louis Dasté, wie dieses Netz vor und nach der Französischen Revolution von 1789 gespannt wurde. Er schreibt: „Von 1774 bis 1783 haben wir gesehen, wie die Freimaurerei Marie-Antoinette unaufhörlich mit dem Schlamm ihrer Pamphlete bedeckt hat. Die Stunde näherte sich, in der die Sekte den Schlag führen sollte, an dem die Königin starb."

Es war die Halsbandaffäre, die laut G. Bord „von der *Stricte Observance* und den *Amis réunis* von Paris organisiert wurde".

„Der Jude Cagliostro", so der ehemalige Freimaurer Doinel 33°, „war der verachtenswerte Vermittler dieser Intrige, durch die die Popularität der Königin unterging und das Prestige des unglücklichen Ludwig XVI. ruiniert wurde." Außerdem schrieb Louis Blanc 1848:

„Seine Einweihung fand nicht weit von Frankfurt entfernt in einem unterirdischen Gewölbe statt, (man zeigte ihm) ein handgeschriebenes Buch, auf dessen erster Seite zu lesen war: Wir Großmeister der Templer; gefolgt von einer mit Blut gezeichneten Schwurformel. Das Buch ... behauptete, dass der Illuminismus eine Verschwörung gegen die Throne sei, dass die ersten Schläge Frankreich treffen würden und dass sie nach dem Sturz der französischen Monarchie Rom angreifen würden. Cagliostro erfuhr von seinen Eingeweihten, dass die Geheimgesellschaft, der er fortan angehörte, eine Menge Geld besaß, das in den Banken von Amsterdam, Rotterdam, London, Genua und Venedig verstreut war.

... Was ihn selbst betrifft, so verwaltete er eine große Summe, die für die Kosten der Propaganda bestimmt war, erhielt Anweisungen von der Sekte und ging nach Straßburg."

Auf den Siegeln der von ihm gegründeten Loge in Lyon standen die drei Buchstaben *L.P.D.* - *Lilia pedibus destrue,* zertritt die (bourbonischen) Lilien mit Füßen (siehe Bernard Picard, Ritual, 1809). Dies war also seine teuflische Mission. Als Cagliostro 1781 in Straßburg eintrifft, besteht seine erste Aufgabe darin, seine Werkzeuge zu kontrollieren und in Gang zu setzen. Der Kardinal Prince de Rohan, sein Diener, und die Comtesse de la Motte, seine Komplizin, wurden miteinander bekannt gemacht; da letztere sich in einer schwierigen Lage befand, riet ihr der Kardinal, sich direkt an die Königin zu wenden, wobei er ihr gleichzeitig seine Ambitionen und seine Verbitterung über die Weigerung der Königin, ihn zu empfangen, anvertraute. Von da an vermittelte Madame de la Motte, die vorgab, mit der Königin in Verbindung zu stehen, auf Anweisung von Cagliostro einen Briefwechsel zwischen der Königin, deren Name gefälscht war, und dem Kardinal, der nominell seine Wiederherstellung der königlichen Gunst und die Verwirklichung seiner Ambitionen bewirken sollte, letztlich aber dazu diente, die ahnungslose Königin zu beschmutzen und zu kompromittieren. Nichts wurde ohne Rücksprache mit Cagliostro unternommen. Im Mai, Juni und Juli 1784 häufen sich die gefälschten Briefe, geschrieben von Retaux de Villette und diktiert von Mme de la Motte. Dann, um Mitternacht des zweiten August, kam es zu dem kurzen, vorgetäuschten Gespräch zwischen der Königin und dem Kardinal im Park von Versailles. Nicole d'Oliva, als Königin verkleidet, sah ihr sehr ähnlich; der Kardinal glaubte, Marie-Antoinette gesehen und mit ihr gesprochen zu haben. Als er daher in weiteren gefälschten Briefen zweimal aufgefordert wurde, 60.000 Livres für das Kopfgeld der Königin aufzutreiben, lieh sich der Kardinal beide Summen bereitwillig von dem Juden Cerfbeer. Das Geld wurde von Mme de la Motte einbehalten!

Nachdem sie im Dezember mit dem Hofjuwelier Böhmer in Kontakt getreten war, der ein Diamantencollier im Wert von 1.800.000 Livres veräußern wollte, plante sie kurzerhand, es auf die gleiche Weise für sich zu erwerben. Weitere gefälschte Briefe der Königin und der Rat seines Orakels Cagliostro beruhigten den Kardinal, und am 1. Februar 1785 wurden die Verhandlungen mit Boehmer abgeschlossen; das Collier ging in den Besitz von Mme de la Motte über, und die schönsten Steine wurden von ihrem Mann in London verkauft. Als die erste, am 30. Juli fällige Zahlung von 100.000 écus ausblieb, erkannte Boehmer den Betrug; die empörte Königin wurde über alles informiert, und im August wurden der Kardinal, Frau de la Motte und Cagliostro verhaftet, aber nicht bevor die meisten der kompromittierenden Briefe heimlich verbrannt worden waren. Der Kardinal lehnte das Angebot des Königs ab, als Richter zu fungieren; sie wurden daher vom Parlament verurteilt, das weitgehend freimaurerisch eingestellt war. Der Kardinal und Cagliostro wurden freigesprochen, Frau de la Motte wurde dazu verurteilt, als Diebin gebrandmarkt, ausgepeitscht und eingesperrt zu werden, doch später wurde ihr heimlich zur Flucht verholfen.

Von London aus führt sie ihre Verleumdungskampagne gegen Marie-Antoinette; 1788 wird ihr *Mémoire justificatif* veröffentlicht, das, so de Nolhac, aus Wut und Lügen besteht und die Königin in den Schmutz zieht. Es wurde von M. de Calonne in einem Gärungsprozess des Hasses gegen die Königin, die er für seine Entlassung aus dem Ministeramt verantwortlich machte, fast vollständig überarbeitet. Im Jahr 1789 erschien das *zweite Mémoire justificatif, das* wiederum Frau de la Motte zugeschrieben, aber von ihr zurückgewiesen wurde und das das erste an Schmutz und Giftigkeit noch übertraf. Es folgte eine Lawine unanständiger Pamphlete, die sich alle auf die *Mémoire* stützten, mit dem doppelten Ziel, die Königin zu verunglimpfen und die Gemüter mit schmutzigen Bildern zu besudeln, um so schon im Voraus jegliches Mitleid im Herzen des Volkes und ihrer Henker zu töten - *Lilia pedibus destrue*. Doch Cagliostro war am Ende, die Geheimmacht, die eine Enthüllung fürchtete, ließ ihn gnadenlos zerbrechen; er wurde gezwungen, London zu verlassen, durch Europa gejagt und schließlich in Rom von der päpstlichen Polizei verhaftet. Nach einem langen Prozess, der in *Vie de Joseph Balsamo*, 1791, niedergeschrieben ist, wurde er zum Tode verurteilt, in eine lebenslange Haftstrafe umgewandelt und starb 1795. In einer erbärmlichen Mansarde in London beendete Frau de la Motte 1791 ihr Leben in schrecklichem Leid, von allen verlassen. Die Geheimmacht, die keine Verwendung für die zerbrochenen Werkzeuge hatte, hatte aufgehört, sie zu schützen.

In *La Revue vom* 1. März 1909 schrieb der Herausgeber über ein unanständiges Pamphlet, *O Marquez de Bacalhoa*, das im Februar 1908, einen Monat vor der Ermordung von Don Carlos, veröffentlicht wurde:

> „Es wird in der Form der Romane veröffentlicht, die um 1780 über das Privatleben von Ludwig XVI. und Marie-Antoinette erschienen.
>
> ... Es erstickte den König im Schlamm und verschonte auch Königin Amelia nicht ... Die der Königin gewidmeten Seiten waren ein einziges Geflecht von infamen Lügen ..."

Und die portugiesische Revolution von 1910 war das Werk von Juden *der Alliance-israélite-universelle*, die mit der Freimaurerei verbunden sind. Wiederum schreibt Proudhon:

> „Welche Geheimnisse der Ungerechtigkeit würden gelüftet werden, wenn die Juden nicht wie der Maulwurf im Dunkeln tappen würden."

FRANZÖSISCHE FREIMAUREREI

Die Freimaurerei, die ihren Ursprung und ihre Organisation in England hat, wo die judaisierenden Kabalisten der Rose-Croix sie auf die alten Korporationen der Freimaurer-Arbeiter aufgepfropft hatten, wurde zwischen 1725 und 1730 überall in Europa eingeführt. Und wie de Poncins schreibt: „In Frankreich, wo die Gemüter in offener Gärung waren, fand die Freimaurerei einen günstigen Boden, und unter dem doppelten Einfluss der *Enzyklopädisten* und der Illuminaten von Bayern entwickelte sie sich schnell bis zu dem Punkt, dass sie eines der vorherrschenden Elemente der großen revolutionären Bewegungen von 1789 war." Und in einem Bericht über ein Treffen der Logen *Paix et Union* und *La Libre Conscience* im Orient von Nantes am 23. April 1883 heißt es: „Von 1772 bis 1789 hat die Freimaurerei die große Revolution ausgearbeitet, die das Gesicht der Welt verändern sollte... Damals haben die Freimaurer die Ideen vulgarisiert, die sie in ihren Logen aufgenommen hatten" (siehe Dasté). Dasté fügt hinzu: „Tatsächlich wurde am 23. Dezember 1772 die Gründung des Grand Orient de France verkündet. An diesem Tag fand die Konzentration aller freimaurerischen Waffen für den Angriff auf Frankreich statt". Und Ragon, die jüdische freimaurerische Autorität, erzählt uns, dass an diesem Tag „feierlich erklärt wurde, dass die frühere Großloge von Frankreich aufhörte zu existieren, dass sie durch eine neue nationale Großloge ersetzt wurde, die ein integraler Bestandteil eines neuen Organs sein würde, das den Orden unter dem Namen Großer Orient von Frankreich verwalten würde" (*Orthodoxie maçonnique*, 1853).

Und in der *Vérité-Israélite*, 1861, steht geschrieben: „Der Geist der Freimaurerei ist der Geist des Judentums in seinen grundlegendsten Überzeugungen".

„Es ist daher" - schreibt Freiherr von Stolzinger 1930 - „vollkommen verständlich, dass sich das Judentum schon früh der Freimaurerei zuwandte und dank seiner bemerkenswerten Anpassungsfähigkeit einen immer größeren Einfluss in ihr gewann. Man irrt kaum, wenn man behauptet, dass heute die Mehrzahl der Logen unter jüdischem Einfluss steht und dass sie die geistige Sturmabteilung des Judentums bilden."

Schließlich, wie in der *Freimaurer-Zeitung vom* 15. Dezember 1866 erläutert:

„In einem Vortrag über das religiöse Element der Freimaurerei... gab F. Charles de Gagern folgende Erklärung ab: 'Ich bin fest davon überzeugt, dass die Zeit kommen wird und kommen muss, in der der Atheismus die allgemeine Meinung der gesamten Menschheit sein wird und in der die diese den Deismus als eine vergangene Phase betrachten wird, so wie die deistischen Freimaurer über den religiösen Spaltungen stehen. Wir müssen uns nicht nur über die verschiedenen Religionen stellen, sondern über jeden Glauben an irgendeinen Gott."

BLAUE MASONIE

Im Folgenden werden die wichtigsten Grade der Freimaurerei des Großen Orients kurz beschrieben, und zwar: Blaue Freimaurerei, Rose-Croix- und Kadosch-Grad, wie sie in Frankreich praktiziert werden. In diesen Graden finden sich dieselben pantheistischen und naturbezogenen Ideen, wie sie in ihrer Symbolik zum Ausdruck kommen.

Nach Angaben von Bazot, Generalsekretär des Grand Orient, 1812:

> „Die Freimaurerei ist lediglich der primitive Kult des Menschen, der entdeckt wurde, nachdem seine ersten Bedürfnisse befriedigt waren. Die Brahmanen und die ägyptischen Priester überlieferten ihre Geheimnisse an Salomon. Nachdem Jerusalem, das Opfer von Revolutionen, zerstört und das jüdische Volk zerstreut worden war, verbreitete sich diese Freimaurerei mit ihnen über die ganze Erde."

Und der Platz des Menschen in diesem Kult wird in einem offiziellen niederländischen Freimaurerdokument so ausgedrückt: „Eine heilige Einheit herrscht und regiert am weiten Firmament. Es gibt nur eine Mission, eine Moral, einen Gott ... wir, die Menschen, bilden ein Ganzes mit dem Großen Wesen. Alles endet in dieser Offenbarung: *Wir sind Gott!*" Hier finden wir die pantheistische Idee des Judentums, seiner Rasse, seines Gottes Jahwe. So schrieben Claudio Jannet und Louis d'Estampes in *La Franc-Maçonnerie et la Révolution*, 1884:

> „Diese Vergöttlichung des Menschen wird von der Freimaurerei zunächst nicht offen ausgesprochen, sondern in allen ihren Riten angedeutet und in allen ihren Symbolen ausgedrückt. Ein großer Tempel soll gebaut werden, Lehrlinge, Gesellen und Meister arbeiten daran; Hiram oder Adonhiram, einer dieser Meister, wird von drei Handwerkern getötet, um das Wort des Meisters zu erlangen; der in der Erde verborgene Leichnam dieses Meisters muss gefunden und ersetzt und sein Tod gerächt werden; der Bau des Tempels wird wieder aufgenommen und soll vollendet werden; dies ist das grundlegende und universelle Gleichnis, die Basis und das Wesen der Freimaurerei und aller Geheimgesellschaften. So lehren es alle ihre Riten und Handbücher, ihre autorisiertesten Redner und Interpreten. Diese Allegorie wird in den Graden des Lehrlings und des Gesellen angedeutet, in dem des Meisters ausführlich entwickelt, in den Graden von Rose-Croix und Kadosch vervollständigt und erklärt, und in den letzten Graden des Misraim-Ritus erreicht sie ihre letzte Entwicklung."

Die drei Mörder, die es zu verfolgen und auszurotten gilt, sind: Aberglaube, Vorurteile und Tyrannei, d. h. Religion, moralische Kontrolle, Monarchie und jegliche Autorität, Familie, Eigentum und Nationalität.

Wie wir bereits gezeigt haben, wurde die französische Freimaurerei kurz vor der Französischen Revolution von 1789 von Weishaupt gekapert und von einigen seiner hohen Adepten heimlich illuminiert. Auf diese Weise erlangte er die Herrschaft über alle Logen, und auch heute noch ist der Makel seines verderblichen Systems in ihnen und bei allen, die in irgendeiner Weise mit ihnen verbunden sind, zu spüren. Der Grundgedanke dieses Systems wird von Weishaupt selbst so ausgedrückt:

„Gleichheit und Freiheit sind die wesentlichen Rechte, die der Mensch in seiner ursprünglichen und primitiven Vollkommenheit von der Natur erhalten hat. Der erste Angriff auf diese Gleichheit erfolgte durch das Eigentum; der erste Angriff auf die Freiheit erfolgte durch politische Gesellschaften oder Regierungen; die einzigen Stützen des Eigentums und der Regierungen sind die religiösen und bürgerlichen Gesetze. Um den Menschen in seinen ursprünglichen Rechten der Gleichheit und Freiheit wiederherzustellen, müssen wir daher mit der Zerstörung aller Religion und aller bürgerlichen Gesellschaft beginnen und mit der Abschaffung des Eigentums enden."

Dazu fügt Claudio Jannet hinzu: „Diese wenigen Zeilen zeigen den Grundgedanken der Freimaurerei und aller Geheimgesellschaften; der Keim findet sich in den symbolischen Graden, er wird wissenschaftlich in den hohen Graden entwickelt und brutal im Kommunismus der Internationale und im Anarchismus von Bakunin und der sozialistischen Demokratie verwirklicht." Und wir fügen hinzu: im Sowjetsystem im heutigen Russland, und erneut versucht in Spanien, Südamerika und anderswo. Kurz gesagt, die drei Stufen stehen für Erzeugung, Fäulnis und Erneuerung. Der Tempel, der der Natur, wird, wie Clavel sagt, von zwei Säulen aufrechterhalten, „Boas und Jakin, die generativen Prinzipien; die eine, Licht, Leben und Gut, die andere Dunkelheit, Tod und Böses; sie halten das Gleichgewicht der Welt aufrecht." Es ist der Dualismus der Gnostiker, Manichäer, der jüdischen magischen Kabbala und aller alten Mysterien. In jedem Grad wird ein Eid der Verschwiegenheit usw. abgelegt. Im ersten Grad, weder bekleidet noch unbekleidet, tritt der Kandidat als Naturmensch ein, der das Licht empfangen soll; er ist der rohe Stein, an dem er unter der Leitung seiner Häuptlinge arbeiten muss, um sich von Vorurteilen, Lastern und

Aberglauben zu befreien. Der so befreite Lehrling geht von der Säule Jakin zur Säule Boas über, von der Naturwissenschaft zur Weisheit, wenn er in den zweiten Grad, das Gesellenhandwerk, eintritt, in dem er den Buchstaben G, den Gott der Freimaurerei, kennen lernen soll. Über die Weihe des Dreiecks in den Logen schreibt Ragon: „In der Mitte befindet sich der hebräische Buchstabe Jod, der lebensspendende Geist oder das Feuer, das generative Prinzip, dargestellt durch den Buchstaben G, den Anfangsbuchstaben des Wortes Gott in den nordischen Sprachen, und dessen philosophische Bedeutung Erzeugung ist". Ferner, so Ragon, stellt der Grad des Meisters allegorisch den Tod des Lichtgottes, die solare, philosophische oder physische Verwesung dar, denn das Leben wird zurückgezogen, wie es in dem Gradwort *Macbenac* ausgedrückt wird - das Fleisch verlässt die Knochen, und daraus entsteht die regenerierte Form. Schließlich, wie Ragon erklärt:

> „Das ganze Dreieck hat immer Gott oder die Natur bedeutet, und die Allegorien der Wahrheiten, Grundlage der frühen Mysterien, die aufeinanderfolgenden und ewigen Handlungen der Natur: (I) dass alles durch die Erzeugung gebildet wird; (2) dass die Zerstörung der Erzeugung in allen ihren Werken folgt; (3) und dass die Erzeugung die Handlungen der Zerstörung unter anderen Formen wiederherstellt."

In der revolutionären Freimaurerei und den Geheimgesellschaften wird dieses pantheistische und kabbalistische Glaubensbekenntnis auf alle Aspekte des Lebens angewandt; alte Ideen und Meinungen werden zerstört, andere, neue und subversive, werden insinuiert und mehr oder weniger unbewusst absorbiert und etabliert; christliche Überzeugungen werden pervertiert und annulliert; der erleuchtete Mensch wird scheinbar zu seinem eigenen Erlöser und Gott, obwohl er in Wahrheit der unsichtbaren Hierarchie unterworfen ist - nach Ansicht einiger ist die Kundalini der Erlöser des Menschen! Könige werden entthront und durch irgendeine Form von zerfallender Republik oder sozialistischer Demokratie ersetzt. Es ist der Tod aller alten Traditionen und Zivilisationen, und aus dem unvermeidlichen Chaos und der Fäulnis soll der „Neue Himmel und die Neue Erde" entstehen, die Universelle Bruderschaft all dieser subversiven und jüdischen Sekten.

ROSE-CROIX

Wie Gaston Martin uns sagt: „Alle Freimaurer der drei Obödienzen, die in freundschaftlichen Beziehungen stehen, gehören zu dem, was man in der Politik 'die Linke' nennt. Die Schattierungen in der Lehre sind nicht so groß, dass sie eine Übereinstimmung zwischen allen Mitgliedern verhindern würden." Diese drei Obödienzen sind: der Grand Orient, die Großloge und das Droit Humain.

„Da die drei Grade der gewöhnlichen Freimaurerei [so Louis Blanc] eine große Anzahl von Männern einschließen, die aufgrund ihrer Stellung und ihrer Prinzipien jedem Projekt der sozialen Umwälzung ablehnend gegenüberstehen, haben die Erneuerer die zu erklimmenden Grade der mystischen Leiter vervielfacht; sie haben Geheimlogen geschaffen, die den glühenden Seelen vorbehalten sind; Sie richteten die hohen Grade des *élus, des chevalier du soleil, des Rose-Croix, der strikten Observanz,* des *Kadosch* oder des regenerierten Menschen ein, geheimnisvolle Heiligtümer, deren Türen sich dem Adepten erst nach einer langen Reihe von Prüfungen öffnen, die darauf abzielen, den Fortschritt seiner revolutionären Erziehung festzustellen, die Festigkeit seines Glaubens zu beweisen und den Charakter seines Herzens zu prüfen. Inmitten einer Menge von Praktiken, die mal kindisch, mal unheimlich waren, gab es nichts, was mit den Ideen der Freiheit oder der Gleichheit zu tun hatte" *(Geschichte der Französischen Revolution).*

Im Rosen-Kreuz-Grad sollte die Loge bei der Abhaltung des Kapitels mit roter Farbe behängt sein und im Osten ein dreieckiger Altar stehen, dessen eine Seite nach Westen gerichtet ist. Auf diesem Altar soll ein großes durchsichtiges Bild stehen, das einen Kalvarienberg darstellt, mit zwei Kreuzen an den Seiten (Gut und Böse, Licht und Finsternis der Manichäer), und darauf in der Mitte eine Rose und ein verschlungenes Tuch, darüber die Inschrift I.N.R.I. Unten, vor dem Bild, stehen zerbrochene Säulen, auf deren Trümmern die schlafenden Wächter liegen; in ihrer Mitte ist eine Art Grab, dessen oberer Stein verschoben wurde und aus dem ein Leichentuch herauskommt. Wenn ein Empfang stattfindet, sollten die Vorhänge, das Transparent und der Altar mit schwarzem, mit Tränen besudeltem Stoff bedeckt sein. Über den drei großen dreieckigen Säulen stehen die drei Tugenden Glaube, Hoffnung und Nächstenliebe oder, wie Ragon vorschlägt: aktiv, passiv und die Manifestation des schöpferischen Prinzips.

Bei der Eröffnung der Loge sitzt der „Très-sage" auf der dritten der sieben Stufen des Altars, den Kopf auf die Hand gestützt. Nach den ersten Befehlen sagt er: „Mein Bruder, du siehst mich von Traurigkeit überwältigt; alles hat sich verändert; der Schleier des Tempels ist zerrissen, die Säulen des Mauerwerks sind zerbrochen, der kubische Stein schwitzt Blut und Wasser, das Wort ist verloren, *et consummatum est.*" Der erste und zweite Chevalier werden gebeten, mit Hilfe anderer würdiger Chevaliers die Säulen zu untersuchen und das verlorene Wort zu finden. Jeder Bruder gibt das Wort, das ihm ins Ohr geflüstert wird - das verlorene Wort ist gefunden, und zu Ehren des Höchsten Architekten erheben sich alle, wenden sich nach Osten, machen ein Zeichen und verbeugen sich mit einem Knie auf dem Boden. Im Osten ist der Flammenstern, das Delta und der Buchstabe G oder J, Zeichen des Feuers. Das Kapitel ist eröffnet.

Der vorbereitete Kandidat wird in die Loge geführt, die nun schwarz verhängt ist, und antwortet auf die Frage, er sei von edlen Eltern aus dem Stamm Juda geboren, sein Land sei Judäa, und er bekenne sich zur Kunst der Freimaurerei. Dann wird ihm gesagt, dass das Wort verloren sei und man hoffe, es durch seinen Mut wiederzufinden; sei er bereit, es zu diesem Zweck einzusetzen? Er willigt ein, legt den Eid ab, und schließlich antwortet er in der Loge, die nun mit roter Farbe behängt ist, auf Fragen, dass er aus Judäa kommt, über Nazareth, geführt von Raphael, und dass er vom Stamm Juda ist. Er verbindet die Initialen dieser vier Namen zu I.N.R.I. - er hat das verlorene Wort gefunden. Der Kandidat kniet dann am Fuße des Altars, und der „Très-sage" legt ihm sein blankes Schwert auf den Kopf und nimmt ihn auf, empfängt ihn und ernennt ihn jetzt und für immer zum *Chevalier prince de l'aigle et du pélican, zum vollkommenen Freimaurer von Hérédon, mit dem souveränen Titel Rose-Croix.* Dann wird er erhoben, erhält die Schärpe, das Wort, das Zeichen und den Griff; das Wort ist I.N.R.I. *(Recueil précieux, Avignon,* 1810; Teissier, *Manuel,* 1854). Dies ist der Grad des *Rosen-Kreuzes* des schottischen Ritus. Der französische Ritus unterscheidet sich nur in der Ausarbeitung der Formeln und des Zubehörs. Am Karfreitag halten die Rosenkreuzer ihre Kapitel ab und halten ihre Empfänge ab (Deschamps, 1881).

Einige Erklärungen zur Symbolik, die der jüdische Schriftsteller Ragon, „heilige" Autorität des Grand Orient, in seinem *Cours philosophique* etc. von 1841 gibt, sind aufschlussreich:

„Drei große Ereignisse sollten die Aufmerksamkeit des Rosenkreuzes auf sich ziehen: die Erschaffung der Welt (Erzeugung), die Sintflut Noahs (Zerstörung) und die Erlösung der Menschheit (Wiedergeburt). Der dreifache Gedanke sollte in der Tat im Bewusstsein aller Freimaurer stets präsent sein, denn die königliche Kunst hat, wie die alten Mysterien, kein anderes Ziel als die Erkenntnis der Natur, in der alle geboren werden, sterben und sich regenerieren... Diese Regeneration des Menschen war und wird immer das Werk der in den Mysterien praktizierten Philosophie sein... Der Adler steht für die Freiheit, das Rosen-Kreuz für die Menschlichkeit, die durch den Pelikan symbolisiert wird... Die Rose war auch das Emblem der Frau, und da das Kreuz oder der dreifache Phallus die Männlichkeit oder die Sonne in ihrer ganzen Kraft symbolisierte, bietet die Kombination dieser beiden Embleme eine weitere Bedeutung, die, wie der indische *Lingam*, die Vereinigung der beiden Geschlechter, das Symbol der universellen Zeugung, ausdrückt.

Das Feuer (oder die Lebenskraft) ist überall verborgen, es umfasst die ganze Natur, es erzeugt, es erneuert, es teilt, es verzehrt, es erhält den ganzen Körper ... Wärme und Licht sind nur seine Modifikationen, Fruchtbarkeit, Bewegung und Leben die Wirkungen (der Buchstaben I.N.R.I., sagt er). Ihre Kombination bildete eine geheimnisvolle Bedeutung, lange bevor das Christentum und die Weisen des Altertums ihr eines der größten Geheimnisse der Natur beigelegt hatten: das der universellen Regeneration."

So drücken sie es aus: *Igne Natura Renovatur Integra*, die ganze Natur wird durch das Feuer erneuert.

Schließlich gibt es noch das Abendbrot:

„Alle alten Mystagogien endeten damit, dass alle das Brot brachen und den Wein aus einem gemeinsamen Kelch kosteten, um sich gegenseitig an die Gemeinschaft der Güter zu erinnern und daran, dass die Eingeweihten nichts Eigenes haben. Das Brot und der Wein sind geweiht. Diese mystische Nahrung, die Leib und Seele nähren sollte, war ein Sinnbild der Unsterblichkeit.

aktive und passive Kräfte!

Wir sehen also, dass dieser Rose-Croix-Grad eine vollständige Perversion der christlichen Symbolik und des heiligen Glaubens ist, es ist der Kult der Natur, durch dessen Kräfte, Erzeugung, Zerstörung und Regeneration der Adept unter der Maske der Vergöttlichung oder der Entwicklung latenter Kräfte in die Sklaverei des Illuminismus geführt wird, wodurch er zu einem willigen Instrument in den Händen einiger mächtiger und skrupelloser, aber unbekannter Führer wird, die als ihr Ziel die Emanzipation der Menschheit erklären, durch die sie die Welt zu beherrschen hoffen.

KADOSCH

Im *Tuileur de l'ecossisme*, 1821, heißt es dazu:

„30th degree, grand inquisitor, grand élu, chevalier Kadosch, auch White and Black Eagle genannt. Obwohl die Schotten, wie sie sagen, diesen Grad nie verleihen, außer durch Mitteilung, und er im alten Ritus nur den dreißigsten Grad einnimmt, muss er als das endgültige, das eigentliche Ziel des schottischen Ritus betrachtet werden, so wie er das *Nonplusultra* der Templerfreimaurerei ist. In ihm gedenken sie der Aufhebung des Templerordens durch Philippe le Bel und Papst Clemens V. und der Bestrafung des ersten Großmeisters Jacques Molay, der am 11. März 1314 in den Flammen umkam."

Wie Deschamps schreibt, 1881:

„Vergeblich wiederholen sie mit Wohlwollen, dass der Kadosch von Frankreich rein philosophisch ist... Krieg für den Thron und den Altar ist der große Schrei des Ordens. Der grimmige *Nekam Adonai* (Herr der Rache!) hat die Illuminaten und die Carbonari hervorgebracht. In den Händen fanatischer Menschen, unterstützt durch günstige Umstände, führt er immer wieder zu ähnlichen Ergebnissen."

Nach den Handbüchern von Willaume und Teissier, die vom Großorient autorisiert wurden, ist der Ausruf, wenn man das Zeichen des Grades macht, *Nekam Adonai*, und die drei

Passwörter für den Eintritt in den Obersten Rat beginnen alle mit Nekam - Rache!

Ragon schreibt weiter:

„Die mehr oder weniger ausgeprägte Entwicklung, Ausdehnung oder Anwendung der Rache führt in den Kadosch eine Vielzahl von Varianten ein, oder besser gesagt, macht ihn wie viele verschiedene Grade (von denen er zugibt, dass einige schrecklich sind). Man findet in sehr alten Manuskripten der englischen Freimaurerei, dass der Kadosch *Killer* genannt wird."

Er gehört offenbar zu allen Riten, unter anderem: 30th Grad schottischer Ritus, 66th ägyptischer oder Misraim-Ritus, 25th Hérédon-Ritus oder Perfektionsritus oder Orden des Tempels, von dem angenommen wird, dass er seinen Ursprung hat, 10th Grad Ritus von Saint-Martin, auch in der Loge von Lyon, die später als Wiege des französischen Illuminismus unter dem Namen *chevaliers bienfaisants de la sainte cité* diente, 1743 (Deschamps). Auch in seinem *Cours d'initiations*, 1842, schreibt Ragon über diesen Grad:

„*Der* Kadosch ist nicht nur der Freimaurer der Logen, der Freimaurer der Kapitel, sondern auch derjenige, der in das dritte Heiligtum aufgenommen wird, denn an ihn werden diese beiden Gebote der alten Einweihung gerichtet. Gib dich der Wissenschaft der Natur hin, studiere die Politik zum Wohle deiner Mitgeschöpfe. Dringe in die Geheimnisse der Religion und der hohen Wissenschaften ein und vermittle deine Ideen mit Klugheit ... der Eingeweihte studiert also Politik und Religion."

Dann erzählt er uns, dass es vier Wohnungen im Grad gibt, und die Einweihung wird in der vierten vollzogen. Er sagt: „Das hebräische Wort *Kadosch* bedeutet *heilig*, geweiht, gereinigt. Man darf dadurch nicht denken, dass die Ritter des Weißen und Schwarzen Adlers irgendeinen Anspruch auf Heiligkeit erheben, sie wollen mit diesem Wort ausdrücken, dass sie allein die Auserwählten sind, Männer *par excellence*, gereinigt von allem Schmutz der Vorurteile."

Im vierten Raum, der in Rot gehalten ist, sitzt der Oberste Rat.

„Wenn der Kandidat dieses göttliche Heiligtum erreicht, erfährt er die Gelübde, die er eingeht. In diesem Heiligtum befindet sich ein Kreuz, eine dreiköpfige Schlange, von der die erste eine Krone, die zweite eine Tiara und die dritte ein Schwert trägt; sie geben ihm einen Dolch mit schwarzer und weißer Klinge. Das Kreuz, sagt Ragon, ist das phallische Tau. Die Schlange stellt das böse Prinzip dar; ihre drei Köpfe sind das Emblem für den Missbrauch oder das Böse, das in die drei hohen Klassen der Gesellschaft eingedrungen ist. Der Kopf der Schlange, der eine Krone trägt, steht für die *Herrscher,* derjenige, der eine Tiara oder einen Schlüssel trägt, für die *Päpste und* derjenige, der ein Schwert trägt, für die *Armee."*

Der Dolch, mithraisch oder die Sichel des Saturn,

„Der große Auserwählte wird moralisch daran erinnert, dass er ständig daran arbeiten muss, Vorurteile, Unwissenheit und Aberglauben oder das, was auf den drei Köpfen der Schlange ist, zu bekämpfen und zu zerstören."

Schließlich wird der neu gewählte Großmeister Kadosch informiert:

„... Du kennst dich selbst; vergiss nie, dass es keinen Grad des Glücks gibt, den der Mensch, der wieder in seine ursprünglichen Rechte eintritt, nicht anstreben könnte. Vergiss nicht, dass du den kostbaren Faden (Kundalini) in dir trägst, mit dessen Hilfe du aus dem Labyrinth der materiellen Dinge heraustreten kannst... Heute (durch den Illuminismus) in deine natürlichen (oder primitiven) Rechte wiedereingebunden, betrachte dich für immer vom Joch der Vorurteile befreit; wende dich ohne Unterlass an, um deine Mitgeschöpfe davon zu befreien" (Ragon; Willaume; und Teissier).

In der *Morning Post* vom 14. Juli 1920, *Cause of the World Unrest,* wird über diese revolutionäre Freimaurerei berichtet: „Wenn der Kandidat schließlich in den Grad 30th aufgenommen wird und nach dem Durchlaufen schrecklicher Prüfungen, um seinen Gehorsam und seine Verschwiegenheit zu testen, zum Ritter Kadosh wird, erfährt er, dass es nicht mehr Adoniram oder Hiram ist, dessen Tod nach Rache schreit." Und ihr Katechismus sagt:

„Verstehen Sie, dass dieser Grad nicht, wie vieles in der so genannten Freimaurerei, eine Täuschung ist, die nichts bedeutet und auf nichts hinausläuft ... dass das, womit Sie sich jetzt befassen, *echt* ist, *die* Erfüllung von *Pflichten* erfordert, *Opfer* verlangt *und* Sie *Gefahren* aussetzt, und dass dieser Orden bedeutet, sich mit den Angelegenheiten der Nationen zu befassen und wieder eine *Macht* in der Welt zu sein."

FRAUEN IM BAUGEWERBE

Und auch die Frauen wurden in das Netz der Freimaurer gezogen. Minos, einer der Häuptlinge Weishaupts, schrieb: „Die Frauen üben einen zu großen Einfluss auf die Männer aus, als dass wir hoffen könnten, die Welt zu reformieren, wenn sie selbst nicht reformiert werden... aber sie brauchen etwas, das sie leitet und anregt: einen Orden, Zusammenkünfte zum Empfang, Geheimnisse usw.". Nach Albert Lantoine, dem freimaurerischen Schriftsteller: der Großloge von Frankreich, heißt es in der Anderson-Konstitution von 1723: „Sklaven, Frauen, unmoralische und unehrenhafte Personen können nicht aufgenommen werden, sondern nur Männer von gutem Ruf." Clavel informiert uns jedoch, dass die Freimaurerei für Frauen erstmals 1730 in Frankreich eingeführt wurde, aber bis nach 1760 variierten die Formen in Name und Ritual, und sie wurde erst 1774 vom Großorient anerkannt und sanktioniert, unter der Bedingung, dass die Sitzungen von Offizieren regulärer Logen abgehalten wurden. Später wurden sie einer männlichen Loge angegliedert und erhielten deren Namen, nämlich „Loge d'adoption". 1743 segelten die Schwestern des Ordens der *Félicitaires* unter der Leitung der Brüder auf die Insel der Glückseligkeit, und 1747 wurde der Orden der *Fendeurs,* der Holzfäller, nach dem Vorbild der Loge der Charbonniers gegründet. Die Loge war das Chantier oder der Holzplatz, die Mitglieder waren Cousins und Cousinen. Ein weiterer Orden war der der *Chevaliers und Nymphes de la Rose.* Diese wurden von Männern und Frauen des Hofes besucht, die als Bauern gekleidet waren und sich an den Ausschreitungen des Volksvergnügens beteiligten.

Später folgten andere Logen, die der gewöhnlichen Freimaurerei näher standen, und um 1760 und später waren die berühmtesten die Logen „*des Neuf soeurs"* unter dem Vorsitz von Mme Helvétius, der „*Contrat social"* mit der Prinzessin von Lamballe als Präsidentin und der Herzogin von Chartres als Großmeisterin (oder Meisterin!) und „*La Candeur".* In *The Power and Secret of the Jesuits,* 1930, schreibt Fülöp-Miller:

> „Die Führer der Aufklärung *(Enzyklopädisten),* Montesquieu, d'Alembert, Diderot, Lamettrie, Helvétius, La Chalotais und kurz

vor seinem Tod Voltaire, waren Mitglieder der Pariser Loge 'Bei den neun Schwestern'... Der Erfolg der großen *Enzyklopädisten* war zu einem beträchtlichen Teil auf die Initiative und Unterstützung der Pariser Großloge zurückzuführen."

Und doch konnten sie die Prinzessin de Lamballe nicht vor ihrem grausamen Tod durch die Revolutionäre bewahren! Die Feste und Bälle dieser Frauenlogen wurden von allen Größen der Literatur, der Kunst und des Adels besucht; der gesamte Hof war von der Freimaurerei vernarrt. Aber wie Ragon sagt, waren diese Gesellschaften, auch wenn sie frivol aussahen, ein wirksames Mittel, um die freimaurerischen Prinzipien der Gleichheit in den Köpfen der Mitglieder zu verankern.

Die Freimaurerei der Annahme, sagt Teissier, besteht aus fünf Hauptgraden, von denen drei obligatorisch sind: Lehrling, Geselle, Meister; die anderen waren Vollkommener Meister und *Souveraine illustré écossaise.* Dieser letzte Grad war politisch, und eine Florentiner Zeitschrift, *Vera buona nouvella*, gibt die Rede des Großmeisters vor dem Empfang wieder. Nach dem Eid der Verschwiegenheit sagt er: „... Eine mühsame, aber erhabene Aufgabe wird Ihnen von nun an auferlegt. Die erste Ihrer Pflichten wird darin bestehen, das Volk gegen Könige und Priester aufzubringen, in Cafés, Theatern und Abendunterhaltungen mit dieser heiligen Absicht zu arbeiten" (Deschamp). Diese Verliebtheit hielt während des Kaiserreichs, der Restauration und der folgenden Regime an.

MISRAIM RITE

Zu Beginn des neunzehnten Jahrhunderts tauchte die Freimaurerei von Cagliostro wieder auf, zusammen mit den so genannten französischen und schottischen Graden unter dem Namen Misraim oder Ägyptischer Ritus. Sie hatte 90 Grade. Wie Clavel schreibt:

„Dieses System, dem ein hohes Alter zugeschrieben wird, ist in vier Klassen unterteilt: symbolisch, philosophisch, mystisch und kabbalistisch. Die Lehrgrade wurden dem schottischen Ritus, dem Martinismus, der hermetischen Freimaurerei und verschiedenen Reformen entlehnt, die früher in Deutschland und Frankreich in Kraft waren und deren Lehrbücher heute nur noch in den Archiven von Kennern zu finden sind. Zunächst konnten die Postulanten nur den 87.th Grad erreichen. Die anderen drei, die das System vervollständigen, waren den Unbekannten Oberen vorbehalten, und selbst die Namen dieser Grade wurden den Brüdern der unteren Grade verheimlicht. Auf diese Weise organisiert, verbreitete sich der Misraim-Ritus während der zweiten französischen Invasion des ersten Reiches im Königreich Italien und in Neapel... Er wurde 1814 nach Frankreich zurückgebracht und später in Belgien, Irland und der Schweiz verbreitet."

Nach Ragon, in seinem *Cours Philosophique des Initiations, 1841*, wurden ihre feierlichen Feste zu den Tagundnachtgleichen abgehalten; während der Frühlingszeit unter dem Namen des *Erwachens der Natur;* während der Herbstzeit unter dem Namen der *Ruhe der Natur.* Weiter schreibt er:

„Der 87th Grad hat drei Wohnungen. Die erste ist in Schwarz gehalten und steht für das *Chaos; sie wird* von einer einzigen Lampe beleuchtet. Die zweite wird von drei Lichtern erhellt und ist in Grün gehalten, was die *Hoffnung* symbolisiert. *Die* dritte wird von 72 Kerzen erhellt und über der Eingangstür befindet sich ein Transparent mit einem thronenden Jehova - Zeichen der ewigen Schöpfung und des lebendigen Feuers der Natur."

Nun, laut Eliphas Levi

„Der Name Jehova löst sich in *72* Namen auf, die *Shemahamphoras* genannt werden. Die Kunst, diese 72 Namen zu verwenden und darin den Schlüssel der universellen Wissenschaft zu entdecken, wird von den Kabbalisten die Schlüssel Salomons genannt ... mit Hilfe dieser Zeichen und ihrer unendlichen Kombinationen ist es möglich, zur natürlichen und mathematischen Offenbarung aller Geheimnisse der Natur zu gelangen."

Auch hier ist es, wie in allen solchen Klassen, der ewige Pan mit seiner siebenstimmigen Flöte!

KAPITEL V

CARBONARI, MAZZINI, L'ALLIANCE-ISRAELITE-UNIVERSELLE UND KARL MARX

In einem Vorwort zu George Pitt-Rivers' *World Significance of the Russian Revolution*, 1920, schrieb der Jude Dr. Oscar Levy:

„Es gibt keine rätselhaftere, verhängnisvollere und daher interessantere Rasse auf der Welt als die Juden. Jeder Schriftsteller, der wie Sie von der Gegenwart bedrängt und von seinen Zukunftsängsten geplagt wird, muss versuchen, die Judenfrage und ihren Einfluss auf unser Zeitalter zu erhellen. Denn die Frage der Juden und ihres Einflusses auf die Welt, in der Vergangenheit und in der Gegenwart, geht allen Dingen auf den Grund."

Eines der mächtigsten Instrumente der jüdischen Universalität des letzten Jahrhunderts war der *Carbonaro* und seine Verbindungen, von denen es heißt, dass sowohl Frau Blavatsky, 1856, als auch später Dr. Steiner Mitglieder waren. Zwei der furchterregendsten Anführer der Haute-Vente, die nur wenigen unter ihren Pseudonymen bekannt sind, waren *Nubius* und sein jüdischer Kollege *Petit-Tigre* oder *Piccolo-Tigre;* und ihre finsteren Methoden, die Unvorsichtigen in ihr universelles Netz zu locken, wurden von letzterem in dem folgenden Brief mit Anweisungen aufgedeckt, den er am 18. Januar 1822 an die vorgesetzten Agenten der piemontesischen Vente schickte:

„Es ist wichtig, den Mann von seiner Familie zu isolieren und ihn dazu zu bringen, seine Moral zu verlieren ... Er liebt die langen Gespräche im Café, den Müßiggang in den Shows. Verlocke ihn, locke ihn weg, gib ihm irgendeine Art von Bedeutung, lehre ihn auf diskrete Weise, seiner täglichen Arbeit überdrüssig zu werden, und auf diese Weise ... nachdem du ihm gezeigt hast, wie ermüdend alle

Pflichten sind, flöße ihm den Wunsch nach einer anderen Existenz ein. Der Mensch wird als Rebell geboren. Schüre sein Verlangen nach Rebellion bis zum Feuer, aber lass die Feuersbrunst nicht hervorbrechen! Es ist eine Vorbereitung für das große Werk, das du beginnen musst. Wenn ihr in mehreren Köpfen die Abneigung gegen Familie und Religion geweckt habt, lasst bestimmte Worte fallen, die den Wunsch wecken, sich der nächsten Loge anzuschließen. Diese Eitelkeit des Bürgers, sich mit der Freimaurerei zu identifizieren, hat etwas so Banales und Allgemeingültiges, dass ich immer in Bewunderung vor der menschlichen Dummheit bin..."

Sowohl des Mousseaux als auch Crétineau-Joly erzählen, wie Nubius, dieser furchterregende Chef des Okkultismus, das Vertrauen des Fürsten von Metternich, des Ministerpräsidenten von Österreich, gewann und ihm so die meisten politischen Geheimnisse Europas entlockte. *Gaetano*, das Pseudonym eines lombardischen Adligen namens V-, Mitglied der Haute-Vente, wurde in Wien in der Nähe Metternichs platziert, um dort zu spionieren, zu beobachten und Nubius zu berichten. In einem solchen Bericht vom 23. Januar 1844 bekannte er sich zu Ängsten und Zweifeln:

„... Wir streben danach, zu korrumpieren, um zu regieren... Wir haben zu viel korrumpiert... Ich beginne zu fürchten, dass wir nicht in der Lage sein werden, den Strom einzudämmen, den wir losgelassen haben. Es gibt unersättliche Leidenschaften, von denen ich nichts geahnt habe, *unbekannte Begierden, wilden Hass*, der um uns herum und unter uns gärt... Es war sehr leicht, zu verderben; wird es auch immer leicht sein, die Verderbten mundtot zu machen?.. Ich bin beunruhigt, denn ich werde alt, ich habe meine Illusionen verloren, ich will nicht, arm und von allem entblößt, als theatralischer Statist an dem Triumph mitwirken, den ich geschaffen habe und der mich verstoßen würde, indem er mein Vermögen konfisziert und mir den Kopf abschlägt. Wir haben es in vielen Dingen zu sehr auf die Spitze getrieben. Wir haben den Menschen alle Götter des Himmels und der Erde genommen, denen sie gehuldigt haben. Wir haben ihnen ihren religiösen Glauben, ihren Glauben an die Monarchie, ihre Ehrlichkeit und ihre Familientugenden entrissen, und wir hören in der Ferne ihr unheimliches Gebrüll. Wir zittern, denn das Ungeheuer könnte uns verschlingen ... Die Welt steht am Abgrund der Demokratie, und seit einiger Zeit bedeutet Demokratie für mich Demagogie. Unsere zwanzigjährigen Intrigen laufen Gefahr, von Schwätzern ausgelöscht zu werden, die dem Volk schmeicheln, dem Adel die Beine ausreißen, nachdem sie den Klerus mit Maschinengewehren beschossen haben... Noch habe ich keine Gewissensbisse, aber ich bin von Ängsten geplagt, und an Ihrer Stelle würde ich, so wie ich die Stimmung in Europa wahrnehme, keine Verantwortung auf mich nehmen wollen, die Joseph Mazzini auf das Kapitol führen könnte. Mazzini auf dem Kapitol! Nubius auf dem Tarpejischen Felsen oder in der Vergessenheit!... Lächelt dir dieser Traum zu, o Nubius!"

Als Metternich 1849 endlich die Wahrheit erkannte, rief er aus:

„... In Deutschland besetzen die Juden die Hauptrollen und sind Revolutionäre ersten Ranges. Sie sind Schriftsteller, Philosophen, Dichter, Redner, Publizisten und Bankiers, und auf ihren Köpfen und in ihren Herzen lastet die ganze Last der alten Schmach! Sie werden eines Tages schrecklich für Deutschland sein ... *wahrscheinlich wird ihnen ein schrecklicher Morgen folgen"* (Rougeyron, 1861).

Und dieser „vollendete Schurke" Nubius, so des Mousseaux, „wurde von einem seiner eigenen Anhänger vergiftet, nachdem er Wunder zugunsten der antichristlichen Revolution vollbracht hatte." Wiederum schreibt des Mousseaux:

„Aber woher kommt dieses unheimliche Wunder (die fortschreitende jüdische Macht)? Es kommt aus dem Versagen des christlichen Glaubens ... aus dem Fortschreiten der Geheimgesellschaften, die mit abtrünnigen Christen gefüllt sind, die das begehren, was der Jude begehrt; das heißt, die jüdische Zivilisation, wie sie uns von unserem Lehrer und Meister, dem philosophischen Juden, dem Juden der 'Alliance universelle', gegeben wurde."

Der Carbonarismus war eine Triebfeder für die Verbreitung und den Aufbau der Weltrepublik, und Domenico Anghera berichtet 1864, dass die Arbeit der Carbonari um 1820-21 von den Freimaurerlogen geleitet und von ihren Adepten durchgeführt wurde. Aber nicht alle Freimaurer waren Carbonari, sondern nur diejenigen, die eindeutig republikanisch waren. Diese Geheimbünde waren an allen Aufständen und Revolutionen in Italien, Spanien und Frankreich beteiligt. In Italien waren sie als *Carbonarismus*, in Frankreich als *Charbonnerie* und in Spanien als *Communeros* bekannt, und sie waren alle durch eine okkulte Richtung miteinander verbunden und bildeten das unwiderstehliche Gewicht der öffentlichen Meinung, das die Wahlen beeinflusste. Die Haute-Vente setzte sich aus einigen korrupten Grandseigneurs und aus Juden zusammen und war die Fortsetzung des vor der Revolution von 1789 gebildeten *Inneren Ordens*. In der letzten Stufe, die nur wenige erreichten,

> „Man erfährt, dass das Ziel der Carbonari ganz dasselbe ist wie das der Illuminaten... Der Eingeweihte schwört den Untergang aller Religion und aller positiven Regierung, ob sie nun despotisch oder demokratisch ist. Alle Mittel zur Ausführung ihrer Pläne sind erlaubt, Mord, Gift, Meineid, alles steht ihnen zur Verfügung."

So berichtet Jean Witt in seinem Werk *Les Sociétés Secrétes de France et d'Italie,* 1830.

Bei ihrer Organisation wurden alle Vorkehrungen getroffen, um eine polizeiliche Durchdringung des Ganzen zu verhindern. Daher bestand der Karbonarismus aus einer souveränen Autorität, der Haute-Vente, aus zentralen Ventes und darunter wiederum aus einzelnen Ventes, beide von unbegrenzter Anzahl, wobei letztere mit der Obersten Vente (Paris) nur durch die Stellvertreter der zentralen Ventes kommunizierten, wobei jedem Mitglied wiederum bei Todesstrafe verboten war, zu versuchen, eine andere Vente als die eigene zu betreten. Um in die Armee einzudringen, gab es die Legion, die Kohorten, die Centes und die Manipules. Die Mitglieder wurden „bons cousins" genannt und hatten jeweils ein Pseudonym und eine besondere Nummer.

Ihre Arbeit wurde von dem jüdischen Carbonaro *Piccolo-Tigre* an seinen Kollegen Nubius am 5. Januar 1846 so beschrieben:

> „... Überall fand ich Gemüter, die sehr zur Begeisterung neigten. Alle spüren, dass die alte Welt zusammenbricht und dass die Könige am Ende sind... Die Ernte, die eingebracht wurde, sollte Früchte tragen... Der Sturz der Throne lässt mich, der ich das Werk unserer Gesellschaften in Frankreich, der Schweiz und Deutschland und sogar in Preußen studiert habe, nicht länger zweifeln. Der Angriff, der in einigen Jahren oder vielleicht in einigen Monaten auf die Fürsten der Erde erfolgen wird, wird sie unter den Trümmern ihrer *machtlosen Armeen* und ihrer verfallenen Monarchien begraben. *Überall herrscht Begeisterung unter unserem Volk und Gleichgültigkeit und Apathie beim Feind* (wie wir heute sehen!). Das ist ein sicheres und unfehlbares Zeichen des Erfolges... Um die alte Welt sicher zu vernichten, haben wir es für notwendig gehalten,

den katholischen und christlichen Keim zu ersticken... Dieser tapfere Mazzini, den ich bei verschiedenen Gelegenheiten getroffen habe, hat immer seinen humanitären Traum im Kopf und im Mund. Aber abgesehen von seinen kleinen Fehlern und seinen Attentatsmethoden hat er auch Gutes in sich. Mit seinem Mystizismus erregt er die Aufmerksamkeit der Massen, die nichts von seinen großen Prophetenallüren oder seinen Reden eines kosmopolitischen Illuminatus verstehen..."

Mazzini gelang es jedoch, sich durch seine Aktivität und Kühnheit, die vor keinem Mittel zurückschreckte, zu einer Art oberstem Leiter all dessen zu machen, was in den Logen, Ventes und geheimen Klubs das Jüngste und Demokratischste war; 1832 gründete er in Marseille die Zeitschrift und Gesellschaft *Jeune-Italie,* und bald war Italien wie auf einem Vulkan. Zu ihren Statuten gehörten: „Art. 2: Nachdem wir die schrecklichen Übel der absoluten Macht und die noch größeren der konstitutionellen Monarchien erkannt haben, müssen wir daran arbeiten, eine einzige und unteilbare Republik zu gründen. Art. 30 - Wer den Befehlen der Geheimgesellschaften nicht gehorcht oder die Geheimnisse verrät, wird gnadenlos erstochen. Die gleiche Strafe gilt für Verräter. Art. 31-Das geheime Tribunal wird das Urteil verkünden und einen oder zwei Mitglieder für die sofortige Ausführung bestimmen. Art. 32: Wer sich weigert, den Befehl auszuführen, wird als Meineidiger angesehen und als solcher sofort getötet..." Die *Jeune-Allemagne, die* weitgehend von Juden beherrscht wurde, arbeitete für die Revolution von 1848; und, wie Eckert schrieb: „Mazzini war das Haupt der Jeune-Europe und der kriegerischen Macht der Freimaurerei." Die von Mazzini und Jeune-Europe vorbereitete Weltrepublik schien überall zu triumphieren, aber sie war verfrüht!

Viel später, im Jahr 1865, gründete er in Amerika die *Alliance-républicaine-universelle* und veröffentlichte im Januar 1867 einen Aufruf, in der Hoffnung, seine Idee in diesem riesigen Land zu verbreiten. Ihre Organisation war in Wirklichkeit ein Völkerbund:

„Die Vereinigung sollte aus verschiedenen Sektionen bestehen... Diese Sektionen werden so viele Vertreter der zukünftigen Republiken sein, während ihre Delegierten, die in einem Zentralrat vereint sind, die Solidarität der Republiken repräsentieren werden, deren Verwirklichung das oberste Ziel ist, das für die Arbeit der Allianz vorgeschlagen wird. Der Zentralrat soll sich aus einem Präsidenten, einem Finanzsekretär, einem Schriftführer und so vielen Sekretären zusammensetzen, wie Nationalitäten im Rat vertreten sind. Jeder Sekretär, der eine gegenwärtige oder künftige Republik vertritt, ist das akkreditierte Mitglied seiner Sektion und deren Vermittler... Die Beratungen des Zentralrats sind geheim... Allgemeine Anordnungen und Vorschriften gehen vom Zentralrat aus. Für alle Angelegenheiten, die für die Organisation oder Ausdehnung der *Alliance-républicaine-universelle* notwendig sind, werden vom Zentralrat besondere Beauftragte ernannt..." (Deschamps, 1881).

Der jüdische Freimaurer Crémieux, Gründer und Präsident der *Alliance-israélite-universelle*, verkündet im Namen der provisorischen Regierung 1848: „Die Republik wird das tun, was die Freimaurerei tut, sie wird das herrliche Unterpfand der Vereinigung der Völker auf allen Punkten des Erdballs auf allen Seiten unseres Dreiecks werden. Bürger und Brüder der Freimaurerei! Es lebe die Republik!"

Schließlich sagte Mazzini, der Träumer dieser universellen Republik, in seinen Anweisungen an seine Anhänger am 1. November 1846:

„Verbinden, verbinden, verbinden! Alles steckt in diesem Wort. Die Geheimbünde geben der Partei, die sich auf sie berufen kann, eine unwiderstehliche Kraft. Habt keine Angst, sie sich teilen zu sehen; je mehr sie sich teilen, desto besser wird es sein; alle bewegen sich auf verschiedenen Wegen auf dasselbe Ziel zu... Das Geheimnis ist notwendig, um den Mitgliedern Sicherheit zu geben, aber eine gewisse Transparenz ist notwendig, um denen, die stillstehen, Angst einzuflößen. Wenn eine große Anzahl von Mitarbeitern den Auftrag erhält, eine Idee zu verbreiten und die öffentliche Meinung zu formen, und einen Augenblick lang zusammenarbeiten kann, werden sie feststellen, dass das alte Gebäude in allen Teilen durchdrungen ist und wie durch ein Wunder beim geringsten Hauch von Fortschritt zusammenbricht. Sie werden mit Erstaunen sehen, wie Könige, Adlige, Reiche und Priester, die das Gerippe des alten Gesellschaftsgebäudes bilden, vor der alleinigen Macht der Meinung fliehen. Deshalb: Mut und Ausdauer!"

Zu wissen, zu wagen, zu wollen, zu schweigen! Das ist das System, das allen okkulten, subversiven und geheimen

Gesellschaften gemeinsam ist, die scheinbar immer von unbekannten Oberen kontrolliert werden, die für die universelle Herrschaft arbeiten.

L'ALLIANCE-ISRAELITE-UNIVERSELLE

Im Jahr 1869 schrieb der Chevalier Gougenot des Mousseaux in seinem Buch *Le Juif*:

> „Die antireligiösen, aber vor allem antichristlichen Bestrebungen, die die gegenwärtige Epoche kennzeichnen, haben einen Charakter der Konzentration und *Universalität*, der den Stempel des Juden, des obersten Förderers der Vereinigung der Völker, trägt, weil er das kosmopolitische Volk *schlechthin* ist; weil der Jude mit der Lizenz des *libre-pensée* die von ihm 'messianisch' genannte Epoche vorbereitet - den Tag seines universellen Triumphs. Er schreibt seine nahe Verwirklichung den von den Philosophen des achtzehnten Jahrhunderts verbreiteten Grundsätzen zu; den Männern, die zugleich Ungläubige und Kabalisten waren und deren Werk die Verjudung der Welt vorbereitete. Der Charakter der *Universalität* wird in der *L'Alliance-israélite universelle,* in der *Universellen Vereinigung der Freimaurerei,* und in den neueren Hilfsorganisationen, der *L'Alliance-universelle-religieuse,* die denjenigen offensteht, die noch immer vor dem Namen Israeliten zurückschrecken, und schließlich in der *Ligue-universelle de l'enseignement, zu* erkennen sein...‟

L'Alliance-israélite-universelle, diese große revolutionäre Vereinigung der Verteidigung, des Angriffs und der Propaganda, mit ihrer erstaunlichen Vielfalt an Mitgliedern, wurde von dem Juden Adolphe Cremieux gegründet, der laut den *Archives israélites* „1869 zum Souveränen Großmeister des Schottischen Ritus der Freimaurerei, der höchsten Würde des Freimaurerordens in Frankreich, gewählt wurde‟. Die Allianz entstand aus der Abschwächung der jüdischen Religion und der Verbreitung der revolutionär-reformierten libre-pensée-Bewegung, und ihre Dogmen waren die der Freimaurerei und des Okkultismus. Im Jahr 1861 schrieb dieselbe jüdische Zeitschrift:

> „*L'Alliance-israélite-universelle...* wendet sich an alle Religionen... Sie will in alle Religionen eindringen, wie sie in alle Länder eingedrungen ist. Wie viele Nationen sind verschwunden? Wie viele Religionen werden im Gegenzug verschwinden? *Israel wird nicht*

aufhören zu existieren ... die Religion Israels wird nicht untergehen; sie ist die Einheit Gottes."

Aus Edouard Drumonts *La France Juive,* 1886, entnehmen wir die folgenden Informationen über dieselbe Allianz. Wie wir wissen, war Cremieux, ihr Gründer, ein wichtiger Führer der französischen Demokratie, und er gab der französischen revolutionären Bewegung mehr als jeder andere einen streng jüdischen Charakter; „Er bereitete in den letzten Jahren seines Lebens die messianische Herrschaft vor und verkündete sie lautstark, die so lange erwartete Zeit, in der alle Nationen Israel unterworfen sein werden und alle Menschen für die Vertreter des von Jehova gesegneten Volkes arbeiten werden." Die Allianz wurde 1860 gegründet, und ihre erste Generalversammlung fand am 30. Mai 1861 statt. „In Wirklichkeit hatte sie schon seit vielen Jahren im Geheimen gewirkt, aber einige siegessichere Juden fühlten das Bedürfnis nach einer offiziellen Macht, einem wirksamen Vertreter ihrer Nation, der in ihrem Namen zu Europa sprechen konnte."

Die Verfassung der Allianz ist offenbar sehr einfach. Jeder Jude kann ihr durch Zahlung eines Jahresbeitrags von sechs Francs angehören. Sie wird von einem Zentralkomitee in Paris geleitet, das sich zunächst aus vierzig und später aus sechzig Mitgliedern zusammensetzt und für neun Jahre von allen Mitgliedern der Allianz gewählt wird. Das Zentralkomitee wählt jedes Jahr aus seiner Mitte ein Präsidium, das aus einem Präsidenten, zwei Vizepräsidenten, einem Schatzmeister und einem Generalsekretär besteht. Ein Ausschuss konnte überall dort gebildet werden, wo die Gesellschaft zehn Mitglieder hatte, und ein Regionalausschuss konnte in jedem Land gebildet werden, in dem es mehrere lokale Ausschüsse gab. In lokalen und regionalen Angelegenheiten handelten diese Ausschüsse in eigener Verantwortung, aber in Angelegenheiten, die die Vereinigung betrafen, handelten sie auf der Grundlage von Mitteilungen, die sie vom Zentralausschuss erhielten. Die Mitgliedsbeiträge wurden gesammelt und an das Zentralorgan überwiesen. Im Jahr 1886 zählte die Vereinigung etwa 28.000 Mitglieder und verfügte über ein Budget von etwa einer Million Francs, aber ihre tatsächlichen Ressourcen waren nahezu unbegrenzt.

Zu den ihr angeschlossenen Gesellschaften gehörten: Die Anglo-Jewish Association, die Union of American Hebrew Congregations, die B'nai B'rith of America, usw. Die Israeliten kontrollierten mit Geld die meisten der großen europäischen Presseorgane und wirkten durch sie auf die Völker ein. Dennoch gab es zahlreiche Zeitschriften, die sich ausschließlich an die Juden richteten, wie die *Archives israélites*, *l'Univers israélite* in Paris, der *Jewish Chronicle*, die *Jewish World* in London, der *Jewish Messenger* in New York, usw. Wie Crémieux sagte: „L'Alliance ist keine französische, deutsche oder englische Alliance; sie ist jüdisch, sie ist universal. Deshalb schreitet sie voran, deshalb hat sie Erfolg". Die Allianz wird von den Mächten gleichberechtigt behandelt; sie sendet Noten, Proteste und sogar Ultimaten, die von den Herrschern entgegengenommen und berücksichtigt werden, wie zum Beispiel die Frage Rumäniens in den Jahren 1867-68 und die Unterdrückung seiner Bevölkerung durch die jüdischen Wucherer. Cremieux intervenierte erfolgreich zugunsten der Juden.

Die Dogmen der *l'Alliance-israélite-universelle* sind die des reformierten Judentums, die, so der Rationalist Kluber, „von Moise Mendelssohn - Freund von Mirabeau - ausgearbeitet wurden ... [und] aller Wahrscheinlichkeit nach zu einem reinen Deismus oder einer Naturreligion führen würden, deren Anhänger nicht der jüdischen Rasse anzugehören brauchen." Sie hofft, die Welt zu judaisieren und den Weg für die Ausbreitung und Entwicklung des Judentums zu ebnen, das alle Religionen und alle Nationen durchdringt. Nach Leon de Poncins, 1928, wurde der jüdische Freimaurerorden B'nai B'rith 1843 in New York gegründet:

> „Sie teilt die Welt in elf Distrikte ein, von denen sieben in den Vereinigten Staaten liegen. Die Zahl der Logen beträgt etwa 500, mit fast 100.000 Anhängern... Nach gut unterrichteten Quellen gibt es in der B'nai B'rith eine Überlagerung von Geheimgesellschaften, die in einer einzigen Führungsmacht endet. Über den B'nai B'rith stehen die B'nai Moshé, dann die B'nai Zion und schließlich das verborgene Zentrum des obersten Kommandos."

Die letzte Aussage macht er ohne Beweis.

In demselben Buch, *Die geheimen Mächte hinter der Revolution,* erklärt de Poncins, dass der Völkerbund weitgehend auf den weltweiten Einfluss der *Alliance-israélite-universelle* zurückzuführen ist und die Verwirklichung einer lange verfolgten und hartnäckigen jüdischen Idee und Ambition darstellt. Zum Beispiel: Im März 1864 veröffentlichten die *Archives israelites* einen Brief eines Mitglieds der Alliance, Levy Bing, in dem er sagte:

„Wenn es, mit einem Wort, nicht mehr erlaubt ist, das Urteil selbst zu fällen, sondern es allgemein anerkannten und am Rechtsstreit unbeteiligten Richtern zu überlassen, ist es dann nicht natürlich, notwendig und vor allem wichtig, dass es bald ein anderes Gericht gibt, das sich mit großen öffentlichen Streitigkeiten, mit Klagen zwischen Völkern befasst, das als letzte Instanz urteilt und dessen Wort Gesetz sein wird? Und dieses Wort ist das Wort Gottes, das von seinen ältesten Söhnen, den Hebräern, ausgesprochen wird und vor dem sich alle jüngeren Söhne [Nationen] mit Ehrfurcht verneigen werden, das heißt, die Universalität der Menschen, unsere Brüder, unsere Freunde, unsere Jünger."

HEILIGER VEHM

Von Zeit zu Zeit haben Geheimbünde im Leben der Germanen eine große Rolle gespielt. Es gab den „Heiligen Vehm", einen in der Welt einzigartigen Geheimbund, dessen Name jahrhundertelang im ganzen Deutschen Reich die Mächtigen und die Einfachen gleichermaßen vor Angst erzittern ließ. Er gab offen zu, revolutionär zu sein, ein geheimes Tribunal, das Dekrete erließ und vollstreckte und im Mittelalter im Namen des Kaisers handelte, auch wenn es gegen ihn war. Im vierzehnten und fünfzehnten Jahrhundert wurde ihre Zahl auf 100.000 geschätzt. Sie unterschied sich wesentlich von den freimaurerischen Geheimbünden, obwohl sich ihre Mitglieder als „Seher" und „illuminés", d. h. *Wissende,* bezeichneten, während sie Außenseiter aller Ränge mit den Worten bezeichneten, sie hätten „das Licht nicht empfangen".

Der Freimaurer Clavel gibt in seiner *Histoire Pittoresque de la Franc-maçonnerie et des Sociétés Secrètes,* 1843, einen langen und interessanten Bericht über den „Heiligen Vehm" und bringt ihn in seinem allgemeinen Ziel mit den Assassinen in Verbindung. Er sagt:

„Was in seinen Anfängen den Anschein von Gerechtigkeit und heilsamem Ergebnis hatte, entartete später zu einem schreienden Missbrauch. Der Verein nutzte seine Macht nicht mehr, um die Schwachen vor der Unterdrückung durch die Starken zu schützen, sondern um persönliche Rachegefühle zu befriedigen; ... [nachdem er am Ende die Unterstützung des Volkes verloren hatte] war er gezwungen, unter dem Gewicht der allgemeinen Verwerfung, die er hervorgerufen hatte, zusammenzubrechen."

Er gibt den Eid an, der bei einem Empfang geleistet wurde; Empfänge wurden immer in einer Höhle oder in den einsamen Tiefen eines Waldes unter einem Weißdornbaum abgehalten:

„Ich schwöre, dem geheimen Tribunal treu zu sein, es zu verteidigen gegen mich selbst, gegen Wasser, Sonne, Mond, Sterne, Laub der Bäume, alle Lebewesen, alles, was Gott zwischen Himmel und Erde erschaffen hat; gegen Vater, Mutter, Brüder, Schwestern, Frau, Kinder, schließlich alle Menschen, allein das Oberhaupt des Reiches ausgenommen [der Kaiser war in der Regel ein *Wissend*]; das Urteil des geheimen Tribunals aufrechtzuerhalten, bei seinen Vollstreckungen zu helfen und dem gegenwärtigen oder einem anderen geheimen Tribunal alle Vergehen gegen seine Gerichtsbarkeit anzuzeigen, die mir bekannt werden ... so dass der Schuldige nach dem Gesetz verurteilt oder das Urteil mit Zustimmung des Anklägers ausgesetzt werden kann. [Niemand und nichts von Gott Geschaffenes wird mich dazu bringen können, diesen Eid zu brechen ... So wahr mir Gott und seine Heiligen helfen."

Außerdem schreibt Le Couteulx de Canteleu über dieses schreckliche Tribunal:

„In den alten Akten, die noch in Dortmund aufbewahrt werden, wurden die Mitglieder dieser Tribunale oft mit dem Namen Rose-Croix bezeichnet; es gab drei Grade der Einweihung: die Francs-Juges, die echten Francs-Juges, die die Urteile der ersten vollstreckten, und die Saints-Juges des geheimen Tribunals, deren Aufgabe es war, zu beobachten, das Land zu durchforsten und zu berichten, was vor sich ging."

Sie hatten Zeichen und Worte zur Erkennung. Im Jahr 1371, nach dem Westfälischen Frieden, siedelten sie sich, verstärkt durch die umherziehenden und geächteten Templer, laut Clavel, im gesamten östlichen Deutschland, dem Roten Land, an, und der Hauptsitz des Heiligen Vehm befand sich damals in Dortmund und Westfalen. Obwohl die Missbräuche so groß und ihre Macht so gewaltig wurde, wurde ihre Macht erst im siebzehnten Jahrhundert gebrochen. Wie Baron de Bock in seiner *Histoire du Tribunal Secret*, I801, schreibt: „Diese Tribunale wurden, wie einige behaupten, nie formell durch die Gesetze des Reiches abgeschafft; sie wurden nur an ihren ursprünglichen Bestimmungsort zurückgebracht und auf die Bezirke beschränkt, in denen sie das Recht hatten, ihre Gerichtsbarkeit auszuüben", die letztlich öffentlich und sehr begrenzt war.

Juden wurden nicht in den „Heiligen Vehm" aufgenommen, und bis zum sechzehnten Jahrhundert waren sie auch nicht durch die Tribunale strafbar. Unabhängig davon, ob er in einem geheimen Organismus noch existierte oder nicht, war der alte vehmische Geist in den ersten Freimaurerlogen, die im 18. Jahrhundert in Deutschland gegründet und von Friedrich dem Großen und seinen Nachfolgern gebilligt und unterstützt wurden, stark ausgeprägt. Seine Politik bestand darin, die französisch-österreichische Allianz von 1756 zu brechen und ein geeintes Deutschland unter preußischer Herrschaft zu errichten.

Wiederum nach Clavel:

> „Friedrich der Große wurde am 14. und 15. August 1738 in Braunschweig empfangen, ohne dass sein Vater, der regierende König, der immer gegen die Gründung der Gesellschaft im Lande war, dies mitbekam... Als er König wurde, stieß die Propaganda der Freimaurer nicht mehr auf Hindernisse."

Im Jahr 1740 regte er in Berlin die Gründung der *Grande Loge Nationale Aux Trois Globes* an. Er soll 1762 die 25 Grade der schottischen Freimaurerei organisiert haben, die der Freimaurerei von Saint-John überlagert waren, und sie so in direktere Beziehungen zum Templersystem gebracht haben. Nach der scheinbaren Auflösung der Weishaupt'schen Illuminaten übernahm Fessler, wie Eckert sagt, die Aufgabe, den Zielen und Methoden des Illuminismus eine äußere Form zu geben. So organisierte er in Preußen die *Grande Loge Royal York À l'Amitié, die unter der* Schirmherrschaft des Prinzen Royal, später Friedrich-William III. Die Idee der Wiedervereinigung Deutschlands unter Preußen war immer das Ziel dieser Logen, und nach 1848 war Bismarck der Mann, der alle Kräfte der Geheimgesellschaften unter seiner Leitung bündelte, und die Juden, die seit 1866 mit ihm verbündet waren, waren seine aktivsten Unterstützer bei dieser Vereinigung.

Und über die neuere deutsche Freimaurerei gibt die *Revue Internationale des Sociétés Secrètes*, 21. Juni 1931 und I. Juni 1933, folgende Auskunft. Nach dem Krieg neigten alle deutschen Logen, unter welchem Gehorsam auch immer, dazu, den klassischen Universalismus der Freimaurerei zu leugnen und einen ebenso strengen Germanismus zuzulassen.

> „Sie fiel auf sich selbst zurück und glaubte zu entdecken, dass die Welt nur durch die Kultur und Verherrlichung des Deutschtums zu heilen sei. Und sie verkündeten es dogmatisch als spezifisch deutsch. Arische Herrschaft, christliche Geistigkeit, das Prinzip des Privateigentums und ein Deutschtum, das sich gegen jeden äußeren Einfluss wendet" (Dr. R. Teilhaber - An. *Mac. Uni.*, 1930).

Oder wie Dr. Steiner, das verstorbene Oberhaupt der Anthroposophie oder des „christlichen Illuminismus", 1918 in Stuttgart sagte: „Die einzige Nation in der Welt, die Recht von Unrecht unterscheiden kann, ist die deutsche Nation, und Deutschland muss seine Mission erfüllen, sonst wird die europäische Zivilisation ruiniert.

KARL MARX

Man hat mit gutem Grund gesagt, dass der Ursprung des Leninismus und des Bolschewismus erstens die *Enzyklopädisten* und zweitens die marxistischen und anderen sozialistischen Systeme waren. Die ersten waren die Atheisten, *Philosophen* und *Ökonomen* des Hôtel d'Holbach, einer um 1769 gegründeten Loge oder literarischen Akademie, deren Ehren- und ständiger Präsident Voltaire war und der d'Alembert, Condorcet, Diderot, La Harpe und andere angehörten. Die meisten Bücher und Pamphlete gegen die Religion, die Moral und die Regierung wurden von ihnen verfasst und kontrolliert; in dieser Loge wurden sie überarbeitet, ergänzt, gekürzt und korrigiert, um ihrer revolutionären Propaganda gerecht zu werden, und schufen so die geistige, moralische und politische Anschauung, die zur Französischen Revolution von 1789 führte. Außerdem haben wir gezeigt, wie die Freimaurerei, der Karbonarismus und der Martinismus ihre Krebsgeschwüre verbreiteten und im Geheimen die Ideen einführten, die schließlich zum Teil zur russischen Revolution von 1917 führten. Aus dieser geheimen Freimaurerei entstanden die einfacheren äußeren Erscheinungsformen, die marxistischen und anderen sozialistischen Systeme, die in Russland in dem heutigen Sowjetregime des Kollektivismus, der Sklaverei, der Unmoral und des Atheismus gipfelten. Ihr Ziel war das von Weishaupt - Freiheit und Gleichheit der Wälder, auf den Ruinen von Religion und Eigentum.

Im Jahr 1850 gab es in mehreren deutschen Städten Arbeitervereinigungen, die als *Kommunen* bezeichnet wurden. Die Köpfe dieser Verschwörung waren Engels und Marx, und an der Spitze ihres Manifests von 1851 stand geschrieben: „Proletarier aller Länder vereinigt euch!" Im Jahr 1862 entwickelte sich die Vereinigung unter dem Namen *Internationale Arbeiterassoziation* enorm, und schließlich wurde 1864 auf einer Arbeiterversammlung in London ein Komitee aus fünfzig Mitgliedern ernannt, das die Statuten ausarbeitete. Das Manifest und die Statuten von Mazzini wurden abgelehnt und die von Marx einstimmig angenommen und später auf dem Genfer Kongress von 1866 ratifiziert. Die Internationale zeichnet sich durch zwei Charakteristika aus: die einfachen, unpolitischen Sozialisten und die politischen, jakobinischen Sozialisten, wobei die letzteren fast zwangsläufig die ersteren verdrängten oder absorbierten. Jedes Jahr bestimmt der oberste Kongress den Sitz des Generalrats und ernennt dessen Mitglieder. Dieser Sitz befand sich zunächst in London, wurde aber 1873 nach New York verlegt.

Von 1864 bis 1870 entwickelt sich die Internationale weiter; auf ihren Kongressen finden die revolutionärsten Anträge Gehör und Beifall, und 1870 ist sie der Förderer der kurzlebigen Pariser *Kommune*. Die Internationale ist überall spürbar; das Gift ihrer Lehren frisst sich in das soziale Leben aller Länder. Wie Dupont auf dem Brüsseler Kongress sagte: „Wir wollen keine Regierungen mehr, denn Regierungen erdrücken uns mit Steuern ... wir wollen keine Armeen mehr, denn Armeen massakrieren uns; wir wollen keine Religion mehr, denn Religion erstickt die Intelligenz." Und bei einem Treffen der Internationalen in London 1869 sagte Vezinier: „Die Verneinung des Göttlichen ist die Bejahung des Menschen in seiner Kraft und Freiheit. Was die Familie betrifft, so lehnen wir sie mit aller Kraft im Namen der Emanzipation der Menschheit ab..."

Neben der proletarischen Internationale und der universellen republikanischen Internationale gibt es die von Bakunin 1850-60 organisierte *L'Alliance Internationale de la democratie-socialiste*, die 1868 ihr Manifest veröffentlicht. Sie strebt die vollständige Gleichstellung aller Menschen an, erklärt sich selbst für atheistisch, will die Abschaffung der Kulte, die Ersetzung des Glaubens durch die Wissenschaft und der göttlichen Gerechtigkeit durch die menschliche. Die Arbeiter-Internationale schrieb auf ihr Banner: „Gemeinschaft des Eigentums"; die Internationale der Republikaner: „Gemeinschaft der Macht"; die Internationale der Demokraten: „Gemeinschaft des Eigentums, der Macht, der Frauen und des Krieges gegen Gott."

Letztere war aufgrund ihrer fortgeschrittenen Negationen noch schrecklicher. 1860 schließt sich diese sozialistisch-demokratische Internationale der Internationale der Arbeiter an, wobei sie eine geheime Organisation beibehält und zu einem Staat im Staat wird. Es kam zu Unruhen, und das Bündnis wurde aufgelöst, aber bald darauf von Bakunin als *Fédération jurassienne* reorganisiert und später vom Internationalen Kongress in Den Haag exkommuniziert. Über diese *Anarchisten* schrieb der Nihilist Kropotkin: „Zwei große Strömungen von Ideen wurden gefunden, der Volksstaat und die Anarchie - 'Anarchie', d.h. die vollständige Abschaffung der Staaten und die Organisation der freien Föderation der Volkskräfte, der Produktion und des Konsums."

In Russland waren die Nihilisten das, was anderswo die Sozialdemokraten oder die *Fédération jurassienne* waren, nur dass sie die Prinzipien der Anarchie und der Zerstörung auf die Spitze trieben. Ihr Dogma, das ihnen ihren Namen gegeben hat, ist, dass alles Nichts, Null ist, wie bei den Manichäern und Martinisten; sie bekennen sich zum groben Materialismus, zur Rückkehr zur Natur. Wie Winterer schrieb: „Der Nihilismus ist kein System, er ist eine Negation aller religiösen, moralischen, politischen und sozialen Ordnung." Er verbreitete sich wie ein Krebsgeschwür in ganz Russland und griff alle Organe des Gesellschaftskörpers an; er umfasste alle Schichten der russischen Gesellschaft - Adel, Klerus, Bürgertum und Beamte, aber nur wenige Bauern. Ihre wertvollsten Mitglieder waren die gebildeten Frauen an den Universitäten. Die Köpfe des Nihilismus befanden sich nicht in Russland, sondern in Westeuropa, vor allem in der Schweiz. So fuhr Winterer fort:

„Wenn der Nihilismus nur für kurze Zeit über die gewaltigen Ressourcen des riesigen Imperiums verfügen könnte, würde sich ein verheerender Strom, wie ihn die Welt noch nie gesehen hat, von Osten nach Westen stürzen und den ganzen Kontinent mit seinen schrecklichen Verwüstungen überziehen."

Die Schöpfer des theoretischen Marxismus waren Juden oder stammten aus jüdischen Familien, von Karl Marx bis zu Trotzki und seiner Gruppe. Der Jude Dr. Angelo Rappoport, Mitglied des Bundes und der Poale Sion, schrieb in seinem Buch *Die Pioniere der Russischen Revolution*, 1918:

„Der Bund oder die Allgemeine Union der jüdischen Arbeiter wurde 1897 gegründet. Er ist eine politische und wirtschaftliche Vereinigung der proletarischen Juden... Er betreibt aktive Propaganda in jiddischer Sprache... [Er] diente als Vorbild für die Freiheitskämpfer und Pioniere der russischen Revolution. Es gab keine politische Organisation im riesigen Reich, die nicht von den Juden beeinflusst oder geleitet wurde - die Sozialdemokraten, die revolutionären sozialistischen Parteien und die Polnische Sozialistische Partei hatten alle Juden unter ihren Leitern..."

In der Jüdischen Welt vom 25. Juni 1931 heißt es außerdem: „Der wirkliche Autor des Fünfjahresplans, Kaganowitz, ist ein Jude und darüber hinaus ein großer Günstling Stalins".

Erleben wir nicht im Bolschewismus jenen von Winterer befürchteten verheerenden Strom, der über die enormen Ressourcen des riesigen Imperiums verfügt und seine Verwüstungen - wirtschaftlich, sozial, religiös und politisch - in das Leben aller Länder gießt und auf diese jüdische Weltrevolution und Weltherrschaft hinarbeitet?

In seinem Buch *Le Temps de la Colère*, 1932, schreibt R. Vallery-Radot: „Es ist gut zu bemerken, dass im April 1917 der jüdische Freimaurer und Finanzier der Wall Street, Jacob Schiff, Chef der Firma Kuhn Loeb und Co., sich öffentlich damit brüstete, an der russischen Revolution beteiligt gewesen zu sein." Und über die bolschewistische Philosophie sagt M. Pierre Dominique, der brillante Herausgeber von *La République*:

> „Die Bolschewisten haben also eine Philosophie. Fragen wir uns, woher sie diese haben? Um ehrlich zu sein, haben sie diese Philosophie aus *der Enzyklopädie* entnommen, die ein riesiges atheistisches Unternehmen war und die, politisch gesehen, Ende des 18. Sie hängen einer Philosophie an, die wir an der Wurzel aller sozialistischen Systeme finden, die im neunzehnten Jahrhundert propagiert wurden, und insbesondere an der Wurzel des Marxschen Systems. So seine frühe Quelle: *L'Encyclopédie;* spätere Quelle und sehr vielfältig: die Reihe der zeitgenössischen sozialistischen Systeme... Dies sind die tiefen Ursprünge des Leninismus und der sowjetischen Revolution."

Außerdem arbeiten sowohl der Bolschewismus als auch die jüdische Freimaurerei für eine Weltrepublik durch eine Weltrevolution.

In seinem berühmten *Katechismus,* der in der *Revue des Deux Mondes* im Juni 1880 veröffentlicht wurde, beschreibt Bakunin das revolutionäre Werkzeug folgendermaßen:

> „Der Revolutionär ist ein *engagierter* Mensch. Er darf weder persönliche Interessen, noch Geschäfte, noch Gefühle, noch Eigentum haben. Er muss absolut von einem einzigen, ausschließlichen Interesse, einem einzigen Gedanken, einer einzigen Leidenschaft, der *Revolution,* eingenommen sein. Er verachtet und hasst die aktuelle Moral; für ihn ist alles moralisch, was den Triumph der Revolution begünstigt, und unmoralisch und kriminell, was ihn behindert. Zwischen ihm und der Gesellschaft herrscht ein Kampf auf Leben und Tod, unaufhörlich und unversöhnlich. Er muss bereit sein zu sterben, die Folter zu ertragen, alle, die der Revolution im Wege stehen, mit eigenen Händen zu töten. Umso schlimmer ist es für ihn, wenn er in dieser Welt Bindungen der Familie, der Freundschaft oder der Liebe hat. Er ist

kein wahrer Revolutionär, wenn seine Bindungen seinen Arm behindern. Dennoch muss er inmitten der Gesellschaft leben und so tun, als wäre er, was er nicht ist. Er muss überall eindringen, in der Oberschicht wie in der Mittelschicht, in der Werkstatt, in der Kirche, in der Armee, in der literarischen Welt, in der Geheimpolizei und sogar in der kaiserlichen Stube. Er muss seine Untergebenen als Teil des revolutionären Kapitals betrachten, das ihm zur Verfügung gestellt wird, und er muss es ökonomisch einsetzen, um daraus den größtmöglichen Profit zu ziehen."

Weiter liest man in den Statuten von *L'Alliance humanitaire universelle:*

„Könige, Adlige, Geldaristokratie, Polizei- und Verwaltungsangestellte, Priester und ständige Armeen sind die Feinde der Menschheit. Gegen sie hat man jedes Recht und jede Pflicht. Alles ist erlaubt, um sie zu vernichten: Gewalt, List, Schuss und Granate, Gift und Dolch; der Zweck heiligt die Mittel."

Heute schreibt die Freimaurerzeitschrift *L'Accacia:*

„Zwischen Kirche und Freimaurerei herrscht ein Krieg auf Leben und Tod, ohne Gnade." Und M. Xavier Vallat vergleicht die jüdische Freimaurerei mit der Revolution und erklärt treffend: „Wir haben also auf der einen Seite eine Organisation, die dem Anschein nach im Wesentlichen antireligiös ist, die Freimaurerei, und es zeigt sich, dass sie darüber hinaus ein revolutionäres, soziales und politisches Ziel verfolgt! Auf der anderen Seite eine scheinbar politische und soziale Revolution, die sich heute als zutiefst atheistisch entpuppt! Dieses einzigartige Zusammentreffen hinter der Maske des gewalttätigen Antagonismus ist geeignet, erwachte Gemüter zum Nachdenken zu bringen" *(R.I.S.S.,* 1. Januar 1933).

Die revolutionären Propagandamittel unterscheiden sich von denen von gestern nur durch ihre erweiterten Möglichkeiten, zu denen auch die internationalen Kommunikationsmittel wie Presse, Funk, Kino usw. gehören. Wir haben auch unsere modernen *Enzyklopädisten, die* keinen Deut weniger mächtig oder hartnäckig sind als die des achtzehnten Jahrhunderts. *Der* bekannte Nihilist Kropotkin schrieb über dieses Jahrhundert in seinen *Paroles d'un révolté:*

„Die Broschüre machte die Ideen der *Philosophen* und Ökonomen, der Vorläufer der Revolution, für die Massen zugänglich; Pamphlete und Flugblätter schürten die Agitation, indem sie die drei

Hauptfeinde angriffen: den König und seinen Hof, die Aristokratie, den Klerus. Sie theoretisierten nicht, sie spotteten ... Die Polizei stürmte vergeblich die Bibliotheken und verhaftete Kolporteure; die unbekannten Autoren entkamen, um ihre Arbeit fortzusetzen ... Gedruckte oder handgeschriebene Plakate erschienen bei jeder Gelegenheit, wenn etwas geschah, das die Öffentlichkeit interessierte ... Sie erweckten in den Herzen der Bauern, Arbeiter und Bürger den Hass gegen ihre Feinde, sie kündigten den Tag der Befreiung und der Rache an ... Sie überrannten die Dörfer und bereiteten die Gemüter vor."

Heute haben die von Moskau gelenkten Kommunisten in jedem Land ihre Aktivitätszentren, ihre Pamphlete und ihre Zeitschriften der Revolte gegen die kapitalistische, bürgerliche und religiöse Autorität; ihr einziger Gedanke, ihre einzige Leidenschaft ist die Schaffung einer sowjetischen Maschine, die für die Weltrevolution arbeitet, die nicht, wie sie meinen, die Herrschaft der Demokratie, sondern die der unbekannten Aufseher einführt, deren Sklaven sie schließlich werden. Und um noch einmal M. R. Vallery-Radot zu zitieren:

„Nachdem die moderne Welt die Götter aus der Stadt verbannt hat, sucht sie nach etwas, das sie ersetzen soll, von dem sie nicht weiß, was es ist und das nirgendwo existiert ... Wie am Vorabend der Revolution nehmen wir an der Oberfläche einen diffusen Geruch von Ketzerei wahr: Derselbe Verrat an den Worten, dieselbe Verwirrung der Prinzipien ... Fremde Apostel versuchen, die freimaurerischen Ideologien der Demokratie, der Humanität, der Gesellschaft, des Fortschritts, des Pazifismus und des Internationalismus mit dem Christentum zu versöhnen; durch unvermeidliche, aber einseitige Endosmose verdünnen sich ihre Dogmen zu Abstraktionen, ihre Mysterien zu Politik."

Nochmals:

„Der Friede, dessen Früchte wir heute kosten, soll nichts mit den früheren Verträgen gemein haben. Er würde den großen freimaurerischen Plan verwirklichen, der 1789 entworfen und 1830, dann 1848 und 1870 wieder aufgegriffen wurde, indem er die Ankunft der universellen Demokratie verkündet."

Was Disraeli 1876 sagte, könnte auch auf die heutige Weltlage zutreffen: -

„Die Regierungen dieses Landes haben es nicht nur mit Regierungen, Kaisern, Königen und Ministern zu tun, sondern auch mit Geheimgesellschaften, mit Elementen, die man in Betracht ziehen muss, die im letzten Moment alle Pläne zunichte machen können, die überall Agenten haben, Agenten ohne Skrupel, die zu Attentaten anstiften und notfalls ein Massaker anrichten können."

Und laut Disraeli standen Männer jüdischer Abstammung an der Spitze jedes solchen politischen Geheimbundes. Auch George Sand schrieb: „Es gibt Momente, in denen die Geschichte der Reiche nur nominell existiert, und in denen nichts wirklich lebendig ist als die Sekten, die sich in ihnen verbergen." Die Mutter aller dieser Geheimbünde ist die jüdische Freimaurerei, deren Prinzipien mit denen der Revolution identisch sind. Wie Claudio Jannet sagt:

„Sie breitet sich über die ganze Welt aus, umhüllt sich mit einem Geheimnis, wirkt in allen Teilen des sozialen Körpers ... und verbindet in ihr durch geheime Verbindungen einzelne Gesellschaften, die scheinbar sehr verschieden sind. Ihre Doktrinen sind überall dieselben; ihre Einheit, ihre Universalität erklärt so die Einheit und Universalität der Revolution."

Was die lenkende Macht betrifft, so glaubte der Redner, Ritter Kadosch, im Bericht über den Dritten Kongress in Nancy 1882, dass die letzten Grade ein internationales freimaurerisches Werk von sehr großer Durchdringung betrieben und dass wahrscheinlich von dort jene geheimnisvollen Worte kamen, die inmitten von Aufständen zuweilen durch die Menge gingen und sie „zum Wohle der Menschheit" in Brand setzten. Diese geheime Hierarchie wurde auch als rosenkreuzerisch bezeichnet, eine Art Dritter Orden, wie die „Verborgenen Häuptlinge" der Stella Matutina.

René Guénon, Orientalist, erklärt außerdem in der *Voile d'Isis*, Januar 1933:

„Selbst wenn einige dieser Organisationen, die zu den äußersten gehören, sich in Opposition zueinander befinden, wird dies keineswegs die tatsächliche Existenz der Einheit der Leitung verhindern. Zusammenfassend lässt sich sagen, dass es etwas gibt, das mit der Rolle vergleichbar ist, die verschiedene Schauspieler in demselben Theaterstück spielen, und die, obwohl sie einander gegenüberstehen, dennoch im Fortschritt des Ganzen übereinstimmen; jede Organisation spielt auch die Rolle, zu der sie bestimmt ist; und dies kann sich auch auf den esoterischen Bereich erstrecken, wo die Elemente, die einander bekämpfen, dennoch alle, wenn auch ganz unbewusst und unwillkürlich, einer einzigen Richtung gehorchen, deren Existenz sie nicht einmal ahnen."

Und wie Henri Misley, der um 1830 aktiv an den Revolutionen in Italien teilnahm, sagte:

„Ich kenne die Welt ein wenig, und ich weiß, dass in dieser ganzen großen Zukunft, die vorbereitet wird, nur vier oder fünf die Karten in der Hand halten. Eine größere Zahl glaubt, sie zu besitzen, aber sie täuscht sich."

Auch auf dem Kongress in Nancy 1882 hieß es:

„Welche Kraft wird die Freimaurerei nicht auf die Außenwelt ausüben, wenn um jede Loge herum eine Schar von Gesellschaften bestehen wird, deren Mitglieder, die zehn- oder fünfzehnmal zahlreicher sind als die Freimaurer, von den Freimaurern Anregung und Ziel erhalten und ihre Anstrengungen mit den unsrigen für das große Werk, das wir verfolgen, vereinigen werden. Innerhalb dieses einmal gegründeten Kreises muss man mit Sorgfalt einen Kern von jungen Freimaurern so verewigen, dass die jungen Leute in den Schulen sich unmittelbar freimaurerischen Einflüssen ausgesetzt sehen."

Im Konvent, Grand Orient de France, 1923, wurde der Beschluss gefasst:

„Eine aktive Propaganda ist dringend erforderlich, damit die Freimaurerei wieder zum Inspirator, zur Herrin der Ideen wird, durch die die Demokratie zur Vollkommenheit gebracht werden soll... Die sozialen Elemente sollen beeinflusst werden, indem die in der Institution erhaltene Lehre weit verbreitet wird." Einige dieser Elemente waren „Sportvereine, Pfadfinder, Kunstzirkel, Chor- und Instrumentalgruppen. Alle Organisationen, die die republikanische Jugend für körperliche und intellektuelle Erziehungsarbeit gewinnen". Aber wie Mazzini ausrief: „Die Schwierigkeit besteht nicht darin, die Menschen zu überzeugen, dazu genügen einige große Worte wie Freiheit, Menschenrechte, Fortschritt, Gleichheit, Brüderlichkeit, Despotismus, Privilegien, Tyrannei und Sklaverei; die Schwierigkeit besteht darin, sie zu vereinen. Der Tag, an dem sie vereint sind, wird der Tag der neuen Ära sein."

In *La Temps de la Colère*, M. Vallery-Radot, 1932, werden die Methoden weiter erläutert:

> „Was man die Eroberung der Revolution genannt hat, ist in Wirklichkeit nur ein unerbittliches Dogma, das von einer Partei unter Ausschluss aller anderen vertreten wird ... Diese Partei hat es verstanden, ihre Eroberungen mit bewundernswerter Methode auszudehnen, manchmal unterirdisch, wie unter dem Ersten Kaiserreich; manchmal die Infiltration mit gewaltsamer Demonstration verbindend, wie unter der Restauration, der Julimonarchie, der Republik von 1848; dann wieder ihre verborgene Intrige unter dem Zweiten Kaiserreich aufnehmend, und schließlich ihr Spiel unter der Dritten Republik offen entblößend ... Dieser ungreifbare allgemeine Wille, der der Welt von einem Halbnarren als die heilige Emanation einer autonomen Menschheit offenbart wird, die niemandem außer sich selbst Rechenschaft abzulegen hat, dieser allgemeine Wille nennt sich Demokratie, Fortschritt, Revolution, Republik, Humanität, Laizität, aber es ist immer dieselbe Macht, die ihn mit niemandem teilt, eifersüchtig bewacht von ihren Priestern und Doktoren."

Und er zeigt auf, was in der Welt geschehen kann, wenn die Nationen nicht aufwachen und die geheime untergrabende Kraft erkennen, die die Zerstörung der christlichen Zivilisation anstrebt, sagt er:

> „Es gibt in den Tropen Häuser, die solide erscheinen, obwohl langsam und sicher die weißen Ameisen damit beschäftigt sind, die innere Struktur anzunagen. Eines Tages setzen sich die Bewohner auf die Stühle, die Stühle zerfallen zu Staub; sie lehnen sich an die Wände, und die Wände zerbröckeln. So ist es mit unserer Zivilisation, auf die wir so stolz sind."

Der folgende Text ist einem Artikel von de Fremond entnommen, der in der *Revue Internationale des Sociétés Secrètes vom* 1. Juli 1932 erschien:

> Vergessen wir nicht, dass das Volk selbst nach Meinung der größten Optimisten fast vollständig entchristlicht ist... *(Mercure de France*, 1. April 1932).

> „Und laut Kardinal Verdier: „Jeden Tag sehen wir, wie die Zahl der Heiden zunimmt..."...

> „Die Ursachen...

„Ohne auf die Renaissance oder gar die Reform zurückzugehen, die beide den Boden bereitet haben, finden wir als erste Ursache die Revolution, die zwar französisch genannt wird, aber in Wirklichkeit europäisch, ja sogar weltweit ist; die Revolution verbreitet überall nationalistische Ideen und wendet, mehr scheinbar als wirklich, die falschen Prinzipien der 'Rechte des Menschen' an: *Freiheit, Gleichheit* und *Brüderlichkeit...* Lassen wir die Regentschaft nicht außer Acht, die der Revolution so wenig vorausging. Die große Krise, so Demolins *in* seiner *Histoire de France,* 1880, hat bedauerliche Folgen gehabt: sie hat vor allem in den höheren Klassen die Habgier, die Gier nach materiellen Gütern und die Liebe zur Spekulation entwickelt; sie hat das Vermögen verlagert und instabil gemacht, indem sie es vom Grundbesitz losgelöst hat, um es auf die geldwechselnden Operationen der Börse zu gründen; sie hat auch in der Organisation des Eigentums und des öffentlichen Vermögens eine Störung hervorgerufen, die bald zum vollständigen Zusammenbruch der Gesellschaft beitragen sollte.

„Wo stehen wir ein halbes Jahrhundert später?

„Der enorme materielle Fortschritt, der dank der großen Entdeckungen des neunzehnten Jahrhunderts erreicht wurde, und der Sprung, den sie im zwanzigsten Jahrhundert noch mehr gemacht haben, indem sie diese Entdeckungen zur Perfektion gebracht haben; die neuen Erleichterungen des Daseins, die sich aus ihnen ergeben, statt die Menschen in Bewunderung für diese Wunder zu halten, durch vernünftigen Gebrauch von ihnen, in Dankbarkeit, kurz gesagt, gegenüber dem Schöpfer, von dem sie abhängen und der sie uns gibt, haben die Menschen im Gegenteil den religiösen Praktiken und sogar dem Glauben den Rücken gekehrt.

„Handelt diese Bewegung von selbst und aufgrund der menschlichen Leidenschaften des Vergnügens und des Stolzes, usw.? Nicht zum ersten Mal hat eine Macht eingegriffen, die das Rad immer mehr angetrieben hat: diejenige, die systematisch alles dem Menschen zuschreibt, seine Klugheit, seine Kraft zur Vervollkommnung, und ihn so allmählich und fast unmerklich an die Stelle des göttlichen Schöpfers setzt und gleichzeitig jede Verpflichtung ihm gegenüber unterdrückt. Erst Gleichgültigkeit, dann Unglaube. Die Mischung aus rationalistischen und materialistischen Ideen...

„Sie stellt alle Religionen auf die gleiche Stufe, d.h. sie erkennt keine Religion an... Was ist das Ergebnis? Eine unausgeglichene und demoralisierte Gesellschaft, in der es viele Verbrechen gibt, umso mehr, als die Provokation der Presse immer öfter ungestraft bleibt, in der die allgemeine Materialisierung Tag für Tag zunimmt... Von oben bis unten auf der sozialen Leiter gibt es nur noch ein Motiv, das Vergnügen, und ein Mittel, das Geld..."

Ist es nicht „das größere Judentum, das allmählich nichtjüdische Gedanken und Systeme in jüdische Formen gießt", wie es in der *Jüdischen Welt* vom 9. Februar 1883 beschrieben wird?

KAPITEL VI

DIE JÜDISCHE FRAGE

U m die Geschichte des jüdischen Volkes von seinen frühesten Anfängen über die Jahrhunderte bis zum heutigen Tag zu veranschaulichen, wie sie vom jüdischen Geist selbst gesehen und dargestellt wird, geben wir den folgenden Bericht über einen jüdischen Festzug, dessen Einzelheiten wir von einem Freund erhalten haben, der Zeuge des Festes in Chicago war, sowie von der *Chicago Tribune vom 4. Juli 1933.*

Dieses wunderbare, beeindruckende und spektakuläre Festspiel „The Romance of a People", das die Geschichte der jüdischen Rasse durch die letzten vierzig Jahrhunderte nachzeichnet, wurde am Jüdischen Tag im Soldier Field, Chicago, am 3. und 4. Juli 1933 aufgeführt. 125.000 Menschen, die überwiegende Mehrheit davon Juden, lauschten ihr fast schweigend. Die meisten der Darsteller, 3.500 Schauspieler und 2.500 Chorsänger, waren Amateure, aber dank der angeborenen Begabung ihrer Rasse für lebendige Dramatik und dank ihrer Rabbiner und Kantoren, die in den Jahrhunderten des hebräischen Rituals tief bewandert waren, war ein Großteil der maßgeblichen Musik und Pantomime zu verdanken. „Man denke nur an das merkwürdige Aneinanderlegen von Daumen und Zeigefinger durch den Hohepriester, als er seine Hände mit den Handflächen nach außen hob, um die Menge zu segnen... Ein Großteil des Textes des Dramas stammte aus dem Alten Testament und dem orthodoxen Ritual des Judentums." Ein hebräischer Unisono-Gesang, leise und tief, wurde sofort mit magischer Wirkung von vielen im Publikum aufgenommen, und orthodoxe Juden schlossen sich vielen der Gesänge und einigen der gesprochenen Rituale an.

Die Geschichte, wie sie im Festspiel dargestellt wurde, wurde den Zuschauern von verborgenen Stimmen vermittelt, die das Drama der ägyptischen Knechtschaft, die Schande des Götzendienstes, die Leiden des Exils, die Bitterkeit der Niederlage und die Verwüstung durch die römischen Legionen fast perfekt verstärkten. Die Rückkehr zum Monotheismus, die Freude und die Triumphe des Tempelbaus und des Aufbaus der Nation. Überall sah man die ineinander verschlungenen Dreiecke des sechszackigen Sterns und die weiße Flagge Palästinas mit den beiden blauen Balken und eben diesem Stern dazwischen. Wie Dr. Chaim Weizmann erklärte, gab es jetzt etwa 200.000 Juden in Palästina, und es wurde vorgeschlagen, weitere 250.000 aus Deutschland nach Palästina zu holen. Aber was ist mit den Rechten der Araber?

Unser Korrespondent zitiert aus dem offiziellen Programm mit seinem Vorwort und dem *Visionär auf dem Berggipfel,* und darin findet sich die verborgene Bedeutung des ganzen imposanten Schauspiels. „Es war die größte jüdische Versammlung seit den Tagen des Tempels", und wie der *Visionär* sagt:

„Inmitten aller Querströmungen des jüdischen Lebens, inmitten der inneren Zerrissenheit, die sowohl von der Schwäche des Juden als auch von der Stärke der jüdischen Überzeugungen zeugte, behauptete sich eine Wahrheit mit einer Kraft, die alle Zweifel zum Schweigen brachte: Das jüdische Volk *lebte*... Zahlenmäßig jeder jüdischen Generation der Vergangenheit überlegen, im Kaliber seines Menschenmaterials so mächtig wie eh und je, im Selbstbewußtsein wacher und stolzer als seit Jahrhunderten, trat es nicht in einen Niedergang, sondern in ein neues Aufblühen ein."

Es ist ein rassistischer Traum, kein religiöses Spektakel, und möglicherweise als „Prophetie" der kommenden Weltmacht gedacht.

Laut dem offiziellen Programm ist der Jude unter Alexander von Makedon, unter Assyrien, Persien, Rom, in Spanien, Russland, dem alten England, Polen, Rumänien und jetzt in Deutschland in Schwierigkeiten. Und warum? Unser Korrespondent schlussfolgert: „Ich glaube, das Geheimnis liegt in der Materie des *imperium in imperio* und in dem gemeinsamen Programm, auf das sich jedes *imperium in imperio* zubewegt, und das seit vierzig Jahrhunderten in Bewegung ist." Wie der *Visionär* sagt:

„Diejenigen, die zu nahe an der Leinwand der Geschichte stehen, während sie gewebt wird, werden sich in ihrer Einschätzung der Kräfte irren. Geringe Rückschläge werden zu entscheidenden Niederlagen, kleine Fortschritte zu großen Siegen. Nur in der Perspektive unserer gesamten Geschichte - der längsten Perspektive, derer sich ein Volk rühmen kann - werden wir in der Lage sein, die Bedeutung der jüngsten Ereignisse zu beurteilen. Die Herzen der Juden werden heute durch die bitteren Ereignisse in Deutschland bedrückt; sie sollen sich, während sie den Opfern eines grausamen Regimes ihre Hilfe anbieten, daran erinnern, dass Regierungen und Herrscher wechseln, das jüdische Volk aber bleibt. In anderen Ländern als Deutschland schwelt noch immer eine gefährliche Bedrohung für das jüdische Leben. Lasst die Juden vorbereitet sein... Lasst ihre Ängste durch das Verständnis ihrer langen Vergangenheit gemildert werden, und ihre Hoffnungen durch die Einschätzung der langen Zukunft, die vor ihnen liegt, nüchtern werden. Lasst sie alle Aufgaben, alle Schwierigkeiten und alle Aussichten mit dem Maßstab einer weltweiten Perspektive messen."

Wiederum stellt unser Korrespondent fest:

„Als ich dieses Spektakel betrachtete, als ich sah, wie die Fahnen der Nationen zu ihren Plätzen vor der Nachbildung des jüdischen Tempels in Jerusalem getragen wurden, und als ich den sechszackigen Stern, die beleuchteten verflochtenen Dreiecke, über all den Fahnen aller Völker der Welt leuchten sah, erinnerte ich mich an das, was Richter Harry M. Fisher, der Vorsitzende des Komitees für den Jüdischen Tag, im Vorfeld über die ganze Idee dieses Festumzugs gesagt hatte: „Die Idee, die der Prophet Jesaja zusammenfasst - am Ende der Tage werden alle Völker zum Berg des Herrn kommen - wird dargestellt werden."

Aber jeder Hinweis auf den Begründer des Christentums wurde in dem Festspiel ausgelassen.

Im Hinblick auf die Bedeutung der Symbole und die jüdische Einheit von Rasse und Zielsetzung - der Hohepriester vereinte Daumen und Zeigefinger beim Segnen des Volkes - stellte dies das hebräische göttliche Dreieck dar, die Dreifaltigkeit in der Einheit des unaussprechlichen Namens - Yod, He, Vau - das schöpferische Prinzip, das im endgültigen He, der materiellen Grundlage, in der und durch die es wirkt, manifest und mächtig wird. Es ist Yahveh, das Tetragrammaton, ein Symbol der Schöpfung oder der Zeugung, der geheimnisvollen Vereinigung ihres Gottes mit seinen Geschöpfen, von dem gesagt wird, dass er allmächtig ist und Wunder oder Magie wirkt. Dieser unaussprechliche Name wurde von den Juden als zu heilig angesehen, um ausgesprochen zu werden, aber damit er nicht verloren geht, sprach ihn der Hohepriester einmal im Jahr im Tempel beim großen Versöhnungsfest aus. Außerdem sind sie der Meinung, dass der wahre Name bei der Ankunft ihres Messias offenbart werden wird; und *für viele bedeutet der Messias die Rasse!*

Über die ineinander verschlungenen Dreiecke oder das Siegel Salomos heißt es in der *Kleinen Versammlung*, Absatz 720: „So auch hier, wenn das Männliche mit dem Weiblichen verbunden ist, bilden beide einen vollständigen Körper, und das ganze Universum befindet sich in einem Zustand des Glücks, weil alle Dinge von ihrem vollkommenen Körper Segen empfangen. Und dies ist ein Arkanum." Es ist der Stern des Makrokosmos, die dualen Kräfte in der ganzen Natur, das Zeichen einer Macht, der nichts widerstehen kann. Es ist die geheime Macht des Juden, durch die er den Geist und die Handlungen der Menschen und Völker beherrscht. Er ist der hebräische Talisman der Macht und des Illuminismus.

In *Nomades* des jüdischen Schriftstellers Kadmi Cohen aus dem Jahr 1929 lesen wir:

> „Der perfekte Semite ist positiv und leidenschaftlich. Die beiden Elemente beeinflussen sich gegenseitig, jedes mildert das, was im anderen zu exzessiv und daher nicht lebensfähig ist, und schafft so ein Wesen, das leicht zur Herrschaft gelangt, denn nichts kann einen solchen Menschen aufhalten... Es ist der ewige Gegensatz von Shylock und Jessica. Es ist die unlogische und monströse Mischung der seltensten Eigenschaften mit den abscheulichsten Mängeln, eine Mischung aus unwiderstehlicher Kraft und unheilbarer Schwäche."

Und über ihre rassische Vorstellung von Gott sagt Kadmi Cohen:

> „Die Juden sind nicht Teil eines großen Ganzen, das sie im Sterben wieder zusammenfügen, sondern sie sind ein Ganzes in sich selbst,

das Raum, Zeit, Leben und Tod trotzt. Kann Gott außerhalb des Ganzen stehen? Wenn er existiert, vermengt er sich notwendigerweise mit diesem Ganzen... So ist die Göttlichkeit im Judentum in der Erhöhung des Wesens enthalten, das durch die Rasse repräsentiert wird - leidenschaftliches Wesen, ewige Flamme, es ist die göttliche Essenz. Sie muss bewahrt und verewigt werden, deshalb wurde die Idee von rein und unrein geschaffen."

Sie ist pantheistisch und kabbalistisch.

Wir könnten daher zu dem Schluss kommen, dass *die Romanze eines Volkes* diese jüdische Gottheit, die Ewigkeit und Einheit der Rasse und ihre immerwährende Hoffnung darstellt, alle Nationen unter den Einfluss der vereinigenden und erleuchtenden Kraft dieser verflochtenen Dreiecke zu bringen. Daher die vielen erleuchtenden Sekten und Kulte von heute, von denen einige nominell christlich sind, aber in Wirklichkeit alle kabbalistisch, gnostisch, pantheistisch und Instrumente des Judentums sind.

In *Nomades, einem* Essay über die jüdische Seele, finden wir viele interessante und aufschlussreiche Ideen über den Platz des Juden in der Welt, wie ihn der Autor sieht. Sozialistisch, kommunistisch, revolutionär, leidenschaftlich, utilitaristisch, unitaristisch - der Jude ist eine feste, undifferenzierte Solidarität. Kadmi Cohen schreibt: „*Ich bin, was ich bin*", sagte der Ewige. Der Ewige - das ist die Rasse. Eins in der Substanz - undifferenziert. Eins in der Zeit - stabil und ewig."

Vom psychologischen Standpunkt aus betrachtet gibt es zwei Arten von Juden: *Hassidim,* die Leidenschaftlichen, die mediterranen Mystiker, Kabbalisten, Zauberer, Dichter, Redner, Frenetiker, Träumer, Wollüstlinge, Propheten; und die *Mithnagdim,* die Utilitaristen, die Nordischen, Kalten, Vernünftigen, Egoisten, Positiven, und ganz links die Vulgären, Gewinnsüchtigen, Skrupellosen, Arrivierten, Gnadenlosen. Der „Passionismus" der Semiten ist gekennzeichnet durch

„eine nervöse Erregbarkeit, eine chronische Übersteigerung der Leidenschaft, in der sich das Innenleben des Individuums und seine äußeren Erscheinungsformen vermischen, ein Zustand, in dem Gefühl, Idee und Wille miteinander vermengt sind, wo mangels des mächtigen Korrektivs der Logik die Flüge der Phantasie keine Grenzen kennen, wo das Leben und die menschliche Aktivität eines

Reglers beraubt sind und sich außerhalb der materiellen und konkreten Faktoren allein durch die innere Kraft der Seele bewegen."

Ein Zustand, der offenbar den unausgewogenen psychischen Visionen des Illuminismus entspricht!

„Es ist nicht nur dieser glühende 'Passionismus', der die Haltung der Juden in der politischen und sozialen Ordnung bestimmt... Sie verspüren immer das Bedürfnis, die Einheit zu suchen. Deshalb werden sie gefühlsmäßig dazu gebracht, alles, was dieser Einheit widerspricht, mehr oder weniger absolut abzulehnen. Was Differenzierung ist, ist für sie ein Angriff auf das Prinzip der Einheit; Ungerechtigkeit und Ungleichheit sind Differenzierungen. Sie müssen abgelehnt oder vermindert werden... So erklären sich die sozialistischen und kommunistischen Tendenzen, die man ihnen vorwirft. In dem, was man Geschäft nennt, findet die jüdische Seele durch den Utilitarismus, von dem sie so stark durchdrungen ist, eine liberale Laufbahn: Handel, Gewerbe, Banken, Finanzen und Industrie. Es ist dieselbe Eigenschaft, die zu allen Zeiten und an allen Orten dem traditionellen Juden Sarkasmus und Vorwürfe eingebracht hat, oft genug, wir wollen es anerkennen, zu Recht."

Die Rolle der Juden im Weltsozialismus

„ist so wichtig, dass es nicht möglich ist, sie zu verschweigen. Genügt es nicht, die Namen der großen Revolutionäre des neunzehnten und zwanzigsten Jahrhunderts, der Karl Marxes, Lassalles, Kurt Eiseners, Bela Kuhns, Trotskys und Léon Blumes, in Erinnerung zu rufen, um so die Namen aller Theoretiker des modernen Sozialismus genannt zu finden?... Außerdem spielten die Juden in Europa in denselben Jahren in allen revolutionären Bewegungen eine beträchtliche Rolle... Der „Revolutionarismus" erfordert, zumindest technisch gesehen, eine sehr starke Dosis an Leidenschaftlichkeit zusammen mit dem *Esprit de masse* der Menge. Die verschiedenen Individuen, die im Prinzip autonom sind, verschmelzen bis zum Verschwinden im Ganzen, und das so entstandene „Magma" nimmt ein völlig anderes Aussehen an als die einzelnen Figuren, so charakteristisch jede auch sein mag, aus denen es in erster Linie bestand. „

Nochmals:

„Die gleiche Grundlage eines Staates: gegensätzliche Interessen, die sich gegenseitig bekämpfen, fehlt. An seine Stelle sind die Leidenschaften getreten, die die Volksmassen beseelen,

Leidenschaften, die des Korrektivs der Betrachtung der Realitäten beraubt sind, Leidenschaften, die nach dem Willen bloßer psychischer Faktoren losgelassen werden ... diese Faktoren, die die Massen aufrühren, dämpfen ihre materielle Vernunftkraft, was denen, die keine Rücksicht auf Unwägbarkeiten nehmen, rätselhaft erscheinen wird. Wie eine Kompassnadel, die unter dem Einfluss eines magnetischen Sturms, der für unsere Sinne nicht wahrnehmbar ist, unberechenbar wird und das Schiff, das sich auf ihre Angaben verlässt, in die Irre führt und in den geheimnisvollen Wegen des Ozeans verliert ...

„Im Allgemeinen und fast überall sind die Juden Republikaner. Die zur Nivellierung neigende Republik war schon immer eine ihrer meistgehegten Sehnsüchte. Nicht die Republik, die die Privilegien der Besitzenden bekräftigt und festigt, sondern eine Republik... deren theoretische Aufgabe es ist, die meisten sozialen Ungleichheiten verschwinden zu lassen. Für sie kristallisiert sich die Republik nicht in einer Verfassungsformel heraus: sie ist ein ständiger Fortschritt, ein langsamer, aber sicherer Marsch in Richtung der Begegnung von Höhen und Abgründen, der Vereinigung, des individuellen, sozialen und politischen Ausgleichs...

„Schließlich zeugt ein widersprüchliches Phänomen von der Existenz des semitischen Einheitsbegriffs: der Antisemitismus.

... Ein *Anti*- ... *ismus* zeigt die Realität der Sache, des Systems. Wir meinen nicht jenen vulgären Antisemitismus, der aus Hass und Verleumdungen gärt, der aus Irrtümern und Absurditäten besteht, der Unrecht und Verbrechen in sich birgt ... Wir sprechen von jenem Antisemitismus, der frei von Leidenschaft ist, eine besondere Form des Urteils, die Logik beansprucht, durchdacht und rational ist. Ein solcher Antisemitismus hat seine eigene Behauptung, seinen eigenen Wert, seine Kraft der Ideen und des Handelns. Als qualifizierter Vertreter und Verfechter einer bestimmten Ordnung des Denkens, der Gefühle, der Überzeugungen und der Ergebnisse hat er dank der mächtigen Ausbreitung des Christentums ... eine fast universelle Zivilisationsform geschaffen. Wenn es sich in fast allen Bereichen gegen den semitischen Begriff der Einheit stellt, wenn es sich in fast allen Bereichen gegen ihn erhebt, so ignoriert es ihn nicht, es leugnet ihn nicht: es bekräftigt im Gegensatz dazu die Substanz, die Konsistenz und die Beständigkeit dieses Begriffs."

Kadmi Cohen fährt fort und zeigt die beiden gegensätzlichen Faktoren auf:

„Dem nationalen Antisemitismus, der durch den jüngsten Genius der Völker hervorgebracht wird, steht der uralte Genius der Rasse gegenüber (Nationalitäten und eine Rasse, die mit sich selbst identisch ist)... Dem intellektuellen Antisemitismus, der durch die Ansprüche der Vernunft hervorgebracht wird, die auf der soliden Grundlage der Logik aufgebaut ist, steht eine Form des Denkens gegenüber, die unruhig, inkohärent und leidenschaftlich ist. Dem sozialen Antisemitismus, der durch die Erfordernisse der konservativsten Prinzipien hervorgerufen wird - gestützt durch die Kraft der Ordnung und des Hierarchismus - steht ein Geist der angeborenen Disziplinlosigkeit, der Revolte und des Unitarismus gegenüber. Dem wirtschaftlichen Antisemitismus, der durch die Existenz und die Vorherrschaft des Eigentumsrechts hervorgerufen wird, widersetzt sich eine Auffassung, die diesem Recht jede Notwendigkeit und Tugend abspricht..."

So wurden einige dieser Juden unweigerlich zum Ferment aller Revolutionen, und selbst Bakunin, Sozialdemokrat, Anarchist und Nihilist, stieß auf die Macht dieser jüdischen Einheit. In seiner *Studie über die deutschen Juden*, 1869, schrieb er:

„Ich weiß, dass ich mich einer großen Gefahr aussetze, wenn ich mit dieser Offenheit meine letzte Meinung über die Juden äußere. Viele Menschen teilen sie, aber nur sehr wenige wagen es, sie öffentlich zu äußern, denn die jüdische Sekte ... bildet heute eine wahre Macht in Europa. Sie regiert despotisch im Handel, in den Banken, und sie hat sich drei Viertel der deutschen Publizistik und einen sehr beträchtlichen Teil der Publizistik anderer Länder einverleibt. Wehe also dem, der die Ungeschicklichkeit hat, ihm zu missfallen!"

Er war kein Judenhasser oder -verächter, aber der Jude hat dafür gesorgt, dass seine *Studie* über dreißig Jahre lang unveröffentlicht blieb.

In einem kürzlich erschienenen Buch, *Israël aux mystérieux destins*, von A. Cavalier und P. d'Halterive, finden wir die folgenden nützlichen Aussagen zum Antisemitismus von verschiedenen bedeutenden Juden. *Der Judenstaat* von Theodore Herzl, dem berühmten Begründer des Zionismus, ein Essay über die moderne Lösung der Judenfrage, erschien 1895 und erregte in der israelitischen Welt großes Aufsehen. Darin schreibt er:

„Die Judenfrage existiert überall dort, wo Juden leben, egal wie klein ihre Zahl ist. Wo sie nicht existiert, wird sie von jüdischen

Einwanderern importiert. Wir gehen natürlich dorthin, wo wir nicht verfolgt werden, und dennoch ist Verfolgung die Folge unseres Auftretens... Durch Verfolgung können wir nicht ausgerottet werden... die starken Juden wenden sich stolz ihrer Rasse zu, wenn die Verfolgung ausbricht. Ganze Zweige des Judentums mögen verschwinden, wegbrechen; der Baum lebt."

Nochmals:

„Ich glaube, ich verstehe den Antisemitismus, der eine sehr komplexe Bewegung ist. Ich sehe ihn als Jude, aber ohne Hass und Angst. Ich erkenne im Antisemitismus grobe Scherze, vulgäre Eifersucht auf das Metier, erbliche Vorurteile, aber auch das, was *tatsächlich als legitime Verteidigung* angesehen werden kann."

Diejenigen, die ihr Verschwinden in der Entwicklung der universellen Liebe oder der menschlichen Brüderlichkeit voraussehen, sind nach Herzl „sanfte Träumer" oder „sentimentale Dummköpfe".

Weiter sagt er:

„Wir produzieren unaufhörlich Durchschnittsintelligenzen, die ohne Absatzmarkt bleiben und deshalb eine gesellschaftliche Gefahr darstellen.

... Die kultivierten Juden ohne Vermögen neigen heute natürlich alle zum Sozialismus... Unter den Völkern wächst der Antisemitismus von Tag zu Tag, von Stunde zu Stunde und muss weiter wachsen, denn die Ursachen bestehen fort und können nicht unterdrückt werden... An der Basis werden wir zu Revolutionären, indem wir uns proletarisieren, und wir bilden die untergeordneten Offiziere aller subversiven Parteien. An der Spitze wächst gleichzeitig unsere gewaltige Finanzkraft."

Herzl hatte das Scheitern der Assimilation verstanden und verkündet. In der *Jewish Chronicle vom* 28. April 1911 schrieb M. Schindler, ein amerikanischer Rabbiner:

„Seit fünfzig Jahren bin ich ein entschiedener Verfechter der Assimilation der Juden und habe daran geglaubt. Heute gestehe ich meinen Irrtum ein. Der amerikanische Schmelztiegel wird niemals die Verschmelzung eines einzigen Juden hervorbringen. Vor fünfzig Jahren waren wir nahe daran, uns den Amerikanern anzugleichen. Aber seitdem sind zwei Millionen unserer Brüder (oder drei) aus dem Osten gekommen, die ihre alten Traditionen bewahren und ihr altes Ideal mitbringen. Diese Armee hat uns überflutet. Es ist die Hand Gottes. Der Jude muss sich von seinem Nachbarn unterscheiden; er muss es wissen; er muss sich dessen bewusst sein; er muss stolz darauf sein."

Aber wie Isaac Blumchen in *Le Droit de la Race Supérieure* sagte:

„Wir sind feindselige Fremde, Gäste in allen Ländern, und gleichzeitig fühlen wir uns in allen Ländern zu Hause, wenn wir dort Herr sind."

„Ich habe nicht die Absicht", erklärt Herzl, „eine Aufweichung der Meinung zu unseren Gunsten zu provozieren. Das wäre müßig und würde der Würde entbehren. Ich begnüge mich damit, die Juden zu fragen, ob es in den Ländern, in denen wir zahlreich sind, wahr ist, dass die Stellung der Anwälte, Ärzte, Ingenieure, Professoren und Angestellten aller Art, die unserer Rasse angehören, immer unerträglicher wird."

Und wie der Israelit Cerfberr de Medelsheim in *Les Juifs*, 1847, sagte:

„Die Juden besetzen dank ihrer Beharrlichkeit im Verhältnis mehr Posten als die anderen Gemeinschaften, die katholischen und die protestantischen. Ihr verhängnisvoller Einfluss macht sich vor allem in den Angelegenheiten bemerkbar, die für das Schicksal des Landes am wichtigsten sind; es gibt kein Unternehmen, an dem die Juden nicht ihren großen Anteil haben, keinen öffentlichen Kredit, den sie nicht monopolisieren, keine Katastrophe, die sie nicht vorbereitet haben und von der sie nicht profitieren. Es ist daher unüberlegt, sich zu beschweren, wie sie es immer tun, die, die alle Gunst haben und alle Gewinne machen!"

(Zitiert auch von Gougenot des Mousseaux in *Le Juif*, 1869).

Zum Einfluss der Juden auf die verschiedenen Revolutionen des neunzehnten Jahrhunderts zitieren wir einen anderen jüdischen Schriftsteller, Bernard Lazare, in *L'Antisémitisme*, 1894:

„Während der zweiten revolutionären Periode, die 1830 begann, zeigten sie noch mehr Eifer als während der ersten. Sie waren zudem direkt betroffen, da sie in den meisten europäischen Staaten keine vollen Bürgerrechte genossen. Selbst diejenigen unter ihnen, die weder von der Vernunft noch vom Temperament her Revolutionäre waren, waren es aus Eigeninteresse; indem sie für den Triumph des

Liberalismus arbeiteten, arbeiteten sie für sich selbst. Es besteht kein Zweifel daran, dass sie mit ihrem Gold, ihrer Energie und ihren Fähigkeiten die europäische Revolution unterstützten und begleiteten ... In jenen Jahren strebten ihre Bankiers, ihre Industriemagnaten, ihre Dichter, ihre Schriftsteller, ihre Demagogen, die im Übrigen von sehr unterschiedlichen Ideen geleitet wurden, nach demselben Ziel ... Wir finden sie in der Bewegung des jungen Deutschland: sie waren zahlreich in den Geheimgesellschaften, die die Reihen der militanten Revolution bildeten, in den Freimaurerlogen, in den Gruppen der Carbonaria, in der römischen Haute-Vente, überall, in Frankreich, in Deutschland, in der Schweiz, in Österreich, in Italien."

(Zitiert von Leon de Poncins in *Die geheimen Mächte der Revolution*, 1929).

Auch hier schreibt Bernard Lazare:

„Welche Tugenden und welche Laster brachten dem Juden diese universelle Feindschaft ein? Warum wurde er abwechselnd von den Alexandrinern und den Römern, von den Persern und den Arabern, von den Türken und der christlichen Nation gleichermaßen misshandelt und gehasst? Weil der Jude überall und bis zum heutigen Tag ein ungeselliges Wesen war.

„Warum war er ungesellig? Weil er exklusiv war, und seine Exklusivität war gleichzeitig politisch und religiös, oder, mit anderen Worten, er hielt sich an seinen politischen, religiösen Kult und sein Gesetz... Dieser Glaube an ihre Vorbestimmung, an ihre Erwählung, entwickelte in den Juden einen ungeheuren Stolz; sie kamen dazu, Nicht-Juden mit Verachtung und oft mit Hass zu betrachten, wenn zu den theologischen Gründen patriotische hinzukamen."

Wie de Poncins zu Recht gesagt hat, sind die geheimen Kräfte des Umsturzes, die bekämpft und überwunden werden müssen, um zur Vernunft in der Welt zurückzukehren: „Die Freimaurerei, das Judentum und der Okkultismus, deren Verbindung und gegenseitige Auslegung nicht mehr bewiesen werden muss." Durch sie wurde und wird die Mentalität der westlichen Welt in allen Bereichen des Lebens verjudet, was Sozialismus, Kommunismus und Bolschewismus hervorbringt, die, wenn sie erfolgreich sind, unweigerlich zur jüdischen Herrschaft und zur

Zerstörung der westlichen und christlichen Zivilisation führen würden.

In *Le Problème Juif*, 1921, erklärt Georges Batault, dass er bei der Untersuchung der griechischen Zivilisation -

„Als ich in der hellenischen Epoche ankam, sah ich das jüdische Volk vor mir auftauchen, bewaffnet mit seiner seltsamen und mächtigen Religion, die sich auf die Eroberung der Welt stürzt. Ich sah den Hellenismus in seinem Glanz auftauchen, aber schon im Niedergang begriffen, das Judentum, das sich anmaßend, hartnäckig und geheimnisvoll über die antike Welt ausbreitete wie ein verderbliches Übel, das sich zum Schaden des Körpers ausbreitet, in den es eindringt. Da der Erfolg und dann der Sieg der jüdischen Vorstellungen den Niedergang und dann den Ruin der antiken Welt markiert haben, können wir mit vollem Recht behaupten, dass die Juden der antiken Zivilisation absolut nichts gebracht haben außer dem mächtigsten Ferment der Auflösung."

Und die Hauptursache für dieses zerstörerische Ferment des Judentums liegt in seinem „Exklusivismus", aus dem sein ewiger Geist der Revolte hervorgegangen ist.

Um Georges Batault zu zitieren:

„Es gibt kein Volk in der Geschichte, das so eng und so heftig konservativ und traditionalistisch ist wie das Volk Israel, und seine nationalen Traditionen sind alle religiös; wir befinden uns in dieser einzigartigen, seltsamen und bizarren Zusammensetzung - ein *Volk-Religion* und eine *Religion-Volk, die* beiden Ideen sind untrennbar".

So schrieb der jüdische Historiker Graetz:

„Der Talmud war das Banner, das den in verschiedenen Ländern verstreuten Juden als Sammlungszeichen diente; er hat die Einheit des Judentums bewahrt."

Batault fährt fort:

„Die Menschheit verändert sich, Reiche entstehen und fallen, Ideale entstehen, erstrahlen und erlöschen, der Jude bleibt, das Judentum bleibt in seinem grimmigen Exklusivismus gekleidet, alles von der Zukunft erhoffend, unermüdlich, übermenschlich, unmenschlich... Ein Volk ohne Land, eine wandernde Nation, eine zerstreute Rasse, sie bewahren ein Land - ihre Religion... immer dem Trugbild eines goldenen Zeitalters, einer neuen Ära, einer messianischen Zeit nachjagend, in der die Welt in Freude und Frieden leben würde,

Jahwe unterworfen, seinem Gesetz dienend unter der Herrschaft des sakralen Volkes, das durch Prüfungen auf das Erreichen dieser Stunde vorbereitet worden war... [Dieses] konservativste unter den Völkern steht zu Recht in dem Ruf, von einem Geist der unauslöschlichen Revolte besessen zu sein... sie sind auf ewig unanpassungsfähig und können nur auf Umsturz hoffen..."

Seit der Zeit Alexanders des Großen haben die Juden von Alexandria, die sowohl zahlreich als auch mächtig waren, immer wieder für Aufruhr gesorgt und sich erhoben, und diese Aufstände waren religiöser und nicht sozialer Natur und beruhten auf Exklusivismus und nicht auf Humanismus. Sie waren sich ihrer Macht bewusst und nutzten die Androhung von Aufständen, um Privilegien zu erlangen. Über den Einfluss und die Macht der Juden in Rom gegen Ende der Republik ist nur wenig bekannt, mit Ausnahme einer Passage aus *Pro Flacco* von Cicero. Flaccus, Prätor der Provinz Asia, wurde von den Juden durch Lelius beschuldigt, Hand an das Gold gelegt zu haben, das von einigen Juden nach Jerusalem geschickt worden war; Cicero verteidigte ihn und sagte zu Lelius:

„Du weißt, wie zahlreich dieser Stamm ist, wie geeint und wie mächtig in den Versammlungen. Ich werde leise plädieren, damit nur die Richter es hören, denn es fehlt nicht an Anstiftern, die die Menge gegen mich und gegen alle besten Bürger aufhetzen. Im Interesse der Republik diese Schar von Juden zu verachten, die so oft in den Versammlungen herumtobt, zeugt von einzigartiger Geistesstärke. Das Geld ist in der Schatzkammer; sie beschuldigen uns nicht des Diebstahls; sie versuchen, den Hass zu schüren..."

Wie Batault hinzufügte:

„Plötzlich erfahren wir nicht nur, dass es in Rom Juden in großer Zahl gab, sondern auch, dass sie politischen Einfluss hatten, den sie zum Vorteil der Volkspartei gegen die von Cicero und dem Senat ausübten."

„Revolutionäre nach der Lehre, da jeder Messianismus die Zerstörung aller bestehenden Ordnung verkündet ... haben die Juden aus allen revolutionären Bewegungen in der Geschichte seit dem Fall des Römischen Reiches Nutzen gezogen. In der Renaissance, einer Zeit ständiger Aufstände, liehen sie Fürsten und Kaufleuten Geld und waren gut angesehen; in der Reformation wiederum nutzten sie religiöse Spaltungen, um ihre eigenen Überzeugungen zu fördern. Die Revolution von 1789 brachte die Emanzipation der Juden in Frankreich, und ihr wichtigster Fürsprecher war Mirabeau, weitgehend unter dem Einfluss von Moise Mendelssohn und Dohm; die Revolutionen von 1830 und 1848 brachten ihnen weitere Verbesserungen."

Batault fährt fort: „Wir sind in der Gegenwart angekommen:

„Das düstere Schicksal des russischen Reiches hat die Seelen zutiefst erschreckt und Unruhe in die Welt gebracht. Die bolschewistische Ideologie ist ihrem Wesen und dem Willen ihrer Schöpfer nach in erster Linie international; damit sie eine Chance hat zu triumphieren, genügt es nicht, Russland zu unterwerfen, sie muss auch die übrige Welt desorganisieren und unterwerfen. Zu diesem Zweck wird die Schatzkammer Russlands, die in die Hände der Moskauer Tyrannen gefallen ist, in den Dienst einer intensiven Außenpropaganda gestellt, und die Gelder werden von geschickten Propagandaagenten in alle Länder geschickt; wenn drei Viertel des bolschewistischen Personals Juden sind, so sind seine Agenten im Ausland mit seltenen Ausnahmen alle Juden... Es zeigt sich also, dass der Bolschewismus eine der mächtigsten und aktuellsten Ursachen der weltweiten antisemitischen Bewegung ist."

Und über Deutschland sagt er:

„Nirgends so sehr wie in Deutschland haben die Juden [im Finanzwesen, in der Industrie und im Handel] eine so wichtige, fast vorherrschende Rolle. Man kann daher ohne weiteres sagen, daß alle Neureichen und Kriegsprofiteure Juden waren ... der Judenverwerter, der Judenausbeuter, der Judenprofiteur ist ein Urgestein von tausend Jahren ... Die ungeheure Mehrheit der Einflußnehmer im österreichischen Sozialismus waren und sind immer noch Juden [1921] ... Schließlich stellen sich die Juden in gewissem Sinne den Nichtjuden entgegen, vor allem in der Rolle, die sie als Initiatoren und Akteure in den linksradikalen Parteien spielen, als Internationalismus im Gegensatz zum Nationalismus."

Zum Schluss:

„Mehr denn je ist das Studium der Judenfrage eine dringende Realität, aber ... die Judenfrage ist auch mehr denn je ein *Tabu*; man darf nicht über sie sprechen, geschweige denn sie studieren. Höchstens das Recht, ihre Existenz zu leugnen, wird anerkannt. Selbst diejenigen, die am meisten an einer Lösung interessiert sein sollten, geben vor, das Problem durch Enthaltung oder Schweigen zu lösen, was sowohl als vernünftige Methode als auch als hohe humanitäre Idee angesehen wird... Das Judentum in seinen Ursprüngen und Ausdehnungen stellt ein Ensemble von Gefühlen, Vorstellungen und Ideen dar, die die Quelle wahrer Systeme sind, religiöser, politischer und sozialer Art; man hat das Recht, diese Systeme zu diskutieren und anzufechten."

Nachzulesen in der *Jewish Chronicle vom* 4. April 1919:

„... dass die Ideale des Bolschewismus in vielen Punkten mit den schönsten Idealen des Judentums übereinstimmen."

Am 22. April desselben Jahres wurde ein Schreiben veröffentlicht, das von zehn der bekanntesten Juden Englands unterzeichnet war und in dem sie sich und andere britische Juden von der oben genannten Erklärung des *Jewish Chronicle* distanzierten.

In *Le Livre Proscrit, einem* Tagebuch, das während der Schrecken der ungarischen Revolution und der bolschewistischen Bewegung geschrieben wurde, beschreibt Cecile Tormay diesen dem Bolschewismus so nahestehenden Geist des Judentums:

„Eine bestialische Tyrannei setzt sich über die durch den Krieg geschwächten Völker durch. Die Flut reißt in ihrem endlosen Brodeln Städte, Völker und Teile von Kontinenten mit sich. Unterirdisch bricht sie durch geborstene Abwasserkanäle hervor, dringt in Häuser ein, erklimmt die Marmortreppe der Ufer, entrollt sich in den Säulen der Journale. Überall dort, wo der aufgeweichte Boden nachzugeben scheint, schäumt es, und überall ist es dieselbe Flut."

In Bezug auf die auflösende Wirkung auf Russland, Ungarn und Bayern fährt der Autor fort:

„Die spezifischen Unterschiede zwischen den drei Völkern sind so groß, dass die geheimnisvolle Ähnlichkeit der Ereignisse nicht auf die Analogien der Rassen zurückzuführen sein kann, sondern allein das Werk der vierten Rasse ist, die unter den anderen lebt, ohne sich mit ihnen zu vermischen. Unter den modernen Nationen ist das jüdische Volk der letzte Vertreter der altorientalischen Zivilisation... Es weint über die zerstörten Mauern Jerusalems und baut unbemerkt neue auf. Es beklagt sich über seine Isolierung und verbindet auf geheimnisvolle Weise die unendlichen Teile Jerusalems, die das ganze Universum umfassen. Überall hat sie Verbindungen und

Glieder, die erklären, wie das Kapital und die Presse, die in ihren Händen konzentriert sind, in allen Ländern der Welt denselben Plänen dienen können... Wenn sie jemanden verherrlicht, wird dieser in der ganzen Welt verherrlicht; wenn sie jemanden ruinieren will, funktioniert das Werk der Zerstörung, als ob eine einzige Hand es lenkte... Wenn sie andere Revolte und Anarchie lehrt, gehorcht sie selbst auf bewundernswerte Weise unsichtbaren Führern... Wie ist es ihr gelungen, diesen Weltplan zu verschleiern?... Sie setzten ihnen Männer vom Lande vor, blind, unbeständig, käuflich, pervers oder dumm, die als Vorwand dienten und nichts wussten. Sie arbeiteten dann in Sicherheit, sie, die furchtbaren Organisatoren, die Söhne der alten Rasse, die ein Geheimnis zu hüten wissen."

Darüber hinaus schreibt René Fülöp-Miller in *The Mind and Face of Bolshevism*, 1927, über die primitiven gnostischen Sekten, die seit langem das bäuerliche Russland beherrschen und sogar in die Intelligenz eingedrungen sind. Wie die *Jüdische Enzyklopädie* sagt, war der Gnostizismus „jüdisch geprägt, lange bevor er christlich wurde", und sowohl der Pantheismus als auch der Rationalismus des Judentums, der so oft in kabbalistischer Theurgie endet, sind in diesen Sekten zu finden. Fülöp-Miller informiert uns:

„Fast alle russischen Sekten, wie sie zur Zeit der Zarenherrschaft existierten und auch heute noch inmitten der bolschewistischen Welt des orthodoxen Materialismus existieren, zeigen in ihren spirituellen Prinzipien einen überwiegend religiös-rationalistischen Charakter. Es stimmt, dass es auch eine Reihe von Bruderschaften mit orgiastischen, mystischen Tendenzen gibt; aber in ihren Riten, religiösen Kulten und Glaubensartikeln wird ein geschulter Psychologe auch ohne Schwierigkeiten viele der Wurzeln und ersten Stufen des heutigen Bolschewismus erkennen... Wenn wir alle diese russischen Sekten Revue passieren lassen, können wir... einen bemerkenswerten Fortschritt in der Form feststellen, in der sie die Idee des Kommunismus ausdrücken, die in allen von ihnen grundlegend ist. Die Molokany und die Dukhobors und alle anderen rationalistischen Sekten beschränkten sich darauf, eine Gemeinschaft der irdischen Besitztümer zu proklamieren (diesen, so sagt man uns, verdankte Tolstoi sein System der Sozialethik); aber bei den Chlysty sehen wir einen Fortschritt: Liebe, Ehe und Familie haben aufgehört, Privatsache zu sein, und bei ihnen finden wir promiskuitiven Geschlechtsverkehr... Wenn wir schließlich bedenken, dass wir uns kaum irren können, wenn wir die Zahl der

Mitglieder dieser Sekten vor der Revolution auf etwa ein Drittel der Gesamtbevölkerung dieses riesigen Landes schätzen, müssen wir zugeben, dass wir es hier mit einem Phänomen von wahrhaft elementarer Kraft zu tun haben, das nicht nur vom religiösen, sondern auch vom soziopolitischen Standpunkt aus von größter Bedeutung sein muss. Denn diese rationalistisch-chiliastischen (Jahrtausend-)Vorstellungen der russischen Sekten ... drangen bald in die höheren Schichten der russischen Intelligenz und sogar in die Gedankenwelt der Politiker ein.

... Die Verbindung dieser halbmystischen Vorstellungen mit den modernen Prinzipien des marxistischen Materialismus, denn erst durch die Verschmelzung wurde der Boden für die bolschewistische Revolution bereitet."

Auf die gleiche Weise und mit dem gleichen Effekt der Demoralisierung, Entchristlichung und Verjudung sehen wir, wie ein Schwarm neugnostischer, kabbalistischer, mystischer und illuministischer Sekten in alle Nationen der westlichen Welt eindringt, ihre Mentalität in religiöser und gesellschaftspolitischer Hinsicht vergiftet, sie mit Pantheismus, Rationalismus, Sozialismus und Kommunismus infiziert und den Weg für die Herrschaft derselben geheimen Macht bereitet, die hinter dem Bolschewismus steht.

Die englischsprachigen Völker sind völlig uninformiert über die charakterlichen Unterschiede zwischen den verschiedenen Teilen der mehr als fünfzehn Millionen über die Erde verstreuten Juden. Diese verschiedenen Teile des Judentums sind jedoch in der Lage, eine wunderbare Solidarität des rassischen Einflusses in die Weltbewegungen einzubringen, ausgeübt durch wichtige politische Positionen in allen Ländern und durch eine weitreichende Macht über die Presse und andere Mittel der Öffentlichkeit. Aber es ist für die britische Öffentlichkeit völlig unmöglich, die Bewegungen des Bolschewismus und der Weltrevolution zu verstehen, da die vorherrschende Unkenntnis über die dominierende Rolle der revolutionären Juden in allen Ländern weit verbreitet ist. Wie Thackeray es ausgedrückt hat:

„Säe einen Gedanken und ernte eine Handlung; säe eine Handlung und ernte eine Gewohnheit; säe eine Gewohnheit und ernte den Charakter; säe den Charakter und ernte das Schicksal."

So werden Revolutionen gesät und geerntet; so würden auch Revolutionen vereitelt und zum Scheitern gebracht werden, wenn nicht die finstere Macht, die heute überall die Presse und die Verleger kontrolliert, wäre.

Bereits am 29. Juni 1789 schreibt Arthur Young in seinen *Reisen durch Frankreich und Italien* über diese geheime Pressekontrolle:

„Wird die Nachwelt glauben, dass, während die Presse von aufrührerischen Produktionen wimmelt, die den Segen theoretischer Verwirrung und spekulativer Zügellosigkeit beweisen sollen, nicht ein einziger talentierter Schriftsteller angestellt wurde, um die modischen Doktrinen zu widerlegen und zu vereiteln, noch die geringste Sorgfalt darauf verwendet wurde, Werke anderer Couleur zu verbreiten."

In *Les Victoires d'Israël* schrieb Roger Lambelin über dasselbe Übel:

„Was ist mit den großen Zeitungen aller Länder, die direkt von den großen jüdischen Kapitalisten kontrolliert oder indirekt beeinflusst werden, durch Vermittler, Redakteure, Informationsagenturen oder Werbung! Versuchen Sie, in der großen Presse oder sogar in den so genannten nationalen Zeitschriften von Paris, London, New York, Wien oder Rom eine Publikation zu veröffentlichen, die klar das Vorgehen Israels und seines Imperialismus aufzeigt, und Sie werden sehen, welche Art von Empfang sie finden wird."

So schrieb beispielsweise die „Anti-Defamation League, Chicago" am 13. Dezember 1933 an die Verleger anglo-jüdischer Zeitschriften wegen eines Buches, das jüdischen Interessen zuwiderlief - *The Conquest of a Continent* von Madison Grant:

„Wir sind daran interessiert, den Verkauf dieses Buches zu unterbinden. Wir glauben, dass dies am besten dadurch erreicht werden kann, dass wir uns nicht dazu drängen lassen, es bekannt zu machen... Je weniger darüber diskutiert wird, desto mehr Verkaufswiderstand wird entstehen.

Wir appellieren daher an Sie, von Kommentaren zu diesem Buch abzusehen... Wir sind der Überzeugung, dass eine generelle Befolgung dieser Bitte andere Verlage davor warnen wird, sich auf derartige Unternehmungen einzulassen. (Gezeichnet) RICHARD E. GUTSTADT, *Direktor."*

In Bezug auf eines seiner eigenen Bücher erzählt Léon de Poncins, wie eine Amerikanerin anbot, es übersetzen und veröffentlichen zu lassen, aber auf Anraten ihres Anwalts die Verhandlungen abbrach:

„Meiner Meinung nach können Sie sich nach dem in diesem Land (USA) geltenden Verleumdungsgesetz in keiner Weise an der Veröffentlichung der *Forces Secrètes de la Révolution* von de Poncins beteiligen, ohne sich einer schweren rechtlichen Verantwortung mit dem Risiko von Schadensersatz auszusetzen... Die kritisierten Persönlichkeiten und Vereinigungen sind in diesem Land so mächtig, dass die Veröffentlichung des Buches mit Sicherheit zu sehr kostspieligen Prozessen führen würde."

Ein weiterer Aspekt dieser gewaltigen jüdischen Frage ist in Algerien in den Beziehungen zu den einheimischen Arabern zu sehen.

In *Le Péril Juif* legt Charles Hagel seinen Lesern dar, was er als die wahre Position des algerischen Juden und Arabers betrachtet. Er schreibt:

„Wir betrachten es objektiv, mit Dokumenten und Beweisen in der Hand, mit Schlussfolgerungen, die durch fünfzig Jahre eines aufmerksamen Lebens autorisiert sind, das mit offenen Augen in diesem Nordafrika gelebt wurde, das in der Tat das wunderbarste Laboratorium und der beste Boden ist, um die Entwicklung des Juden zu verfolgen... Wir leben in Frankreich unter dem Gesetz eines Tabus, das heißt, des Juden... Wer wird sagen, dass ich übertreibe... in diesem Algerien, wo es keine einzige Zeitschrift mehr gibt, in der das Wort Jude mit einem großen J geschrieben werden kann.

... Atheisten in der Religion der anderen, Internationalisten im Land der anderen, Revolutionäre in der Gesellschaft der anderen, aber ungeheuer eifersüchtig und wild konservativ in dem, was ihr Eigenes ist, ihre Originalität, ihr Geist und ihre Rasse, so haben sich die Juden während eines halben Jahrhunderts meinen aufmerksamen Augen offenbart ... Der Jude ist nicht so sehr durch sich selbst und seine schädlichen Handlungen gefährlich, sondern durch das Beispiel, das er gibt, durch die Ansteckung, die er ausübt, und durch den Geist, den er den entfesselten, orientierungslosen und zu sehr zur Nachahmung neigenden Massen beibringt... Unser Antisemitismus ist also nicht der der Gewalt, der Unordnung oder der Beschuldigung, sondern der der Hellsichtigkeit, des methodischen Schutzes; unser Antisemitismus ist der des Staates, der Vorschriften und der Gesetze."

Im Jahr 1830, als Karl X. Regent von Algerien wurde, lebten die Juden in besonderen Quartieren und durften genau definierten Beschäftigungen nachgehen. Bis dahin bildeten sie eine Gruppe, die völlig isoliert war und streng von den Muselmanen überwacht wurde, die, wenn nötig, mit Energie Rache und das Recht auf Repressalien ausübten. Die etwa 30.000 Juden, die sich in Gemeinden aufteilten, bildeten eine Nation mit ihren Oberhäuptern, einem autorisierten Kultus, einem Rat, einer Ordnung, Gesetzen, einer *jüdischen* Gerichtsbarkeit und ihren Rechten, aber über hinaus mit all ihren Aufgaben und Pflichten gegenüber ihren muslimischen Herren. Sie hatten kein Recht, Waffen zu tragen oder nachts auf den Straßen ein Licht zu entzünden, sie trugen schwarze Gewänder, die deutlich gekennzeichnet waren, es war ihnen verboten, bestimmte Städte zu betreten, vor Moscheen zu gehen oder sich Brunnen zu nähern, und sie konnten nicht als Zeugen aufgerufen werden. Sie hatten keinen wirklichen Status und konnten kein Eigentum besitzen.

Mit dem Musselmanen hatten sie es mit einem primitiven Menschen zu tun, der den Tod nicht fürchtete, einem wilden und furchterregenden Krieger, dessen Leben rudimentär und arm war, aber dessen Kraft in früheren Zeiten Reiche schuf. Von 1830 bis 1870 wurden die Juden juristisch und administrativ assimiliert, bevor sie rechtlich und politisch eingegliedert wurden. Unter dem Schutz der französischen Autorität und verteidigt von französischen Soldaten, gaben sie sich ihrem nationalen Wuchergewerbe hin. Der Jude war der Verführer, der dem Musselmanen, diesem impulsiven, unvorsichtigen, vergnügungssüchtigen Menschen, das Geld zur Befriedigung seiner Leidenschaften und Vergnügungen brachte.

1848 bereitete der Jude Cremieux, Mitglied der provisorischen Regierung Frankreichs, Justizminister und später Präsident *der Alliance-israélite-universelle,* ein Dekret vor und versuchte, die zivile, politische und administrative Eingliederung der Juden in Algerien zu beschleunigen, doch der *Staatsstreich* von 1851 stoppte ihn. Dennoch blühten die Juden rasch auf, und 1861 erklärte ein Magistrat: „Dass die Israeliten einen großen Teil der Besitztümer besitzen, dass das Vermögen der Araber in ihre Hände übergeht und dass man allein in der Stadt Algier ihren Grundbesitz auf mehr als 12.000.000 Francs schätzen könnte." Das Crémieux-Dekret für die algerischen Juden wurde mit überwältigender Mehrheit und ohne Debatte verabschiedet, da Frankreich nach der Niederlage gegen die Deutschen 1870 verzweifelt war.

Die Juden Algeriens wurden zu französischen Staatsbürgern, und alles, was Frankreich gewann, war der Hass seiner arabischen Untertanen, das einzige Element von Wert, auf das es bei der Besiedlung und wirtschaftlichen Entwicklung der Kolonie zählen konnte. Die Juden wurden ihnen gegenüber als überlegen dargestellt! Die Araber konnten diese Beleidigung nicht hinnehmen! Städte, Dörfer, Bauernhöfe wurden geplündert, Einheimischen die Kehle durchgeschnitten und Einrichtungen ruiniert. Aber die Juden schätzten die geforderte Wehrpflicht nicht! Der arabische Häuptling Mokrani wurde getötet, und die anderen legten ihre Waffen nieder. Die Kabulia verlor ihre Autonomie, und die Aufständischen mussten 32.000.000 Francs zahlen, und 500.000 Hektar ihres Landes wurden beschlagnahmt. Von Zeit zu Zeit kam es zu weiteren Aufständen und Plünderungen, und der von 1898, der schwerer war als die anderen, wurde vom jüdisch dominierten Frankreich rigoros unterdrückt.

„Wenn man dem Juden generell nicht die ganze Verantwortung für die wirtschaftliche, politische und soziale Situation zuschreiben kann, die Algerien stranguliert, so ist es doch keine Übertreibung, ihn als moralisch schuldig anzuerkennen, denn der größte Teil seiner Rolle bestand hier, mehr noch als anderswo, darin, zu korrumpieren, zu entwürdigen und zu zersetzen."

Im Jahr 1934 schätzt der Autor die Zahl der Juden auf 120.000 bis 150.000 und die der Araber auf 6.000.000, von denen drei Viertel von klein auf dauerhaft unterernährt sind.

„Algerien ist auf seine eigenen Mittel angewiesen, seit Frankreich ... ihm die finanzielle Autonomie und das zunächst beratende und dann beratende Kolonialparlament der Finanzdelegationen gegeben hat ... Algerien ist nicht in der Lage, die erdrückenden Kosten für die erste Einrichtung der Verwaltung und den Unterhalt, die auf es zukommen, aus eigenen Mitteln zu bestreiten. Die wirtschaftliche Ausrüstung ist wegen der Unermesslichkeit seines Territoriums und der geringen Bevölkerungszahl zu schwer.

... Zurzeit hat der Fellache nichts mehr als seine getrocknete Haut, die er auf seine Knochen spannt, und er muss die Verträge, die Banken und vor allem den Juden bezahlen."

In Algerien hat der Jude mächtig zur Unordnung der öffentlichen Meinung beigetragen. Von ihm demoralisiert, handelt ein Viertel der Bürger in den großen Städten offen mit „ihren Rechten" und verkauft ihre Stimme für 20 bis 500 Francs oder mehr. Die Listen sind gefälscht: Bei jeder Wahl ... übergibt die Post den Bürgermeistern Tausende von Wählerkarten mit dem Vermerk „unbekannt", „verschwunden", „keine Adresse", „tot". Die Juden „üben in der algerischen Wirtschaft eine Unterwanderung aus, von der man behaupten kann, dass sie die gesamte Elite vernichten, jede Konkurrenz ausschalten und die Leitung aller Angelegenheiten dieses Landes in das Ermessen dieser ethnischen Gruppe stellen wird, die unassimilierbar und auf ewig fremd ist.

Wickham Steed zitiert in seinem Buch *The Hapsburg Monarchy* den Brief eines Halbjuden aus Ungarn aus dem Jahr 1905:

„Es gibt eine jüdische Frage, und diese schreckliche Rasse bedeutet nicht nur, eine der größten Kriegernationen der Welt zu beherrschen, sondern sie bedeutet und strebt bewusst danach, in die Listen gegen die andere große Rasse des Nordens (Russen) einzutreten, die einzige, die bisher zwischen ihr und ihrem Ziel der Weltmacht gestanden hat. Täusche ich mich? Sagen Sie es mir. Denn schon jetzt sind England und Frankreich, wenn nicht gerade von Juden beherrscht, so doch sehr nahe daran, während die Vereinigten Staaten durch die Hände derer, deren Griff sie nicht kennen, langsam aber sicher dieser internationalen und heimtückischen Hegemonie nachgeben. Denken Sie daran, dass ich ein halber Jude von Blut bin, aber in allem, was ich sein kann, bin ich es nicht."

Wie wir wissen, war Ungarn 1918 fest in der Hand von Bela Kuhn und anderen roten Juden, allesamt Werkzeuge der bolschewistischen Regierung. Cecile de Tormay, ungarische Patriotin und Schriftstellerin, schildert in ihrem Buch *An Outlaw's Diary* die vorbereitenden Bedingungen:

INQUIRE WITHIN — CHRISTINA STODDARD

„Dann kam Karolyi und bereitete den Weg für den Bolschewismus in der Erziehung der jungen Generation Ungarns. Die massenhafte Ernennung jüdischer Freimaurer-Professoren und -Lehrer, die bolschewistische Reform der Schulbücher, die Zerstörung der Seelen der Kinder, die Herabsetzung der elterlichen Autorität, die systematische Zerstörung der moralischen und patriotischen Grundsätze, die Enthüllung der sexuellen Dinge - all das war das Werk der Regierung Karolyi."

Zur Erläuterung der Rolle, die die jüdische Freimaurerei in Ungarn spielte, entnehmen wir die folgenden dokumentierten Informationen dem Buch *La Dictature des Puissances Occultes* von Leon de Poncin. Die Geschichte dieser Freimaurerei in Ungarn ist von besonderem Interesse, weil die ungarische Regierung nach dem Sturz der bolschewistischen Revolution von Bela Kuhn die Freimaurerlogen auflöste, ihre Archive beschlagnahmte und veröffentlichte, und diese zeigten deutlich die Verbindung der jüdisch dominierten Freimaurerei mit der revolutionären Bewegung von 1918. Er gibt einen offenen Brief zu diesem Thema wieder, den der Abgeordnete Julius Gombos (Ministerpräsident von Ungarn) an den Grafen Paul Teleki, den Präsidenten des Ungarischen Rates, geschickt hat und in dem zu lesen ist:

„Die königliche Regierung Ungarns hat, wie die ganze Welt weiß, die ungarische Freimaurerei aufgelöst, weil einige Mitglieder dieser Organisation an der Vorbereitung der Oktoberrevolution und an dem Werk der systematischen Zerstörung teilgenommen haben, das gegen die Interessen des ungarischen Volkes und des ungarischen Staates stattgefunden hat. Den Ermittlern zufolge gab es unter diesen Leuten Männer, die in diesem Lande Vertreter oder Agenten jüdischer Tendenzen waren, die die Weltherrschaft im Auge hatten und die im stillen Kämmerlein davon träumten, das Nationalgefühl einzuschläfern, um einer antinationalen Doktrin zum Triumph zu verhelfen, die uns fremd, ihnen aber lieb ist... Obwohl die Entscheidung über das Schicksal der ungarischen Freimaurerei Sache des inneren Ordens ist, würden Euer Exzellenz meiner Meinung nach dem Land einen großen Dienst erweisen, wenn sie den Ausländer über diese Frage und eine andere, damit zusammenhängende Frage, die Judenfrage, aufklären würden, damit der Ausländer sich keine falschen Vorstellungen über die Maßnahmen macht, die im Hinblick auf die Verteidigung der Religion und Moral des Volkes und der Nation ergriffen werden."

156 |

Was das Judentum im heutigen Sowjetrussland betrifft, so zitieren wir *L'Univers-israélite*, 7-14 September 1934, wo es heißt:

„In der UdSSR sind Judentum und Christentum gemeinsam begraben worden. Sie schlafen in dem gemeinsamen Grab, das allen Religionen vorbehalten ist. Die Kommunisten haben keinen Unterschied zwischen den Kulten gemacht.

... Ihre Philosophie war der wissenschaftliche Materialismus, sie leugneten den Wert jeglicher Religion, und so schlugen sie auf das Judentum wie auf alle Religionen ein. Es ist verboten, Kindern unter achtzehn Jahren Religionsunterricht zu erteilen. In der Schule wird den Schülern erklärt, dass sie die Revolution verraten würden, wenn sie einen Fuß in die Kirche oder Synagoge setzen. Mit dem Ergebnis, dass die Synagogen leer sind... Der Zionismus ist verboten. Für die Kommunisten ist der Zionismus doppelt verwerflich, erstens, weil sie glauben, dass er im Dienste des britischen Imperialismus steht... Wer die Sache des Zionismus verteidigt, wird hart bestraft; Zionisten wurden inhaftiert, verbannt und sogar erschossen. Die Unterdrückung des Zionismus und der Religion [fährt der Redakteur von fort] war eine große Tragödie für den jüdischen Geist... Die Kinder, die siegreich sind, verfolgen ihr Ziel [den Kommunismus] mit der Gewissheit, eine bessere Lebensform gewählt zu haben."

Schließlich bemerkt ein jüdischer Korrespondent des *Patriot*, der alle Fakten, die dem bolschewistischen politischen Chaos entgehen, genau beobachtet:

„Die Tatsache, dass der Antisemitismus in Bolschewien unter Strafe gestellt wurde, beweist nicht den Philo-Semitismus; im Gegenteil, man könnte logisch daraus schließen: Der Judenhass ist im Lande so weit verbreitet, dass sich die Behörden gezwungen sahen, das Vergehen in dieselbe Kategorie wie die Konterrevolution zu stellen, die in Sowjetrussland das am härtesten bestrafte Verbrechen ist, weil sie sonst nicht in der Lage wären, die Tendenz zu unterdrücken."

Er fährt fort:

„Vor einigen Jahren wurde einem jüdischen Finanzier vorgeworfen, Millionen von Dollar in Sowjetrussland zu investieren. „Haben Sie sich jemals vorgestellt, was mit unseren Brüdern in Russland geschehen würde, wenn - Gott bewahre - das Sowjetregime zusammenbräche? Die Vergeltungsmaßnahmen wären schrecklich, abgesehen von den Ausbrüchen der rachsüchtigen Bevölkerung."

Tatsache ist, dass der Antisemitismus in Russland heute in gleichem Maße vorhanden ist wie zu Zeiten des Zarismus, mit dem einzigen Unterschied, dass er jetzt in den Untergrund getrieben wird, was das Übel verschlimmert."

Auch hier kommt derselbe Autor zu dem Schluss:

„Es ist ganz offensichtlich, dass der Schlüssel zur Lösung dieses uralten Problems darin liegt, Wege zu finden, wie man die Hindernisse des sowohl zahlenmäßig als auch energetisch gewaltigen revolutionären Teils des Judentums überwinden kann."

KAPITEL VII

KONTINENTALE FREIMAUREREI

GUSTAVE BORD schreibt in *La Franc-maçonnerie en France* (1908):

> „Die Freimaurerei stand am Anfang als Verteidigerin der Naturreligion: der Glaube an das Jenseits, an die Existenz Gottes und die Unsterblichkeit der Seele beruhte allein auf den Ideen der Vernunft. Aber allmählich verwandelte sich diese natürliche Religion in eine bloße soziale Moral, die auf der Unsterblichkeit der Materie beruhte, und nachdem sie durch den Pantheismus gegangen war, endete sie in der Verneinung der Gottheit."

Wie wir bereits erklärt haben, gibt es ein merkwürdiges Buch *Long Livers* von Robert Sambers, das der Großloge von London 1722 gewidmet ist und auf das sich Freimaurerhistoriker wie Mackay, Whytehead, Yarker usw. beziehen, in dem der Autor auf eine geheimnisvolle *Erleuchtung* und eine ebenso geheimnisvolle Hierarchie hinweist, die in den höheren Graden der Freimaurerei wirkt, wobei er die Sprache der Alchemie und der Rose-Croix verwendet. In dieser geheimen Erleuchtung der höheren Grade aus einer unbekannten Quelle, die allen theosophischen und okkulten Gruppen gemeinsam ist, liegt das Krebsgeschwür, das Revolutionen schürt und die Zerstörung der westlichen und christlichen Zivilisation zum Ziel hat. Wie J. Marquès-Rivière zu Recht in *La Trahison Spirituelle de la F.-. M.-.*:

> „Man könnte leicht zu dem Schluss kommen, dass es in der Freimaurerei zwei Strömungen gibt, die sich scheinbar widersprechen, sich aber nur ergänzen: die Rationalisten und die Illuminés. Was sie eint und verbindet, ist das Ritual... Die rationalistischen Politiker haben Inspiratoren: das sind die

Okkultisten der Logen... Die Freimaurerei ist der Ort, aus dem die verschiedenen Sekten ihre Elemente beziehen; sie ist für sie eine vorbereitende Schule, ein Filter, eine Disziplin. Die Martinisten verlangen, dass ihre Mitglieder Freimaurermeister sind. Die besten Rekruten anderer Gruppen sind Ausgaben der Freimaurerei ... Umgekehrt dringen die Meinungen, die Träume, die Erleuchtungen dieser pseudomystischen Kapellen, dieser Höhlen des Wahnsinns, durch ihre Mitglieder in den großen Körper der Freimaurerei ein ... Theosophie, Okkultismus, Freimaurerei, geheime Sekten oder Mystik-Zivilisatoren haben nur ein gemeinsames Ziel: die Befreiung des Menschen zu gewährleisten, ihm jeden traditionellen moralischen Sinn zu entziehen, um ihn zum Wohle der angestrebten Interessen, die sie Befreiung nennen, versklaven zu können... Es gibt eine Gegenkirche mit ihren Schriften, ihren Dogmen, ihren Priestern, und die Freimaurerei ist einer ihrer sichtbaren Aspekte. Dieser falsche Dogmatismus muss entlarvt werden, dieser Pseudo-Mystizismus, der mehr Seelen anzieht, als man glauben kann, dessen Gefahren ebenso real wie verborgen sind... Dieser Mystizismus ist in der Tat das große freimaurerische Geheimnis, die Höchste Einweihung... Er ist so alt wie diese alte Welt."

RUSSLAND

Auf dem Kongress von Verona 1822 richtete Fürst de Metternich, Ministerpräsident von Österreich, ein *Memorandum* über Geheimgesellschaften an Kaiser Alexander von Russland, in dem er sagte

„Diese Männer [vage Mystiker], die ihrer eigenen gestörten Phantasie auf den Leim gegangen sind, die ihre Manie für ihre eigenen Zwecke ausnutzen wollten, waren stets die Kinderstube der Adepten der Geheimgesellschaften ... diese Gesellschaften sind eine Krankheit, die den sozialen Körper in seinen edelsten Teilen zerfrisst, das Übel hat bereits tiefe und ausgedehnte Wurzeln geschlagen; wenn die Regierungen keine wirksamen Maßnahmen ergreifen ... läuft Europa Gefahr, den Angriffen auf es zu erliegen, die von diesen Vereinigungen unaufhörlich wiederholt werden ... absolute Monarchien, konstitutionelle Monarchien, Republiken, alle werden von den Levellers bedroht."

Später erkannte Metternich die Juden als eines der schrecklichsten Elemente der Revolution. Eine kurze Skizze der Freimaurerei in Russland wird seine Meinung bestätigen. Wir übernehmen sie weitgehend aus einem Buch von Georgios Michalof, 1877 (siehe *Dokument K, Deschamps*, Bd. ii). In den ersten Jahren der Herrschaft Katharinas II. vervielfachten sich die Logen in der russischen High Society, und Saint-Martin verbreitete durch den polnischen Grafen Grabianka und den russischen Admiral Pleschischejev seine Lehren in den Logen. Er verbreitete seine Ideen mit Hilfe einer *Société typographique*, die die Schriften Böhmes und alle französischen Werke und Übersetzungen veröffentlichte, die von der moralischen Religiosität der Sekte geprägt waren, und bald war die Literatur des Landes davon durchdrungen (eine Ausrichtung wie bei unseren Pazifisten und Internationalisten). Die Seele der Gesellschaft war Novikof, Großmeister und Direktor der russischen Freimaurerei. Alle Talente wurden in das Netz hineingezogen, und die Martinistenlogen drangen über die hohen Würdenträger auch in die Kirche ein, die sie weitgehend als Maske für ihre politischen Ziele und zur Täuschung der Kaiserin benutzten.

Katharina erklärte sich zunächst zur Beschützerin der Freimaurerei, und 1784 wurde in Petersburg die Kaiserloge gegründet. Nach der Revolution von 1792 wurde Novikof, nachdem sie herausgefunden hatte, dass er den Großfürsten, den späteren Paul I., ohne ihr Wissen eingeweiht hatte, in die Festung Schlusselburg geworfen, und die Fürsten Leopuchin, Troubetskoi und Turgenjef wurden auf ihre Ländereien verbannt; die Freimaurerei arbeitete weiterhin im Geheimen. Paul I. begünstigte die Freimaurerei und ließ Novikof frei, schloss aber 1797 die Logen und verbannte die meisten der gefährlichen Eingeweihten. Alexander I. hob durch Bober, Staatsrat und Großmeister des russischen Großorient, die Verordnung Pauls auf und wurde 1803 zum Freimaurer. Die erste Großloge, *Wladimir*, wurde 1811 gegründet, wurde aber später durch zwei Gruppen, *Astres* und *Provinciale*, ersetzt. Aus Furcht vor den Folgen einer solchen demokratischen Organisation für den Staat wurden die Logen 1822 durch kaiserlichen Erlass aufgelöst.

Während des Feldzugs gegen Napoleon wurden in der Armee Karbonarierlogen gegründet, die so allmählich mit den Ideen der absoluten Freiheit von jeglicher ziviler und religiöser Autorität infiziert wurden. Während der Kaiser eine Verfassungsreform vorbereitete, gründeten Pestel und andere, mit Novikof an der Spitze, ihre *Alliance du salut, wobei* die erste Gruppe 1813 in einem Regiment der Garde gebildet wurde. Als Außenpropaganda organisierte er die *Société de bien public, die* in vier Sektionen unterteilt war: philanthropische, intellektuelle und moralische Zivilisation und Schulen, Aufsicht über Tribunale und Beamte und nationale Wirtschaft. 1823 gab es in Kiew eine weitere Gesellschaft, die *Slawoniens unis, die* mit der *Société du sud in* Verbindung stand. Ihre Riten entsprachen denen der Hochfreimaurerei, und ihr Ziel war es, mit einer gewissen Unabhängigkeit die acht slawischen Länder - Russland, Polen, Böhmen, Mähren, Dalmatien, Ungarn (?) mit Siebenbürgen, Servien mit Moldawien und Walachei - mit einer föderalen und zentralen Stadt zu vereinen - eine der frühen Formen der Sekten in den Vereinigten Staaten von Europa! Wenn die Verschwörung erfolgreich gewesen wäre, wäre Pestel Diktator geworden. Er versuchte, sich mit den Polen zu vereinen, aber als er Pläne zur Ermordung der gesamten kaiserlichen Familie und zur Ausrufung einer sozialistischen Republik bekannt gab, schreckte Fürst Jablonowski zurück, und die Polen durften ihre eigene Regierung bilden. Der Aufstand war für 1829 angesetzt, doch der plötzliche Tod Alexanders beschleunigte den Ausbruch, und im Dezember 1825 scheiterte der Versuch mit der Hinrichtung der Anführer (1826). 1857 erlaubte Alexander II. vergeblich die Öffnung der Logen, denn die Freimaurerei, so hieß es, sei sowohl Russland als auch Österreich verhasst.

Unter Nikolaus II. war Russland immer noch eine Beute des Martinismus. Papus und Philippe, der Magnetheiler, gründeten Martinistische Logen und verbreiteten die verderblichen Lehren, was nicht wenig dazu beitrug, den Hof und den Adel in Schwierigkeiten zu bringen. Philippe, schreibt Sokoloff in seiner *Untersuchung,* wurde von dem Juden Manoussevitch Manouilof, Rasputins finsterem Berater, an den Hof eingeführt, der 1905 laut Paleologue die Arbeiterdemonstrationen anstiftete und später half, die Pogrome von Kiew, Alexandrowsk und Odessa vorzubereiten. Wie der jüdische Schriftsteller Dr. Angelo Rappaport 1918 schrieb:

„Es gibt keine politische Organisation im weiten Reich, die nicht von den Juden beeinflußt oder gelenkt wurde... Plehve hatte vielleicht recht, als er sagte, daß der Kampf um die politische Emanzipation in Rußland und die Judenfrage praktisch identisch seien."

Das kaiserliche Russland ist inzwischen verschwunden, doch die russische Freimaurerei besteht weiter. Der „American *Builder*" berichtete im Juni und August 1927 über vier ordentliche Logen ( ), eine Loge der Vollkommenheit und ein Rosenkreuzer-Kapitel, die damals in Paris in russischer Sprache und nach altem russischen Ritus unter der Jurisdiktion der Großloge von Frankreich und des Obersten Rates, aber mit völliger Freiheit, arbeiteten. Die vier ordentlichen Logen werden von einem Komitee geleitet, das die Keimzelle der künftigen Großloge von Russland darstellt. Die Loge der Vollkommenheit arbeitet eng mit dem Rosenkreuzer-Kapitel zusammen, und es gibt gemäß dem Kongress von Lausanne 1922 ein vom Obersten Rat Frankreichs anerkanntes zeitweiliges Komitee, das später zum Obersten Rat des Schottischen Ritus in Russland werden wird. Die Aufgabe wird darin bestehen: „In Russland eine normale Regierung wiederherzustellen und normale Bedingungen des wirtschaftlichen und politischen Lebens zu schaffen" (zitiert nach *R.I.S.S.*, II. Dezember 1927).

Ist die Freimaurerei, dieses universelle Ferment, ein geeignetes Instrument zur Wiederherstellung normaler Verhältnisse in einem riesigen Reich, das von den geheimen Kräften des Judentums zerrüttet und korrumpiert wurde?

POLEN

Der folgende Text ist der polnischen nationalistischen Zeitschrift *Mysl Narodowa*, Nr. 30-33, 1933, entnommen. Die *R.I.S.S.* reproduziert ihn, ohne die Verantwortung dafür zu übernehmen, da er ein Licht auf das universelle jüdisch-freimaurerische Werk der antireligiösen Zerstörung und Herrschaft wirft. Wir geben eine kurze Zusammenfassung. Die Freimaurerei tauchte vor allem während des Ersten Weltkriegs auf polnischem Gebiet auf. In Polen gab es unter dem Russischen Reich die Loge *Odrodzenie, die noch* aus der Vorkriegszeit stammte und zu deren

Mitgliedern Beamte des Ministeriums für öffentliche Erziehung und Professoren des Polytechnischen Instituts und der Freien Universität zählten. Einige strebten die freimaurerische Unterwanderung an. Es gab bereits eine Reihe von Juden, die dem Grand Orient de France angehörten: Litauer, ein wichtiger Beamter im Außenministerium; Wasserzug, genannt Wasowski, der vor dem Krieg in Paris eingeweiht wurde, wo er zusammen mit anderen Freimaurern die antichristliche Zeitschrift *Panteon* herausgab. Nach Warschau zurückgekehrt, arbeitete er mit an der Zeitschrift *Pravda,* dann, zu Beginn des Krieges, an *Widnokreci* und während der deutschen Besatzung an der Zeitschrift *Glos Stolicy, einem* gegen die alliierten Mächte, insbesondere Frankreich und England, gerichteten Organ. Nach der Unabhängigkeitserklärung wurde er aus dem Außenministerium entfernt. Daraufhin nahm er die Zusammenarbeit mit der antinationalen und jüdischen Presse wieder auf und gründete die L'Agence Polonaise Publiciste, wobei er seine freimaurerische Propaganda mit Blick auf die Provinzpresse fortsetzte. Heute ist er Herausgeber der Warschauer Freimaurerzeitschrift *Epolia.*

Ein weiteres Mitglied war der Jude Salomon Posner, Mitglied des Grand Orient in Frankreich, Autor der sozialistischen Tageszeitung *L'Ouvrier und* Präsident der *Ligue des Droits de l'Homme* in Polen. Er war einer der einflussreichsten und aktivsten Botschafter des polnischen Judentums und ist inzwischen verstorben. Der Jude Simon Askenazy, einer der einflussreichsten polnischen Freimaurer, hielt im Geheimen die Fäden in der Hand. Ein weiteres Mitglied war der Jude Léon Chrzanowski, Korrespondent des *Warschauer Kuriers* in Rom und später in Genf. Der Provisorische Staatsrat war von Freimaurern durchsetzt. Der Leiter der polnischen Freimaurerei, die dem Großorient in Frankreich angehörte, war der Jude Jan Finhelhaus, der lange Zeit als „Jean Finot" in Paris lebte, wo er die *Revue des Revues* leitete. Er übermittelte Informationen an die jüdischen Familien Natanson und Kempner in Warschau. Erstere waren zumeist Finanziers und Industrielle mit großem gesellschaftlichem Einfluss. Die letzteren waren Journalisten und leiteten *La Gazette Nouvelle, das* Organ der Radikalen und Sozialisten. Diese Juden spielten während der deutschen Besatzung eine große Rolle, und einer von ihnen war unter dem

Pseudonym A. Kerr eng mit journalistischen und literarischen Kreisen in Berlin verbunden. Während des Krieges übte die russische Freimaurerei einen gewissen Einfluss in Polen aus. Die polnischen Freimaurer wurden von dem Juden Winawer, Mitglied der Konstitutionellen Demokratischen Partei und Minister in der Regierung Kerenski, unterrichtet. Viele der polnischen jungen Männer in Russland, die den radikalen und sozialistischen Zentren unterworfen waren, kehrten nach Polen zurück, wo sie in den freimaurerischen Lehren unterwiesen wurden, und schlossen sich den Logen in Polen an. Die meisten Beamten des Provisorischen Staatsrats wurden auf Druck der deutschen, französischen und russischen Freimaurer ernannt. Die Freimaurer dominierten die Liga der Partisanen des polnischen Staates (L.P.P.).

Nach dem Tod der Juden Finhelhaus und Kempner kam es zu einer Neugruppierung der Logen. Die italienische Freimaurerei veranlasste 1920 die Gründung der Großloge von Polen, die der Loge „Polonia" in Rom angegliedert war. Der 1909 gegründete *Bund der Philalèten* war im unabhängigen Polen sehr aktiv. Scheinbar harmlos, hatte sie okkulte Leiter, und die Eingeweihten waren Freimaurer eines bestimmten Ritus, die in alle Verwaltungen eindrangen. Heute ist sie gefestigt und stark, und die Juden, die ihr angehören, sind zwar diskret, aber einflussreich.

Mit ihr zusammen arbeitet die *polnische Vereinigung der Libres-Penseurs, die* 1921 von vier Juden gegründet und von Freimaurern geleitet wurde. In Verbindung damit steht auch die *Gemeinschaft der Produktivität, die* sich der bolschewistischen Propaganda widmet und 1922 von dem Juden Lubecki gegründet wurde. Alle Mitglieder sind Juden. Sie lehnen jede Religion ab, sagen dem Nationalismus und den Vorurteilen gegenüber Juden den Kampf an und wenden sich gegen Mischehen - Juden und Arier. Die Polnische Union der Schriftgelehrten wird von dem Juden und Freimaurer Jules Kaden-Bandrowski geleitet. Die Freimaurerei wirkt insbesondere auf die Frauen durch den Verein für bürgerliche Frauenarbeit. Eine der Hauptakteure ist Frau Kipa, eine Jüdin und Ehefrau des Großsekretärs der Großloge von Polen. Die „sexuelle Demokratie" schließlich, die auf die

Zerstörung von Religion und Familie abzielt, wird von einem jüdischen Schriftsteller angeführt, der von Juden und Freimaurerorganisationen unterstützt wird.

UNGARN

Laut Léon de Poncins in *La Franc-maçonnerie*, 1934, ordnete die Regierung nach der bolschewistischen Revolution von Bela Kuhn in Ungarn an, die Freimaurerarchive zu beschlagnahmen und zu veröffentlichen, was die eklatante Verbindung der Freimaurerei mit der revolutionären Bewegung zeigt. In einem Resümee der in den Budapester Logen gefundenen Geheimpapiere heißt es

„Das Buch über die ungarische Freimaurerei, das soeben von der *Union des Sociétés chrétiennes et nationales de Hongrie* herausgegeben wurde, ist in drei Teile gegliedert: (1) Die Verbrechen der Freimaurerei, von Adorjan Barcsay, enthält eine große Anzahl von Dokumenten, die bei der Auflösung der Logen im Jahre 1922 beschlagnahmt wurden. (2) Das Buch von Joseph Palatinus trägt den Titel *Die Geheimnisse einer Provinzloge* und enthüllt das geheime Zerstörungswerk der Freimaurer, das Ungarn zur Oktoberrevolution 1918 und zum Kommunismus 1919 führte. (3) Enthält eine Liste der Mitglieder der Freimaurerlogen in Ungarn, die uns beweist, dass 90 *Prozent der ungarischen Freimaurer Juden waren.*"

Nochmals:

„Der Autor zitiert zu diesem Thema ein sehr charakteristisches Vorwort am Anfang eines Buches, *La Voie des Juifs*, von Professor Pierre Agoston (einer der Volkskommissare, die sich die Macht mit Bela Kuhn teilten und die das ungarische Tribunal im vergangenen Dezember zum Tode verurteilte). Darin sagt er u.a.: Die Geschichte der Juden in Ungarn zu schreiben, bedeutet, die Geschichte der ungarischen Freimaurerbewegung zu schreiben..."

„Was ihre Rolle bei der kommunistischen Revolution in Ungarn betrifft, so zeigt dieses Buch, dass die Freimaurer vor allem über die Presse gearbeitet haben. Mit geduldiger und hartnäckiger Arbeit ist es ihnen gelungen, die meisten Presseorgane zu erobern, mit deren Hilfe sie versucht haben, das magyarische Nationalgefühl zu schwächen. Die Tageszeitung *Vilag* ist ganz besonders für die Schwächung der Disziplin in der ungarischen Armee verantwortlich; Tausende von Exemplaren wurden in den Schützengräben verteilt... *Kelet,* offizielles Blatt der ungarischen Freimaurer, 14. Dezember 1910, erklärte: 'Wir müssen die Professoren und Schulmeister erobern, um durch sie die Seele der Jugend zu erreichen und den laizistischen Unterricht vorzubereiten. Die Lehrer müssen die Wegbereiter der fortschrittlichsten Ideen sein.',,

Ungeachtet dieser und anderer dokumentierter Tatsachen schreibt der *Jewish Chronicle am* 20. Juli 1934 über „*Die Freimaurer"* des Juden Eugen Lennhof, der in Österreich *La Ligus Internationale des F.-. M.-.* gründete, informiert seine Leser darüber, dass die Fragesteller Lennhofs anschauliche Seiten vergeblich nach der Bestätigung der alten Absurdität über die revolutionäre Allianz zwischen Juden und Freimaurern durchsuchen werden. Es ist jedoch nicht verwunderlich, dass Lennhof, der selbst ein internationaler Jude und Freimaurer ist, sich vor diesen und vielen anderen, ebenfalls belegten Tatsachen über die jüdisch-freimaurerische Allianz scheut. Er würde sowohl das Judentum als auch das Judentum-Freimaurertum beschönigen!

DEUTSCHLAND

Das große Ereignis des Jahres 1930 war der unerwartete Triumph der Partisanen Hitlers bei den Wahlen im September. In einigen *Logen - Grande Loge Nationale des Francs-Maçons d'Allemagne; Grande Loge Mère Aux Trois Globes; Grande Loge Royal York „À l'Amitié"* - *trat* plötzlich ein gewaltiger Nationalismus auf, preußisch und lutherisch. Diese preußische Freimaurerei hatte sich 1924 von der universellen Freimaurerei abgetrennt und, so Oswald Wirth, dem Ideal der Anderson-Verfassung abgeschworen, um das des kompromisslosen Deutschtums zu übernehmen. Die A.M.I. erklärte sie für irregulär. 1930 wurde eine neue Obödienz gegründet, die *Grande Loge Symbolique d'Allemagne, in der* acht Logen zusammengeschlossen waren, die dem Obersten Schottischen Rat von Deutschland unterstanden. Ihre Tendenzen sind pazifistisch; sie übernehmen die Anderson'sche Formel im weitesten Sinne und lassen Anhänger aller Religionen zu, auch

Juden. Es gab auch die humanitären Logen - die vier Großlogen von Bayreuth, Darmstadt, Frankfurt und Hamburg. Und schließlich die Föderation *Au Soleil Levant, die* als verdächtig und leidenschaftlich pazifistisch gilt. Man muss anerkennen, dass die Ziele der preußischen Freimaurerei von 1924 verwirklicht wurden; sie hat nun die Logen in Ritterorden umgewandelt, und alle anderen Logen wurden unterdrückt. Wir haben die *Grande Loge Mère Nationale Aux Trois Globes, die 1740* von Friedrich dem Großen gegründet wurde, in den *Nationalen Christlichen Orden Friedrichs des Großen umgewandelt,* hieß es.

Sie hat alle bestehenden Verbindungen zur anderen Freimaurerei abgebrochen; für die Mitglieder ist die Verpflichtung germanisch-rassischen Ursprungs, das Geheimnis um die Zeremonie ist unterdrückt, die Worte „Freimaurer" und „Loge" sind verschwunden, und die Verfassung ist völlig neu. Dieselben Grundsätze gelten auch für die beiden anderen Logen. *La Grande Loge des Franc-Maçons d'Allemagne* wird künftig *Deutscher Christlicher Templerorden heißen;* der Name der dritten Loge stand noch nicht fest (Juli 1933). Ihr Ideal ist das Deutschchristentum, das viel mit dem alten arischen Kult ihrer Vorfahren gemeinsam hat - dem Odinkult! Die Symbole des Ordens sind das Licht und das Kreuz; sie bekennen sich zu einem Ideal der reinen germanischen Nationalität, deren gewählte Symbole der Hammer des Thor und das Schwert des Ritters sind. Heute heißt es, dass die Freimaurerei in Deutschland völlig unterdrückt ist.

Der Hammer von Thor oder das hermetische Kreuz ist der Bolzen der wirbelnden Flamme, ein Symbol der dynamischen Kraft, das das Feuer der universellen erzeugenden Kraft darstellt, die sich ihren Weg durch die Schwärze der Materie bahnt. Im Illuminismus ist es umgekehrt ein Symbol für den Tod, der zur Einweihung oder zum Illuminismus führt. Außerdem war Friedrich der Große ein enger Freund von Voltaire, der zu den *Enzyklopädisten gehörte* und Präsident des atheistischen und revolutionären Hotel d'Holbach war, einem Vorläufer der Französischen Revolution von 1789.

SPANIEN

Deschamps schreibt in *Les Sociétés Secrètes et La Société*, 1881, über Spanien:

„Die Revolutionen, die seit 1812 in diesem Land aufeinander folgten, wurden zum größten Teil durch die Rivalitäten der verschiedenen freimaurerischen Fraktionen verursacht, die sich immer zusammenschließen, um die christliche Gesellschaftsordnung zu bekämpfen."

Aus einem Brief vom 15. Januar 1728 geht hervor, dass die spanische Freimaurerei durch eine Delegation des englischen Großmeisters ins Leben gerufen wurde; die Loge trug den Namen *Matritense*. Die Einführung des schottischen Ritus in Spanien ist dem Grafen de Tilly zu verdanken, der von seinem Verwandten, dem Grafen de Grasse-Tilly, ermächtigt wurde, der kurz zuvor den regularisierten Ritus aus Charleston in Frankreich eingeführt hatte. Dieser Ritus war eine einfache Weiterentwicklung der philosophischen Freimaurerei. Sevilla war das erste Zentrum, und 1808 nahm Tilly zusammen mit den liberalen Regierungsmitgliedern an seinem Obersten Rat teil. Dieser schottische Ritus, der die hohen Grade einführte, war demokratischer, während die Freimaurerei der drei Grade unter Montijo der Verteidiger der Aristokratie und des Absolutismus war. Später vereinigten sich die beiden Freimaurereien, und es wurde eine Ritenkammer unter der Leitung von Montijo gegründet *(Monde Maçonnique*, Juni 1875).

Eine der ersten Logen, die der Großloge von England unterstellt war, wurde 1731 in Madrid gegründet, und als Karl III. von Neapel aus den spanischen Thron bestieg, befanden sich unter seinen Höflingen mehrere Freimaurer; sehr bald begann die Loge in Madrid, ernsthaften Einfluss auf die Regierung auszuüben. 1766 wurden die Jesuiten durch Graf Aranda aus Spanien und den spanischen Besitzungen vertrieben; jansenistische, freimaurerische, *enzyklopädische* und sogar illuministische Lehren infizierten Bischofssitze, Kapitel und Universitäten, und unter Karl IV. plante die Sekte erfolglos, die Juden in Spanien anzusiedeln.

Während der napoleonischen Invasion bildeten französische Offiziere und Beamte die *Afrançesados,* Logen, die der französischen Herrschaft positiv gegenüberstanden. Aber es gab auch rein spanische Logen, die ihre Pläne über die konstituierenden Cortes von Cádiz zu verwirklichen suchten, von denen Adel und Klerus ausgeschlossen waren. Diejenigen, die die von den Franzosen besetzten Provinzen vertraten, Spanier, die ursprünglich aus diesen Provinzen stammten, sich aber in Cádiz niederließen, wurden *Suppléants* genannt. Seit *1753* gab es in Cádiz eine Loge mit 500 Mitgliedern, die wohlhabend und gut situiert war, der die meisten *Suppléants* angehörten und die mit ihren Adepten die Mehrheit der Cortes bildete; eine liberale Presse beherrschte die Versammlung und das Kommando der Armee zugunsten der Freimaurerei. Die katholische und royalistische Minderheit nannte sich *Serviles,* die Mehrheit nannte sich *Liberals,* später *Jacobinos.* Sie verkündeten am 19. März 1812 eine Verfassung, die die Monarchie als Form beibehielt und die Souveränität des Volkes erklärte, aber die eigentliche Macht lag bei den Cortes. Als Ferdinand VII. nach dem Sturz Napoleons unter dem Einfluss des Volkes zurückkehrte ( ), lehnte er diese Verfassung ab und übte später persönliche Willkür aus.

Im Jahr 1814 wurde die Freimaurerei verboten, setzte aber ihre Propaganda offen fort. Viele spanische Gefangene in Frankreich wurden Mitglieder, 5000 Offiziere und eine größere Zahl von Untergebenen, die auf diese Weise den liberalen Projekten starken Auftrieb gaben, planten im Geheimen die Vernichtung der bestehenden politischen und religiösen Institutionen. In Granada wurde eine Großloge mit Montijo als Großmeister gegründet, und in der Armee bildeten sich zahlreiche Logen; diese Loge wurde so aktiv, dass schließlich einige verhaftet wurden, andere flohen und Montijo im Juni 1817 nach Madrid beordert wurde; aber die Großloge folgte ihm und setzte dort ihre Intrigen fort. Dem Historiker Thomas Frost zufolge waren alle gemäßigten Konstitutionalisten Freimaurer und nutzten die freimaurerische Organisation, um heimlich die Bewegung zu beraten, die in der Revolution von 1820 endete. Die extreme Partei, die *Communeros,* bildeten eine ähnliche Organisation, die *Confédération,* die in *Gemeinden* unterteilt war, von denen jede aus unbegrenzten lokalen Gruppen oder *Touren* bestand. Ihre Empfänge, ihr Passwort und ihr Eid waren von der Freimaurerei abgeschaut: absolute Geheimhaltung, Gehorsam und Unterwerfung unter die Rache, wenn man untreu wurde, wie bei den Carbonari. Es gab nur einen Grad, die Ämter waren wählbar, und die *Oberste Versammlung* stand über allem. Sie waren eng mit der jüdisch dominierten Haute-Vente von Paris verbunden; die *Fédéralistes* waren ihre Nachfolger.

Am 29. März 1830 wurde das salische Gesetz abgeschafft, und Isabella wurde anstelle des Bruders des Königs, Don Carlos, Thronfolgerin; als Ferdinand starb, hatten die Freimaurer und Liberalen bereits alle zivilen und militärischen Positionen inne...! Die Logen setzten ihre Intrigen während der Regentschaft und der Herrschaft Isabellas fort und nahmen aktiv an der progressiven Bewegung von 1854 teil. Die Revolution von 1868 wurde von der Freimaurerei gegen Isabella angezettelt, die schließlich abgesetzt wurde und nach Frankreich floh. Weitere Intrigen führten zur Herrschaft von Amadeo und später zu einer Republik; aber da die Großhäuptlinge erkannten, dass Spanien noch nicht bereit für eine Republik war, entschieden sie sich für eine konstitutionelle Monarchie - wobei sie stets revolutionäre Propaganda betrieben - und unterstützten zu diesem Zweck den jungen Alphonse XII. von 1874. Die Logen nahmen weiter zu, und 1881 zählte die Großloge von Spanien 154 Logen, der Großorient von Spanien 162 und 30 Kapitel, der Großorient von Lusitanien 40 Logen, und alle drei sind heute als Gehorsamsmitglieder in der *Association Maçonnique Internationale* (A.M.I., 1933) zusammengeschlossen. So ist der Nationalismus zum Internationalismus geworden (Deschamps und Claudio Jannet)!

Über die gegenwärtige jüdisch-freimaurerische Manifestation Spaniens - die Revolution und Republik von 1931 - ist viel geschrieben worden, und die folgende Rede von Mateo Barroso, Großkanzler des Obersten Rates von Spanien, auf dem Konvent der Großloge von Frankreich 1931, zeigt die Macht, die hinter dem neuen Regime stand:

„Ich überbringe Ihnen die herzlichen und brüderlichen Grüße des Obersten Rates von Spanien... Wir haben jetzt die Republik. Wir haben ... sechs freimaurerische Minister, etwa zwanzig hohe freimaurerische Beamte und mehr als 120 freimaurerische Abgeordnete in der verfassungsgebenden Kammer. Sie sehen also, dass es dieser schwachen Freimaurerei gelungen ist, ein demokratisches und republikanisches Gewissen zu schaffen... Die spanische Freimaurerei arbeitet für den Weltfrieden, sie schließt sich der Aufgabe an, die der Völkerbund übernommen hat... Es sind die Freimaurer, die dieses Weltgewissen schaffen müssen" (zitiert nach *R.I.S.S.*, 15. Dezember 1932).

Auch im *Boletin oficial y Revisto masonica del Supremo Consejo del Grado* 33, Juni 1931, lesen wir:

„Die Republik ist unser Erbe... Sie kann als das vollkommene Bild bezeichnet werden, das von den sanften Händen unserer Doktrinen und Prinzipien modelliert wurde. Es wird unmöglich sein, ein anderes Beispiel einer *politischen Revolution* zu finden, *das vollkommener freimaurerisch ist als die Spanische Revolution...*"

Auch die Großloge von Spanien wandte sich *in* ihrem *Bulletin* an die neue Republik:

„Mit der Verfinsterung des Glanzes des Königtums endete auch die letzte persönliche Macht der Majestät... Als Spanier und Freimaurer, die das liberale Gefüge eines neuen Staates rechtmäßig errichtet sehen, der von den unsterblichen Prinzipien des Orients getragen wird, können wir nur zufrieden sein.

... An die Freimaurer, die die provisorische Regierung bilden, an das höhere Personal, das ebenfalls mehrheitlich aus Freimaurern besteht, richten sich unsere Wünsche. Mögen sie treue Hüter der ihnen anvertrauten moralischen Schätze sein und durch die Republik das Schicksal Spaniens vollenden" (zitiert in *R.I.S.S.*, 8. November 1931).

PORTUGAL

Laut *R.I.S.S.*, 24. Mai 1931, schreibt P. Borges Grainha in seiner *Histoire de la Maçonnerie en Portugal*, Lissabon, 1912:

„Der Zufall brachte mir eine Reihe von Büchern in die Hände, die mir bis dahin unbekannt waren und in denen das Leben der Freimaurerei in Portugal seit der Mitte des achtzehnten Jahrhunderts dargestellt wird. Bei der Durchsicht dieser Bücher habe ich festgestellt, dass fast alle bedeutenden Männer der religiösen, politischen und intellektuellen Revolutionen unseres Landes in den letzten zwei Jahrhunderten der Freimaurerei angehörten... Mehrere berühmte Portugiesen waren auch Freimaurer und einige sogar Großmeister in den Verschwörungen und Revolutionen von 1817, 1820, 1833, 1836, 1842, 1846, 1851, 1868, 1891, und im Jahr 1910 waren fast alle wichtigen Persönlichkeiten, die daran teilnahmen, in Freimaurerlogen eingeweiht worden... Am Ende dieser Forschungen war ich überzeugt, dass die Geschichte der Freimaurerei in Portugal absolut mit der Geschichte des Landes verbunden ist."

Aus der angegebenen Zusammenfassung und anderen Quellen - eine davon, Dokument G, von F. Chabirand in der *Chaîne d'Union*, 1872-73 -, die von Deschamp und Claudio Jannet zitiert werden, haben wir viele der folgenden Fakten entnommen.

Die Freimaurerei in Portugal geht auf das Jahr 1735 unter Don Joaos V. zurück, und seither haben verschiedene Ausländer, Franzosen, Schweizer, Niederländer und Engländer, die ersten Logen gegründet. Unter der Regierung des Marquis de Pombal entwickelte sich die Freimaurerei in intellektuellen Kreisen und in der Armee. Er war Diplomat in London und Wien gewesen und kehrte von der damals in Europa in Mode befindlichen Philosophie durchdrungen zurück und führte das Regime des „aufgeklärten Despotismus" ein, das sich gegen die Kirche richtete und starke „Gleichheitstendenzen" aufwies; er soll auch die erste reguläre Loge in Lissabon gegründet haben. Mit Sicherheit waren Freimaurer unter denjenigen, die er 1772 mit der Gründung der Universität von Coimbre beauftragte. Bis 1796 war sie von liberalen Ideen durchdrungen und wurde mit der Zeit zu einem anerkannten und bedeutenden Instrument für die Verbreitung der Philosophie von Voltaire und Rousseau in ganz Portugal.

Die Französische Revolution wurde in Europa ausgelöst, aber in Portugal hielt der fähige Direktor Pina Manique sie einige Jahre lang in Schach. Etwa 1804 wurde die erste portugiesische Großloge konstituiert. Die Invasionen Napoleons veränderten die Situation grundlegend zum Vorteil der Freimaurerei, und die Offiziere der portugiesischen Legion in den Armeen Napoleons kehrten 1814 weitgehend freimaurerisch ausgebildet zurück, und die Geheimgesellschaften entwickelten und verbreiteten sich.

Wie Halpérine-Kaminsky berichtet, wurden die russischen Offiziere während des Marsches durch Europa nach dem Rückzug der napoleonischen Armee von den französischen revolutionären und liberalen Ideen durchdrungen, und nach ihrer Rückkehr wurde 1816 eine Geheimgesellschaft gegründet, aus der Paul Pestel schließlich die Gesellschaft des Südens hervorging, die für die Abschaffung der Autokratie und die Errichtung einer Republik eintrat. In Portugal war zu dieser Zeit F.-. Freire Gomez d'Andrade Großmeister des Grand Orient Lusitanien und hatte während des Russlandfeldzugs eine Division der französischen Armee befehligt. Auch er war in revolutionäre Verschwörungen verwickelt, und als die erste 1817 aufgedeckt wurde, endeten er und andere, wie später Pestel 1826, auf dem Schafott. Die Logen wurden daraufhin geschlossen, bis etwa 1824 liberale Tendenzen in die Cortes eindrangen; zusammen mit ihren spanischen Genossen aus Cádiz schlugen die portugiesischen Freimaurer vor, die Verfassung einer „Iberischen Föderativen Republik" auszurufen, was bis heute ihr Geheimplan geblieben ist.

1834 gab der Freimaurer Don Pedro IV. Portugal eine neue, liberale Verfassung, und die Freimaurerei spielte eine große Rolle in der Revolution, die einige Jahre dauerte und zu dieser Veränderung führte. Die Freimaurerei wurde mächtig, und der Wunsch, sie als politisches Instrument zu nutzen, führte zur Gründung von ebenso vielen Orients wie es politische Parteien gab . Im Jahr 1840 gab es neun Autoritäten, aber der Grand Orient Lusitanien vereinigte 1859 die meisten von ihnen unter seinem Gehorsam. Später, im Jahr 1863, wurde er offiziell vom französischen Groß-Orient anerkannt, und schließlich vereinigte er am 10. August 1869 alle portugiesischen Freimaurergruppen unter dem Namen Groß-Orient Lusitanien Uni. mit dem Comte de Paraty als Großmeister. Im Jahr 1870 waren ihm sechsundfünfzig Logen unterstellt, davon zwanzig in Spanien. Seitdem gab es viele freimaurerische Aktivitäten, die in der Revolution von 1910 gipfelten, die von den fortschrittlicheren Logen, wie der „Gremio Mortugua", geplant wurde, aus der die Carbonarios hervorgingen, die die Ermordung von König Carlos und seinem älteren Sohn anordneten und die republikanische Revolution vorbereiteten.

Laut *The Times vom* 28. August 1931 hat es in Portugal zwischen 1910 und 1926 sechzehn Revolutionen und vierzig Ministerwechsel gegeben, und obwohl die Herrschaft von General Carmona als „Diktatur ohne Diktator" bezeichnet wurde, wurde 1931 ein erfolgloser Versuch unternommen, ihn abzusetzen. Im selben Jahr brach auf Madeira, Portugiesisch-Guinea und den Azoren ein Aufstand aus, der niedergeschlagen wurde:

„Es wird derzeit behauptet, dass die Agitation von portugiesischen Exilanten in Paris und insbesondere von einigen früheren Chefs des Grand Orient von Portugal geschürt wurde."

„Die portugiesische Revolution von 1910", sagt Dr. Fredrich Wichtl,

„wurde von einigen führenden jüdischen Familien herbeigeführt ... die alle miteinander verwandt waren, sie waren alle durch das Band der Freimaurerei und ... *L'Alliance-israélite-universelle* vereint:" *(Weltfreimauerei, Welt Revolution, Welt Republik.)*

Léon de Poncins schrieb nach einem Besuch in Portugal, wo er mehrere führende Regierungsbeamte interviewte, einen Bericht über das „neue" Portugal für die französische Zeitschrift *Le Jour, der* in Auszügen im *Patriot vom* 11. bis 18. Juli 1935 erschien. Er wurde von José Cabral empfangen, dem Initiator des „von der Nationalversammlung *einstimmig verabschiedeten* Gesetzes gegen die Freimaurerei und die Geheimgesellschaften...". In einigen kurzen Sätzen fasste M. Cabral die Beweggründe zusammen, die zur Verabschiedung des Gesetzes gegen die Freimaurerei führten:

„Der neue Staat ist ein autoritärer Staat, der von den Grundsätzen der christlichen Gerechtigkeit geleitet und begrenzt wird, die mit den historischen und geistigen Traditionen des Landes übereinstimmen. Der offen antireligiöse und antichristliche Charakter der Freimaurerei stand daher im Widerspruch zu den geistigen und moralischen Grundlagen des neuen Staates... Sie unterwirft ihre Eingeweihten einer strengen Disziplin, deren Ziele und Interessen denen der Nation entgegengesetzt sind. Der Staat, der mit der Leitung und dem Wohlergehen des Landes betraut war, stieß ständig auf geheimnisvolle, schwer zu überwindende Hindernisse, die den Fortschritt der nationalen Angelegenheiten behinderten. Die Freimaurerei bildete so einen Staat im Staat, einen starken okkulten Staat hinter dem schwachen Scheinstaat, der letzteren auf eine rein oberflächliche Rolle reduzierte. Der neue portugiesische Staat ist ein starker Staat, der keine unterirdische Autorität zulassen kann, die seiner eigenen widerspricht. Die hierarchische Komplexität der Freimaurerei zeigt, dass die Freimaurerei verborgene und komplizierte Pläne verfolgt, die auf internationale Ziele abzielen, die über denen des Nationalstaates stehen. Die Freimaurerei führt also zu einer großen internationalen diplomatischen okkulten Aktion, die wahrscheinlich von einem ausländischen Oberhaupt geleitet wird. Eine solche Unterwerfung unter eine ausländische internationale Führung steht im Widerspruch zum patriotischen Gefühl des Landes. Abgesehen davon lässt das Geheimnis, das die Freimaurerei ihren Adepten so streng auferlegt, vermuten, dass das, was sie so gut verbergen, weder unbedeutend noch nützlich ist..."

A.M.I.

Die *Association maçonnique internationale,* oder A.M.I., ist weder ein Ritus noch ein Gehorsam, sondern eine Konföderation, die in dem Bestreben gegründet wurde, die internationale Einheit aller freimaurerischen Mächte in der ganzen Welt zu erreichen, wobei nominell jede einzelne ihre volle Unabhängigkeit bewahrt. Sie sind der Meinung, so der französische Freimaurer Albert Lantoine, dass „die alte Kette wieder gelötet werden muss, was es dem Orden ermöglichen würde, die Politik der Herrschenden in einem humanitären Sinne zu beeinflussen, indem er mächtiger wird".

Die erste Versammlung fand am 23. Oktober 1921 in Genf statt und vereinigte etwa elf Gehorsamsmitglieder, darunter die Großloge von New York; letztere, wie überhaupt, trat wegen der Anerkennung der deutschen Loge „Au Soleil Levant" durch die A.M.I. zurück, die sich als irregulär erwies, und wurde entfernt. Einige Jahre lang gab es kaum Fortschritte, aber 1932 hatte die Loge an Bedeutung gewonnen, sowohl in Bezug auf die Mitgliederzahl und die Qualität ihrer Anhänger als auch auf den Einfluss, den sie ausübte. Ende 1930 zählte sie dreißig aktive Gehorsamsmitglieder, die sich wie folgt zusammensetzten:

Großloge von Wien.

Grand Orient von Belgien.

Großloge von Bulgarien.

Großloge von Spanien.

Großer Orient in Spanien.

Grand Orient de France.

Großloge von Luxemburg.

Großer Orient von Griechenland.

Großloge der Polarstjernen.

Großloge von Polen.

Grand Orient United Lusitanean of Portugal.

Großloge „Alpina" Schweiz.

Nationale Großloge von Tchecoslovak.

Großer Orient der Türkei.

Großer Orient von Brasilien.

Großloge von Frankreich.

Großloge von Jugoslawien.

Großloge von Panama.

Großloge von Porto Rico.

Großloge Cuscatian San Salvador.

Großloge La Oriental-Peninsular.

Großloge von Chili.

Großloge von Kolumbien (Baranquilla).

Großloge des Äquators.

Großloge von Paraguay.

Großloge von Venezuela.

Großloge von Haiti.

Großloge von Peru.

Großloge der Insel Kuba.

Großloge des Pazifiks.

Ihr Präsident im Jahr 1931 war F.-. Raoul Engel, Oberster Großmeister des Großorient von Belgien. Der Großkanzler war F.-. John Mossaz (Schweiz), der sie leitete, unterstützt von einem Exekutivkomitee von Delegierten, das eine Art Parlament zu sein schien. Außerdem gab es ein Beratendes Komitee, das sich aus einigen einflussreichen Delegierten zusammensetzte, die anscheinend Entscheidungen vorbereiteten und in Wirklichkeit die Macht ausübten. Für 1930-32 waren dies: Charles Magnette, Ehrengroßmeister, Belgien; Bernard Wellhoff, ehemaliger Großmeister, Großloge von Frankreich; Arthur Groussier, ehemaliger Präsident des Ordensrates, Großer Orient von Frankreich; Arthur Mille, vom Ordensrat, Großer Orient von Frankreich; und Fritz Brandenberg, ehemaliger Großmeister der Großloge „Alpina", Schweiz.

Wie man sehen wird, hat sich die A.M.I. vor allem in den lateinischen Ländern ausgebreitet und zählt die große Mehrheit der Alten und Angenommenen Schottischen Riten zu ihren Obödienzmitgliedern, aber keine englische oder nordamerikanische Großloge. Unter dem Einfluss der A.M.I. kündigte der Großorient von Frankreich 1930 die Konventionen auf, die ihn an die Großloge von Frankreich und die gemischte Internationale Obedienz *Le Droit Humain* banden, *und* zog es vor, wie er sagte, die Einheit unter der Schirmherrschaft der A.M.I. zu verwirklichen, in der der Großorient von Paris nun eine führende Rolle spielt *(R.I.S.S.)* 20. September 1931).

1877 strich der Großorient von Frankreich den Namen „Großer Architekt des Universums" und den Glauben an die Unsterblichkeit der Seele aus seinem Reglement. Aus diesem Grund brach die Großloge von England zusammen mit anderen Logen die Beziehungen zu dieser Loge ab und hat sie seitdem nie wieder aufgenommen. 1929 kodifizierte die Großloge von England acht Punkte, die für die Anerkennung einer anderen Loge erforderlich waren, darunter:

(2) Dass der Glaube an den Großen Baumeister des Universums und seinen geoffenbarten Willen eine wesentliche Voraussetzung

für die Aufnahme von Kandidaten ist. (7) Dass religiöse und politische Diskussionen in den Logen strengstens verboten sind (vgl. *An. Maç. Uni.*, 1930).

Die kontinentale Freimaurerei ist im Gegenteil in hohem Maße antireligiös, politisch und in hohem Maße direkt oder indirekt von Juden beherrscht, und es gibt viele Beweise dafür, dass diese jüdisch-freimaurerische Macht im Namen der Humanität immer die geheime, heimtückische Ursache aller revolutionären Bewegungen war und noch ist.

Die folgenden Informationen über die A.M.I. wurden zuerst von Leon de Poncins im *Mercure de France*, 15. August 1931, und später in *La F.-. M.-.*, 1934:

„1921 wurde in Bâle die *Association maçonnique internationale* (A.M.I.) gegründet, deren Ziel es ist, die Verbindungen der internationalen freimaurerischen Solidarität zu stärken. Ihre Zeitschriften berichten über die Weltfreimaurerei, und ihre wichtigsten Bücher werden auf Französisch, Deutsch und Englisch gedruckt. Der Großorient von Paris spielt eine leitende Rolle... Er gibt eine öffentliche Zeitschrift, *La Paix*, und eine weitere geheime Zeitschrift, *Les Annales maçonniques universelles*, heraus, die beide in der Rue Laugier 20 in Paris unter der Leitung des freimaurerischen Schriftstellers und Juden Edouard Plantagenet erscheinen. Zu den Korrespondenten von *La Paix gehören* Ramsay MacDonald, Ed. Benes... Henri Barbusse, und bekannte freimaurerische Schriftsteller wie André Lebey vom Grand Orient und Albert Lantoine von der Großloge... Es gibt auch die Ligue internationale des F.-. M.-., die in Österreich von dem jüdischen Freimaurer und Schriftsteller E. Lennhof gegründet wurde. Die A.M.I. ist ein Zusammenschluss von Freimaurer-Obedienzien, während die Ligue eine individuelle Vereinigung von Freimaurern ist."

Der Autor zitiert außerdem den Ingenieur P. Loyer, der auf einer Konferenz in Paris am 7. Februar 1934 sagte:

„Solange die Demokratie auf die Logen beschränkt blieb, solange sie nur ein Thema für Vorträge war, konnte sie täuschen. Die mystischen Freimaurer konnten glauben, sie könnten ein lebenswertes Regime aufbauen. Aber die Freimaurerei hat Macht erfahren, und was war das Ergebnis? Sie hat in Russland mit Kerenski regiert; sie hat in Italien mit Giolitti und Nitti regiert; sie hat in Deutschland mit dem momentanen Triumph des Sozialdemokraten und der Komplizenschaft von Bruning regiert; sie regiert tatsächlich in Spanien mit Largo Caballero, Indalocio Prieto, Rodolpho Llopis und Alexandre Leroux; sie regiert immer noch in Frankreich...Die Freimaurerei beginnt zu begreifen, dass all ihre demokratische Ideologie sie ohne Mittel lässt und dass sie daraus nicht das geringste Licht schöpfen kann, um aktuelle politische Konflikte zu lösen. Sie weiß es und sie gibt es zu."

TÜRKEI

Der Grand Orient von Frankreich berichtet:

„Internationaler Kongress, AM.I., in Genf, 21. bis 24. August 1930... Die Liga erklärt ausdrücklich, dass sie keine Einmischung in die Autorität oder die zentrale Tätigkeit der großen Freimaurerorganisationen anstrebt. Was sie anstrebt, ist individuelle Annäherung, gute Beziehungen und Verbindungen persönlicher Freundschaft zwischen den regulären Freimaurern, *um auf diese Weise eine Kette zu bilden, die den ganzen Erdball umschließt.*"

Auch in *La Libre Parole,* Dezember und Januar 1933, heißt es:

„Der Konvent der A.M.I. fand im September 1932 in Konstantinopel statt. Trotz der großen Entfernung waren zweiundzwanzig Länder durch die Delegierten von vierundzwanzig verschiedenen freimaurerischen Obödienzen vertreten. Die Redner betonten die Bedeutung dieses Konvents, der zum ersten Mal die Vertreter der Weltfreimaurerei im Osten vereinte... Die Arbeit des Konvents wurde vom Großmeister Moustafa Hakki eröffnet... Während vier Tagen regelte der Konvent alle administrativen Fragen, die vom Exekutivkomitee monatelang untersucht worden waren. Sie bedauerten die finanzielle Lage aufgrund der Wirtschaftskrise und vor allem die Gesetze, die in einigen Ländern durch das Verbot der Kapitalausfuhr die Zahlung der Mitgliedsbeiträge erschwerten, wenn nicht gar unmöglich machten. Die parlamentarischen Brüder dieser Länder wurden von der A.M.I. aufgefordert, diesem „beklagenswerten Zustand ein Ende zu setzen". Ein Antrag zugunsten des Friedens - durch Abrüstung - wird angenommen. F.-. Colaveri schloss mit der Erklärung: „In der Versammlung hat der Konvent eine wichtige Arbeit geleistet, die die Grundlagen der *Association maçonnique internationale* bestätigt und ihre Zukunft definitiv sichert."

Im Jahr 1922 sagte der Redner der Großloge von Frankreich:

„Meine Brüder Freimaurer, ich hoffe, dass die Freimaurerei, die so viel für die Emanzipation der Menschen getan hat und der die Geschichte die nationalen Revolutionen - 1789, 1871 - verdankt, es auch verstehen wird, die größte Revolution zu machen, die die internationale Revolution sein wird."

Laut *The Times* war das Türkische *Komitee für Union und Fortschritt* die Freimaurerei des Großen Orients und der Illuminaten. Und über Talaat und die armenischen Gräueltaten schrieb der *Daily Telegraph* am 29. Mai 1922:

„Als einfacher Beamter im Postamt von Saloniki lernte er dort schon früh die Militaristen der Jungtürken und die Politiker der großorientalischen Freimaurerei kennen, die die Revolution von 1908 herbeiführen sollten.

... Behaddine Chakir Bey... war nach Talaat, Enver und Nazim die mächtigste und finsterste Figur des Komitees für Union und Fortschritt..."

Diese bildeten zusammen mit Dr. Roussouhi Bey und einem halben Dutzend anderer die allmächtige und geheime Exekutive dieser C.U.P., die die Türkei etwa zehn Jahre lang bis 1918 regierte. Der Akt, der die Türkei in den Großen Krieg mit all seinen Folgen führte, war ihr Werk. Die kemalistische Reaktion setzte unter dem bösartigen Einfluss der C.U.P. und ihrer bolschewistischen Verbündeten ein."

Dann kam es im Juli und August 1926 zum Anti-Kemal-Komplott und zu den Prozessen in Smyrna und Angora, bei denen die meisten der verbliebenen führenden Köpfe der „Jungtürken" verurteilt und gehängt wurden. In dem Prozess wurde erzählt, wie Enver und Talaat „mit Vertretern der damaligen irischen Rebellen in Kontakt traten und versprachen, sie und andere unterdrückte Völker zu unterstützen, wenn sie unablässig Krieg gegen Großbritannien führen würden" *(Daily Telegraph*, 26. August 1926). In einem Leitartikel vom 30. August 1926 schreibt die gleiche Zeitung:

„Zwischen dieser Jungtürkenpartei und dem kemalistischen Nationalismus, der sie abgelöst und verdrängt hat, gibt es hinsichtlich der politischen Moral wenig zu entscheiden. Beide haben versucht, eine neue Türkei zu schaffen und sie despotisch zu beherrschen. Beide haben Unterdrückung aller Art und barbarische Massaker zu verantworten. Diese Dinge sind leicht zu verstehen, wenn man sich vergegenwärtigt, dass viele der Männer, einschließlich Mustapha Kemal selbst, die an der Spitze der nationalistischen Bewegung stehen, ihre politische Lehrzeit im Komitee für Union und Fortschritt verbracht haben; und der letzte Angriff auf die früheren Führer der Revolution bedeutet nichts anderes als die Entschlossenheit der neuen Diktatur, innerhalb ihres Machtbereichs keine Rivalität oder Kritik zu dulden."

Wenn er vom „Geist der Revolte und der geistigen Anarchie" in der Freimaurerei spricht, zitiert J. Marquès-Rivière den Freimaurer Jean Bon, Abgeordneter der Seine, der 1919 im Konvent des Großorientes von Frankreich erklärte: „... Wir kennen keine Grenzen für die Linke. Denn wir selbst haben die Straßen auf der Rechten geschlossen..." Und wiederum im Konvent des G.O., 1920, sagte derselbe Freimaurer:

„Die Gesellschaft der Jakobiner, die der große Urheber der Französischen Revolution war, war sozusagen nur die äußere Form der Freimaurerloge. Was die Jakobiner in den unsterblichen fünf Jahren von 1789 bis 1794 getan haben, können und müssen wir wieder tun, wenn die Gefahr zurückkehrt..."

BELGIEN

In drei Artikeln in der *R.I.S.S.*, I und 15. Februar und I März 1935, gibt Georges Loic einige nützliche Informationen über die belgische Freimaurerei, ihre revolutionären Zugehörigkeiten und Aktivitäten. Die belgische Freimaurerei untersteht drei Instanzen: dem Obersten Rat des Ritus Écossais, dem Grand Orient und der Fédération Nationale des Loges Mixtes. Die Belgier waren die ersten, die zusammen mit ihren französischen und spanischen Brüdern die A.M.I. gründeten. „Die Hauptzentren der Intrigen scheinen daher die Obersten Räte, die „Ligue Internationale de Francs-Maçons", die A.M.I., die Theosophische Gesellschaft und ihre Tochtergesellschaft Co-Masonry zu sein." Die Obersten Räte sind alle Ausgaben des Obersten Rates, der am 31. Mai 1801 in Charleston von den Juden Dalcho und Mitchell und dem Comte de Grasse-Tilly gegründet wurde. Am 19. Februar 1922 wurde im Großen

Tempel des Droit Humain in Paris ein Bündnis zwischen der Co-Freimaurerei und dem Großorient von Frankreich geschlossen. Diese Verbindung wurde durch einen Beschluss des Rates des Grand Orient vom 13. September 1930 aufgelöst (Convent du Grand Orient de France, 1930).

So autonom der belgische Großorient auch war, er sah die Notwendigkeit, einer Liga der Obedienzien, der A.M.I., beizutreten, um an den äußeren Strömungen teilzuhaben. Zwei Konvente des A.M.I. wurden in Brüssel abgehalten, die von 1924 und 1930, und 1933 wurde das Exekutivkomitee des A.M.I. eingeladen, die Frühjahrstagung in Brüssel abzuhalten, um an den Veranstaltungen anlässlich des hundertjährigen Bestehens des Großorientes von Belgien teilzunehmen. Der Platz, den die Belgier in der A.M.I. einnehmen, ist also eindeutig, umso mehr, wenn man weiß, dass 1925 ein Jude aus Lüttich, Max Gottschalk, das Amt des Verwaltungskanzlers innehatte. Er wurde auch Generalsekretär der A.M.I., Sekretär des Beratenden Ausschusses, Finanzverwalter der A.M.I., Herausgeber des Bulletins und anderer Publikationen. Auf einer besonderen Versammlung von *La Parfaite Intelligence et l'Étoile Réunies* in Lüttich wurde die folgende Resolution verabschiedet:

„(1) In Bezug auf den großen Baumeister des Universums erfolgt diese Rückbesinnung auf die Tradition aus einem ausschließlich symbolischen Blickwinkel, frei von jeglichem konfessionellen oder dogmatischen Geist, wobei es jedem freisteht, das Symbol so zu interpretieren, wie es sein Gewissen, seine Vernunft und sein religiöses Empfinden gebieten.

„(2) Was das Buch des Sittengesetzes betrifft, so wird die Bibel, die in Belgien im Allgemeinen als das heilige Buch der römisch-katholischen Kirche, der hier vorherrschenden Konfession und der Freimaurerei feindlich gesinnt gesehen wird, um jede Zweideutigkeit zu vermeiden, das Buch des Sittengesetzes durch die Konstitutionen des Ordens von 1723 (alte Gebühren), den Originaltext und die freimaurerischen Vorschriften dargestellt. Während der Arbeiten wird es auf dem Altar unter dem Quadrat und dem Zirkel aufgeschlagen sein." *(Bulletin,* A.M.I., April-Juni 1930).

Die seit über vierzig Jahren unternommenen Bemühungen, den Staaten ein System der internationalen Schiedsgerichtsbarkeit aufzuerlegen, sind bekannt. Vor dem Krieg gelang es dem F.-.

Léon Bourgeois die Gründung des Internationalen Gerichtshofs in Den Haag gelungen. Im Jahr 1917 fand im Saal des Konvents der G.O. von Frankreich ein heute gefeierter Kongress statt, der die lateinischen, einige alliierte und neutrale Freimaurer vereinte, und dort legten die Freimaurer Andre Lebey und Meoni die Grundlagen für den Völkerbund, dessen F.-. Sieyès und der jakobinische Abgeordnete Milhaud bereits 1792 träumten. F.-. Magnette sagte 1930 in Lüttich, anlässlich des Konvents der A.M.I:

> „Diese Gründung des Völkerbundes war eine Manifestation der internationalen Solidarität, die nur von spöttischen und systematisch skeptischen Geistern verspottet oder töricht verunglimpft wurde... Es war dasselbe Gefühl, das die Gründer der A.M.I. im Jahre 1921 leitete; sie wollten engere Beziehungen zwischen den zahlreichen Obödienzen, die den Namen der Logen trugen, herstellen und einer Institution, die sich über die gesamte Oberfläche des Universums ausbreitete, eine rationelle Organisation und ein Entwicklungszentrum geben, das ihre Macht verhundertfachen würde."

Auf demselben Konvent sagte F.-. Henri La Fontaine, Vizepräsident des belgischen Senats, sagte:

> „Ihr wisst sicher, dass die Freimaurerei sich nicht mit Politik beschäftigen sollte... Dennoch darf nicht vergessen werden, dass in der Vergangenheit die großen Revolutionen in den Logen vorbereitet wurden, insbesondere die Französische und die Amerikanische Revolution... In vielen unserer Logen enden die Batterien mit den Worten der Französischen Revolution - Freiheit, Gleichheit und Brüderlichkeit" *(Bulletin,* A.M.I., Juli-September 1930).

Was Le Couteulx de Canteleu im Jahr 1863 über die Freimaurerei sagte, könnte man auch heute noch sagen:

> „Die Freimaurer haben um das Reich der Welt gekämpft, wie es nur wenige Herrscher getan haben, und zu welchem Zweck? Um der Ausgangspunkt aller Torheiten und aller Ungeheuerlichkeiten zu sein; der Kabbala, der Magie, der hermetischen Philosophie, der Kommunikation mit Geistern, des Magnetismus, der Theosophie, des Deismus, des Atheismus, der physischen und moralischen Regeneration, der Rache, der Zerstörung von Imperien, der Universellen Republik; wenn wir diese Torheiten ausschließen, was

bleibt übrig? Ein paar ehrliche Bürger, die traurig in der Kapelle des Grabes von Hiram spielen!"

Georges Loic fasst zusammen:

„Die Juden, die den Triumph der bolschewistischen Revolution in Russland und in Mitteleuropa kannten, spüren den Wind der Niederlage... Die beiden Sozialistischen Internationalen haben in Amsterdam die Front Unique gebildet, um die gefährdete revolutionäre Arbeit fortzusetzen. Geblendet von einem absurden Mystizismus, macht sich die Freimaurerei bereit, Kerenski an der Seite der internationalen Juden zu spielen. Gewiss sind die Kräfte der Freimaurerei immens ... Sie ist jedoch schwach, denn ihre Prinzipien zwingen sie, durch Vermittler zu handeln, nur ein Einfluss zu sein ... eine Maschine zur Meinungsbildung ... ohne Hilfe von außen - Komplizenschaft ausländischer Regierungen oder internationaler Finanziers und ihrer Truppen, der Arbeiterinternationale - kann sie wenig tun ... sie ist unfähig, ein dauerhaftes Gebäude zu bilden."

DER VÖLKERBUND

Am 28., 29. und 30. Juni 1917 hielten der Großorient und die Großloge von Frankreich in Paris einen Kongress ab, der Vertreter der alliierten und neutralen Freimaurereien - mit Ausnahme der englischen - vereinte. Einige Auszüge aus dem Bericht der Reden mögen angesichts der französischen Vorschläge auf der Abrüstungskonferenz des Völkerbundes für den allgemeinen Leser von Interesse sein. Der Text des Berichts ist in *Dans l'Atelier Maçonnique* von André Lebey, einem prominenten Freimaurer und Redner des Großen Orients von Frankreich, wiedergegeben; das Thema der Diskussion war „die Vorbereitung des Völkerbundes":

„Die kollektive Gerechtigkeit, die sie ermöglichen wollen, indem sie sie über die individuelle und egoistische Gerechtigkeit von Staat zu Staat stellen... So wird die oberste Kraft der Gemeinschaft der Nationen, sowohl materiell als auch moralisch, die mörderischen Pläne eines oder mehrerer von ihnen zu überwinden wissen. Es wird dann keine neutralen Nationen mehr geben, denn in einer Organisation dieser Art kann sich keine isolieren, ohne ihre vereinbarte Pflicht zu verletzen. Das Unrecht, das einem von ihnen angetan wird, wird sie kollektiv und individuell treffen... Die

Neutralen sollten daher untereinander so zusammengeschlossen sein, dass sie immer dazu veranlasst werden, Hilfe zu leisten... -

„Die Aufgabe, die unserer Generation und insbesondere Ihnen, mein lieber FF, auferlegt ist, besteht darin, einen entscheidenden Fortschritt auf dem Weg zu diesem internationalen Recht zu erzielen... Dieses internationale Recht ist das Recht des Friedens... Das internationale Recht muss mit Sanktionen ausgestattet werden, die diejenigen, die versucht sind, ihr Wort zu brechen, im Voraus abschrecken. Wenn sich die Nationen, die in Frieden leben wollen, unter Wahrung ihrer gegenseitigen Rechte vereinigen, werden sie eine unwiderstehliche souveräne Kraft des wirtschaftlichen und militärischen Handelns schaffen, die verhindert, dass die blinden Massen in imperialistische Konflikte hineingezogen werden. Dieser Zusammenschluss der verschiedenen nationalen Kräfte wird selbst, um seine Verteidigungsaufgabe zu erfüllen, im Hinblick auf seine höchste Effizienz angepasst, geordnet und ausgerüstet werden. Das Gesetz wird also Garantien für seinen Fortbestand haben. Es wird durch den Beitritt der größten Anzahl von Staaten zu einer Kraft werden. Diese Kraft wird *durch eine wahre Polizei der Nationen* den Weltfrieden erhalten, indem sie alle zivilisierten Mächte auf die Seite jeder Nation stellt, deren Rechte ohne Provokation von einer anderen verletzt worden sind.

Zu den Schlussfolgerungen, die im Namen der Kommission von F.-. Lebey vorgelegt und vom Kongress angenommen wurden:

„Das Internationale Parlament vereinigt in geeigneten Kommissionen für alle wichtigen Fragen, die die internationalen Beziehungen erleichtern, Mitarbeiter, die von ihm ausgewählt und von den nationalen Kammern der verschiedenen Staaten bestätigt werden, um gemeinsam und international universelle Fragen der Gesetzgebung zu regeln, die die Beziehungen der Völker noch enger gestalten...

„Das Internationale Parlament wird in sich selbst, durch ein Mitglied pro Nation, auch eine richterliche Gewalt bilden und auf diese Weise einen Internationalen Gerichtshof schaffen, vor den alle nationalen Konflikte zwischen den Nationen gebracht werden. Die Gewählten, die für drei Jahre ernannt werden, sind gemäß den Präzedenzfällen vor dem Internationalen Parlament verantwortlich und können kein Urteil verkünden, wenn es nicht von diesem ratifiziert wird.

„Keine Nation hat das Recht, einer anderen den Krieg zu erklären, denn Krieg ist ein Verbrechen gegen das Menschengeschlecht. Alle

Meinungsverschiedenheiten zwischen den Staaten müssen daher dem internationalen Parlament vorgelegt werden. Die Nation, die sich weigern würde, dies zu tun, würde sich damit außerhalb des Völkerbundes stellen, der, nachdem er alle anderen Mittel ausgeschöpft hat, um sie zu überzeugen, insbesondere durch Wirtschaftsboykott, Abbruch aller Beziehungen, vollständige Land- und Seeblockade und absolute Isolierung, das Recht und die Pflicht hätte, sie mit Gewalt zur Anerkennung des Weltgesetzes zu zwingen.

„Das Internationale Parlament wird selbst die diplomatischen, wirtschaftlichen und militärischen Maßnahmen festlegen, die zur Ausübung seiner Befugnisse zu ergreifen sind. Sein eigentliches Ziel ist, unter ausreichenden Garantien für die Autonomie jeder Nation, die Begrenzung der Rüstungen, um eines Tages zur allgemeinen Abrüstung zu führen. Das Internationale Parlament soll die Rüstungen der einzelnen Länder, die den Völkerbund bilden, nur insoweit unterstützen, als dies notwendig ist, um die Rüstungen derjenigen, die außerhalb des Völkerbundes bleiben, wirksam auszugleichen.

„Das Internationale Parlament wird den Ort seiner Versammlungen selbst wählen, die Stadt wird die Hauptstadt der Welt werden, deren Territorium internationalisiert sein wird. Es wird als Emblem ein Banner annehmen, auf dem eine orangefarbene Sonne auf weißem Grund inmitten von gelben Sternen strahlen wird, die so zahlreich sind wie die Nationen, die sich den oben genannten Konventionen anschließen werden."

Das ist der freimaurerische Traum vom Internationalismus, in dem die rückständigste und barbarischste Nation mit den großen und zivilisierten Mächten gleichgestellt wird - Freiheit, Gleichheit und Brüderlichkeit, die ebenso falsche wie subversive Losung der Französischen Revolution!

Und als 1934 der Vorschlag kam, die Sowjetregierung - dieses barbarische Regime der Tyrannei, Brutalität und Sklaverei, jüdisch dominiert und jüdisch repräsentiert - als Ehrenmitglied in diesen Völkerbund aufzunehmen, gab es einen Aufschrei, zumindest in einem Teil der Presse. Die *Gazette de Lausanne* vom 16. August desselben Jahres schrieb:

„Wenn Russland offiziell in den Völkerbund aufgenommen wird, werden wir in unserem Land ständig Agenten der russischen Geheimpolizei haben, die sich unschuldig „Kommissariat des

Innern für das Volk" nennt... Die Arbeit der G.P.U. besteht in militärischer Spionage und Aushöhlungsoperationen gegen Organisationen und Personen, die sich gegen den Sowjet und den Kommunismus in der Schweiz wenden. Die Spionage ist auch politisch und industriell, einschließlich der Einrichtung von geheimen 'Zellen' in Industrieunternehmen..."

Es gab auch einige britische Zeitungen, die energisch gegen die Aufnahme Sowjetrusslands in die Liga protestierten; so schrieb beispielsweise das *Sunday Pictorial am* 26. August 1934:

"Die wahrscheinlich interessanteste Geschichte der Welt wäre heute die vollständige Enthüllung, welche Intrigen im Gange sind, um Russland in den Völkerbund zu bringen. Das ist etwas, vor dem Recht, Anstand und Barmherzigkeit sich wohl zusammenrollen und sterben könnten. Wenn Rußland aufgenommen wird, verwandelt sich Genf zweifellos in eines der finstersten und gefährlichsten Zentren der Welt. Hinter dem Deckmantel des Idealismus und all der ehrenwerten Anständigkeit, die angeblich mit der Liga einhergehen, werden wir internationale Verschwörungen von reiner Gangstermoral haben... Wenn Russland in die Liga eintritt, werden wir mit der vielleicht größten Ironie seit Beginn der Geschichte konfrontiert, der Entwertung der großen Institution, die gegründet wurde, um den Weltfrieden zu sichern, zu einem Laboratorium für die Zerrüttung der Welt, hauptsächlich durch fernöstliche und indische Angelegenheiten, aber auch auf viele andere Arten..."

Heute erleben wir die Reaktion auf diesen jüdisch-freimaurerischen Bund in der gegenwärtigen italo-byssinischen Krise, und wer weiß, welche finsteren Intrigen dahinter stecken!

STAVISKY

Wir können diese Frage nach der Macht der jüdischen Freimaurerei nicht verlassen, ohne zumindest auf die jüngsten Stavisky-Skandale einzugehen. Soweit wir gesehen haben, findet sich die beste Darstellung dessen, was zum Platzen der Stavisky-Bombe geführt hat, in dem Buch von Léon Daudet, *La Police Politique*, 1934, in dem er uns berichtet:

"Nun gab es zwei rivalisierende Gruppen, die hinsichtlich ihrer politischen, finanziellen, freimaurerischen und sonstigen Beziehungen gleich stark waren: die Stavisky-Bande ... und die Levy-Dubois-Gruppe ... Die beiden Gruppen, die sich aus mächtigen Persönlichkeiten und Banken zusammensetzten, griffen einander mit Gewalt an ... Beide waren auf die Komplizenschaft von Beamten angewiesen, die korrupt oder bestechlich waren, und hingen von der Sûreté Générale ab ... Die Lévy-Dubois-Gruppe wurde 1927 von drei kleinen Juden ohne Vermögen gegründet ... alle drei waren der Loge *Droit et le Devoir* angeschlossen ..."

Ihr erster Versuch, Rentenbescheinigungen für Kriegsschäden zu manipulieren und eine öffentliche Anleihe zu begeben, scheiterte. Dann kam eine geniale Idee, und

„Ein Gesetz wurde vorbereitet und im Juli 1933 verabschiedet, das die Finanzierung der Verbindlichkeiten des Staates gegenüber den Gemeinden und Departements durch Renten ermöglichte. Durch die Gruppe Lévy-Dubois wurde *L'Outillage National vorbereitet, nach dem* Vorbild dessen, was für die befreiten Regionen getan worden war... Aber Stavisky griff ein. Er gründete zur gleichen Zeit und nach dem gleichen Modell, mit der Zustimmung des Quai d'Orsay, die *Caisse autonome...* Plötzlich machte die Intervention der Stadt alles zunichte und warf ein Licht auf das Pulver. Der Credit Lyonnais zwang Levy-Dubois, *L'Outillage National* aufzulösen und die Angelegenheit aufzugeben..."

Diese Dubois-Gruppe brachte jedoch den Stavisky-Skandal mit Hilfe von Pamphleten, in denen sie mit Entlarvung drohte, zur Sprache. Das Ergebnis ist bekannt, und wie die Affäre der „bons de Bayonne" geplatzt ist.

„Stavisky, dieser große Schwindler, der gleichzeitig ein Spion von gewisser Kapazität und ein genialer Korrumpierer war, hatte Mittel und Wege gefunden, um eine große Anzahl von Kasinos in der Provinz zu monopolisieren, vor allem in der Region von Biarritz und Saint-Jean-de-Luz, und auch, mit der Komplizenschaft der Glücksspielabteilung der Sûreté Générale, einige Spielhöllen in der Pariser Region, die fruchtbare Erträge abwarfen. In der ersten Reihe der letzteren stand der *Cercle Hippique* oder *Frolic's...* der Präsident des Frolic's, eine wahre Polizeifalle, war im Prinzip immer ein Polizeibeamter..." Die Stavisky-Bombe platzte, und mit ihr verschwand Stavisky - Selbstmord oder Mord? Plötzlich, am 20. Februar, fünfzehn Tage nach der Erschießung von Patrioten und Ex-Soldaten auf der Place de la Concorde, wird der Richter Albert Prince, Mitglied der Justizkommission zur Untersuchung der Verantwortlichen für die jahrelangen Erlasse des Parlaments an den Betrüger Stavisky, einige Kilometer von Dijon entfernt zerstückelt an der Bahnlinie aufgefunden. Seine Mappe wurde in der Nähe gefunden, ohne alle Papiere, und sie enthielt, wie man wusste, zwei erdrückende Dokumente, in denen die Verantwortlichen für die Stavisky-Erlasse angeklagt wurden. Diese sollten am nächsten Tag vor der Untersuchungskommission vorgetragen werden. Um die Verwickelten weiter zu decken, wurde „Selbstmord" geflüstert und vorgeschlagen."

Stavisky und seine jüdischen Komplizen Hayotte und Cohen hatten den Crédit Municipal de Bayonne um Hunderte von Millionen Francs betrogen, und mehrere offizielle Persönlichkeiten wurden direkt kompromittiert. Stavisky, ein notorischer Wiederholungstäter, war dank seiner Beschützer in der Regierung neunzehn Mal schuldig gesprochen und verurteilt und neunzehn Mal freigesprochen worden. In Paris kommt es zu einem Eklat, da die Regierung offensichtlich versucht, die Affäre zu vertuschen. Die bei den Wahlen von 1932 nominierte Kammer war sehr „links" und bestand aus einer großen Mehrheit von Freimaurern, und obwohl die Regierung im Parlament ein Vertrauensvotum erhielt, war sie aufgrund der öffentlichen Reaktion zum Rücktritt gezwungen. Ihr folgte eine andere, ebenfalls von Freimaurern durchdrungene Regierung, die sich weigerte, eine Untersuchungskommission einzusetzen.

Auf diese Weigerung folgte die tragische Schießerei vom 6. Februar 1934, bei der siebenundzwanzig Menschen getötet und zweitausend verwundet wurden. Am nächsten Tag wurde die Regierung erneut zum Rücktritt gezwungen, und die Ruhe wurde erst wiederhergestellt, als der Präsident der Republik den ehemaligen Präsidenten Doumergue aufforderte, das parlamentarische Regime zu retten. Und was ist mit der Freimaurerei?

Der Redakteur der *R.I.S.S.* vom 15. März 1934 nennt sieben Freimaurer, die in der Untersuchungskommission zu den Skandalen und sechs in der Untersuchungskommission zu den Unruhen vom 6. Februar tätig waren, und fügt zwei weitere Namen hinzu, Freimaurer, die „der Untersuchungskommission helfen sollten, festzustellen, in welchem Viertel die Schuldigen und Komplizen gesucht werden müssen". Weiter schreibt er:

„So bringt die Existenz der Freimaurerei jede Institution ins Wanken. Eine geheime politische Macht ist unvereinbar mit einer unabhängigen Regierung. Die Untersuchungskommissionen werden von der geheimen Macht ausgehöhlt. Der gute Wille der ehrlichen Mitglieder der Kommission stößt auf eine ständige Verschwörung. So ist es in allen Bereichen des Staates, der Freimaurer-Abgeordnete vertritt nicht seine Wähler: *er vertritt seine Loge.*

Der Freimaurer-Beamte erfüllt seine Pflichten nicht unparteiisch; *er stellt seine öffentliche Autorität in den Dienst seiner geheimen Häuptlinge.* Der Freimaurer-Richter ist nicht frei; *er ist gezwungen, sich dem brüderlichen Druck zu unterwerfen.* Eine unabhängige Regierung kann nicht mit einer geheimen Regierung koexistieren; sie unterdrückt sie oder verliert ihre eigene Unabhängigkeit... Welchen Anteil hat die Freimaurerei genau an der Vertuschung der Stavisky-Affäre?"

Die Freimaurer selbst waren beunruhigt und einige von ihnen traten aus. Auf der Generalversammlung des spanischen Groß-Orientes am 20. Februar 1933 wurde unter anderem der folgende Beschluss gefasst, der für die gesamte Groß-Orient-Freimaurerei von großer Bedeutung ist:

„Die freimaurerische Obrigkeit ist verpflichtet, dafür zu sorgen, dass die Brüder, die ein öffentliches Amt bekleiden, ihrer Pflicht, den Eid zu erneuern, ihr öffentliches Verhalten vor ihren Vorgesetzten zu erklären und freimaurerisch zu rechtfertigen, in der erforderlichen Häufigkeit nachkommen. Und da er bei der Ausübung eines öffentlichen Amtes seine freimaurerischen Pflichten sowohl durch eine Tat als auch durch eine Unterlassung verletzen kann, bedeutet dies, dass der Freimaurer, der dieses Amt bekleidet, verpflichtet ist, nicht nur jede Handlung, die tadelnswert oder zweifelhaft erscheint, zu erklären und zu rechtfertigen, *sondern auch freimaurerische Anweisungen entgegenzunehmen und* zu *befolgen...*"

Es scheint also, dass diese Freimaurer nicht frei sind, sondern ihren Vorgesetzten unterstehen und ihnen unter Eid gehorchen müssen.

Schließlich gibt uns J. le François in der *R.I.S.S. vom* 15. September 1933 die folgenden interessanten Informationen. Die Großloge von Frankreich berichtete auf ihrem Konvent von 1932 über die „Krankheit des heutigen Frankreichs", wie sie von den Logen vorgelegt und von F.-. Chaligny. M. le François schreibt:

„Der Bericht von F.-. Chaligny gibt das Scheitern der mystischen Demokratie klar zu... Erstens hat der Geist der Revolution keine Verehrer, keine Enthusiasten, keine Apostel mehr. Die großen Vorfahren haben ihr Gesicht verloren, oder besser gesagt, ihr Andenken hat keine frommen Verehrer mehr im Volk. Freiheit, Gleichheit, Brüderlichkeit, wer kümmert sich um sie? Die Rechte des Menschen?... „Sie sind in der Zeit ihres Missbrauchs angekommen", sagte F.-. Chaligny, wo der größte Teil der Mitglieder des Kollektivs oder zumindest die einflussreichsten die Pflichten vernachlässigen, an die sie gebunden sind.

... Es scheint also, dass der Mythos ausgedient hat... 150 Jahre lang haben wir von dem revolutionären Mythos gelebt. Hat er die unendlichen Hoffnungen verwirklichen können, die die Menschen in die großartige Formel „Freiheit, Gleichheit, Brüderlichkeit" gesetzt hatten? ... Wir haben das Scheitern aller Institutionen aufgezeigt, die behaupteten, von diesen drei prophetischen Worten inspiriert zu sein ... Es scheint, dass die Prinzipien, die man gewohnt war, als unverzichtbar für die Gesundheit einer Gesellschaft anzusehen, vergessen oder mit Füßen getreten werden."

Außerdem sagte F.-. Fontenay 1920 im Konvent des Großen Orients Fontenay gesagt:

„Jede Revolution zielt auf die Sicherung des allgemeinen Glücks ab. Als unsere Vorfahren als Prinzip Freiheit, Gleichheit, Brüderlichkeit proklamierten, wollten sie das Glück verwirklichen. Nach 130 Jahren sehen wir ihr Werk; es ist nicht glänzend; von der Freiheit ist uns nichts geblieben; von der Gleichheit gibt es kaum etwas; von der Brüderlichkeit hat es nie etwas gegeben."

So verschwindet der große freimaurerische Traum!

KAPITEL VIII

THEOSOPHIE UND INDISCHE FREIMAUREREI

Jahrhunderts, wie er von den Martinisten, Papus, Eliphas Levi und den Theosophen ausgearbeitet wurde, und der ein seltsames Ensemble von Dingen wie metaphysische Phänomene, Spiritismus, Magie, Astrologie, hermetische Medizin, die Kabbala, die esoterischen Zahlen, die mystische Exegese, die Spekulationen über Reinkarnation und Karma und vor allem ein doktrinäres System, das als die gemeinsame Quelle dargestellt wird, aus der alle Religionen hervorgegangen sind, schreibt Marcel Lallemand in seinen *Anmerkungen zum Okkultismus*:

> „Es handelt sich in Wahrheit um eine Lawine pompöser Worte, großspuriger Ausdrücke, apokalyptischer Phrasen, mysteriöser Zeichen und Schweigen, die durch eine Pseudoeinweihung in die heiligen Mysterien befohlen werden... Unter dem Einfluss der Theosophie wird sie mit Visionen von Bibliotheken, die in den Höhlen des Himalaya versteckt sind, von fantastischen Zeremonien in den ägyptischen Tempeln usw. verbunden... Es ist bekannt, dass die Okkultisten behaupten, Erben der geheimen Traditionen zu sein, die auf die Ägypter zurückgehen und im Mittelalter durch die Rose-Croix, die Templer usw. weitergegeben wurden... Die meisten dieser Okkultisten sind mit der Freimaurerei verbunden... Diese unterirdische Welt arbeitet fieberhaft, und viele öffentliche Ereignisse sind nur als Funktion der Agitation dieser okkultistischen Termiten zu verstehen, deren Aktivität eines der am wenigsten zweideutigen Zeichen der geistigen Unordnung der modernen Welt ist... Es wäre auch legitim, von einer *Satanisierung* (statt einer Vergöttlichung) dieser obskuren Aspekte der menschlichen Seele zu sprechen. Darin liegt die Gefahr des Okkultismus, der oft in einer geistigen und psychischen Störung endet, die viele seiner Adepten

zu sexueller Perversion, Wahnsinn oder Verbrechen verleitet, wie die Jahrbücher des modernen Okkultismus zeigen" (zitiert von de Poncins).

Weiter schreibt de Poncins:

„Der Okkultismus hat mehr Auswirkungen, als man denkt. Eine Welle des Okkultismus ging den beiden großen revolutionären Bewegungen von 1789 und 1917 voraus und begleitete sie. Die Theosophen und Illuminés des 18. Jahrhunderts, Jacob Böhme, Emmanuel Swedenborg, Martinez de Pasqualis, Cagliostro, der Comte de Saint-Germain usw., hatten ihre Entsprechung in den zahlreichen russischen Sekten und in den Magiern und Okkultisten des kaiserlichen Hofes, Philippe, Papus, dem Tibeter Badmaev und vor allem Rasputin, dessen außerordentlicher Einfluss direkt zur Entfesselung der Revolution beitrug."

Ein Blick zurück in die Geschichte zeigt, dass die Verbreitung von Geheimgesellschaften, Illuminismus, Theurgie und Spiritismus stets ein sicherer Vorläufer von Revolutionen und dem Sturz von Kronen war. Die Herrschaft von Nikolaus II. von Russland war von Anfang an eine lange Abfolge von Mystikern, Propheten und Illuminés - Instrumenten der „Verborgenen Hand" -, die durch ihre seltsamen Praktiken und ihr manchmal skandalöses Leben nicht wenig dazu beitrugen, den russischen Hof in Misskredit zu bringen, schließlich zu seinem Untergang führten und durch Tod und Zerstörung die von Juden geführte Sowjetherrschaft mit ihrem Traum von Weltrevolution und Weltherrschaft einleiteten - dem Traum der großorientalischen illuminisierten Freimaurerei.

Der erste dieser Mysterienarbeiter von herausragender Bedeutung war Maître Philippe, Leiter der theurgischen Schule von Lyon. Er beschrieb seine Arbeit folgendermaßen: „Seit meinem dreizehnten Lebensjahr habe ich wundersame Heilungen durchgeführt. Ich bin ein unbewusster Vermittler zwischen der *Menschheit und einer höheren Macht,* die sie überschattet. Die erstaunlichen Ergebnisse, die ich täglich erreiche, bewundere ich, aber ich verstehe sie nicht." Im Jahr 1900 wird er von Papus, dem bekannten Martinisten und Illuminé, an den russischen Hof eingeführt, der Philippe als seinen „Meister" betrachtet. Allmählich wurde er sowohl für den Kaiser als auch für die Kaiserin unentbehrlich. Als er 1903 nach einer erzwungenen Abwesenheit nach Russland zurückkehrte, weihte er die Kaiserin in die Praktiken des Spiritismus und der Theurgie ein. Er inspirierte den Kaiser zu der Idee des Weltfriedens durch allgemeine Abrüstung! Er war schließlich gezwungen, sich nach Lyon zurückzuziehen und starb im August 1905 *(Le Maître Philippe*, von J. Bricaud).

Papus, der Martinist und Theurge, dessen richtiger Name Dr. Encausse war, tauchte erstmals 1900 in St. Petersburg auf und führte um diese Zeit oder später den Martinismus in der russischen Aristokratie ein. Im Jahr 1905 wurde er im Zusammenhang mit der Revolution jenes Jahres erneut nach Russland berufen, da sein Rat bei Hofe als wertvoll angesehen wurde. Paleologue berichtet in seinen *Mémoires (*1916): „An dem Tag, an dem Papus in St. Petersburg ankam, verbreitete sich in Moskau ein Aufruhr, und ein geheimnisvolles Syndikat rief einen allgemeinen Eisenbahnstreik aus." Und im Hinblick auf die spätere Revolution behauptete Papus, diese Katastrophe mit Hilfe seiner Magie abwenden zu können, allerdings nur, solange er in seinem physischen Körper blieb. Papus' letzter Besuch in Russland war 1906, und er starb im Oktober 1916 im Großen Krieg.

In seinem Buch *Rasputin: The Holy Devil* schreibt Fülöp Miller über einen weiteren:

„Eines der merkwürdigsten Phänomene des russischen Kaiserhofs war der „Doktor der tibetischen Medizin" Badmaev... Shamzaran Badmaev behauptete, dass er im Haus seines Vaters (Transbaikalia) genaue Kenntnisse der geheimen Lehren der 'tibetischen Magie' und der medizinischen Wissenschaft erworben habe, da dieses Wissen eine uralte Tradition in der Familie sei... Es gab eine Zeit in der russischen Politik, in der nicht nur der Hof, sondern auch die Minister und Verwaltungsbeamten völlig unter dem Einfluss von Badmaev standen.

... Er gründete ein Sanatorium, das sich von allen anderen durch seinen politischen Charakter unterschied. Seine Parteizugehörigkeit und seine politischen Ansichten wurden sorgfältig auf der Krankenakte jedes Patienten der Anstalt vermerkt ... Badmaev führte nach Abschluss der Behandlung einen regen Briefwechsel mit den Bis-Patienten, in dem er ihnen neben medizinischen Ratschlägen ... auch politische Anweisungen gab. Im Laufe der Zeit verstrickten sich Medizin und Politik und „Lotusessenzen" immer mehr ineinander, was zu einer phantastischen politischen Zauberei führte, die ihren Ursprung im Badmaev-Sanatorium hatte und die über das Schicksal Russlands entschied."

Laut Paleologue wurde der Innenminister Protopopov von dem mongolischen Quacksalber Badmaev mit dem finsteren Mönch Rasputin in Kontakt gebracht. Und über Rasputin schreibt Nicolas Sokoloff in seiner *Untersuchung über die Ermordung der russischen Kaiserfamilie*, dass Rasputin von drei Juden umgeben und geleitet wurde: Iwan Theodorowitsch Manoussevitch Manouilof, der über zahlreiche Verbindungen sowohl in Russland als auch im Ausland verfügte und vor 1905 lange mit der Pariser Polizei verbunden war. Er war es auch, der den berühmten Philippe an den russischen Hof brachte. Zweitens ein jüdischer Bankier, Dmitri Rubenstein, der während des Krieges erfolglos beschuldigt wurde, mit den Deutschen zu intrigieren. Und schließlich sein Sekretär, Aron Samouilovitch Simanovitch, ein Diamantenhändler aus Petrograd, ein Jude von Herkunft und Religion. Er wohnte in Rasputins Haus und handelte offenbar für Rasputin, ohne ihn zu konsultieren.

Der Name des Comte de Saint-Germain umgibt seit langem einen außergewöhnlichen Glanz, und heute ist er einer der „heiligsten" Meister der Theosophischen Gesellschaft, ja sogar eine Art Besessenheit. Im Folgenden geben wir einige unterschiedliche Meinungen über diese fast legendäre Figur wieder. In einer Reihe von Artikeln *Die Anatomie der Revolution* von G. G. oder „Dargan", Autor des *Namenlosen Ordens* (siehe *Patriot*, Oktober 1922), schreibt er:

„Es besteht kein Zweifel daran, dass vor hundertfünfzig Jahren die Freimaurerei des Großen Orients und die Freimaurerei der Templer auf dem Kontinent von okkulten Gesellschaften mit subversiven und antireligiösen Zielen durchdrungen und benutzt wurden. Jahrhundert ein brillanter Abenteurer gewesen zu sein, der sich 'Graf St. Germain' oder Ragoczy nannte - vermutlich ein portugiesischer Jude -, ein eifriger Organisator der Revolte, zu dessen Verbindungen oder Vertrauten Mirabeau, Weishaupt, Cagliostro und Paschalis (die beiden letzteren ebenfalls jüdischer Herkunft) gehörten, die alle ihren Teil zur Vorbereitung des Netzes von Geheimgesellschaften beitrugen, das die französische Revolution herbeiführte."

Auch hier schreibt er in der gleichen Serie:

„Der Ursprung aller heutigen okkulten Gesellschaften könnte wahrscheinlich direkt auf ähnliche Gesellschaften der Vergangenheit zurückverfolgt werden... Die Theosophische Gesellschaft wurde zum Beispiel von Frau Blavatsky gegründet, die als Agentin der Carbonari angestellt war, denen sie 1856 beitrat, als sie unter dem Einfluss von Mazzini stand, der anscheinend einen Zweig der Carbonari in England gegründet hatte und dessen Verbindung mit der orientalischen Freimaurerei wohl bekannt ist. Frau A. Besant, die Schülerin und Nachfolgerin von Frau Blavatsky, konnte daher mit Recht behaupten, zur Linie der Propheten des mystischen revolutionären Kultes zu gehören, der Ragoczy als „Meister" verehrt. Es ist daher nicht verwunderlich, dass bei der Gründung der Co-Masonry in England die Verehrung Ragoczys ... ein wesentlicher Bestandteil des Rituals der höheren Logen dieser Körperschaft ist."

Frau Besant selbst sagt uns in einer Broschüre über „Die Meister", 1912:

„Der letzte Überlebende des königlichen Hauses Rakoczi, bekannt als Comte de St. Germain in der Geschichte des achtzehnten Jahrhunderts; als Bacon im siebzehnten Jahrhundert; als Robertus, der Mönch, im sechzehnten; als Hunyadi Janos im fünfzehnten; als Christian Rosencreuz im vierzehnten - um nur einige seiner Inkarnationen zu nennen - war Schüler durch diese mühsamen Leben und hat nun die Meisterschaft erlangt, der 'ungarische Adept' der *okkulten Welt,* und einigen von uns in diesem ungarischen Körper bekannt."

Eine andere Theosophin und Okkultistin aus New York, Mrs. Alice A. Bailey, beschreibt ihn so in ihrem Buch *Initiation Human and Solar,* 1933. *Meister Rakoczi* ist ein Ungar, der in den Karpaten lebt. War bekannt als Comte de St. Germain, Roger Bacon und später Francis Bacon. Arbeitet mit der okkulten Seite der Angelegenheiten in Europa, hauptsächlich durch esoterische Rituale und Zeremonien, wobei er sich sehr für die Auswirkungen der Zeremonien der Freimaurer, verschiedener Bruderschaften und der Kirchen interessiert. Handelt praktisch in Amerika und Europa als Generaldirektor für die Ausführung der Pläne des Exekutivrats der Loge, der eine innere Gruppe von Meistern um die drei Herren - *Manu, Maitreya* und *Manachohan* - ist.

Dann, so Eliphas Levi, der Martinist war: St. Germain bekennt sich zur katholischen Religion und hält sich an deren Praktiken. Seine familiären Bindungen sind unbekannt, aber er spricht, als hätte er schon seit Jahrhunderten gelebt. Er wählte seine eigenen Jünger aus, verlangte passiven Gehorsam und sagte ihnen, dass sie zum Königtum Melchisedeks und Salomos berufen seien, was sowohl eine Einweihung als auch ein Priestertum sei, und er sagte zu ihnen:

„Sei die Fackel der Welt; wenn dein Licht das eines Planeten ist, wirst du vor Gott nichts sein. Ich behalte dir einen Glanz vor, von dem die Sonnenherrlichkeit nur ein Schatten ist. Du sollst den Lauf der Sterne lenken, und die Herrscher der Reiche sollen von dir regiert werden."

Seine Prinzipien, so Eliphas Levi, waren die der Rose-Croix; er war Botschafter der erleuchteten Theosophen, und er soll ein geschickter Arzt und Chemiker gewesen sein. Und wie Eliphas Levi abschließend feststellt:

„Der Comte Saint-Germain war eine Zeit lang in Mode, und da er ein liebenswürdiger und jugendlicher Methusalem war, der das Geschwätz eines Gauners mit den Ekstasen eines Theosophen zu verbinden wusste, war er in gewissen Kreisen der Renner, wurde aber schnell durch andere Phantasten ersetzt. So geht es der Welt!"

Schließlich wurde nach der Illuminierung der Großorient-Logen Frankreichs ein Generalkonvent der Freimaurer durch das geheime Komitee für den 15. Februar 1785 einberufen, und zu den Abgeordneten gehörten: Saint-Germain, Etrilla, Mesmer, Cagliostro, Mirabeau, usw. (Mirabeau). Auf diesem Konvent wurde die Französische Revolution und ihre Ausbreitung in ganz Europa beschlossen, bis hin zum Dekret des Königsmords. Wir wissen, dass Cagliostro in diesem Plan die Aufgabe hatte, Marie-Antoinette zu verleumden und so den Sturz und Tod des Königs vorzubereiten.

So lauten die vielfältigen Berichte über diesen geheimnisvollen „Meister Rakoczi", der sich unter dem Namen und dem Deckmantel des keineswegs „heiligen" Comte de St. Germain ausgibt und damit die Phantasie und die Gefühle von Tausenden von würdigen, aber zweifellos verblendeten Theosophen fesselt, vor allem in Amerika, dem Land der fantastischen „Ismen".

Außerdem kann man leicht verstehen, wie wichtig die Lehre der Reinkarnation für diese finsteren Meister ist, denn ohne sie wäre der Name „Comte de St. Germain" tot und nutzlos wie ein ausgebranntes Mitglied.

Schließlich würden wir René Guénon, dem bekannten Orientalisten, zustimmen, der die Theosophie anklagt

> „Die Zahl der Unglücklichen, die durch diese Dinge in den Ruin, in den Wahnsinn und manchmal sogar in den Tod getrieben werden, ist viel größer, als man sich als unzureichend informierter Mensch vorstellen kann.
>
> ... Man kann ohne Übertreibung sagen, dass die Verbreitung des „Neo-Spiritualismus" in all seinen Formen eine echte öffentliche Gefahr darstellt, die man nicht genug anprangern kann."

M. J. de Boistel schreibt in der *R.I.S.S. vom 15*. November 1934: „Man kann sagen, dass die okkulten Sekten, die sich im Herzen des Christentums und der Freimaurerei selbst gebildet haben, fast alle nur eine mehr oder weniger grobe Anpassung der kabbalistischen und gnostischen Irrtümer sind." Er nennt die wichtigsten Daten der Renaissance dieses kabbalistischen Gnostizismus als: 1855, die Wiederbelebung des Spiritismus durch Allan Kardec; 1875, die Gründung der Theosophischen Gesellschaft; 1885, die Wiederherstellung des Martinismus; 1888, die Wiederherstellung der Sekte der Gnostiker; 1912, die Gründung des Symbolismus; 1919, die Eröffnung der Internationalen Metaphysischen Institution. Im Jahr 1888, so erzählt er uns, hat F.-. Jules Doinel, Archivar des Departements Loiret und Mitglied des Rates des Grand Orient von Frankreich, die gnostische Kirche wieder auf und nannte sich selbst den ersten Patriarchen, Valentin II. Er versammelt hohe Intellektuelle um sich und 1893 wird eine Synode einberufen, eine Hierarchie errichtet und mehrere Bischöfe ernannt. Später lehnte F.-. Doinel diese Doktrinen ab und kehrte zur katholischen Kirche zurück. Sein Nachfolger als Patriarch wurde F.-. Fabre des Essarts, bekannt als Synesius, der 1909 die Zeitschrift *La Gnose* gründete; 1907 gründete der rivalisierende Patriarch Jean II (J. Bricaud) die Zeitschrift *Le Réveil Gnostique.*

Nach seinem Rücktritt schrieb F.-. Doinel schrieb:

„Jüdisches Handeln, jüdische Unterwanderung, jüdischer Hass! Wie oft habe ich die Freimaurer unter der Herrschaft stöhnen hören, die die Juden über die Logen, über die Philosophischen Logen, über die Konzile des Großen Orients in allen Ländern, an allen Punkten des Dreiecks, in der ganzen weiten Welt ausüben... Seit der Revolution sind die Juden in die Logen eingedrungen... Für die Gelehrten die Kabbala, für die Unwissenden der jüdische Geist. Die Kabbala dogmatisiert und macht aus der Metaphysik die Metaphysik Luzifers. Der jüdische Geist lenkt das Handeln."

M. de Boistel stellt vier Merkmale fest, die allen solchen Sekten, einschließlich der Freimaurerei, gemeinsam sind: (1) Der Versuch einer groben Anpassung an das Christentum. (2) Die Esoterik, die Existenz einer geheimen Tradition und einer nur Eingeweihten vorbehaltenen Lehre, die seit der Antike durch die Jahrhunderte hindurch weitergegeben wurde. (3) Esoterische Lehre, die nur durch Einweihung weitergegeben wird, was aufeinanderfolgende Phasen und entsprechende Grade erfordert. Die eingeweihte Organisation existierte im Gnostizismus von Anfang an und wurde von der Freimaurerei wiederbelebt. (4) Erklärung der Welt, um das Dogma der Schöpfung zu beseitigen, was zur Vergöttlichung des Menschen führt und die Lehren von Karma und Reinkarnation erforderlich macht. Okkultisten, Gnostiker, Theosophen, Martinisten und Rosenkreuzer tun sich zusammen, um unter verschiedenen Namen diese gemeinsamen Irrtümer und Spekulationen zu verbreiten.

Deshalb wollen wir bis ins letzte Jahrhundert zurückgehen und einige Glieder der okkulten und subversiven Kette nachzeichnen, die auf so seltsame Weise miteinander verwoben ist und die allmählich und heimtückisch zur gegenwärtigen internationalen Weltrevolution geführt hat, die die für ihren Traum von einem monströsen Weltstaat, der von unsichtbaren „Übermenschen" regiert wird, erforderliche Einheit verwirklichen soll.

Einer der frühesten Schritte in dieser erneuerten Weltbewegung scheint die Theosophische Gesellschaft zu sein, die 1875 von der Russin Frau Blavatsky gegründet wurde, einer Frau, die nach den Worten von Frau Besant „wenig gebildet", aber ein mächtiges Medium war. Sie war eine Eingeweihte des Drusenordens - eine Weiterentwicklung des Hauses der Weisheit in Kairo - und wurde von Mazzini in die Carbonari eingeweiht. Die Ziele der Alta

Vendita, des Obersten Direktoriums der Carbonari, waren mit denen der Illuminaten identisch. 1880 wurden Weishaupts Illuminaten in Dresden von Leopold Engel unter dem Namen *Ordre Rénové des Illuminati Germaniae* reorganisiert und spielten eine sehr verdächtige politische Rolle; Steiner gehörte ihnen vermutlich an, aber erst später. Dr. Franz Hartmann, der 1838 in Donauwerth in Bayern geboren wurde, gründete zusammen mit anderen den *Ordre de la Rose-Croix Ésotérique*, der eng mit dem oben genannten verbunden war; er gründete auch in der Schweiz, im September 1889, eine theosophisch-monastische Körperschaft namens *Fraternitas*, und mit ihm verbunden waren Dr. R. Thurmann, Dr. A. Pioda und die Gräfin Wachtmeister, letztere eine Freundin von Mme Blavatsky. Um 1887 scheint er auch einem amerikanischen Zweig des *Golden Dawn* angehört zu haben, dessen Zentrum sich in Boston befand.

1895 wurde ein gewisser *Ordre des Templiers Orientaux* von Dr. Karl Kellner gegründet, der nach seinem Tod 1905 von einem Theosophen, Theodore Reuss, weitergeführt wurde, und die *Rose-Croix Ésotérique* wurde schließlich ihr „innerer Kreis". Theodore Reuss, der sich später Reuss-Wilsson nannte, war ein Deutscher, der in London lebte, wo er lange Zeit eine offizielle Position in der „Theosophical Publishing Co." innehatte. Da er nicht in sein Heimatland zurückkehren konnte, gründete er dennoch einen sogenannten *Großorient des Deutschen Reiches*, zu dessen Würdenträgern Franz Hartmann gehörte. Es hieß, Reuss habe Rudolf Steiner in den O.T.O. eingeweiht, und Crowleys O.T.O. sei ein Zweig der gleichen Bewegung.

Der 1913 verstorbene John Yarker, der viel über „Arkane Schulen" geschrieben hat, gründete einen so genannten Swedenborgschen Ritus, der angeblich ganz und gar seine eigene Erfindung ist und in keiner Weise mit den von Swedenborgs Ideen inspirierten Riten des 18. Yarker machte Papus, den bekannten Okkultisten, zum „Grand Maréchal" des Obersten Rates, und in einer Liste von 1897 wird Oberst Olcott als Vertreter des Obersten Rates der Großloge und des Tempels von Bombay genannt. Wie wir wissen, wurde die geheimnisvolle *Goldene Morgenröte* 1888 in London von Dr. Wynn Westcott und anderen ins Leben gerufen, die später zur *Stella Matutina* mit ihrem inneren Orden, dem R.R. et A.C., wurde, als A. E. Waite sich abspaltete (1903) und seine Anhänger mit sich nahm, auch den Namen *Goldene Morgenröte*, deren Oberhaupt er bis etwa 1915 blieb, als sie aufgelöst wurde. Später gründete er eine andere Gruppe und nannte sie *Orden des Rosenkreuzes*. Unter Dr. Felkin, der von der Gründung der *Stella Matutina* bis zu seinem Tod im Jahr 1926 ihr Oberhaupt war, waren der Orden und sein neuseeländischer Orden mit der Anthroposophie von Dr. Rudolf Steiner verbunden, die sich 1913 von der Theosophischen Gesellschaft abspaltete. Die Theosophie war durch ihre Co-Freimaurerei selbst eine Zeit lang mit der Großorient-Freimaurerei verbunden. Dr. Wynn Westcott trat 1897 aus dem *Golden Dawn aus* und Crowley wurde 1898 Mitglied, wurde aber 1900 ausgeschlossen. Dies sind die wahren Fakten über diesen geheimnisvollen Orden. Der heutige Autor war nie Mitglied des *Golden Dawn*, wurde aber 1908 unter Dr. Felkin in die *Stella Matutina* eingeweiht.

Außerdem trennte sich Max Heindel, ein ehemaliger Schüler von Dr. Steiner, der die geforderte Geheimhaltung missbilligte, von Steiner und ging nach Amerika, wo er 1911 Steiners Lehren ohne Erlaubnis in seinem Buch *Rosenkreuzerische Kosmokonzeption* veröffentlichte. Steiner veröffentlichte bald darauf seine *Occult Science,* etc. In Amerika gründete Max Heindel seine *Rosenkreuzer-Gemeinschaft, um* die Lehre ohne die verwerfliche Geheimhaltung zu verbreiten. Wegen dieses Verrats an der Geheimlehre wurde den Mitgliedern von R.R. et A.C. verboten, mit dieser Gemeinschaft zu arbeiten!

In seinem Buch 1911 schreibt Max Heindel über Weltveränderungen:

„Das Kastensystem, das die Hochburg Englands in Indien war, zerbröckelt. Anstatt sich in kleine Gruppen aufzuteilen, vereinigt sich das Volk in der Forderung, dass der Unterdrücker verschwinden und es ihm überlassen soll, in Freiheit unter einer Regierung von, durch und für das Volk zu leben [theosophischer Einfluss!] In Russland, 1911, tobt der Kampf um die Freiheit von einer diktatorischen, autokratischen Regierung [ausgetauscht gegen bolschewistische Sklaverei!] Die Türkei ist erwacht und hat einen großen Schritt in Richtung Freiheit gemacht [zuerst unter den Jungtürken des Großen Orients!] [In Amerika] sind wir noch nicht zufrieden ... wir sehen, dass wir noch industrielle Freiheit zu gewinnen haben.

... Überall auf der Welt verändern sich also die alten Systeme der väterlichen Regierung. Die Nationen als solche haben ausgedient und arbeiten unbewusst auf die Universelle Bruderschaft hin, in Übereinstimmung mit dem Plan unserer unsichtbaren Führer, die nicht weniger mächtig in der Gestaltung der Ereignisse sind, weil sie nicht offiziell in den Räten der Nationen sitzen."

Wie René Guénon sagt:

„Wir glauben daher nicht, dass die Theosophen, ebenso wenig wie die Okkultisten oder Spiritisten, die Kraft haben, ein solches Unterfangen ganz allein zu bewältigen; aber steht nicht hinter all diesen Bewegungen etwas viel Gewaltigeres, das vielleicht nicht einmal ihre Führer kennen und von dem sie ihrerseits nur Werkzeuge sind?"

Um noch einmal G.G. in *Die Anatomie der Revolution* zu zitieren:

„Hinter jeder revolutionären Bewegung in der Welt steht immer eine geheime Organisation. Diese revolutionären Bewegungen in allen Ländern, unabhängig von den Organen, die sie tatsächlich organisieren, haben immer drei Hauptziele: (a) die Abschaffung der bestehenden Verfassungen, ob monarchistisch oder republikanisch; (b) die Abschaffung des Privateigentums an Grund und Boden; (c) die Abschaffung der etablierten Religion. Manchmal ist das Hauptziel unter dem Deckmantel des Nationalismus oder des Internationalismus getarnt; aber der Angriff richtet sich letztlich immer gegen diese Grundlagen der Zivilisation... Dieselben Leute predigen oft Nationalismus in Irland, Indien, Ägypten oder Südafrika, wenn die Wirkung darin besteht, das britische Empire zu zerschlagen... Mr. George Lansbury, die prominenteste Figur in Verbindung mit der Zeitung *Herald* und Gründer der *Herald League*, ist nicht nur Mitglied der Theosophischen Gesellschaft und, wie es heißt, auch der Freimaurer, sondern behauptet, aus der Linie der Propheten der Revolte zu stammen. In einem Artikel im *Daily Herald* (24. November 1921) zum Tod von Mr. Hyndman bezeichnet er sich selbst als Schüler dieses Herrn, der seinerseits Schüler von Mazzini war. So können wir hier, nach seinem eigenen Eingeständnis, einmal mehr den politischen Stammbaum eines führenden Revolutionärs bis zum Carbonari in der Mitte des neunzehnten Jahrhunderts zurückverfolgen."

Heute möchte Mr. Lansbury, dass wir das britische Empire unter allen Nationen aufteilen, um den Frieden zu sichern! Die politische Entwicklung dieser geheimen Bewegungen vollzieht sich immer schrittweise und gipfelt in einer Revolution als Vorbereitung für die Weltherrschaft ihrer verborgenen Leiter. So hat Frau Blavatsky, trotz ihrer frühen Abenteuer im Spiritismus und in den Phänomenen, die Theosophische Gesellschaft fest etabliert, deren Einfluss heute in der einen oder anderen Form weltweit ist. Ihre *Geheimlehre, die* sie, wie es heißt, von den Meistern erhalten hat, ist heute das Evangelium und die verbindliche Kraft unter ihren treuen Anhängern, und so hat sie den Weg bereitet. Frau Besant, die die geforderte Entwicklung in Indien fortsetzte, versuchte eine Pseudo-Wiederbelebung des Hinduismus und später die Gründung eines Weltlehrers - Sprachrohr ihrer verborgenen Direktoren, ganz und gar antichristlich; ferner führte ihre soziale und erzieherische Arbeit unweigerlich zur Politik, dem zersetzenden sogenannten Nationalismus. Nach einem Theosophiekongress in Madras im Jahre 1884 wurde der Nationalkongress von einer Gruppe hauptsächlich indischer Theosophen initiiert, um den indischen Bestrebungen Ausdruck zu verleihen. 1885 trat Frau Besant den Fabians bei und war fünfzig Jahre lang Mitglied der Labour Party. Viel später verfasste sie ihre Indian Home Rule Bill, die sie nach England brachte, wo sie von der Labour Party offiziell gebilligt wurde. Im September 1928 wurde daraus die Verfassung des Nehru-Komitees, das von Frau Besant unterstützt wurde und den Dominion-Status forderte. Doch Gandhi, dieser fanatische, aber scharfsinnige politische Träumer, gab sich nicht damit zufrieden, zu warten, und stellte ein Ultimatum, in dem er eine Entscheidung der Regierung bis Ende 1929 verlangte; da keine Entscheidung getroffen wurde, eröffnete er daraufhin seine Kampagne für absolute Unabhängigkeit durch zivilen Ungehorsam und stürzte das Land ins Chaos.

Frau Besant trat 1889 der Theosophischen Gesellschaft bei und reiste 1893 nach Indien, um, wie sie sagte, „Indien seine alte Freiheit zurückzugeben ... durch die Wiederbelebung der alten philosophischen und wissenschaftlichen Religionen" und indem sie „Indien als gleichberechtigten Partner in ein großes indischbritisches Commonwealth" stellte. Wie Sir Valentine Chirol in *Indian Unrest* schrieb:

„Das Aufkommen der Theosophen, das von Frau Blavatsky und Oberst Olcott verkündet wurde, gab der Wiederbelebung einen neuen Impuls, und sicherlich hat keine Hindu so viel für die Organisation und Konsolidierung der Bewegung getan wie Frau Annie Besant, die in ihrem Zentralen Hindu-Kolleg in Benares und ihrer Theosophischen Institution in Adyar bei Madras offen ihren Glauben an die Überlegenheit des gesamten hinduistischen Systems gegenüber der gepriesenen Zivilisation des Westens verkündet hat."

Über die Initiierung des Nationalkongresses schreibt sie in *Indien: Gebunden oder frei?*

„Es war bezeichnend, dass nach der Theosophischen Konvention in Adyar 1884 einige der Delegierten und Mitglieder nach Madras gingen und das Organisationskomitee des künftigen Nationalkongresses bildeten, der 1885 in Bombay tagte und zur Stimme Indiens wurde; die nationale Selbstachtung, die durch den wiedererwachten Stolz auf den Hinduismus geweckt wurde, führte zum nationalen Ideal der Selbstverwaltung."

Doch in Indien gibt es viele Völker, viele Glaubensrichtungen neben dem Hinduismus und viele Kasten; wie könnte ein solcher Kongress behaupten, die einheitliche Stimme all ihrer gegensätzlichen Ideale zu sein, religiös und politisch? Sie fährt fort:

„Unter dem Einfluss derer, die 1884 den Plan des Nationalkongresses in Madras gemacht hatten, begannen die Bauern, ihre Beschwerden zu diskutieren und sich später zu Konferenzen zu treffen... So wurde in den Dörfern die Saat gesät, die 1915 als Agitation für Home Rule entstand, als Mr. Gandhi sagte: 'Sie hat Home Rule zu einem Mantram in jedem Haus gemacht. Gandhi von mir sagte: 'Sie hat die Hausordnung zu einem Mantram in jeder Hütte gemacht.'... Indiens Intelligenz arbeitete daran, ihre Landsleute zu erziehen, und die jährlichen Treffen des Nationalkongresses, über die die indische Presse berichtete, waren wie der Regen, der auf die verborgene Saat fiel."

Sie schreibt und zeigt die Kraft hinter ihrer Bewegung:

„Tatsächlich ist das Erwachen Indiens nicht nur Teil der Bewegung in Asien, die durch die Aggressivität der westlichen Völker angeregt wurde, sondern auch Teil der weltweiten Bewegung zur

Demokratie, die für den Westen mit dem Aufstand der amerikanischen Kolonien gegen die Herrschaft Großbritanniens begann und 1776 in der Unabhängigkeit der Großen Republik des Westens und in der Französischen Revolution von 1789 endete."

Wie wir bereits gezeigt haben, steckten Geheimgesellschaften hinter der Französischen Revolution von 1789, und in Frau Blavatskys Buch, *Isis Unveiled,* gibt sie einen Brief von Charles Sotheran, Korrespondenzsekretär des New Yorker Liberal Club, Hochmaurer und Eingeweihter der englischen Bruderschaft des Rosenkreuzes, wieder, der im Januar 1877 schrieb:

„Im letzten Jahrhundert lehrten die Illuminaten in ganz Europa „Frieden mit der Hütte, Krieg mit dem Palast". Im letzten Jahrhundert wurden die Vereinigten Staaten von der Tyrannei des Mutterlandes durch das Wirken der Geheimgesellschaften befreit, mehr als man sich gemeinhin vorstellt..."

Dass dieselbe Macht der Geheimbünde hinter Frau Besant stand, bestätigt sie selbst in *New India,* 1929:

„Versuchen Sie, den großen Plan als Ganzes zu sehen... Indien ist der Grundton, Indien ist das Zentrum des großen Sturms, der einen herrlichen Frieden einleiten wird... Kein wahrer Theosoph und gewiss niemand, der für die *Innere Regierung der Welt* arbeitet, wird sich nicht um das Wohlergehen Indiens kümmern... Die Ko-Freimaurerei wurde Indien gegeben, damit sie eine mächtige organisierte Kraft für Indiens Dienst sein kann."

Bei jeder Gelegenheit prangerte Mrs. Besant die Herrschaft des britischen Raj an und sagte: „Die Masse des indischen Volkes ist wohlhabend, frei und glücklich gewesen, außer in den letzten hundertundsechzig Jahren, von der Zeit an, als die Ostindien-Kompanie zur herrschenden Macht wurde, bis zum heutigen Tag." Und doch, wie ein Führer in der *Morning Post, 22. September 1933,* sagte:

„Es ist die Rechtfertigung der britischen Besatzung, dass, während vor ihrem Beginn keine Invasion Indiens jemals aufgehalten wurde, seitdem sie stattgefunden hat, keine Invasion Indiens jemals erfolgreich war. So ruhen das Glück und das Leben der schuftenden Millionen von Hindustan auf dieser Macht, die unsere selbstgefälligen Reformer abschaffen wollen."

Lord Sydenham sagte am 24. Oktober 1917 vor dem Oberhaus über Frau Besant:

„Sie schrieb ein Buch, das mehr rücksichtslose Missachtung von Tatsachen enthielt, als ich jemals auf demselben kleinen Raum gesehen habe, und in ihrer Zeitung „New India" sagte sie, dass „Indien 5.000 Jahre lang vor unserer Ankunft ein perfektes Paradies" gewesen sei, dass es wegen der „brutalen britischen Bürokratie" zu einer „perfekten Hölle" geworden sei... Nun, einer dieser Richter könnte darauf hinweisen, dass diese verderbliche Schrift dazu tendieren muss, Attentate zu fördern, indem sie die öffentliche Abscheu vor einem solchen Verbrechen beseitigt..."

Und wie Sir Charles Spencer, I.C.S. im Ruhestand, am 11. September 1933 in der *Morning Post* schrieb:

„... Keine vernünftige Regierung kann die Anwesenheit anarchischer Körperschaften in ihrer Mitte tolerieren. Daher besteht die einzig vernünftige Politik darin, die bengalischen Terroristen so zu behandeln, wie die Regierung einst die Schläger behandelt hat. Es sollte eine spezielle Abteilung gebildet werden, um diese Schädlinge der Gesellschaft aufzuspüren und zu jagen, und es sollte unter Todesstrafe gestellt werden, einer Organisation anzugehören, deren Credo die Ermordung von Beamten ist."

Für diejenigen, die die Geschichte der Thugs nicht kennen, mag der folgende kurze Bericht aufschlussreich sein, da er den wahren Zustand Indiens vor der Ankunft der Briten zeigt und die böswillige Behauptung von Frau Besant widerlegt.

Laut C. W. Stewarts Einleitung zur 1916 erschienenen Ausgabe von Meadows Taylors *Confessions of a Thug*, die 1839 veröffentlicht wurde, waren die Thugs eine geheime, erbliche Gilde von Mördern, die unter dem Schutz der Göttin Kalee erwürgten und plünderten, und diese Morde wurden als Pflicht und Akt der Anbetung angesehen. Jede Bande trug eine heilige Spitzhacke bei sich, deren Original der Zahn von Kalee gewesen sein soll, und auf diese Spitzhacke wurde ein Eid abgelegt, dessen Bruch schreckliche Strafen nach sich zog. Kalee gab ihren Verehrern auch eine Rippe als Messer und den Saum ihres Gewandes als Würgetuch. Der tatsächliche Ursprung von Thuggee ist unbekannt, aber Sleeman berichtet in *Rambles and Recollections* von einem Thug-"Heiligen", der zu Beginn des vierzehnten Jahrhunderts in Delhi lebte und über große

Geldvorräte verfügte. Er wurde als Gründer angesehen, und die Thugs pilgerten zu seinem Grabmal. Er stammte aus Persien, wo er ein Schüler des „Alten Mannes vom Berg" gewesen sein soll, dem Anführer der Mörder, die sich um 1100 an den Küsten des Kaspischen Meeres aufhielten. Thuggee gab es in Indien mindestens fünf Jahrhunderte lang, aber die Regierung der Gesellschaft wurde erst 1799 auf die Übergriffe aufmerksam, und es dauerte dreißig Jahre, bis das Ausmaß dieser Praktiken erkannt wurde.

Laut Meadows Taylor verschwanden 1810 so viele Armeeangehörige auf dem Weg zu und von ihrem Haus, dass die Regierung eine Warnung aussprach und 1812 einige der Mörder aufspürte. Doch erst 1820, als der „Thuggee Sleeman" in den Gebieten Sagar und Nerbudda eingesetzt wurde, erkannte die Regierung die Thugs als eine eigene kriminelle Klasse an, die gleichzeitig in ganz Indien operierte. Im Jahr 1829 wurden Sonderbeamte ernannt, eine Kampagne gegen sie begann, und viele der Banden wurden aufgelöst. Im Jahr 1840 veröffentlichte Sleeman einen Bericht mit einer Karte der Thugs; viele seiner Informationen stammten von zwanzig Thugs oder professionellen Mördern, die zu Befürwortern wurden, darunter der berüchtigte Feringhea; ihre Aussagen wurden durch die Ausgrabung der Leichen bestätigt.

In diesem Bericht ist von Banden von Thugs die Rede, die über die Landstraßen zogen und unter dem Deckmantel der Freundschaft das Vertrauen ahnungsloser Reisender gewannen und sie, nachdem sie sie über mehrere Etappen zu einem abgelegenen Ort oder bhil begleitet hatten, durch Strangulation ermordeten und ihr Eigentum plünderten. Meadows Taylor stellte fest, dass außerhalb von Dörfern und Städten die Hütten und Häuser von Einsiedlern, Fakiren und religiösen Bettlern von den Thugs genutzt wurden, wobei die Fakire die Opfer in ihre Gärten oder umliegenden Haine lockten, unter dem Vorwand, ihnen Ruhe und Schutz zu bieten.

Die Schwierigkeit bestand darin, die Mörder zu überführen, da die Opfer in der Regel aus großer Entfernung kamen und Verwandte und andere Zeugen nicht so weit zu den Gerichten in der Nähe des Tatorts reisen wollten. Es wurden jedoch getrennte

Gerichte gebildet, in denen jeder Zeuge in seiner eigenen Nachbarschaft aussagte; dies erwies sich als großer Erfolg. Viele Anführer und führende Mitglieder der alten Banden blieben jedoch auf freiem Fuß, und wie Sleeman sagte: „Alle diese Personen würden in ihr altes Gewerbe zurückkehren und es ihren Söhnen oder bedürftigen und ausschweifenden Nachbarn beibringen und so ihre Banden neu organisieren, wenn unser Druck nachlassen würde. Von 1831 bis 1837 wurden von diesen Banden 1.059 nach Penang transportiert, 412 wurden gehängt, 87 zu lebenslanger Haft verurteilt und 483 wurden zu Freigängern.

-

Der damalige Generalgouverneur Lord William Bentinck und der Oberste Rat nahmen sich der Sache an, und es wurden hochintelligente Beamte ernannt, die die Durchführung der Maßnahmen zur Unterdrückung von Thuggee beaufsichtigen sollten. Die Verfolgung wurde bis 1860 fortgesetzt, und bis 1904 gab es einen Superintendent für Thuggee und Dacoity, danach wurde sie dem Central Criminal Intelligence Department anvertraut.

Wir könnten uns durchaus fragen, ob die Keime von Thuggee immer noch existieren und bereit sind, von sowjetischen Agenten und nationalen Kongressabgeordneten zum Leben erweckt zu werden, um ihre ehrgeizigen politischen Träume zu fördern. Der Standpunkt wurde von Herrn Ashmead Bartlett im *Daily Telegraph vom 20.* Oktober 1930 sehr klar dargelegt und scheint immer noch gültig zu sein:

„Die Situation ist unendlich viel ernster, als allgemein angenommen wird, und sie entwickelt sich rasch zu einem gigantischen Rassenkonflikt.

... Die städtische Hindu-Intelligenz ist entschlossen, ein komplettes Hindu-"Raj" zu schaffen, die britischen Beamten, zivile und militärische, aus dem Land zu vertreiben, die britischen Handelsinteressen zu konfiszieren und die unter britischer Herrschaft eingegangenen öffentlichen Schulden zu annullieren ... Afghanistan und Sowjetrussland würden sich sicherlich an der allgemeinen Auflösung beteiligen, ... sobald unser Würgegriff an der Nordwestgrenze nicht mehr existiert."

Im September 1913 gründete eine kleine Gruppe von Frau Besants Arbeitern die Gruppe, die als „The Brothers of Service" bekannt wurde; sie sollten die Freiheit unter der britischen Krone anstreben und mussten unter anderem versprechen, die Vereinigung der Arbeiter auf den Gebieten des geistigen, erzieherischen, sozialen und politischen Fortschritts unter der Leitung und Führung des Indischen Nationalkongresses zu fördern. Am 2. Januar 1914 wurde die Kampagne für die Selbstverwaltung endgültig eingeleitet, als die Wochenzeitschrift *The Commonweal* erschien, in der die Erklärung veröffentlicht wurde:

> „Bei der politischen Reform streben wir den Aufbau einer vollständigen Selbstverwaltung an, von den Dorfräten über die Bezirks- und Gemeindevorstände und die gesetzgebenden Versammlungen der Provinzen bis hin zu einem nationalen Parlament, das in seinen Befugnissen den gesetzgebenden Organen der selbstverwalteten Kolonien gleichgestellt ist..."

Im Frühjahr 1914 reiste Frau Besant nach England, um zu versuchen, eine indische Partei im Parlament zu gründen. Da ihr dies nicht gelang, hielt sie in der Queen's Hall in London eine Versammlung ab, bei der Earl Brassey den Vorsitz führte, um eine Hilfsorganisation für die Home Rule League for India zu gründen, die 1915 ins Leben gerufen wurde. Nach ihrer Rückkehr nach Indien kaufte sie eine Tageszeitung, die am 14. Juli 1914 erschien, und benannte sie in *New India* um. 1917, nach ihrer Internierung in Ootacamund, wurde sie, die bereits Präsidentin der Home Rule League war, zur Präsidentin des Nationalkongresses gewählt. Im Februar 1919 spaltete sich die Home Rule League, weil Gandhi „passiven Widerstand" gegen das Rowlatt-Gesetz leistete. Dieser wurde gestoppt, nur um im April 1920 von seiner Bewegung der Nicht-Kooperation gefolgt zu werden; Gandhi konnte seine Anhänger nicht kontrollieren.

In Delhi, 1920, verabschiedete der Nationalkongress eine Resolution, in der er forderte: (1) die Anwendung des Prinzips der Selbstbestimmung auf Indien; (2) die Beseitigung aller Hindernisse für eine freie Diskussion; (3) ein Parlamentsgesetz, das eine vollständige verantwortliche Regierung in Indien einführt, und dass bei der Rekonstruktion der kaiserlichen Politik

(4) Indien den selbstverwalteten Dominions gleichgestellt wird. Wie Frau Besant schrieb:

„Der zweite Punkt ist fast verwirklicht, der dritte und vierte nicht. Aber das Gesetz über das Commonwealth of India wird sie verwirklichen, wenn es ein Gesetz wird. Es wurde durch die Zersplitterung der politischen Parteien verzögert, die durch die Nichtkooperationsbewegung verursacht wurde, die jetzt [1926] tot ist."

In Bombay, am 28. August 1924, sagte sie zu Sir Michael O'Dwyer:

„Ich denke, wir können mit Fug und Recht behaupten, dass wir Indien zu einer brennenden Frage im politischen Leben Englands gemacht haben. Wir haben die Labour-Partei ganz auf unserer Seite..."

Sie wandte sich daher an die Labour Party, um die Commonwealth of India Bill durchzusetzen. Im Februar 1922 wurde die praktische Ausarbeitung der vorgeschlagenen Verfassung für Indien durch Inder in einer Diskussion in der politischen Sektion des 1921 Club, Madras, über die Methode zur Erlangung von Swaraj eingeleitet. Der Entwurf wurde dem Konvent vorgelegt, der im April 1925 in Cawnpore tagte, und schließlich einem Redaktionskomitee in Madras, bestehend aus dem ehrenwerten C. P. Ramaswami Alyar, den Herren Shiva Rao, Sri Ram, Yadunandan Prasad und Dr. Annie Besant, die ihn durch die Presse bringen und im Namen des Konvents veröffentlichen sollten. 1925 wurde er nach England geschickt und führenden Mitgliedern der Labour Party vorgelegt, von ihnen unterstützt, im Unterhaus zum ersten Mal gelesen und zum Druck freigegeben. Anschließend wurde er dem Exekutivausschuss der parlamentarischen Labour Party vorgelegt und schließlich einstimmig angenommen. Damit ging er in die Hände der künftigen Labour-Regierung über und wurde auf die Liste der Gesetzesvorlagen gesetzt, über die als offizielle Maßnahme abgestimmt wurde.

Im Folgenden werden einige Punkte dieses Commonwealth of India Bill aufgeführt, wie sie von Frau Besant im Anhang ihres Buches *India: Bond or Free?*, 1926, aus dem wir alle oben genannten Daten über den Nationalkongress usw. entnommen haben:

„Indien wird den selbstverwalteten Dominions gleichgestellt und teilt deren Verantwortung und Privilegien... 'Parlament' bedeutet nur das Parlament des Commonwealth of India... *Verteidigung:* Es wird eine Verteidigungskommission mit einer Mehrheit von Indern darin geben, die alle fünf Jahre vom Vizekönig in Absprache mit seinem Kabinett ernannt wird... Keine Einnahmen Indiens dürfen für irgendeinen Zweig der Verteidigungsstreitkräfte ausgegeben werden, in dem Inder nicht für den Dienstgrad eines Kommandeurs in Frage kommen. Sobald die Kommission eine positive Empfehlung ausspricht, kann das Parlament ein Gesetz verabschieden, um die volle Verantwortung für die Verteidigung zu übernehmen. *Exekutive:* In der indischen Regierung wird es ein Kabinett geben, das aus dem Premierminister und mindestens sieben Staatsministern besteht, die gemeinsam für die Verwaltung des Commonwealth verantwortlich sein werden. Der Premierminister wird vom Vizekönig ernannt, die anderen Minister auf Vorschlag des Premierministers. Der Vizekönig hat *vorübergehend das Kommando* über die Verteidigungskräfte. In allen Angelegenheiten mit Ausnahme der Verteidigung wird der Vizekönig nur auf Anraten des Kabinetts handeln... *Staatssekretär:* Die Befugnisse und Funktionen des Staatssekretärs und des Staatssekretärs im Rat über die Einnahmen und die Verwaltung Indiens werden auf die Exekutive des Commonwealth übertragen... *Änderung der Verfassung: Das* Parlament wird die Befugnis haben, die Verfassung zu ändern...“

Nach Angaben der *Chicago Tribune vom* 24. August 1929:

„Dr. Besant, der Führer der Theosophie, kam nach Chicago zum Weltkongress der Theosophen ... im Stevens Hotel. Dr. Besant hat Jahre in Indien verbracht und Theosophie gelehrt [und nebenbei Politik!] Sie sagte, dass sie kürzlich versucht habe, Indien dabei zu helfen, politische Maßnahmen zu ergreifen, durch die das Land das 'Joch Englands' abwerfen kann ... wenn eine Revolte aufflammen würde, sagte sie, würden die Engländer mit ihren Bomben aus der Luft und ihren Kriegsmaschinen zu Lande und zu Wasser sie einfach niedermähen wie das Korn vor der Sense'.“

In seinem *Life of Annie Besant,* 1929, spricht Geoffrey West (S. 249) von der Versammlung, die am 23. Juli 1924 in der Queen's Hall, London, zu Ehren von Frau Besants fünfzigjährigem öffentlichen Wirken stattfand.

„Unter den Rednern waren George Lansbury, Ben Tillett, Ben Turner, Margaret Bondfield, Mrs. Pethick Lawrence und John Scurr; Botschaften wurden von Lord Haldane, Ramsay MacDonald, Philip Snowden und Bernard Shaw verlesen, und andere würdigten in gedruckter Form ihre Arbeit als Sozialistin, Politikerin, Reformerin, Pädagogin und Religionslehrerin...“

Und ihre Arbeit wurde in jeder Hinsicht von ihr beherrscht und geregelt. Die „Meister“ und die geheimnisvolle „Innere Regierung der Welt“, nicht zum Wohle Indiens, sondern zur Verwirklichung ihrer Weltpläne.

Und was sagen ihre Anhänger heute? In der *Morning Post vom 16. September* 1933 lesen wir:

„Auf seiner Tagung in Lahore im Januar 1930 verabschiedete der Kongress zwei Resolutionen: eine zur Herstellung der indischen Unabhängigkeit durch Abbruch aller Verbindungen zu Großbritannien und eine weitere zur Ablehnung der öffentlichen Schulden Indiens, insbesondere gegenüber den britischen Anleihegläubigern. Seit 1930 ist die Unabhängigkeit das Credo des Kongresses geblieben, und die Ablehnung der Schulden ist immer noch einer der wichtigsten Punkte des Kongressprogramms.“

Und wie Gandhi in einem Brief an Jawaharlal Nehru sagte:

„... Die Fürsten müssen einen Großteil ihrer Macht abgeben und zu Volksvertretern werden... Der Nationalismus muss mit einem fortschrittlichen Internationalismus vereinbar sein, deshalb müssen wir uns mit den fortschrittlichen Kräften der Welt verbünden.“

Laut Mrs. Besant: „Die Gestaltung ihres Strebens nach Nationalität als integraler Bestandteil des kommenden Weltreichs“.

Überall sehen wir die Ausbreitung dieses *Universalitätsprinzips,* das den echten Patriotismus, die individuelle und nationale Initiative durch einen schlaffen internationalen Pazifismus, Sozialismus und die Vereinigung aller Völker ersetzt! Ein weiteres Beispiel ist die *Dreifache Bewegung.* Ihr erstes europäisches Treffen fand im Juli 1927 im City Temple statt, obwohl ihre erste Bewegung, die „Union des Ostens und des Westens“, bereits vor etwa zwanzig Jahren ins Leben gerufen wurde. Dem Londoner Komitee gehörten Mitglieder der Socialist and Labour Party, der Internationalen

Friedensbewegung, der Freien Religiösen Bewegungen und der Theosophischen Gesellschaft an. Auf ihrer Sitzung am 17. Juli 1930 befassten sie sich mit dem Thema „Welteinheit aus der Sicht der Vertreter von acht Religionen und sieben Ländern". Ihre „Hymne des Universellen" lautete: „Eine kosmische Bruderschaft ... Rasse, Farbe, Glaube und Kaste verblassen in einer träumerischen Vergangenheit ... alles Leben ist eins." Bahaismus, Buddhismus, Shintoismus, Christentum, Hinduismus und Judentum waren alle vertreten, und der Jude gab den kabbalistischen Schlüssel mit den Worten: „Die Religion war das Symbol, mit dem wir versuchten, die *Natur* zu verstehen." Ihr Ziel war die Verwirklichung von Frieden und Brüderlichkeit, um ein Weltgemeinwesen zu schaffen. Die treibende Kraft der Bewegung, der Amerikaner Charles Frederick Weller, spricht vom Parlament der Religionen, das 1893 in Chicago stattfand, und von einem weiteren, das für 1933 vorgeschlagen wurde.

Im September 1893 fand anlässlich der Weltausstellung in Chicago das berühmte „Parlament der Religionen" statt, zu dem alle Religionen oder Pseudoreligionen eingeladen waren, Delegierte zu entsenden. Unter den Anwesenden war auch Swami Vivekananda, der die hinduistische Lehre des *Vedanta* unter dem Vorwand, sie an die westliche Mentalität anzupassen, pervertierte. Er hatte Erfolg in Amerika und Australien, und ihm folgten noch gewagtere Adaptionen, wie der „unbeschreibliche Swami Yogananda". Frau Besant vertrat die Theosophie, und sie wurde von Chakravarti, dem Gründer des *Yoga Samaj*, begleitet, der ein mehr oder weniger hinduisierter Mongole war und ein bemerkenswerter Hypnotiseur, während Frau Besant als ein guter Untertan galt.

Auch Dharmapala, ein buddhistischer Vertreter der *Maha Bodhi Samaj* von Colombo, Ceylon (Gesellschaft der Großen Weisheit), war dabei. Ein anderer war Dr. J. D. Buck, eines der aktivsten Mitglieder der heutigen Sadol-Bewegung in Amerika. Die meisten der anderen Delegierten vertraten unzählige protestantische Sekten und verschiedene heterogene Elemente. Daraufhin wurde der Versuch unternommen, einen weiteren „Kongress der Humanität" zu organisieren, der 1900 in Paris stattfinden sollte und an dem alle Religionen und Suchenden teilnehmen sollten, deren gemeinsames Ziel der Fortschritt der Menschheit war, um die künftige Einheit und den Frieden auf Erden vorzubereiten. Es dauerte bis 1913, bis der Kongress unter dem Namen „Kongress des religiösen Fortschritts" zusammentrat und Edouard Schure die Bewegung von Dr. Steiner vertrat, eine Abspaltung von Frau Besant.

Die Dreifache Bewegung ist die Union von Ost und West, die Liga der Nachbarn und die Gemeinschaft der Religionen. Sie setzt sich für die Verwirklichung von Frieden und Brüderlichkeit ein, um das Kommen der Weltgemeinschaft zu beschleunigen, um jetzt und hier im Reich (oder der Demokratie) Gottes zu leben. Die Bahai-Bewegung, die sich für die oben genannten Ziele einsetzt, vereint angeblich die Strömungen des Judentums, des Christentums und des Islamismus, wie die Drusen. Sie behaupten auch, dass ihr Prophet den Völkerbund, ein oberstes Tribunal, wie folgt vorhersah:

> „Vor etwa fünfzig Jahren befahl Baha'u'llah den Menschen, den universellen Frieden zu schaffen, und rief alle Nationen zum 'göttlichen Bankett der internationalen Schiedsgerichtsbarkeit' auf, damit die Fragen der Grenzen, der nationalen Ehre und des Eigentums sowie der lebenswichtigen Interessen zwischen den Nationen von einem Schiedsgericht entschieden werden."

Um zu wiederholen, was die *Archives-israélites* im Jahr 1861 schrieben:

> „*L'Alliance-israélite-universelle*... wendet sich an alle Religionen... Sie will in alle Religionen eindringen, wie sie in alle Länder eingedrungen ist. Wie viele Nationen sind verschwunden! Wie viele Religionen werden ihrerseits verschwinden! *Israel wird nicht aufhören zu existieren*... die Religion Israels wird nicht untergehen; sie ist die Einheit Gottes."

Die zweite Einheit dieser dreifachen Bewegung, die „League of Neighbours", wurde 1920 in den USA von Charles Frederick Weller, einem sozialistischen Schriftsteller, gegründet und hat zum Ziel, durch nachbarschaftlichen Dienst das neue Bewusstsein der menschlichen Einheit zu entwickeln. Dennoch wurde ihr später die Nutzung von High Schools in New York wegen ihrer subversiven Verbindungen verweigert. Es wurde von Präsident Wilson, Präsident Harding, Rabbi Wise und vielen bekannten Sozialisten unterstützt. Wir wissen, welche Rolle sowohl Präsident Wilson als auch Rabbi Wise bei der Gründung des Völkerbundes gespielt haben.

Es ist interessant, was der jüdische Schriftsteller Dr. Alfred Nossig in seinem Buch *Integrates Judentum* über den Sozialismus und den Völkerbund schrieb:

> „Die moderne sozialistische Bewegung ist zu einem großen Teil ein Werk der Juden, die ihr den Stempel ihres Geistes aufdrücken; sie waren es, die eine überwiegende Rolle bei der Leitung der ersten sozialistischen Republik spielten, obwohl die leitenden jüdischen Sozialisten meist weit vom Judentum entfernt waren... Der gegenwärtige Weltsozialismus bildet den ersten Schritt zur Vollendung des Mosaismus, den Beginn der Verwirklichung des von unseren Propheten angekündigten zukünftigen Weltzustandes. Erst wenn es einen Völkerbund gibt, erst wenn seine verbündeten Armeen wirksam zum Schutz der Schwachen eingesetzt werden, können wir hoffen, dass die Juden in Palästina ihren Nationalstaat ungehindert entwickeln können; und ebenso wird nur ein vom sozialistischen Geist durchdrungener Völkerbund uns den Genuss unserer internationalen wie unserer nationalen Bedürfnisse ermöglichen...“

Wie wir wissen, geht die Co-Freimaurerei von Frau Besant auf die in Frankreich von Maria Deraismes mit Unterstützung von Dr. Georges Martin gegründete Mischfreimaurerei zurück, die 1894 offiziell als *Droit Humain* gegründet wurde. Maria Deraismes war 1882 von der Loge *Les Libres Penseurs* in Pecq entgegen der Konstitutionen eingeweiht worden. Wegen dieser verfassungswidrigen Handlung wurde die Loge in den Wartestand versetzt und die Einweihung von der *Grande Loge Symbolique Ecossaise* für ungültig erklärt.

In *Etude Abrégée de la Franc-maçonnerie mixte et de son organisation* berichtet der französische Freimaurer, Dr. Georges Martin, von einer ersten Initiation mehrerer Frauen am 14. März 1893. Sie

> „in der Rue de Sévres 45 versammelt, um einen neuen freimaurerischen Gehorsam in Frankreich zu gründen, unter dem Vorsitz von Schwester Maria Deraismes, die am 14. Januar 1882 in der Loge Symbolique Ecossaise Mixte, *Les Libres Penseurs*, de l'Or ... du Pecq (Seine et Oise) als Freimaurerin initiiert wurde. F.-.

Georges Martin, der bei der freimaurerischen Einweihung von Schwester Maria Deraismes in der Loge *Les Libres Penseurs* assistierte, war anwesend und wünschte, ihr mit seinen Ratschlägen bei der Gründung des neuen freimaurerischen Obediente zu helfen, den diese Schwester in Frankreich à l'Or ... de Paris gründen würde."

Eines der von den Postulanten zu unterzeichnenden Versprechen lautete:

„Ich verspreche, dass ich nichts von den mir anvertrauten freimaurerischen Geheimnissen preisgeben werde.

Er erzählt uns weiter:

„Die gemischte Freimaurerei hat keinen neuen Ritus geschaffen. Was sie von allen anderen unterscheidet, ist, dass sie nicht nur Männer, sondern auch Frauen zulässt; sie lehrt die Anerkennungsmethoden des Alten und Angenommenen Schottischen Ritus, wie sie in den Großen Konstitutionen vom I. Mai 1786 angenommen und vom Universellen Konvent, der am 22. September 1875 in Lausanne tagte, bestätigt wurden.

Weiter sagt er, dass die gemischte Freimaurerei mit den meisten freimaurerischen Mächten keine Beziehungen unterhält; die Brüder und Schwestern treffen sich regelmäßig unter der Charta des *Suprême Conseil Universal Mixte*, der am 11. Mai 1899 in Paris gegründet wurde. Albert Lantoine berichtet, dass zweimal versucht wurde, die Anerkennung von Frauen durch den Großorient in Frankreich zu erreichen: Auf dem Konvent des Großorient im Jahr 1900 stimmten 93 dafür und 140 dagegen; 1901 waren es 104 dafür und 134 dagegen. Laut Lantoine war Dr. Martin hocherfreut, da ein vollständiger Sieg seine Pläne zunichte gemacht hätte, denn er wollte das *Droit Humain* beibehalten, *da er* der festen Überzeugung war, dass das Eindringen der Frauen in die Freimaurerei diese zu zerstören drohte, während ein separater, aber als regulär anerkannter Gehorsam sie konsolidieren würde, ohne sie zu gefährden. Erst 1920 erkannte die Generalversammlung des Grand Orient de France den *Droit Humain an, indem sie* die Männer in ihre Logen aufnahm, die Frauen aber weiterhin ausschloss.

Der *Droit Humain* praktizierte zunächst nur drei Grade, führte aber später die 33 Grade des Schottischen Ritus ein. Die gemischte Freimaurerei war nach den allgemeinen Regeln der ausschließlich männlichen Freimaurerei organisiert. Es gab vier Freimaurereien: (I) Blaue Freimaurerei - I bis 3 Grade; (2) Rote Freimaurerei, die Kapitel der Ritter von Rose-Croix - 4 bis 18 Grade; (3) Schwarze Freimaurerei, die Areopagi der Ritter von Kadosch - 19 bis 30 Grade; (4) Weiße Freimaurerei, Administrative - 31, 32, 33 Grade. Der Suprême Conseil war der Schlussstein dieser Freimaurerei und wurde nur aus den Reihen der Großinspektoren des 33.rd Grades rekrutiert.

Diese Freimaurerei verbreitete sich in England, Holland, der Schweiz und den Vereinigten Staaten, und am 26. September 1902 wurde in London die erste englische Loge unter dem Namen „Human Duty" gegründet. Frau Besant wurde in diese Loge eingeweiht und stieg schnell in die höchsten Grade und Ämter auf. Yarker schreibt in seinem Buch, The Arcane Schools, 1909:

„Es sei hier erwähnt, dass Frau Annie Besant im Januar 1903 in London einen S.G.C., 33rd Grad, gegründet hat, der alle Grade vom Ist bis zum 33rd Grad unterschiedslos an Männer und Frauen verleiht; sie erhielt ihre Konstitution aus Indien, ein S.G.C., der seine Autorität aus einer Meinungsverschiedenheit im S.G.C. des 33rd Grades für Frankreich, der Konstitution von Tilly, hatte. Sie hat dem Ritual nur einen 'Dharma'-Vortrag hinzugefügt, der die Freimaurerei mit den indischen Geheimgesellschaften vergleicht und den Namen Co-Masonry trägt."

Sie gründete die Loge von Adyar in Indien unter dem Namen „Rising Sun"; sie wurde Vizepräsidentin des Suprême Conseil in Frankreich und nationale Delegierte für Großbritannien und seine Dependenzen. Dann organisierte sie die Freimaurerei, und nachdem sie vom Suprême Conseil einige Zugeständnisse erhalten hatte, gab sie sich unter dem Vorwand der Anpassung an die angelsächsische Mentalität Statuten, die sich deutlich von den in Frankreich üblichen unterschieden. Unter anderem behielt sie die Verwendung des Bandes der Heiligen Schrift in den Logen bei, ebenso die Formel „Zur Ehre des großen Architekten des Universums", die 1877 vom Grand Orient abgeschafft und in der französischen gemischten Freimaurerei durch „Zur Ehre der Menschheit" ersetzt worden war. 1913 wurde ein Großer Rat als Oberhaupt der britischen Ko-Freimaurerei eingesetzt, mit Frau Besant als Großmeisterin, unterstützt von Ursula Bright, James

L. Wedgwood als Großsekretär und Francesca Arundale als Vertreterin für Indien. Am 21. September 1909 installierte Frau Besant die Loge von Chicago.

In Frankreich hatten die Theosophen offenbar bald ein sicheres Übergewicht, und sie hofften, dass London mit der Zeit zum zentralen Organismus der Co-Masonry Universal werden würde. Am 19. Februar 1922 wurde im Großen Tempel des *Droit Humain* in Paris ein Bündnis zwischen dem Grand Orient und der Ko-Freimaurerei gefeiert, aber diese Verbindung wurde durch einen Beschluss des Rates des Grand Orient vom 13. September 1930 aufgelöst, so der Convent des Grand Orient von Frankreich, 1930. Frau Besant war, bevor sie starb, Ire Lieut. G. Commandeur du Supreme Conseil Mixte Internationale du Droit Humain. Wie ihr „Weltlehrer" Krishnamurti lehrte „Es gibt keinen Gott außer dir selbst", war die Vergöttlichung das Ziel der Freimaurerei. Laut Leadbeater in *The Hidden Life in Freemasonry* besteht das Ziel der Freimaurerei darin, die Kraftzentren im Menschen zu beleben und die inneren Sinne zu wecken. Er spricht von diesen Kraft- oder Nervenzentren,

sagt er:

> „Wenn sie ganz unentwickelt sind, erscheinen sie als kleine Kreise mit einem Durchmesser von etwa fünf Zentimetern, die im gewöhnlichen Menschen dumpf leuchten, aber wenn sie erweckt und belebt sind, erscheinen sie als glühende, leuchtende Untertassen, die viel größer sind ... Die sieben Zentren ... sind:

(1) die Basis der Wirbelsäule;

(2) die Milz;

(3) der Nabel oder Solarplexus;

(4) das Herz;

(5) die Kehle;

(6) der Raum zwischen den Augen;

(7) der Scheitel des Kopfes...

Wenn diese Zentren überhaupt in Aktion sind, zeigen sie Anzeichen einer schnellen Rotation, und in jedes dieser Zentren strömt eine Kraft aus der höheren Welt (d.h. die universelle

Lebenskraft, die die inneren Sinne erleuchtet und erwecken soll. Das ist die sogenannte Vergöttlichung)."

In seinen *Einweihungsergebnissen* spricht Steiner von eben diesen Zentren oder Chakren, deren Entwicklung das Ziel seiner *okkulten Wissenschaft* ist ( ), *und* sagt: „Wenn sie entwickelt sind, erlaubt das den Verkehr mit Wesen höherer Welten ... den weißen Okkultisten". Zweifellos die Große Weiße Bruderschaft, die Innere Regierung aller illuministischen und theosophischen Bewegungen. In ihrem offiziellen Organ, *Freemasonry Universal*, Wintersonnenwende, 1929, sagen die Freimaurer:

> „Der Heilige Königliche Bogen bedeutet das Erwachen der Kundalini... Die (exoterische) Freimaurerei ist die äußere Hülle, aus der viel geheimes Wissen herausgezogen wurde... Die Ko-Freimaurerei führt uns zum Licht... Durch unsere eigene Intuition [machen wir] die große Entdeckung *unserer selbst*... Die Suche nach dem verborgenen Gott..."

Sie betrachten den Heiligen Königlichen Bogen als okkult und mystisch, „stimulierend und das Feuer (Kundalini) erweckend und zur Entdeckung der Göttlichkeit in uns führend." Wiederum der kabbalistische vergöttlichte Mensch. Laut dem Freimaurer W. L. Wilmshurst in *The Masonic Initiation,* der wie ein Illuminatus schreibt, „wurde die Royal Arch Masonry 1778 von einem jüdischen Bruder, Moses Michael Hayes, in England eingeführt".

Hier scheint der Grund dafür zu liegen, dass die Ko-Freimaurerei eine Kraft für den so genannten Dienst an Indien sein soll, indem sie erleuchtete Werkzeuge für den Großen Plan der 'Inneren Regierung der Welt' vorbereitet; und „die Meister haben ihr (Mrs. Besant) versichert, dass der Herrschaftsstatus für Indien Teil des Großen Plans ist, und sie weiß, dass sie nicht von uns gehen wird, bis diese Freiheit erreicht ist" *(Theosophist,* Oktober 1928).

Im Juni 1934 wurde Dr. George Sydney Arundale in der Blavatsky Hall in Madras zum Präsidenten der Theosophischen Gesellschaft gewählt, als Nachfolger der verstorbenen Dr. Annie Besant, die verstorben war, bevor das Schicksal Indiens entschieden wurde. Er wurde vor fünfundfünfzig Jahren in Surrey geboren und stand von Kindheit an unter dem Einfluss von Leadbeater. Er war Rektor des Central Hindu College in

DIE SPUR DER SCHLANGE

Benares und gründete am 11. Januar 1911 den *Orden der aufgehenden Sonne,* der einige Monate später als *Orden des Sterns im Osten* organisiert wurde, mit Krishnamurti als Oberhaupt und Frau Besant als Protektorin. Krishnamurti sollte auf die Manifestation von „Lord Maitreya" vorbereitet werden, der den Theosophen zufolge unter verschiedenen Namen bekannt ist: Orpheus, Hermes, Trismegistus, Vyasa, Krishna, Buddha, Zoroaster und sogar Christus." Leadbeater und Arundale waren seine Lehrer. Letzterer drückte 1913 als Direktor des Colleges in einem Rundschreiben an eine Gruppe von Lehrern und Jungen, das am 13. Juni im Allahabad *Leader* veröffentlicht wurde, seine uneingeschränkte Verehrung für Frau Besant aus, die im Begriff war, eine der größten Herrscherinnen der Welt der Götter und Menschen zu werden. Damals wurde öffentlich behauptet, dass das College nicht hinduistisch, sondern theosophisch sei. Arundale und einige der Lehrer und Schüler traten geschlossen zurück, und das Kuratorium übergab das College an einen Ausschuss der geplanten Hindu-Universität.

Arundale war auch einer derjenigen, die während des Krieges zusammen mit Frau Besant in Ootacamund im November 1917 interniert wurden. Im Dezember 1916 wurde die Home Rule League von Frau Besant in Lucknow vom Kongress und der Muslimliga unterstützt, und sie sagte: „Ich gehe in erzwungenes Schweigen und ins Gefängnis, weil ich Indien liebe und mich bemüht habe, es zu erwecken, bevor es zu spät war. Ich bin alt, aber ich glaube, dass ich noch vor meinem Tod sehen werde, wie Indien die Selbstverwaltung erlangt". Als Bischof Arundale von der Liberalen Katholischen Kirche war er einer der zwölf Apostel, die zusammen mit seiner Frau Rukmini Devi, einer hochkastigen Hindu-Frau, für den „Weltlehrer" ausgewählt wurden. Er hat auch viele Gottesdienste in London gehalten. In *Freemasonry Universal,* dem offiziellen Organ der Co-Masonry, Teil 3, 1929, ist zu lesen: Eastern Administration Grand Secretary, The V. Ills. Bro. G. S. Arundale, 33rd Grad, Adyar, Madras, Indien (einschließlich Burma).

Von dieser Co-Masonry gab es mindestens zwei Spaltungen: eine im Jahr 1908, als eine Reihe von Mitgliedern, die sich gegen die Einführung des östlichen Okkultismus in die Freimaurerei wandten, sich zu einer separaten Körperschaft unter dem Namen „Ancient Masonry" zusammenschlossen, die nur die Handwerksgrade gemäß der Großloge von England ausübte. Diese Gruppe war lange Zeit von dem Einfluss und dem Illuminismus der Stella Matutina und des R.R. et A.C. durchdrungen, und noch 1923-24 waren nicht nur ihre Großmeisterin, Frau H-, sondern mehrere ihrer Mitglieder fortgeschrittene Adepten dieses Ordens und des Steiner-Ordens. Von diesen „Alten Freimaurern" wiederum fand offenbar um 1914 eine weitere Abspaltung statt, die den Namen „Honourable Fraternity of Ancient Freemasons" (Ehrenwerte Bruderschaft der Alten Freimaurer) annahm, die ausschließlich für Frauen bestimmt war und nun in St. Ermins, Westminster, ansässig war. Eine sehr viel spätere Abspaltung von Mrs. Besants Co-Masonry war eine Gruppe unter der Leitung von Miss Bothwell Gosse, die sich gegen die Neuerungen der Co-Masonic aussprach. Schließlich gründete sie die Gruppe „Ancient and Accepted Masonry" für Männer und Frauen, die offenbar die dreiunddreißig Grade bearbeitete. In ihrer Broschüre über den *Alten und Angenommenen Ritus* fasst sie dessen angebliche Ursprünge zusammen:

> „So finden wir, dass der Kern dieses Ritus in Frankreich entstand; er wurde von Stephen: Morin nach Amerika gebracht und dort etabliert; Friedrich der Große organisierte ihn neu und gab ihm eine Verfassung; er ging durch die Französische Revolution für Europa verloren; er wurde von de Grasse-Tilly nach Frankreich zurückgebracht und in Paris wiederhergestellt; von da an hat er sich über die ganze Welt verbreitet."

Wie wir gezeigt haben, sind die meisten Großlogen, mit Ausnahme der englischen Großloge, in der A.M.I., dieser subversiven *Association maçonnique internationale*, vertreten, und Georges Loïc erklärte in der *R.I.S.S.*, I. März, 1933: „Die Obersten Räte sind alle Ausgaben des Obersten Rates, der am 31. März 18o1 in Charleston von den Juden Dalcho und Mitchell und vom Comte de Grasse-Tilly gegründet wurde."

Um einige dieser Namen hat es von Zeit zu Zeit heftige Kontroversen gegeben; Dokumente und Beweise sind, wenn auch nicht gänzlich abwesend, so doch eher selten, was beim aufmerksamen Betrachter ein Gefühl der Unsicherheit und sogar des Zweifels hinterlässt. Der bekannte Freimaurer der französischen Großloge, Albert Lantoine, hat vielleicht Recht, wenn er in seinem Buch *„La Franc-maçonnerie chez elle"* *(*1927) feststellt:

„In der Freimaurerei muss man eine so vernünftige Meinung wie die des ausgewogenen Reghellini de Schio akzeptieren, der zu dem Zeitpunkt, als die Diskussionen über die freimaurerische Suprematie so hitzig waren, auf schrieb: 'Wenn man mit Dokumenten in der Hand sprechen würde, welcher Ritus oder welches Oberhaupt des Ordens dieses Ritus könnte auf einen nicht eindeutigen Ursprung seiner Macht zurückgehen? Welcher Freimaurer, welcher Ritus überhaupt, hat den roten Faden, um sich aus dem Labyrinth all dieser Ursprünge zu befreien?'"

Im *Daily Telegraph vom* 26. September 1933 war zu lesen, dass die „Honourable Fraternity of Ancient Freemasons", eine Gruppe, die sich 1914 von den „Ancient Masons" abgespalten hatte, ihren neuen Sitz in St. Ermins, Westminster, bezogen hat. Die Eröffnungs- und Einweihungszeremonie wurde von der Großmeisterin, Frau Elizabeth Boswell Reid, geleitet, die zusammen mit Frau Seton Challen die Abspaltung gegründet hatte; wenn man es so ausdrücken darf, wurde sie von Frau Seton Challen, der stellvertretenden Großmeisterin, und Frau Piers Dyer, der Provinzgroßmeisterin, unterstützt. Mehr als 200 Mitglieder aus vielen Teilen des Landes nahmen teil. Weitere Mitglieder der Bruderschaft waren Mrs. Messervy, Mrs. Bank Martin, Mrs. Crawford Munro und Miss Lata Coventry. Sie bearbeiteten die handwerklichen Grade, den Heiligen Königlichen Bogen und hofften, später das Rosenkreuz zu bearbeiten. Ihr offizielles Organ ist *The Ray.* Frau Boswell Reid starb am 21. November 1933 und wurde von Frau Seton Challen abgelöst. Erstere trug die Titel: Most Worshipful the Grand Master; Most Excellent Supreme Grand Zerubbabel; Most Worshipful Grand Master Mark Masonry. --

Laut *R.I.S.S. schrieb* im Mai 1934 die okkultistische Freimaurer-Autorität F.-. Oswald Wirth, einen kuriosen Artikel in *Le Symbolisme* geschrieben. Er beruft sich auf die „Honourable Fraternity of Ancient Freemasons" in England. Die englischen Frauen, die sich nicht scheuen, die Männer zu kopieren, haben „männliche Riten, Bräuche, Regeln, Insignien und sogar Titel übernommen... Sie arbeiten tadellos wie die Männer in ihrem eigenen Tempel in Westminster und haben wirtschaftliche Vorteile gegenüber den Männern, wie die Nüchternheit ihrer rituellen Feste beweist." Er kommt zu dem Schluss, dass die Initiation der Frau subtiler ist als die des Mannes, und sagt:

„Frauen, lernt, rein und nachdrücklich weiblich zu sein. Solange ihr euch von uns leiten lasst, werdet ihr in eurer Mission scheitern, die darin besteht, uns auf dem moralischen Weg und der Verwirklichung des Guten vorauszugehen. Ihr seid die Priesterinnen des Kultes, auf den die Menschheit wartet. Um euch auf eure zivilisatorische Arbeit vorzubereiten, müsst ihr eine wirkliche Einweihung erhalten, die eure weibliche Natur entwickelt, also ganz im Gegensatz zu einer Parodie der männlichen Riten."

Im *Amerikanismus*, der neuen Ordnung der Zeitalter, heißt es: „In diesem Zeitalter wird die Frau zu ihrem rechtmäßigen Platz als *intuitive spirituelle* (psychische) *Lehrerin der Rasse* und Königin des Hauses aufsteigen... noch wird sie das Vorrecht des Mannes an sich reißen, sondern die Erde zu einer himmlischen Wohnstätte machen." Mit anderen Worten, sie soll das passive Instrument oder Medium sein, durch das die geheimnisvolle Macht hinter der Freimaurerei die Welt regiert und lenkt, der Mann wird die Anweisungen aktiv ausführen! Wie Oswald Wirth schrieb:

„Viele Freimaurer bilden sich ein, die Freimaurerei zu verstehen, obwohl sie die Existenz ihrer Geheimnisse und ihrer Esoterik nicht einmal ahnen" *(Le Livre de l'apprenti)*.

Auch hier erklärt er:

„Unsere beiden Säulen sind außerdem mit dem alten Kult der Zeugung verbunden, der die universellste Manifestation der primitiven Menschheit war... Alles, was sich auf die Zeugung bezieht, blieb heilig, solange die Religionen des Lebens vorherrschten, deren Ideal irdisch ist, die aber von den Religionen des Todes verdrängt wurden, die das Glück jenseits des Grabes versprechen. Nun geht die Freimaurerei von den Kulten des Lebens aus, deren Symbole sie bewahrt hat" *(Le Livre du compagnon)*.

Weiter:

„Die Freimaurerei legt großen Wert darauf, den Großen Architekten nicht zu definieren, und überlässt es jedem ihrer Adepten, sich eine

Vorstellung von ihm zu machen, die seinem Glauben oder seiner Philosophie entspricht" (*L'Idéal initiatique*).

Außerdem:

„Hüten wir uns also davor, dem Müßiggang zu verfallen, der den großen Architekten der Eingeweihten mit dem Gott der Gläubigen verwechselt" *(Le Livre du maître)*.

Um einen anderen zu nehmen, den sehr mächtigen Souveränen Großkommandeur Bruder Jean Marie Raymond: „Wir wollten die Unsterblichkeit im Symbol des Großen Baumeisters des Universums kristallisieren, eine Art Emblem der kosmischen Einheit, der höchsten universellen Intelligenz, die nichts anderes ist als das *Leben* selbst." Wie die Kabbala, die eine ihrer Grundlagen ist, ist die Freimaurerei also pantheistisch, und ihr Ziel ist es, den Menschen durch astrale oder kosmische Rauschzustände zu erleuchten oder zu vergöttern.

Frau Besants „Gott" war pantheistisch, diese Lebenskraft in der ganzen Natur, und ihr Christus war diese astrale Kraft, die erleuchtet; die gleichen Ideen sind die Grundlagen der Theosophie, von Rose-Croix, der Freimaurerei und des gesamten Yoga. Und welche Haltung hat die Großloge von England gegenüber Frauen in der Freimaurerei eingenommen? (I) Albert Lantoine zufolge heißt es in der Anderson-Konstitution von 1723:

„Sklaven, Frauen, unmoralische und unehrenhafte Personen können nicht zugelassen werden, sondern nur Männer von gutem Ruf."

(2) Am 3. September 1919 erließ das Grand Lodge Board of General Purposes die folgende Erklärung: „... Alle diese Körperschaften, die Frauen als Mitglieder zulassen, sind heimlich und irregulär; es ist notwendig, die Brüder davor zu warnen, dass sie unbeabsichtigt dazu verleitet werden, ihre Verpflichtung zu verletzen, indem sie Mitglieder dieser Körperschaften werden oder an ihren Versammlungen teilnehmen..." (3) Die Vereinigte Großloge von England kodifizierte am 4. September 1929 acht Bedingungen für die Anerkennung freimaurerischer Obödienzen in der ganzen Welt, eine davon ist: dass die Mitglieder der Großloge wie auch die der einzelnen Logen ausschließlich Männer sein müssen und dass die

Obödienz keinerlei Beziehungen zu gemischten Logen unterhält, in denen Frauen als Mitglieder zugelassen sind *(An. Maç. Uni.,* 1930). (4) *Die Morning Post,* 7. Juni 1934, schrieb:

„Auf der Tagesordnung der gestrigen Sitzung der Vereinigten Großloge in London stand der Antrag auf Ausschluss eines Bruders, der, wie berichtet, an Treffen einer „irregulären" Vereinigung namens Co-Masons teilgenommen hatte, die Frauen zulässt... Da er sich weigerte, eine Warnung über die wahrscheinlichen Folgen seines Handelns zur Kenntnis zu nehmen, musste sein Ausschluss empfohlen werden, und die Großloge nahm den Antrag einstimmig und ohne Diskussion an. Der Duke of Connaught, Großmeister, führte den Vorsitz bei der Versammlung, und seine Anwesenheit wurde von den 1.800 anwesenden Brüdern sehr geschätzt."

Schließlich, wie Oswald Wirth schreibt:

„Wie die Göttlichkeit zu werden, das war das Ziel der alten Mysterien... Bis heute hat sich das Programm der Einweihung nicht verändert."

KAPITEL IX

RUDOLF STEINER UND DIE ANTHROPOSOPHIE

In einem Leitartikel vom 14. September 1922 warnt der *Patriot* seine Leser vor dem „Unterirdischen Krieg" und schreibt:

„Für diejenigen, die lernen wollen, veröffentlichen wir heute den ersten einer Reihe von Artikeln von „G.G." (oder 'Dargon'), einem Schriftsteller, der eine Studie über Geheimgesellschaften gemacht hat. Der Zweck von „The Anatomy of Revolution" ist es nicht, den Leser tief in irgendeinen Teil des Themas zu führen, sondern einen allgemeinen und historischen Überblick über diesen Komplex von subversiven Organisationen zu geben, die für die Zerstörung des Christentums, der Zivilisation und des britischen Empire arbeiten. Der Autor, der ein echter Brite und ein guter Patriot ist, hat nur ein Ziel - die britische Öffentlichkeit vor der unvermuteten Gefahr zu warnen, die ihr, wie er glaubt und wir auch glauben, unmittelbar droht."

Um G.G. zu zitieren:

„Hier müssen wir feststellen, dass es unter den arkanen Gesellschaften immer eine doppelte Bewegung gegeben hat - einerseits eine mystische, andererseits eine politische. Esoterische Vereinigungen wie die Bruderschaft vom Rosenkreuz, die Martinisten, die Swedenborgianer und die Theosophen bestanden zweifellos größtenteils aus harmlosen Enthusiasten, die sich von Mystik und Magie angesprochen fühlten. Aber sie wurden auch als Deckmantel für politische Intrigen und als Netz benutzt, um Personen zu fangen, zu prüfen und auszuwählen, die für subversive Zwecke verwendet werden konnten. Denn es gehört zu den Methoden des revolutionären Direktoriums, möglichst harmlose Körper als Deckmantel und unschuldige Menschen als unbewusste Agenten zu benutzen...

„Ich möchte kurz auf die Existenz eines Ablegers der Theosophischen Gesellschaft hinweisen, der als Anthroposophische Gesellschaft bekannt ist. Diese wurde als Ergebnis einer Spaltung in den Reihen der Theosophen von einem Mann jüdischer Herkunft gegründet, der mit einem der modernen Zweige der Carbonari verbunden war. Nicht nur das, sondern zusammen mit einem anderen Theosophen ist er damit beschäftigt, bestimmte merkwürdige kommerzielle Unternehmungen zu organisieren, die nicht un mit kommunistischer Propaganda verbunden sind; fast genau in der Art und Weise, in der „Graf St. Germain" seine Färbereien und andere kommerzielle Unternehmungen mit einem ähnlichen Ziel organisiert hat. Und diese merkwürdige Geschäftsgruppe hat ihre Verbindungen mit der irischen republikanischen Bewegung ... und auch mit einer anderen geheimnisvollen Gruppe, die von jüdischen „Intellektuellen" in Frankreich vor etwa vier Jahren (um 1918) gegründet wurde und zu deren Mitgliedern viele bekannte Politiker, Wissenschaftler, Universitätsprofessoren und Literaten in Frankreich, Deutschland, Amerika und England gehören. Es handelt sich um eine Geheimgesellschaft ... obwohl sie nominell eine „rechte" Gesellschaft ist, steht sie in direktem Kontakt mit Mitgliedern der sowjetischen Regierung Russlands ..."

Wir haben von Zeit zu Zeit über die gnostischen Lehren und politischen Aktivitäten von Dr. Rudolf Steiner geschrieben. Wir geben nun eine kurze Zusammenfassung der Einleitung von Edouard Schure zu seiner Übersetzung von Steiners Buch *Mystère Chrétien et les Mystères Antiques, 1908*. Schuré hielt Steiners Lehre für sehr leuchtend - es war der so genannte christliche Illuminismus -, verließ ihn aber viel später wegen seiner politischen Aktivitäten, die er nicht guthieß. Später kehrte er wieder zu ihm zurück. Unser Interesse an dieser Skizze von Steiners Leben besteht darin, dass sie zeigt, wie er von frühen Jahren an von einem geheimnisvollen Meister und Initiator, dessen Name und Mission nicht offenbart werden, beobachtet, astral vorbereitet und geleitet wurde.

Laut Schuré, der Jude war, wurde Steiner 1861 in Oberösterreich geboren und verbrachte seine Jugend in der Steiermark, den Karpaten und Ungarn. Im Alter von fünfzehn Jahren machte er die Bekanntschaft eines gelehrten Botanikers, der „die Gabe hatte, das Lebensprinzip der Pflanzen, ihre Ätherkörper und das, was die Okkultisten die Elementare der Pflanzenwelt nennen, zu sehen." Seine ruhige, kühl-wissenschaftliche Unterhaltung erregte die Neugier des jungen Mannes nur noch mehr." Steiner wusste später, dass dieser fremde Mann ein Abgesandter des Meisters war, den er noch nicht kannte, der aber sein wirklicher Initiator werden sollte und der ihn bereits aus der Ferne betreute." Aus den Gesprächen mit dem Botaniker gewann er bald die Überzeugung, dass die Grundlage des „Großen Universellen" die doppelte Strömung ist, die die Bewegung der Welt ausmacht, der Fluss und Rückfluss der universellen Lebenskraft, diese okkulte und astrale Strömung, die der große Propeller des Lebens ist, mit ihrer Hierarchie der Kräfte. Seit seinem achtzehnten Lebensjahr spürte Steiner die doppelte Strömung: „Er hatte von da an die unwiderlegbare Empfindung okkulter Kräfte, die hinter ihm und durch ihn wirkten, um ihn zu lenken. Er hörte auf diese Kraft und folgte ihren Warnungen, weil er sich mit ihr zutiefst im Einklang fühlte."

Mit neunzehn Jahren begegnete er seinem Meister, von dem er schon lange ahnte, dass er einer jener mächtigen Männer war, die im Verborgenen leben, um eine Mission zu erfüllen; scheinbar wirken sie nicht auf menschliche Ereignisse ein. Inkognito ist die Bedingung ihrer Kraft, die ihr Handeln nur noch wirksamer macht, „denn sie erwecken, bereiten vor und lenken diejenigen, die in der Öffentlichkeit handeln." Und Steiners Mission, wie er selbst sagt, war: „Wissenschaft und Religion miteinander zu verbinden. Gott in die Wissenschaft zu bringen und die Natur in die Religion, und so Kunst und Leben neu zu befruchten." Sein Meister war im Gegensatz zu Steiners eher weiblicher Empfindsamkeit ein ausgesprochener geistiger Mann; er war ein gewaltiger Herrscher, für den es kaum Individuen gab. Er verschonte weder sich selbst noch andere, sein Wille war wie eine Gewehrkugel, die geradewegs auf ihr Ziel zuging und alles aus ihrem Weg fegte.

Das war der mächtige Geist, der Steiner beherrschte und benutzte wie einen bloßen Automaten, der die Fäden zog, wie es seine schrecklichen Ambitionen erforderten. Für Steiner war 1881 bis 1891 eine Zeit des Studiums und der Vorbereitung in Wien; von 1891 bis 1901 eine Zeit des Kampfes und der

Auseinandersetzung in Weimar; von 1901 bis 1907 eine Zeit der Aktion und der Organisation in Berlin. Um 1890 sagte Steiner: „Die okkulten Mächte, die mich leiteten, zwangen mich unmerklich, in die damals aktuellen Ideen der Spiritualisten einzudringen." Er kam in Kontakt mit Nietzsche und Haeckel, die ihn intellektuell orientierten. Wie Schuré sagte: „Er ahnte, dass er in den unanfechtbaren Entdeckungen des Naturforschers die sicherste Grundlage des evolutionären Spiritualismus und der rationalen Theosophie finden würde." Steiner trat also in den zeitgenössischen Materi alismus ein und wappnete sich für seine Mission; 1902 fand er in der Theosophischen Gesellschaft seinen Kampfplatz und seine Unterstützung und wurde Generalsekretär der deutschen Sektion. 1913 verließ er Frau Besant wegen des Falles Alcyone und gründete die Anthroposophische Gesellschaft.

Wie Schuré schrieb:

> „Durch seinen ersten Meister und durch die Bruderschaft, der er angehörte, gehörte Steiner einer anderen Schule des Okkultismus an, nämlich dem westlichen esoterischen Christentum und insbesondere der rosenkreuzerischen Einweihung... Die Tradition des esoterischen Christentums ist, genau genommen, direkt und ununterbrochen mit dem berühmten und geheimnisvollen Manes verbunden, dem Begründer des Manichäismus, der im vierten Jahrhundert in Persien lebte."

Von den Weisen erzogen, wurde Manes Christ (Gnostiker); seine Lehre war: (I) der Meister Jesus, Prophet von Nazareth, war nur das Organ und der Dolmetscher des Christus, der das „Arkanum des planetarischen Wortes" - die solare Manifestation - war; (2) er lehrte die Reinkarnation und die zahlreichen aufsteigenden (planetarischen) Existenzen der menschlichen Seele; (3) das, was man „das Böse" nannte, war nur ein notwendiger Bestandteil der allgemeinen Wirtschaft der Welt, ein Stimulans, ein Ferment der universellen Evolution!

Die Jünger von Manes verbreiteten sich in Palästina, Griechenland, Italien, Gallien, Skythien, an der Donau und in Afrika. Seine Lehre wurde jahrhundertelang durch mündliche Überlieferung verbreitet, oft unter verschiedenen Namen, schreibt Schuré, wie die Katharer, die Albigenser, die Templer und die Brüder des Heiligen Johannes von Jerusalem. Jahrhundert wurde das esoterische Christentum, inspiriert von derselben Tradition, unter dem Einfluss der Kabbala und der Alchemie laizistischer und wissenschaftlicher, und etwa zu dieser Zeit gründete Christian Rosenkreutz den Orden der Rosenkreuzer. Rudolf Steiner praktizierte und lehrte als Rosenkreutz den westlichen Okkultismus im Gegensatz zum östlichen. Er glaubte nicht an die Vernichtung des Körpers durch Askese - er muss geschult und zu einem Magneten werden, der die erforderlichen Kräfte anzieht und nutzt.

Dies ist der Bericht von Edouard Schuré über Steiner, seinen Meister und sein Werk. Das Ergebnis von Yoga, Meditation und Prozessen zur Erweckung der Kundalini, ob westlich oder östlich, ist bei allen Gruppen, die unter unbekannten Meistern arbeiten, dasselbe; es bedeutet, dass der Meister allmählich Besitz vom Geist des Adepten ergreift und ihm seinen eigenen Willen aufzwingt, so dass ein fortgeschrittener Eingeweihter, wie Steiner, unter dem Antrieb des verborgenen Meisters und nur für seine Zwecke arbeiten würde. Wie der so genannte tibetische Meister von Frau Alice Bailey, Theosophin und Okkultistin, New York, erklärt, erkennt man den Kontakt mit dem Meister an besonderen Schwingungen: (1) am oberen Ende der Wirbelsäule; (2) in der Stirn (Zirbeldrüse, wo sich die Kundalini des Adepten mit den Kräften des Meisters von außen vereint, sie ist der Sitz des kontrollierten Wissens); (3) am oberen Ende des Kopfes (Hypophyse). Er fährt fort: „Mit der Zeit erkennt der Schüler die Schwingung und assoziiert sie mit einem bestimmten „Großen", denn jeder Meister hat seine eigene Schwingung, die sich seinen Schülern auf eine bestimmte Weise einprägt." Die Kräfte sind „die magnetischen Ströme des Universums, das vitale Fluidum, die elektrischen Strahlen, die latente Wärme in allen Körpern". Kalt und berechnend, „interessiert sich ein Meister für einen Menschen nur unter dem Gesichtspunkt seiner Nützlichkeit für die Gruppenseele und seiner Fähigkeit zu helfen." Der Einzelne ist ihm gleichgültig; er ist nur ein Teil in seiner weltrevolutionären Maschine, das er beiseite wirft, wenn es in seinem Spiel nicht mehr nützlich ist!

Dr. Rudolf Steiner starb am 30. März 1925 in Dornach, Schweiz, langsam aber sicher ausgebrannt von den gewaltigen Kräften, die durch ihn wirkten, und bei seiner Beerdigung hielt Albert Steffen, Dichter und Präsident des Exekutivkomitees der Anthroposophischen Gesellschaft, eine Rede. Er sprach über Steiners „Geisteswissenschaft" oder christlichen Illuminismus und sagte „Rudolf Steiner hat uns die Perspektive eines religiösen Lebens jenseits aller Sekten eröffnet." Fünfzig Theologen suchten bei ihm nach einem Weg, ihre Arbeit wieder mit dem „ewigen Leben des Geistes" zu vereinen, und Steffen fuhr fort: „Steiner konnte ihnen die heilige Zeremonie vermitteln, die die Priester der *Christengemeinschaft* jetzt für sich selbst vollziehen." Soweit wir wissen, *wird* diese *Christengemeinschaft unter* wiederbelebt, geleitet von Heidenreyd mit etwa 400 Mitgliedern in diesem Land. Was ist diese „Geisteswissenschaft"? Nach Steiner ist „die Anthroposophie ein Erkenntnisweg, der das Geistige im Menschen zum Geistigen im Universum führt." Ganz und gar kosmisch und astral!

In seinem von Schuré übersetzten Buch *Le Mystère Chrétien et les Mystères Antiques* schreibt Steiner:

> „In der Frühzeit des Christentums entstanden in der alten heidnischen Welt Systeme des Universums, die eine Fortsetzung der Philosophie Platons zu sein schienen, die aber auch als eine Vergeistigung der Weisheit der Mysterien verstanden werden konnten. *Alle diese Systeme hatten ihren Ausgangspunkt bei Philo, dem jüdischen Philosophen von Alexandria,* der sagte: „Es ist notwendig, dass die Seele aus dem gewöhnlichen „Ich" herauskommt. Dann tritt sie in einen Zustand der geistigen Ekstase, der Erleuchtung ein, in dem sie aufhört zu wissen, zu denken und im gewöhnlichen Sinne der Worte zu erkennen. Denn sie hat sich mit dem Göttlichen identifiziert, sie sind eins geworden..."

Er wird vergöttert und hat seine eigene Persönlichkeit verloren! Und wie Steiner sagt:

> „Gott (das schöpferische Prinzip) ist in der Welt verhext, und es ist seine eigene Kraft, die benötigt wird, um ihn zu finden. Diese Kraft (Sexualkraft) muss in dir geweckt werden. Dies waren die Lehren, die der Myste vor der Einweihung erhielt. Und nun begann das große Drama der Welt, von dem er ein lebendiger Bestandteil war. Das Ziel des Dramas war nichts weniger als die Befreiung des

verborgenen Gottes; wo ist dieser Gott? Gott ist nicht, sondern die Natur. In der Natur muss er gefunden werden. Denn er ist in ihr eingeschlossen wie in einem verwunschenen Grab."

Hier haben wir den pantheistischen Gott Pan, der lediglich das schöpferische Prinzip in der gesamten Natur ist, einschließlich des Menschen - die Lebenskraft. Wie Clemens von Alexandria in Bezug auf die Großen Mysterien sagte: „Hier enden alle Lehren, man sieht die Natur und die Dinge".

Weiter erklärt Steiner: 'Das Kreuz von Golgatha ist der ganze Kult der alten Mysterien, zusammengefasst in einer Tatsache... Das Christentum als mystische Tatsache ist ein Grad der Evolution in der Weisheit der Mysterien.' Dies ist wiederum der Manichäismus, der die Kreuzigung, die Auferstehung und die Himmelfahrt Christi als mystische Erfahrungen ansieht. Ein Vortrag, den Steiner 1922 in Oxford hielt, „Das Mysterium von Golgatha", wirft ein weiteres Licht auf seine Geisteswissenschaft. Nun war Steiner auch Rosenkreuzer und stützte sich bei der Erklärung dieses „Mysteriums von Golgatha" auf bestimmte Worte, die im Buch T. geschrieben worden sein sollen, das nach der mystischen Legende der Rosenkreuzer im fünfzehnten Jahrhundert auf der Brust von Christian Rosenkreutz bei der Öffnung seines Grabes gefunden wurde.

Diese Worte lauteten: *Ex Deo nascimur; In Christo* (oder Jehesuah) *morimur; Per Spiritum Sanctum reviviscimus* - Aus Gott sind wir geboren; in Christus oder Jesus sterben wir; durch den Heiligen Geist stehen wir wieder auf. Das ist durch die gnostische Dreifaltigkeit - Vater, der Schöpfer; Sohn oder Sonnenchristus, der Logos oder die Schlange, die belebende Kraft; der Heilige Geist, die Große Mutter, die alle Dinge reproduziert. Das Ganze ist die ewige Schöpfung, Zerstörung und Regeneration, wie sie auf den Illuminismus angewandt wird.

Im R.R. et A.C., der unter dem verstorbenen Dr. Felkin eng mit Steiner verbunden war und einige seiner Prozesse und Eurhythmie zur Erweckung der Kundalini praktizierte, stellt das 5 = 6 Ritual die Bedeutung dieser Worte dramatisch dar: Der Aspirant wird zum Grab geführt, in dem der Hauptdeuter in vollem Ornat liegt, der Christian Rosenkreutz darstellt; das Grab wird geöffnet und der Aspirant fordert: „Aus der Finsternis soll das Licht aufsteigen!" Aus dem Inneren des Grabes ertönt eine Stimme: „Begraben mit diesem Licht in einem mystischen Tod, auferstanden in einer mystischen Auferstehung, gereinigt und geläutert durch Ihn, unseren Meister, oh Bruder der Rose und des Kreuzes!...Suche den Stein der Weisen!..." Der Stein ist die Quintessenz oder das Pentagramm - Illuminismus.

Wie auf dem Grabdeckel dargestellt, stellen diese mystischen Erfahrungen den Adepten als einen am Kreuz des Lichts oder des Illuminismus gekreuzigten Christus dar; der große Drache Leviathan - die Kundalini - erhebt sich zu *Daath*, und von oben steigt der Blitz herab, der von der inneren Schlange angezogen wird und sich mit ihr vereint und den Adepten mit , der universellen Lebenskraft, verbindet. Er wird zum Jehesuah-Yod, He Shin, Vau, He - das Pentagramm oder der vergöttlichte Mensch, der seine Selbstheit verliert. Das ist die chymische Hochzeit der Rosenkreuzer. Sie wird von dem jüdischen Schriftsteller Kadmi Cohen in *Nomades* so beschrieben:

„Abgrund und Gipfel. Die schwindelerregende Höhe des einen wird durch die unergründliche Tiefe des anderen aufgehoben. Wer wird je die unaussprechlichen Leiden des Aufstiegs, die tödlichen Schrecken des Falls kennen? Aber auch die unaussprechliche, übermenschliche, göttliche Freude, auf dem Gipfel zu stehen, der das Universum überragt, jenseits von Gut und Böse, jenseits der reinen praktischen Vernunft, Mensch zu sein, Selbst zu sein, der sich Gott gleichstellt, der mit ihm ringt, der ihn in sich aufnimmt. Es ist Israel, es ist Ismael, der diese Menschen in die Welt bringt!"

Sein Gott ist der Gott Pan, er ist berauscht vom astralen Licht!

Schuré erklärt, dass Christian Rosenkreutz seinen Schülern „drei geistige Wahrheiten" hinterlassen hat, die erst vier Jahrhunderte später wissenschaftlich bewiesen wurden, nämlich: (I) die materielle Einheit des Universums - durch Spektralanalyse; (2) die organische Evolution - durch die Umwandlung der Arten nach Darwin und Haeckel; (3) vom gewöhnlichen Zustand abweichende Zustände des menschlichen Bewusstseins - durch Hypnose und Suggestion. Da die von den Rosenkreuzern verwendete Kraft das „magnetische Fluidum" im Menschen und im Universum sein soll, das durch konzentrierte Gedanken und Willenskraft in Bewegung gesetzt wird, kann man leicht glauben, dass solche Einweihungen unter unbekannten Meistern Hypnose und Suggestion bedeuten könnten. Das Spektrum ist die Auflösung des Lichts durch das Prisma, und wie das Rosenkreuzer-Ritual sagt: „Farben sind Kräfte und die Signatur der Kräfte, und Kind der Kinder der Kräfte bist du." Die Rosenkreuzer arbeiten mit Farben und geometrischen Figuren, die die Kräfte der Planeten, der Tierkreiszeichen, der Elemente usw. darstellen, und die Farben der Planeten sind das Spektrum des rosenkreuzerischen „göttlichen weißen Lichts", jenes magnetischen Fluids, das tötet und lebendig macht. Steiner spricht viel von planetarischen Hierarchien, Erzengeln, Engeln usw., aber es gibt Grund zu der Annahme, dass sie alle auf die universellen Kräfte der Natur reduziert werden können, denn das O=O-Ritual der *Stella Matutina* sagt: „Denn durch Namen und Bilder werden alle Kräfte erweckt und wiedererweckt.

Ist also Steiners „Geisteswissenschaft" nicht nur die hermetische Fixierung des Astrallichts in einem materiellen Körper - Illuminismus -, der den Adepten als Werkzeug mit einigen „Weißen Okkultisten" verbindet, die angeblich für das Wohl, oder ist es nicht vielmehr das Leid der Menschheit?

Als Ausdruck von Steiners kommunistischen, politischen Träumen und Plänen haben wir seinen „Dreifaltigen Staat". Als symbolische Grundlage für diesen „Dreifaltigen Staat" nimmt Steiner den menschlichen Organismus: (I) das System der Nerven und Sinne - das Kopfsystem. (2) das System der Atmung und des Blutkreislaufs - das rhythmische System. (3) die Organe und Funktionen des Stoffwechsels - der Stoffwechselprozess. Nach Steiner funktionieren diese Systeme vergleichsweise getrennt voneinander: „Es gibt keine absolute Zentralisation im menschlichen Organismus". „Um zu gedeihen, muss der soziale Organismus, wie der natürliche, dreifach sein."

(1) Das Wirtschaftsleben - relativ unabhängig wie das Nerven- und Sinnessystem im menschlichen Körper. „Es befasst sich mit allem, was mit der Produktion, der Zirkulation und dem Konsum von Waren zu tun hat."

(2) Öffentliche Rechte, politisches Leben - der Staat; „angewendet auf eine Gemeinschaft, die gemeinsame Rechte besitzt".

(3) Seelisches und geistiges Leben; „alles, was auf der natürlichen Ausstattung jedes einzelnen Menschen beruht... geistig und körperlich". Alle sind scheinbar getrennt und doch voneinander abhängig. „Neben der politischen und der wirtschaftlichen Sphäre muss es in einer gesunden Gesellschaft die geistige Sphäre geben, die eigenständig und unabhängig funktioniert" - also Religion, Lehre, Kunst und Geistesleben, aber auch technische und organisatorische Fähigkeiten, wie sie im Staat oder in der industriellen Wirtschaft eingesetzt werden.

„Es ist die dreifache Evolutionslinie, nach der die moderne Menschheit strebt... Am Ende des achtzehnten Jahrhunderts, unter anderen Umständen als denen, unter denen wir heute leben, erhob sich aus den verborgenen Tiefen der menschlichen Natur ein Schrei nach einer Neugestaltung der menschlichen sozialen Beziehungen (angestachelt durch die Illuminaten und die Logen des Großorient). Wie ein Motto zogen sich die drei Worte durch den gesamten Plan der neuen Ordnung: 'Brüderlichkeit, Gleichheit, Freiheit'."

Obwohl Steiner einräumt, dass Gleichheit und Freiheit widersprüchlich sind, ist er mit allen dreien einverstanden und wendet sie auf seinen dreifachen Staat an. Das Wirtschaftsleben in Form von Assoziationen wird unter der Brüderlichkeit, der Staat unter der Gleichheit und der geistige Bereich unter der Freiheit zusammengefasst, und er sagt:

„Kein sozialer Staat, der nach einem abstrakten, zentralisierten Schema aufgebaut ist, kann Freiheit, Gleichheit und Brüderlichkeit in der Praxis durchsetzen. Aber jeder der drei Zweige des Gesellschaftskörpers kann seine Kraft aus einem dieser (widersprüchlichen) idealen Impulse schöpfen; und dann werden alle drei Zweige gemeinsam fruchtbar wirken."

Das ist Steiners, wie er es genannt hat, „kopfloser" dreifacher Staat, und dies würde er auf dieselbe kopflose Weise zu einem dreifachen Weltstaat erweitern.

„Es wird eine so enge Verflechtung der Interessen entstehen, dass die territorialen Grenzen im Leben der Menschheit vernachlässigbar erscheinen werden.

... Die Kräfte, denen die Nationalitäten ihr Wachstum verdanken, erfordern für ihre Entwicklung eine freie gegenseitige Beeinflussung, die nicht durch irgendwelche Bindungen, die zwischen den jeweiligen Staatsorganen und den Wirtschaftsverbänden entstehen, behindert wird. Und der Weg, dies zu erreichen, besteht darin, dass die verschiedenen nationalen Gemeinschaften die dreifache Ordnung innerhalb ihrer eigenen sozialen Strukturen entwickeln; und dann können ihre drei Zweige jeweils ihre eigenen Beziehungen zu den entsprechenden Zweigen der anderen Gemeinschaften ausbauen. Auf diese Weise werden die Völker, die Staaten, die Wirtschaftskörper zu Gebilden zusammengeschlossen, die in Form und Charakter sehr verschieden sind; und jeder Teil der Menschheit wird so mit den anderen Teilen verbunden, dass jeder sich des Lebens des anderen bewusst ist, das durch seine eigenen täglichen Interessen pulsiert. Ein Völkerbund ist das Ergebnis, das aus Wurzelimpulsen entsteht, die den tatsächlichen Gegebenheiten entsprechen. Es wird nicht nötig sein, einen solchen zu 'gründen', der nur auf juristischen Rechtstheorien beruht.''

Schließlich sagt er:

„Es muss nur eine einzige Menschheit geben, die an einer gemeinsamen Aufgabe arbeitet und bereit ist, die Zeichen der Zeit zu lesen und danach zu handeln.''

Das Ganze ist nur eine andere Form von Mazzinis „Vereinige dich, vereinige dich!'' oder Frau Alice Baileys „Weltstaat'' durch „Vereinigung'' unter der Kontrolle einiger mysteriöser „Übermenschen''.

Dieser Traum von einem Weltstaat ist alles andere als neu. Wir wissen, dass Weishaupts Eingeweihte einen Eid ablegen mussten, in dem sie schworen, nach Kräften zur Gründung einer Weltrepublik beizutragen; und am Ende des achtzehnten Jahrhunderts lautete der Plan des Illuminaten Anacharsis Clootz: „Alle Völker bilden nur eine Nation, alle Berufe bilden nur einen Beruf, alle Interessen bilden nur ein Interesse.'' Steiner war ein Illuminat, dem nachgesagt wurde, dass er mit denjenigen in Verbindung stand, die gegen Ende des neunzehnten Jahrhunderts den Illuminismus von Weishaupt wiederbelebten. Jahrhunderts den Illuminismus Weishaupts wiederbelebten. Er führte also offensichtlich die Tradition in seinem Dreifachen Weltstaat fort.

Was die für diesen Weltstaat notwendigen intellektuellen Verbindungen anbelangt, können wir den Bericht 1928-29 der „Gesellschaft für kulturelle Beziehungen zwischen den Völkern des britischen Commonwealth und der Union der sozialistischen Sowjetrepubliken" zitieren, in dem festgestellt wird, dass die Anthroposophische Gesellschaft (Steiners) eine der Organisationen ist, die mit ihr in Verbindung steht. Ein Blaubuch der britischen Regierung beschreibt diese S.C.R. folgendermaßen: „Die Kommunistische Internationale bevorzugt sie als fruchtbaren Boden für kommunistische Propaganda der intellektuellen Art." Und es besteht kaum ein Zweifel daran, dass sich heute jede Nation des sowjetischen Lebens bewusst ist, das „durch ihre eigenen täglichen Interessen pulsiert", weitgehend schädlich und wirtschaftlich, politisch und geistig zersetzend.

Um eine andere Phase der anthroposophischen Lehre und der praktischen Anwendung ihrer Überzeugungen zu nehmen. Im Dezember 1932 kam Frau Lilly Kolisko, ein führendes Mitglied der Anthroposophischen Gesellschaft in Stuttgart, nach London, um einen Vortrag vor einer landwirtschaftlichen Gruppe der Gesellschaft zu halten, die vorschlug, alte astronomische oder vielleicht astrologische Bräuche wiederzubeleben, die bei den Naturvölkern üblich waren, und ihnen offenbar die Wissenschaft der Anthroposophie hinzuzufügen! Ihre Theorien lauteten, dass Pflanzen und Gemüse, die zur richtigen Mondphase gesät werden, viel schneller und üppiger wachsen als wenn die Mondphasen ignoriert werden. Dass die Erde rhythmisch atmet und dass Aussaat, Düngung und Ernte der Pflanzen in diesen Rhythmus eingepasst werden können. Und dass Pflanzen, die viel Feuchtigkeit benötigen, viel besser wachsen, wenn sie zwei Tage vor Vollmond gepflanzt werden, und solche, die wenig Feuchtigkeit benötigen, bei abnehmendem Mond.

Pearce berichtet in seinem *Lehrbuch der Astrologie*, dass bei *zunehmendem* Mond in der Regel mehr Regen fällt als bei *abnehmendem* Mond, was durch zahlreiche Experimente in den Jahren 1868 bis 1881 bewiesen wurde. Auch haben die Alten gesagt, dass Eichen, die im Frühjahr gefällt werden, wenn der Saft aufsteigt, bald verfaulen. Alle Bäume sollten während der Wintersonnenwende und den letzten Mondtagen gefällt werden, dann würde das Holz ewig halten. Praktisch wird dies von R. Reynell Bellamy in seinem Buch *The Real South Seas* bestätigt. Er sagt über die Kanakas in Neukaledonien, dass sie behaupten, dass der Saft bei zunehmendem Mond nach oben und bei abnehmendem Mond nach unten fließt. Sie pflanzen Mais, Bohnen usw. vor dem Vollmond und Wurzelfrüchte danach. Holz für Bauzwecke schlagen sie in der letzten Phase der Lunation, wenn der Saft am geringsten ist.

Was das rhythmische Atmen der Erde betrifft, so beziehen sie sich zweifellos auf den Großen Atem oder *Swara* des Universums, die *Lebenskraft* - *Pingala*, der positive oder Sonnenatem; *Ida*, der negative oder Mondatem; und die *Sushumna*, das zentrale oder vereinigende Feuer. Es gibt auch die fünf *Tatwas* der verfeinerten Materie - Äther, Luft (gasförmig), Feuer (feurig), Wasser (flüssig), Erde (fest). Es heißt, dass der gesamte Schöpfungsprozess auf allen Ebenen des Lebens von diesen Tatwas in ihren positiven und negativen Aspekten durchgeführt wird. Alle diese Phasen folgen und gehen in regelmäßiger und kontinuierlicher Abfolge ineinander über. Sie sind die Grundlage aller Magie, ob schwarz oder weiß. Sie sind die feineren Kräfte der Natur, aber nicht spirituell oder göttlich, außer als Instrumente, das schöpferische Prinzip in der ganzen Natur.

Um noch einmal zu wiederholen, was wir bereits gesagt haben, schreibt Dollinger über die Astrologie der Chaldäer:

„Diese Männer fanden Unterstützung in der stoischen Philosophie, die, ausgehend vom Prinzip der substanziellen Identität von Gott und Natur, die Sterne als eminent göttlich ansah und die göttliche Herrschaft über die Welt in den unbeweglichen Lauf der Himmelskugeln legte."

Zur Zeit Alexanders waren die Astrologen der chaldäischen und alexandrinisch-ägyptischen Schule über Asien, Griechenland und Italien verbreitet und lehrten, dass ein geheimer Einfluss der Planeten ununterbrochen auf die Erde und die Menschen herabsteige und dass durch magische Kulte und astrologische Gebete auf diese Planeten eingewirkt und ihre Kräfte nach Bedarf gelenkt werden könnten. In den Illuminatenorden wie dem R.R. et A.C. werden diese planetarischen Einflüsse durch das jüdische Machtsymbol, den sechsstrahligen Stern, angerufen oder angezogen, und die höheren Grade werden zu den verschiedenen Mondphasen verliehen.

In *Od und Magnetismus*, 1852, schrieb Reichenbach:

"Das Element der odischen Kraft wird uns also vom Sonnen- und Mondlicht so reichlich entgegengestrahlt, dass wir uns seiner mit Leichtigkeit bemächtigen und es in einfachen Experimenten nutzen können. Wie grenzenlos sein Einfluss auf die gesamte Menschheit und sogar auf das gesamte Tier- und Pflanzenreich ist, wird in Kürze bewiesen werden. Od ist demnach eine kosmische Kraft, die von Stern zu Stern ausstrahlt und wie Licht und Wärme das ganze Universum als ihr Feld hat."

Dieses Od oder, wie die Rosenkreuzer sagen, magnetische Fluidum, ist die universelle Lebenskraft, die von der Sonne erzeugt und vom Mond reproduziert wird und die zum Guten genutzt oder zum Bösen pervertiert werden kann.

Im Programm der Anthroposophischen Sommerschule, die im August 1934 in Tetbury abgehalten wurde, finden wir zur Unterstützung dessen, was wir oben geschrieben haben, folgendes:

"Dr. C. A. Mirbt wird Kurse über die anthroposophische Auffassung der Landwirtschaft halten. Die Themen werden folgende sein: der Boden als Werk des Kosmos und der Erde; der Boden als Manifestation der Evolution der Erde; ätherische Gestaltungskräfte in Pflanze und Boden; das wahre Wesen des Düngens; das Tierreich als Manifestation der Astralwelt..."

Hier haben wir die kosmischen Kräfte der Sterne und die magnetischen Kräfte der Erde. Es ist die Grundlage aller alten heidnischen Kulte, es ist die alte astrologische Überlieferung der Chaldäer und die der alten Rosenkreuzer, die Heilkräuter anbauen. Dazu kommt noch die moderne Wissenschaft des Düngens! Außerdem behauptete Steiner, wie der gelehrte Botaniker seiner Jugendzeit, die Vital- oder Lebenskräfte in der Pflanze sehen zu können, diese Kräfte anzuhalten und sie nach Bedarf für seine Heilung einzusetzen. Daher seine "Neue Therapie" und die 1925 gegründete britische Weleda Co. zur Verbreitung der Ergebnisse der "Anthroposophischen Medizinischen Forschung".

Manche behaupten, diese „anthroposophische Landwirtschaft"
beruhe nicht auf Astrologie, sondern auf Astronomie.
Doch scheint Steiners Astronomie in der „Geisteswissenschaft" eine
Rückbesinnung auf alte und östliche Glaubensvorstellungen zu
sein, in denen die Kräfte und Phänomene der Natur überall als
aktive und herrschende Götter, mal gut und mal böse, angesehen
wurden. In *Anthroposophie-Michaelmas*, 1928, schreibt E.
Vreede über diese Astronomie und erklärt, dass sich hinter dem
Schleier der Vergangenheit und der Natur die Sterne als
„Kolonien geistiger Wesen" offenbaren, neun Stufen von
Hierarchien, die den Menschen überragen. Gemeinsam haben sie
die Welt und den Menschen unter einem Weltgeist geformt und
regiert.

Damit der Mensch sich entwickeln konnte, wurden diese Wesen
scheinbar zurückgezogen, und der Mensch wurde den
mechanischen Gesetzen überlassen;

> „Doch in diesem Mechanismus, wie in allen Naturerscheinungen,
> sind geistige Wesen am Werk. Dass im Frühling die Pflanzen aus
> dem Boden kommen, dass Blüte und Frucht erscheinen, und dass
> die Pflanzen im Herbst verwelken; dass, wenn bei uns der Herbst
> ist, auf der anderen Seite der Erde der Frühling beginnt, all das
> bewirken die Naturgeister, die Gnome, Undinen, Sylphen
> zusammen mit den Salamandern..."

So enden in der *Stella Matutina* vier ihrer Zeremonien mit den
Gebeten dieser Naturgeister des Wassers, der Luft, der Erde und
des Feuers, ein sehr schönes Kunstwerk, das einen in die
wunderbaren Märchen der Kindheit zurückversetzt. Später
wurden für die intellektuelle Entwicklung des Menschen
ahrimanische Wesen (Materie) geschickt, um die Erde zu festigen
und die spirituelle Realität zu verschleiern.

Wiederum heißt es, dass der Mensch und die Natur von Anfang
an nach den Gesetzen des Rhythmus und der Periodizität geformt
waren und das Gesetz der Schwerkraft über die Erde herrschte.
Schließlich, wie Steiner sagte: „Wenn wir das Leben der
Sternenwelt beobachten, sehen wir die Körper der Götter und
letztlich der Gottheit selbst." Dies scheint einmal mehr den
pantheistischen Charakter von Steiners ganzer Lehre zu
offenbaren, den „verhexten Gott", der in die ganze Natur

eingehüllt ist. Der Jehova des kabbalistischen Juden - das schöpferische Prinzip.

Nach Steiner manifestierten sich die Götter der Sonne, des Mondes und des Saturns - dieses schöpferische Prinzip ... im Körper von Jesus von Nazareth als Christus-Impuls - die Schlangenkraft der Yogis, der Logos oder die Schlange der Gnostiker. „Und die Tatsache, dass der Christus-Impuls in die Menschheit eindringen konnte, wurde dadurch bewirkt, dass das alte Einweihungsprinzip zur *historischen Tatsache wurde.*" In *Von der Sphinx zu Christus,* von Edouard Schuré, dem französischen und jüdischen Vertreter von Steiners neugnostischem Illuminismus, wird dieses alte pantheistische Glaubensbekenntnis auf den Christus der christlichen Kirche angewandt, wodurch der christliche Glaube entchristlicht und judaisiert wird und Christus lediglich zu einem „vergöttlichten Menschen" wird. Die Sphinx stellt den vorbereiteten, geopferten Körper dar, in den der Christus-Impuls hinabsteigen sollte. Das Ganze bedeutet den Aufstieg und die Perversion der Sexualkraft oder der Schlange im Menschen, die den Blitz oder den solaren Christus-Impuls von außen anzieht und sich mit ihm vereint, gesteuert von unbekannten Regisseuren - das nennt man Initiation.

Laut Schuré:

> „Es war noch notwendig, dass der Körper Jesu von der Geburt bis zum Alter von dreißig Jahren, wenn der Christus seine menschliche Behausung in Besitz nehmen würde, von einem Eingeweihten höchsten Ranges (der viele Inkarnationen durchlaufen hatte!) veredelt und harmonisiert wurde, so dass ein fast göttlicher Mensch sich als Opfer, als geweihtes Gefäß, zur Aufnahme des von Gott geschaffenen Menschen anbieten sollte."

Deshalb heißt es, dass Jesus eine Reinkarnation des hohen Eingeweihten Zoroaster war! Später wurde der „Meister Jesus" den Essenern unterstellt, einer Bruderschaft von Eingeweihten, die an den Ufern des Toten Meeres lebten, wo ihm schließlich die „innere Stimme" sagte: „Du hast deinen Körper auf den Altar Adonais (des Herrn des Universums) gelegt wie eine Lyra aus Elfenbein und Gold. Nun verlangt dein Gott nach dir, damit er sich den Menschen offenbart. Er sucht dich, und du kannst ihm nicht entkommen! Bringe dich als Opfer dar. Nimm das Kreuz an!"

Dann folgte die Einweihung, die Taufe im Jordan durch Johannes den Täufer, von der Schuré schreibt:

„Es ist verboten, dem Täufling zu helfen, das Wasser zu verlassen; man glaubte, dass ein Hauch des göttlichen Geistes durch die Hand des Propheten und das Wasser des Flusses in ihn eindrang. Die meisten gingen aus der Prüfung belebt hervor; einige starben; andere wurden wahnsinnig, als wären sie besessen. Diese wurden Dämoniker genannt."

Was den „Meister Jesus" betrifft:

„Er ist sich eines Gefühls des Ertrinkens bewusst, gefolgt von einer schrecklichen Zuckung ... und für einige Sekunden sieht er ein chaotisches Bild seines gesamten vergangenen Lebens ... dann die Dunkelheit der Bewusstlosigkeit. Das transzendente Selbst, die unsterbliche Seele des Meisters Jesus, hat seinen physischen Körper für immer verlassen, und er wird wieder in die Aura der Sonne aufgenommen. Im gleichen Augenblick, durch eine umgekehrte Bewegung, trat der Sonnengenius, das erhabene Wesen, das wir Christus nennen, in den verlassenen Körper ein, nahm ihn in Besitz und belebte mit neuem Feuer diese menschliche Leier, die durch Hunderte von Generationen vorbereitet worden war."

Blitze zuckten vom Himmel, und als er aus dem Wasser auftauchte und sein ganzer Körper in Licht getaucht war, erschien über seinem Kopf eine leuchtende Taube, „das Geheimnis des Ewig-Weiblichen, der Geist der göttlichen Liebe, der die Seelen verwandelt und belebt und der später von den Christen 'Heiliger Geist' genannt wurde". Dann kam eine Stimme von oben: „Dies ist mein geliebter Sohn; heute habe ich ihn gezeugt." (Diese Version der Worte findet sich, so Schuré, im frühen hebräischen Evangelium; sie passt besser zu seiner Vorstellung von diesem kosmischen Christus). „Das Ziel seiner Mission ist die Vergeistigung der Welt und des Menschen", durch die Liebe und die Öffnung der Mysterien für alle, die danach streben können. Das ist erhellend wie durch die unzähligen Mysteriensekten von heute!

Dieser ganze Bericht könnte die Geschichte der Vorbereitung und Einweihung der vielen erleuchteten Werkzeuge sein, die heute in der weit verbreiteten universellen Bewegung verwendet werden. Wie bei dieser Taufe, so starben auch bei diesen Einweihungen einige, andere wurden erleuchtet, verloren ihre Persönlichkeiten und wurden von einem unbekannten Meister kontrolliert, wie zum Beispiel Krishnamurti von der Theosophischen Gesellschaft, „Octavia" von der Panacea Society und viele andere. Die erleuchtende Kraft war die gnostische Dreifaltigkeit - der Vater, die erzeugende Kraft; der Heilige Geist, die Große Mutter, der Reproduzent; der Sohn, der kosmische Christus, die Manifestation des schöpferischen Prinzips, die erleuchtende Kraft, aller gnostischen und kabbalistischen Sekten.

Schuré behauptet weiter, also im Gegensatz zu Frau Besant, dass dieser Christus nicht wieder einen materiellen Körper einnehmen wird, sondern solchen Adepten erscheinen wird, die astrale Visionen haben. Genauso wie im „Haus der Weisheit, Kairo", die Adepten gelehrt wurden, dass ihr Prophet Mohammed „durch Meditation über die mystischen Lehren geistig kontaktiert werden kann! Auch in der R.R. et A.C., die eng mit Steiners Gruppe verbunden war, erschien ihr geheimnisvoller Meister zuletzt vielen Mitgliedern astral, als Christus verkleidet, und verlangte von den Adepten völlige Aufopferung im Dienste der Großen Weltbewegung. Und Schure sagt: „Nach der rosenkreuzerischen Tradition ist der Geist, der im Namen Christi und durch die Lippen des Meisters Jesus zur Welt sprach, eng mit dem herrschenden Stern unseres Systems, der Sonne, verbunden." Dieser Christus-Impuls ist also eine zwingende Macht, die von diesen unsichtbaren Lenkern manipuliert wird, und der Eingeweihte, der von dieser Kraft durchdrungen wird, wird lediglich zum negativen Reproduzenten der Ideen und Handlungen, die durch diesen Impuls in Gang gesetzt werden. Unter der Maske der Einweihung wird er teuflisch besessen.

Wie M. Henri de Guillebert sagt:

„Der Jude betrachtet sich selbst als die Sonne der Menschheit, als das Männliche, dem gegenüber die anderen Völker nur weiblich sind und das das Kommen des messianischen Zeitalters manifestiert und gewährleistet. Um diese soziologische Manifestation zu verwirklichen, dehnt der Jude seinen Einfluss organisch durch von ihm geschaffene Geheimgesellschaften aus, um seine initiierende Kraft überall zu verbreiten ... [in der Hoffnung,] die 'Universelle

Republik' zu verwirklichen, die vom Gott der Menschheit, dem Juden der Kabbala, beherrscht wird."

MAX HEINDEL

Max Heindel, der sich von Steiner abspaltete und die „The Rosicrucian Fellowship" in Kalifornien gründete, veröffentlichte 1911 seine Version von Steiners Lehren in *Rosicrucian Cosmo-Conception*. Darin zeigt seine Lehre über den Christus, wie die von Steiner, die manichäischen Einflüsse. Für ihn ist der Christus der Sonnengeist, der König der Liebe, die manifestierte magnetische Lebenskraft, die Kräfte der Anziehung und des Zusammenhalts; dieses Christus-Feuer sei im Alter von dreißig Jahren bei der Taufe im Jordan in den Körper von Jesus von Nazareth herabgestiegen, der dann zum eingeweihten Christus Jesus wurde. Seine Mission sei es, die verschiedenen Rassen und Nationen in einer universellen Bruderschaft zu vereinen, deren ältester Bruder er sein sollte. Neunundneunzig bedurften nicht der Erlösung, sondern sollten durch Wiedergeburt und Folgen, d. h. Reinkarnation und Karma, zur Vollkommenheit gelangen. Christus sollte nur die Nachzügler erlösen und den Weg der Einweihung für alle öffnen!

Zur Veranschaulichung ihrer Methoden, ihre Duplikate zu formen und zu hauen, erklärt Max Heindel:

„Die Physiologen stellen fest, dass bestimmte Bereiche des Gehirns bestimmten gedanklichen Aktivitäten gewidmet sind... Nun ist bekannt, dass das Denken Nervengewebe abbaut und zerstört... [das] durch das Blut ersetzt wird... Wenn durch die Entwicklung des Herzens zu einem willentlichen Muskel die Zirkulation des Blutes schließlich unter die absolute Kontrolle des vereinigenden Lebensgeistes - des Geistes der Liebe (der so genannten Christus-Kraft) - gelangt, wird es dann in der Macht dieses Geistes liegen, das Blut aus den Bereichen des Verstandes zurückzuhalten, die egoistischen Zwecken gewidmet sind. Infolgedessen werden diese besonderen Gedankenzentren allmählich verkümmern. Auf der anderen Seite, , wird es dem Geist möglich sein, die Blutzufuhr zu erhöhen, wenn die geistigen Aktivitäten altruistisch sind, und so die dem Altruismus gewidmeten Bereiche aufzubauen."

Hier scheint es sich um eine mehr oder weniger teuflische Hypnosemethode zu handeln, die allmählich alle starken und vernünftigen Kräfte stummschaltet und einäugige Fanatiker, falsche Idealisten und sanfte Friedensstifter hervorbringt, die dennoch bereit sind, Nationen zu revolutionieren und Reiche zu zerschlagen. Wie Max Heindel es ausdrückt: „Wir arbeiten auf die Universelle Bruderschaft hin, in Übereinstimmung mit den Plänen unserer unsichtbaren Führer, die nicht weniger mächtig in der Gestaltung der Ereignisse sind, weil sie nicht offiziell in den Räten der Nationen sitzen." Und weiter: „Die nationale, stammesmäßige und familiäre Einheit muss zuerst aufgebrochen werden, bevor die Universelle Bruderschaft eine Tatsache werden kann." Überall sehen wir, wie auf diese Einheiten zu diesem scheinbaren Zweck eingewirkt wird! Alle Methoden werden eingesetzt, um die unvorsichtige, aber erwünschte Beute zu umgarnen.

ALLHEILMITTELGESELLSCHAFT

In seinem *Essai sur la secte des Illuminés* schrieb der Marquis de Luchet, ein Freimaurer, 1789:

„Es gibt eine Menge kleiner antiphilosophischer Gruppen, die sich aus gelehrten Frauen, theologischen Abbés und einigen sogenannten Weisen zusammensetzen. Jede Gruppe hat ihren Glauben, ihre Wunderkinder, Hierophanten, Missionare, Adepten und ihre Gegner... Jede behauptet, die Bibel zugunsten ihres Systems zu erklären, ihre Religion zu gründen, ihren Tempel zu füllen und ihre Katechumenen zu vermehren. Hier spielt Jesus Christus eine große Rolle, dort ist es der Teufel, anderswo ist es die Natur, und wieder der Glaube. Überall ist die Vernunft nichtig, ist die Wissenschaft nutzlos, ist die Erfahrung eine Schimäre.

Paul Vulliaud sagt über das Rosenkreuzertum: „Im Laufe ihrer Entwicklung vergrößert diese Bewegung die Zahl ihrer Meister, indem sie alle isolierten Theosophen an sich bindet: Böhme, Jane Lead, usw., die eine Art patristische Kette bilden." Gustave Bord (1908) berichtet über die Vorläufer der Freimaurerei, dass Böhme, ein mehr oder weniger ungebildeter Schuhmacher, 1575 in der Nähe von Garlitz geboren wurde. Bekannt als der teutonische Philosoph, war er ein Mystiker, Theosoph und

Visionär; beeinflusst von den Philosophien von Paracelsus und Cornelius Agrippa, wurde er zum Mystizismus geführt, und

„war überzeugt, dass er durch besondere Gnade Gottes im Besitz der universellen und absoluten Wissenschaft war, die er seinen Lesern ohne Ordnung, ohne Beweise, in einer der Apokalypse und der Alchemie entlehnten Sprache vermittelte... Wir finden bei Böhme ein umfangreiches System der Metaphysik, dessen Grundlage ein ungezügelter Pantheismus ist."

Nach der Lektüre von Böhmes *Sechs theosophischen Punkten* und anderen Werken sind wir gezwungen, zu einem ähnlichen Schluss zu kommen.

Heute kann man die meisten der zahlreichen Sekten, über die wir geschrieben haben, der einen oder anderen Form der theosophischen Mystik oder des Rosenkreuzer-Illuminismus zuordnen - gnostisch und pantheistisch, dem Naturkult und Naturalismus. Eine der hartnäckigsten und ehrgeizigsten von ihnen ist die Panacea Society, über die wir in der Vergangenheit viel geschrieben haben. Ihre Geschichte lässt sich kurz wie folgt beschreiben: Eine mystische Sekte mit dem Namen „Philadelphians" wurde 1652 von Jane Lead, einer begeisterten Verehrerin Böhmes, gegründet, um seine Schriften zu erläutern. Sie selbst soll mystische Offenbarungen erhalten haben, die als „Sixty Propositions to the Philadelphian Society, whithersoever dispersed as the Israel of God" veröffentlicht wurden. Wie die Schriften Böhmes waren auch diese Offenbarungen gnostischer und rosenkreuzerischer Illuminismus. Aus Jane Lead und ihren sieben aufeinanderfolgenden Propheten, die eine patristische Kette bilden, entwickelte sich die heutige Panacea Society mit „Octavia" als mystischer Führerin und Rachel Fox als Präsidentin. Ihre Dreifaltigkeit ähnelt derjenigen der Universellen Gnostischen Kirche, die sich auf diese Weise anruft: „Ehre sei dem Vater und der Mutter, dem Sohn und der Tochter und dem Heiligen Geist außen und innen." Die Panacea-Gesellschaft erkennt an: Der Vater des Lichts, das generative Feuer; der Heilige Geist, die Große Mutter; der Sohn, Christus, oder die aktive Manifestation des Vaters, der Bräutigam; die Tochter, die negative Manifestation der Mutter, Shiloh, die Braut, die, wie sie sagen, in „Octavia" hinabgestiegen ist, wobei letztere so zum passiven Instrument wird, das die Kraft von oben empfängt und weitergibt - die ihres Meisters!

Auch sie erhielten Offenbarungen, die unter dem Titel *Die Schriften des Heiligen Geistes - Eine Reihe von Schriften für meine Lieben* veröffentlicht wurden. Ihre Mittel zur Erleuchtung waren auf diese Schriften, die Bibel, die Apokryphen und die Schriften ihrer Propheten beschränkt. Sie hatten zwei feste Vorstellungen: die Öffnung von Joanna Southcotts geheimnisvollem Kästchen in Anwesenheit von vierundzwanzig Bischöfen, sechs angesehenen Juden und anderen, von dem sie behaupteten, es enthalte das Mittel zur Rettung Englands im kommenden Sturm und bringe Juda die Befreiung; die andere war die magnetische Heilung durch geladene Leinen- und Wasserteile, „eine sichere Befreiung und ein Schutz, so dass der Tod nicht mehr existiert." Ferner sollten 144.000 „Israel oder die Unsterblichen" versiegelt und für den Dienst ausgesondert werden, und vor kurzem hörten wir, dass zwölf Quadratmeilen Land gekauft worden waren, auf denen diese 144.000, wenn sie auserwählt sind, angesiedelt werden sollten.

Die beiden folgenden Anzeigen aus jüdischen Zeitungen zeigen ihre Haltung gegenüber den Juden auf interessante Weise:

(1) „*Nicht Antisemitismus, sondern Anti-Hamitismus* - Die Panacea-Gesellschaft ist bestrebt, den Juden (Nachkommen Sems) zu helfen, sich von den abscheulichen Anschuldigungen zu befreien, die zu antisemitischer Verfolgung führen. Das erste, was man lernen muss, ist, dass es die Nachkommen Hams sind, die behaupten, Juden zu sein, und es nicht sind, die die Feinde Gottes und der Menschen sind und immer waren."

(2) „*Gute Nachrichten für die Juden* - die Verheißungen des Propheten und die pharisäischen Ideale eines von Gott regierten Reiches auf Erden stehen kurz davor, TATSACHE zu werden, denn die 6.000-Jahres-Woche mit 6 Tagen zu je 1.000 Jahren nähert sich rasch, und der Sabbat der Ruhe für Israel und für Juda während der Herrschaft des Messias auf Erden steht kurz bevor. Erkundigen Sie sich, Panacea Society, Bedford".

Dies, sagen sie,

„wird das Ende des adamischen Zeitalters sein, das auf das atlantische, lemurische und andere Zeitalter folgte, deren

Geschichte in Geheimnis gehüllt ist ... Gottes Sabbat der Ruhe ist das siebte Jahrtausend nach Adam ... [wenn] die Menschen auf der Erde leben werden, befreit von Sünde, Krankheit und Tod, weil Satan von der Erde an den für ihn vorbereiteten Ort geworfen werden wird ..."

In einem Flugblatt mit der Überschrift „An unsere Brüder vom Stamme Juda" heißt es, die Welt warte auf die Vereinigung von Juda und Israel, und diese Inseln seien ihr Versammlungsort; König Georg V. stamme von Zedekia, dem König von Juda, ab; deshalb hätten die Hebräer einen König, ein Land, und weil der Union Jack die Vereinigung Jakobs bedeute, hätten sie auch eine Nationalflagge! Aber sowohl das Judentum als auch das Christentum haben, wie sie sagen, gesündigt, da das erste den Sohn und das zweite die Tochter ablehnt! Es ist überflüssig zu sagen, dass die Panacea-Gesellschaft beide angenommen hat und daher als einzige aller Religionen oder Kulte die ganze Wahrheit besitzt! Wiederum sagen sie, dass sie „alle menschlichen Erfindungen in Philosophien, Philanthropien, Regierungen, Kirchen, Sekten, wie Höhere Gedanken, Christliche Wissenschaft, Theosophie, Okkultismus usw." aufgegeben haben und „allein nach einem Neuen Leben" suchen. Dennoch besteht ihr Kult aus mystischem Illuminismus, Rosenkreuzertum und Gnostizismus, und einer ihrer bewunderten Vorgänger war Jacob Böhme, der germanische Philosoph und Theosoph!

Schließlich gibt es noch eine weitere Broschüre mit der Überschrift „Die letzte Religion für die Endzeit - die Religion des „Jedermann"„ die auf dem Text „Wer den Namen des Herrn anruft, wird errettet werden" basiert. Sie fahren fort:

„Wir verachten nicht einen Moment lang die Religionen, die unseren und anderen Völkern in den 6000 Jahren des relativen Friedens gedient haben, als es richtig war, den religiösen Lehren der Kindheit zu folgen. Aber diese 'Wer-auch-immer'-Religion ist für eine Zeit des Krieges der endgültige Krieg zwischen Gott und den Teufeln - und wenn solche Dinge wie Erdbeben ... Kriege und Gerüchte über Kriege und Bedrängnis von Nationen mit Ratlosigkeit sind, wie sie sicherlich heute sind, ist es sehr vernünftig anzunehmen, dass eine sehr einfache Form der Religion, wie ein geradliniges Gebot, Gott um Befreiung (für „mich und meine Familie") anzurufen ... zur Verfügung gestellt würde."

Seltsamerweise haben wir in den letzten Monaten viel von einer etwas ähnlichen, aber anonymen „Whosoever"-Religion gehört, die die Menschen der Nation öffentlich dazu aufruft, für „Befreiung und Schutz für mich und meine Familie zu beten, usw." Es wäre für diejenigen, die in gutem Glauben auf diesen anonymen Aufruf, der immer noch besteht, September 1935, reagiert und die Petition unterschrieben haben, zufriedenstellend, wenn dieses Rätsel der Ähnlichkeit gelöst werden könnte.

Wie wir hören, unternimmt die Panacea Society letzte verzweifelte Versuche, die berüchtigte Joanna-Southcott-Kiste zu öffnen. Um die Dinge zu beschleunigen, haben sie ein kleines Zugeständnis gemacht, indem sie vierundzwanzig von den Bischöfen ernannten Geistlichen gestatten, die Kiste zu öffnen, und wenn sich der Inhalt nicht als das von der Gesellschaft erwartete Allheilmittel für die Übel der Welt erweist, können die Kiste und alles, was sie enthält, verbrannt werden. Ist es, dass der kalte Wind des Zweifels in einige ihrer Seelen eindringt?

Joanna Southcott, 1792-1814, war das zweite Glied der patristischen Kette von sieben Heimsuchungen, die auf den Schriften von Jane Lead basieren und auf denen die Panacea Society ihre Mission in England aufbaut. In einer kurzen Erklärung der „Doctrines of the Dispensation of the Holy Ghost (during which death will cease)", die 1922 von der Gesellschaft veröffentlicht wurde, beziehen sich die folgenden Punkte auf die Kiste und ihre Mission: (4) Sie haben wahrscheinlich gehört, dass Joanna Southcott eine Kiste mit versiegelten MSS, verschnürt und vernagelt, hinterlassen hat. Das Kästchen ist die Lade des Testaments, auf die in Offb. xi. 19, die so genannt wird, weil sie den Willen und das Testament Gottes für dieses Land (!) enthält. (5) Sie haben vielleicht auch gehört, dass dieser Kasten nur von vierundzwanzig Bischöfen der Kirche von England übergeben und geöffnet werden kann, die die vierundzwanzig Ältesten sind, die in Offb. xi. 16 erwähnten vierundzwanzig Ältesten sind, und die Vollstrecker des Testaments sind. (6) Das Kästchen wurde ursprünglich in der Obhut von Pfarrer Thomas Foley, Vikar von Old Swinford, Worcester, hinterlassen und nach dessen Tod in die Obhut seines Sohnes Richard, Vikar von North Cadbury, gegeben. Der derzeitige Verwalter (1922), ebenfalls ein

Kirchenmann, hat geschworen, das Kästchen nur an vierundzwanzig Bischöfe abzugeben, die bestimmte vom Herrn (!) festgelegte Bedingungen erfüllen. (7) Die Loge wird in einer Zeit großer nationaler Gefahr beantragt werden. Die Arche oder Kiste wird öffentlich die Wahrheit dessen beweisen, was sich so lange im Verborgenen entwickelt hat, und sie wird auch die Integrität der Kirche beweisen, indem sie ihr den Beweis für eine neue göttliche Offenbarung vorlegt, vor der sie sich beugen muss oder aufhört zu existieren.

Ist dies in Wirklichkeit eine neue Offenbarung? Ist sie nicht vielmehr so alt wie die Kulte der fernsten Vergangenheit, aus denen sich die jüdischen magischen Kabbalisten und Arbeiter der „fluidischen Magie" entwickelten? Hier sind einige Punkte ihrer damaligen Offenbarungen, die eine Beziehung zu diesen alten Glaubensvorstellungen aufzuweisen scheinen:

> „Was wissen die Bischöfe über (1) Geist, Seele und Körper und ihre Beziehung zu den Herrlichkeiten der Sonne, des Mondes und der Sterne [astrale Einflüsse]? (2) Über den kommenden unsterblichen Zustand des Mannes und der Frau auf der Erde und wie er herbeigeführt werden wird [Illuminismus!]? (3) Über die ewige und beständige Mutterschaft des Heiligen Geistes [Jerusalem oben], der die dritte Person der Heiligsten Dreifaltigkeit ist?"

Wir haben gesehen, dass ihre Dreifaltigkeit kabbalistisch und gnostisch ist, wobei ihr Ziel die Erleuchtung oder der Illuminismus ist, wobei der Sohn die belebende Kraft ist, die, wie die Gnostiker sagen, „Christi" schafft oder den Menschen vergöttlicht. Es ist die Vereinigung mit der universellen Lebenskraft, die ewig zu sein scheint, und durch diese Vereinigung, so glauben sie, würde der Mensch in seinem Körper unsterblich werden - niemals sterben!

„Octavia" schreibt in *Heilung für alle:*

> „Zusammenfassend lässt sich sagen, dass Joanna auf denselben Saiten spielt wie Jane Lead [unter dem Einfluss von Jacob Boehme], die kommende Wiederherstellung aller Dinge am Ende der 6.000 Jahre, und alles wird von der Frau herbeigeführt [passive mediale Instrumente!] ... die letzte Stunde der 6.000 Jahre läuft ab..."

Sie schreibt erneut an die Dekane des ländlichen Raums:

„Die Diözesanbischöfe sind aufgefordert worden, den Klerus über die heiligen und geheimen Offenbarungen zu informieren, die in diesem Land über den kommenden Kataklysmus gemacht wurden, und über die Schutzmaßnahmen, die der Herr vorbereitet hat, wodurch ein Überrest aus dem Umsturz gerettet werden wird, aber sie haben einmütig jedes Angebot abgelehnt… In der Zwischenzeit ist es an der Zeit, sich an die Bischöfe zu wenden und zu verlangen, dass die Aufzeichnungen durchsucht werden, insbesondere, dass die Lade, die das Wort des Herrn durch die Prophetin Joanna Southcott enthält, geöffnet wird, denn die „Zeit der schweren nationalen Gefahr", die ihre Öffnung kennzeichnen soll, ist da" (Mai 1923).

Tausende von Pfund seien ausgegeben worden, und seit etwa zwanzig Jahren würden Erklärungen an die Bischöfe gesandt; im Mai 1924 habe man sogar eine von 11.208 Personen in England unterzeichnete Petition verschickt, in der der Erzbischof von Canterbury und andere Bischöfe aufgefordert wurden, die Box zu öffnen. In diesem Fall wurde die Erklärung an zweiundvierzig Bischöfe, den Generalkaplan der Streitkräfte und den Dekan von Westminster gesandt. Der Erzbischof antwortete, er habe seinen Teil dazu beigetragen, „den Wünschen derjenigen zu entsprechen, die die Kontrolle über die Loge oder die Logen haben, denn meine Korrespondenten sagen mir, dass es rivalisierende Logen gibt". Wie wir wissen, würde 1927 eine Loge vom National Laboratory of Psychical Research geöffnet, aber das Ergebnis war eher eine Farce als ein Fiasko!

Darüber hinaus distanzierte sich eine als „Fishers of Men" bekannte Organisation, deren Briefpapier laut *Evening Standard mit der* Zeichnung einer Schlange, die von einem Dolch durchbohrt wird, überschrieben war, von der Entscheidung der Panacea Society, das Kästchen von vierundzwanzig ernannten Geistlichen anstelle von vierundzwanzig Bischöfen öffnen zu lassen, obwohl sie an die göttliche Mission von Joanna Southcott glaubt. Wie sie sagten, kann ein solches Zugeständnis „nur zu einer Katastrophe führen und nicht zu dem erhofften Segen".

Dieses Symbol der „Menschenfischer" scheint die Gesellschaft zu den modernen kabbalistischen Illuminaten zu zählen, denn laut Eliphas Levi in seiner *Geschichte der Magie* „wird das Geheimnis des Großen Werkes, das in der Fixierung des Astrallichtes durch einen souveränen Willensakt besteht, von den

Adepten als *eine von einem Pfeil durchbohrte Schlange* dargestellt, *die* den hebräischen Buchstaben Aleph bildet." Die Trinität in Einheit der Kabbalisten! Die patristische Mission der Panacea-Gesellschaft und ihrer Verbindungen besteht offensichtlich darin, England mittels kontrollierter Illuminaten zu erleuchten, und ihre Oberherren sind zweifellos die allgegenwärtigen Brüder der Großen Weißen Logen, die Kabalisten sind!

STEINER'S COMMUNITY CHURCH

Um noch einmal kurz auf Rudolf Steiner zurückzukommen, sei angemerkt, dass Rom Landau in seinem Buch „*Gott ist mein Abenteuer"* (1935) über die Anthroposophische Gemeinschaftskirche schreibt, wie sie ihm von einem ihrer jungen Geistlichen berichtet wurde. Zweifellos handelt es sich um dieselbe Bewegung, von der Albert Steffen 1926 als *Christengemeinschaft sprach und* deren Priester bei Steiners Beerdigung anwesend waren.

Steiner, so scheint es, war der Berater und „geistige Inspirator" dieser Gemeinschaftskirche, die im Juni 1921 von einer Gruppe junger Geistlicher und Laien in Stuttgart initiiert wurde, wo Steiner einen „Vortragskurs für Theologen" hielt. Die Gruppe versammelte sich erneut in Dornach, wo Steiner erneut über seine Lehre von Christus referierte. Ihr traditioneller Glaube wird tief erschüttert: Sie beschließen, eine neue Kirche auf der Grundlage von Steiners Offenbarungen zu gründen, und erarbeiten eine Verfassung, die von Steiner gebilligt wird. Im September 1922 ordinierte er Rittelmeyer durch Handauflegung, und Rittelmeyer ordinierte seinerseits eine Reihe von jungen Geistlichen.

Nach Steiner: „Die Anthroposophie wendet sich an das Erkenntnisbedürfnis des Menschen und bringt Erkenntnis; die christliche Gemeinschaftskirche wendet sich an das Auferstehungsbedürfnis des Menschen und bringt Christus." Das ist die Erweckung des „inneren Gottes" oder der Kundalini, die den Illuminismus bewirkt! Jetzt wissen wir, dass Steiners Lehre über Christus die der Manichäer und der Juden der alexandrinischen Schule ist. Sein Gott ist das Universelle

Schöpferische Prinzip, und sein Christus-Impuls ist lediglich die belebende und erleuchtende Kraft desselben Prinzips; und die Auferstehung, Kreuzigung und Himmelfahrt sind nichts weiter als mystische Lehren, wie sie von den Manichäern gelehrt werden.

Daher fragt man sich, ob diese christliche Gemeinschaftskirche nicht ein Versuch ist, die alte Häresie der Albigenser wiederzubeleben! Rom Landau sagt uns, dass es diese Kirchen in Deutschland, in mehreren anderen kontinentalen Ländern und in England gibt.

DIE SPUR DER SCHLANGE

KAPITEL X

BRÜDERSCHAFT DES INNEREN LICHTS UND YOGA

W enden wir uns nun einer anderen, vielleicht weniger bekannten, unserer modernen *Illuminés* zu, der „Bruderschaft des inneren Lichts", deren Oberhaupt Dion Fortune ist. Ihre Lehre basiert weitgehend auf der jüdischen Kabbala. Sie schreibt, dass sie

„ist eine dieser Mysterienschulen; sie steht in Kontakt mit der westlichen esoterischen Tradition und arbeitet mit den christlichen, hermetischen und keltischen Aspekten dieser Tradition (daher ihr Pilgerzentrum in Glastonbury) ... Die Bruderschaft ist eine unabhängige und eigenständige Organisation und ist keiner anderen Organisation auf der physischen Ebene angeschlossen, sondern unterhält ihre Kontakte direkt mit der Großen Weißen. Loge ... der Großen Weißen Bruderschaft, den Meistern oder Älteren Brüdern. Mit diesen kommt der Eingeweihte in den Mysterien in Kontakt, wenn sein höheres Bewusstsein ausreichend entwickelt ist."

Dion Fortune erklärt ihre wahre Einstellung zum Christentum in ihrem Buch *Die esoterischen Orden,* wenn sie über hermetische Traditionen schreibt:

„Seine höchste Entfaltung fand es in den ägyptischen und kabbalistischen Systemen, und in den Schulen der Neuplatoniker und Gnostiker vermischte es sich mit dem christlichen Gedankengut; aber die verfolgende Energie der Kirche, die es längst exoterisiert hat, hat es als organisiertes System ausgelöscht. Seine Studien wurden nur während des dunklen Mittelalters unter den Juden am Leben erhalten, die die Hauptvertreter seines kabbalistischen Aspekts waren. Der ägyptische Aspekt wurde von den Templern in Europa wieder eingeführt, nachdem sie durch die Kreuzzüge mit den heiligen Zentren des Nahen Ostens in Kontakt getreten waren. [Wie wir gezeigt haben, war die Geheimlehre der Templer manichäisch und johanneisch, und sie waren mit den Assassinen verbündet!] Durch die Furcht und Eifersucht der Kirche wieder verdrängt, tauchte sie in der langen Reihe der Alchemisten wieder auf, die nach der Brechung der Macht Roms durch die Reformation aufblühten; und sie ist auch heute noch lebendig. [Während des letzten halben Jahrhunderts wurden zahllose Versuche unternommen, die Seele der Mysterien zur Reinkarnation zu bewegen, und diese Versuche waren von unterschiedlichem Erfolg gekrönt. Aus vielen fehlgeschlagenen Versuchen entsteht allmählich eine neue Tradition; das schwelende Feuer des okkulten Wissens ist zu einer Flamme entfacht worden, und *die Götter haben sich den Menschen wieder genähert.*"

Nach Dion Fortune ist Christus der „Herr des violetten Strahls" und wird mit Krishna und Osiris gleichgesetzt. Er ist der kosmische Christus, eine regenerierende und versöhnende Weltkraft, die durch Meditation kontaktiert und für kosmische Zwecke genutzt werden kann; er war nie eine Persönlichkeit, auch nicht von unserer Menschheit, sondern kosmisches Feuer, das die Sonne als Symbol hat. Und, so sagt sie, „durch Inspiration können wir unser Bewusstsein dafür öffnen und uns auf seine Kraftlinien ausrichten, bis das Bewusstsein davon durchdrungen wird und eine Erleuchtung stattfindet." Und sie fährt fort, indem sie seine pantheistische Natur aufzeigt: „Die Vereinigung mit dem göttlichen Aspekt des Selbst, dem Gott im Innern, muss dem Bewusstsein des Gottes des Ganzen vorausgehen, von dem es nur ein Teil ist. Die spirituelle Ebene der menschlichen Natur ist nur ein umschriebener Teil des Einen Geistes, des Alls, des noumenalen Aspekts der Manifestation."

Wir müssen daher schlussfolgern, dass das erste Ziel der Bruderschaft, wie bei allen erleuchteten Gruppen, darin besteht, das schöpferische Prinzip im Innern mit dem schöpferischen Prinzip im Äußeren zu vereinen, indem sie den kosmischen Christus oder das kosmische Feuer - die erleuchtende Kraft - anzieht und herabzieht und so die magnetische Verbindung mit dem herrschenden Geist ihrer Meister herstellt, denn wie sie erneut erklärt: „Indem wir an die Meister denken, ziehen wir ihre Aufmerksamkeit auf uns, und es ist unglaublich einfach, eine magnetische Verbindung mit denen herzustellen, die immer mehr bereit sind zu geben als zu empfangen." Wie die Meister zu dem jetzigen Schreiber sagten: „Wir brauchen dich und alle deine Gaben!" Ihr Plan ist es, über einen universellen Weltstaat zu herrschen, und zu diesem Zweck brauchen sie passive, aber begabte Instrumente. Wie Dion Fortune selbst schreibt:

> „Die Meister nehmen Seelen als Schüler auf, nicht zum Nutzen der Seele, sondern zum Nutzen des Großen Werkes; ein Mensch wird nicht aus Neugierde oder Begeisterung ausgebildet, sondern nur insoweit, als er als Diener von Wert ist" osity.

Nachdem sie ordnungsgemäß erleuchtete Diener geworden sind, müssen die Adepten andere Duplikate für einen ähnlichen Dienst in der einen oder anderen Richtung ausbilden und einweihen, wie es von diesen Meistern verlangt wird. Deshalb:

> „Ein Offizier, der seine Funktion richtig verstanden hat, wird so lange in der Kraft verweilen, die durch sein Amt wirken soll, bis seine Persönlichkeit so sehr von ihr durchdrungen ist, dass er ihren Einfluss auf den Kandidaten ausstrahlt, dem er bei der Einweihung hilft. Das vereinte Handeln aller Offiziere bildet einen Gruppengeist, der fähig ist, Potenzen eines viel massiveren oder kosmischen Typs zu übertragen und zu fokussieren, als dies durch den Kanal eines einzelnen Bewusstseins möglich wäre.

Farbe und Klang spielen eine wichtige Rolle bei der Übertragung dieser Kräfte. Wie Max Heindel sagte und Dion Fortune wiederholt:

> „Diese unsichtbaren Klangschwingungen haben große Macht über konkrete Materie. Sie können aufbauen und zerstören. Wenn man eine kleine Menge sehr feinen Pulvers auf eine Messing- oder Glasplatte legt und einen Geigenbogen über den Rand zieht, bewirken die Schwingungen, dass das Pulver schöne geometrische Figuren annimmt. Auch die menschliche Stimme ist in der Lage, solche Figuren zu erzeugen, und zwar immer die gleiche Figur für den gleichen Ton. Wenn man eine Note oder einen Akkord nach dem anderen anschlägt... vorzugsweise auf einer Geige... wird schließlich ein Ton erreicht, bei dem der Zuhörer eine deutliche Vibration im hinteren Teil des Kopfes spürt. Jedes Mal, wenn dieser Ton angeschlagen wird, wird die Vibration zu spüren sein. Dieser Ton ist der „Grundton" der Person, auf die er so wirkt. Wenn sie langsam und beruhigend angeschlagen wird, baut sie den Körper auf und beruhigt ihn, stärkt die Nerven und stellt die Gesundheit wieder her. Wird er dagegen dominant, laut und lang genug angeschlagen, so tötet er so sicher wie eine Pistolenkugel."

Und Dion Fortune fasst zusammen:

„All diese Einflüsse werden eingesetzt, um eine große Gedankenform im Gruppengeist der Loge zu konstruieren, und in diese Gedankenform werden die Potenzen gegossen, die durch die Namen der Macht hervorgerufen werden, die in der Einweihungsarbeit verwendet werden, und diese Einflüsse werden auf den Kandidaten fokussiert, während er sich in einem Zustand erhöhten Bewusstseins befindet, Dies ist das Grundprinzip der Einweihung."

Dies führt uns zurück zum Orden der Élus Coens von Martinez de Paschalis und zur jüdischen magischen Kabbala mit ihrer „flüssigen Magie" und der Macht, die durch das Aussprechen der so genannten göttlichen Namen erzeugt wird, die in allen magischen Orden, sowohl im Osten als auch im Westen, so häufig verwendet werden. Wie die alten chaldäischen Orakel sagten: „Verändere keine barbarischen Namen bei der Beschwörung, denn es sind göttliche Namen, die in den heiligen Riten eine unbeschreibliche Macht haben." Und Farben sind, wie wir wissen, die Signaturen von Kräften, daher sind ihre Schwingungen den entsprechenden Kräften ähnlich.

Als Entschuldigung für den Eid der Verschwiegenheit, die übliche Entschuldigung aller Bruderschaften und Orden dieser Art, erklärt Dion Fortune:

„Das Wissen ist vorbehalten, um die Menschheit vor seinem Missbrauch durch skrupellose Menschen zu schützen... Der Verstand verfügt über bestimmte, wenig bekannte Kräfte, die so mächtig und so subtil sind, dass sie, für ein Verbrechen eingesetzt, das soziale System einer Nation umstürzen könnten. Die Gerichte erkennen an, dass eine Person einen unzulässigen Einfluss auf eine andere ausüben kann, aber sie sind sich kaum bewusst, welchen Einfluss ein geschulter Geist auf einen ungeschulten ausüben kann."

Es ist daher vernünftig zu fragen: Hat Dion Fortune irgendeinen wirklichen Beweis dafür, dass diese so genannten Meister und Brüder der so genannten Großen Weißen Loge nicht skrupellose und ehrgeizige Okkultisten und Magier sind, die diese subtilen Kräfte des menschlichen Geistes benutzen und missbrauchen, um ihre eigenen verrückten und fanatischen Weltambitionen zu verwirklichen und die sozialen, religiösen und politischen

Systeme zu stürzen, und zwar nicht nur die einer Nation, sondern die aller? Wenn nicht, ist sie bereit, die enorme Verantwortung und das Risiko für sich selbst und vor allem für ihre vertrauenswürdigen Kandidaten und Dummköpfe auf sich zu nehmen? Sie lehrt, dass die Manus mit Hilfe von Suggestion oder Gedankenübertragung Ideen in das menschliche Bewusstsein einpflanzen! Wer sind diese angeblichen Manus - ein aus dem Osten entlehnter Name, zu welchem Zweck!

Nochmals:

„Aus diesem Grund [Illuminismus] haben die Meister Organisationen wie die Theosophische Gesellschaft, die Anthroposophische Gesellschaft, die Rosenkreuzergemeinschaft und viele andere, weniger bekannte, aber nicht weniger nützliche, gegründet und unterstützen sie..."

Seltsamerweise finden wir unter den Büchern, die den Mitgliedern zum Kauf angeboten werden, Crowleys *Magick, das* „einen Nachdruck der berühmten „777" enthält." Das letztgenannte Buch wurde größtenteils aus Korrespondenzen zusammengesetzt, die in den kabbalistischen „Knowledge Lectures" des Golden Dawn gehalten wurden, einem Orden, dem Crowley in London von 1898 bis 1900 angehörte, als er ausgeschlossen wurde! -

Schließlich bekennt sich die „Bruderschaft des Inneren Lichts" wie viele andere *Illuminés* dazu, sich als Organisation von politischen Aktivitäten fernzuhalten, aber jedes Mitglied, das durch die Lehren dieser Meister auf den inneren Ebenen orientiert wurde, „hat die Pflicht, sich als Bürger über Angelegenheiten der nationalen und lokalen Politik und Verwaltung zu informieren und seinen Einfluss auf diese im Sinne von Gerechtigkeit und Rechtschaffenheit geltend zu machen."

Sein Einfluss wäre natürlich der seines Meisters und seiner Kontrolle!

Wer sind also diese Meister? Und was ist ihr großes Werk? Haben sich die Dinge verändert, seit de Luchet 1789 schrieb:

„Hier wurde im Herzen der tiefsten Finsternis eine Gesellschaft von neuen Wesen gebildet, die sich kannten, ohne gesehen zu werden, die sich verstanden, ohne sich zu erklären, die einander dienten, ohne Freundschaft zu haben. Ihre Gesellschaft zielt darauf ab, die Welt zu regieren, sich die Autorität der Souveräne anzueignen und deren Thron zu usurpieren, indem sie ihnen die bloße, unfruchtbare Ehre überlässt, die Krone zu tragen. Sie übernimmt das jesuitische Regime, den blinden Gehorsam und die Prinzipien des Königsmords aus dem siebzehnten Jahrhundert; von der Freimaurerei die Prüfungen und äußeren Zeremonien; von den Templern die unterirdischen Beschwörungen und die unglaubliche Kühnheit. Sie bedient sich der Entdeckungen der Physik, um der unwissenden Menge etwas aufzuzwingen."

Die unsichtbaren Manipulatoren des Illuminismus mögen wenige sein, aber ihre Methoden haben die geheime Subtilität der Schlange, und ihre Diener sind zahlreich. Die Macht der Magie liegt darin, halbe Qualitäten in Männern und Frauen zu Gruppen von drei, fünf, sieben, zwölf usw. zusammenzubinden; es sind sozusagen die sieben Farben des Prismas, die sich zum „Göttlichen Weißen Licht" der Rosenkreuzer vereinen, wobei jedes Individuum die Eigenschaften einer Farbe, also einer Kraft, repräsentiert. Dies gilt für die materielle, mentale und emotionale Magie. Wie Crowley in „777" zeigt, sind mit jeder Kraft auch viele andere Entsprechungen verbunden, die, wenn sie miteinander kombiniert werden, die Potenz der jeweiligen Kraft erhöhen. Wie Dion Fortune es ausdrückt:

„Ein System von Korrespondenzen besteht aus einer Reihe von Symbolen, die der konkrete Verstand erfassen kann, und einer Kenntnis der Assoziationsketten, die sie miteinander verbinden; diese Kenntnis ist für die okkulte Entwicklung absolut notwendig."

Oder für Magie, schwarz oder weiß!

KUNDALINI-YOGA

Der Kundalini-Yoga ist in der einen oder anderen Form in all diesen Sekten zu finden; er ist die Grundlage ihrer Anziehungskraft und Macht. Ohne ihn könnten sie nicht existieren, es gäbe keine geheimnisvollen Übermeister, die suggestive und faszinierende Lehren verkünden, Anweisungen geben und scheinbar weise Ratschläge erteilen; Es gäbe kein Sehen von Visionen und kein Hören von Stimmen, es gäbe kein

Hinausgehen in die profane Welt, um die Gemüter mittels dieser heimtückischen Lehren zu orientieren und die unvorsichtigen und manchmal aufrichtigen Wahrheitssuchenden in ihre Netze zu ziehen, aber häufiger die nach Aufregung Suchenden, die auf der Suche nach etwas sind, das ein ansonsten farbloses Leben bereichert oder interessant macht, verlockt durch das Versprechen, bisher ungeahnte und geheimnisvolle Kräfte zu erwecken - aber immer unter Kontrolle und angeblich zum Wohle der kollektiven Menschheit. Die Mitglieder werden durch einen Eid der Geheimhaltung und des blinden Gehorsams aneinander gebunden - die Geheimhaltung ihres Kontakts mit diesen Meistern oder Älteren Brüdern, die durch diese Pseudo-Mysterien und ihre Diener die Welt regieren und die Autorität an sich reißen würden.

In seinem Buch *Serpent Power*, 1919, schreibt Arthur Avalon (Sir John Woodroffe):

„Die Tantras sagen, dass es in der Macht des Menschen liegt, alles zu erreichen, was er sich wünscht, wenn er seinen Willen darauf ausrichtet ... denn der Mensch, so sagen sie, ist in seinem Wesen eins mit dem Höchsten Herrn [dem Universellen Schöpferischen Prinzip], und je mehr er den Geist [das astrale Licht] manifestiert, desto mehr wird er mit dessen Kräften ausgestattet ... Das Ziel der tantrischen Rituale ist es, diese verschiedenen Formen der Macht zu ihrem vollsten Ausdruck zu bringen."

Das Zentrum und die Wurzel dieser Kräfte im Menschen liegt in der Kundalini. Daher können wir verstehen, warum der Gott all dieser modernen Mysterien das Universelle Schöpferische Prinzip ist und die Kundalini im Menschen der „Gott im Innern" oder der verborgene Gott genannt wird, und schließlich, warum der Mensch, wenn er bis zur Berauschung mit diesem astralen Licht erfüllt ist, sich selbst als Gott betrachtet, als einen vergöttlichten und erleuchteten Menschen.

Kurz gesagt, die Kundalini ist die Sexualkraft, die in dreieinhalb Windungen an der Basis der Wirbelsäule liegt. Sie ist der Teil des Großen Atems oder *Swara*, der „die mächtigste Manifestation der schöpferischen Kraft im menschlichen Körper" ist. Er wird von drei Energien gebildet: *Ida*, auf der linken Seite der Wirbelsäule, der Mond- oder weibliche Kanal (oder Nadi); *Pinggala*, auf der rechten Seite, der männliche oder Sonnenkanal; *Sushumna*, der Kanal des vereinigenden und auflösenden Feuers, innerhalb der Säule selbst. Es ist die „Schlangenkraft", der Schöpfer, Bewahrer und Zerstörer, das I.A.O. aller hermetischen, kabbalistischen und gnostischen Sekten.

> „Sie, die Feinste der Feinstofflichen, birgt in sich das Mysterium der Schöpfung, und durch ihre Ausstrahlung, so heißt es, wird das Universum erleuchtet, das ewige Wissen erweckt [im Unterbewusstsein] und die Befreiung erlangt... Sie erhält alle Wesen der Welt durch Inspiration und Verfall."

Die Kundalini muss zunächst durch einen starken Geist und Willen zusammen mit geeigneten körperlichen Handlungen erweckt werden; es werden bestimmte Formen des Trainings und der Verehrung vorgeschrieben, die Verwendung von Bildern, Emblemen, Symbolen, Bildern, Mantras, Prozessen usw. Auf diese Weise aktiv gemacht, wird es zum zerebralen Zentrum gezogen, „wie im Fall von gewöhnlichen positiven und negativen elektrischen Ladungen, die selbst nur andere Manifestationen der universellen Polarität sind, die die manifestierte Welt beeinflusst."

Pinggala steigt, wenn sie erweckt ist, von rechts nach links auf, umkreist die Lotusse oder Chakren, diese Zentren der physischen und psychischen Kraft, und erreicht die Zirbeldrüse an der Nasenwurzel zwischen den Augenbrauen; *Ida* geht von links nach rechts, umkreist ebenfalls die Chakren und steigt zum selben Zentrum zwischen den Augenbrauen auf. Diese beiden bilden zusammen mit der *Sushumna* einen geflochtenen Knoten an eben dieser Zirbeldrüse. Um auf den „Mittleren Pfad" geführt zu werden, muss die Lebenskraft sowohl von der *Pinggala* als auch von der *Ida* abgezogen werden, *wodurch* der Rest des Körpers vorläufig entkräftet wird, und sie muss in die *Sushumna* eintreten, *die* auf ihrem Weg nach oben die Chakras durchdringt und die Tattvas jedes Chakras in sich aufnimmt, ebenso die Sub-Tattvas, mit denen jedes wiederum aufgeladen ist. So haben wir das Erd-Tattva des Chakras an der Basis der Wirbelsäule; *Wasser*, die Milz; *Feuer*, den Nabel oder Solarplexus; *Luft*, das Herz; *Äther, die Kehle*. Beim Übergang vom Grobstofflichen zum Feinstofflichen wird die Erde in Wasser aufgelöst, das Wasser vom Feuer absorbiert, das Feuer von der Luft sublimiert und die Luft vom Äther, und indem die Kundalini diese Tattvas absorbiert, wird sie sozusagen feinstofflich und vom Grobstofflichen befreit. Dies wird von manchen als Transmutation der Sexualkraft bezeichnet, die zu spirituellen Dingen führt, aber in Wirklichkeit ist sie nur astral. Nachdem sie sich im zerebralen Zentrum mit dem Universellen vereinigt hat, steigt sie herab, projiziert gleichzeitig die tattvischen Kräfte in die verschiedenen Chakren zurück und nimmt ihre latente potentielle Position an der Basis der Wirbelsäule wieder ein, und der Körper nimmt seine Vitalität wieder auf. Je länger sie im zerebralen Zentrum, dem Sitz des „Höchsten Herrn", gehalten werden kann, desto größer, so heißt es, werden die Kraft und das Wissen sein, die der Yogi erlangt.

Das ist der „innere Gott" all dieser verschiedenen Sekten. Er wird durch den Caduceus des Hermes dargestellt, mit seinen beiden Schlangen, der negativen und der positiven, die sich um den zentralen Stab schlängeln, der Wirbelsäule, die an der Zirbeldrüse von den Flügeln dessen überragt wird, was Befreiung genannt wird; die Kugel an der Spitze des Stabes ist die Hypophyse, der Sitz der höchsten Macht. Oder wie es die Smaragdtafel des Hermes ausdrückt:

„Das, was unten ist, gleicht dem, was oben ist, und das, was oben ist, gleicht dem, was unten ist, um die Wunder der einen Sache [Manifestation] zu vollbringen. Sein Vater ist die Sonne; seine Mutter ist der Mond. Sie ist die Ursache aller Vollkommenheit auf der ganzen Erde [des Gleichgewichts]. Die Kraft ist vollkommen, *wenn sie in Erde verwandelt wird* [Fixierung des astralen Lichts in einer materiellen Basis]. Trenne die Erde vom Feuer, das Feinstoffliche vom Grobstofflichen, indem du umsichtig und mit Augenmaß handelst. Steige mit größter Klugheit von der Erde zum Himmel auf und steige dann wieder zur Erde hinab und vereinige das Untere und das Obere miteinander; so wirst du das Licht der ganzen Welt besitzen, und alle Dunkelheit wird von dir wegfliegen [der Aufstieg der Kundalini oder Schlangenkraft und der Abstieg des Blitzes. Es ist die von einem Pfeil durchbohrte Schlange, die Fixierung des astralen Lichts in einem materiellen Körper, die Erleuchtung oder Illuminismus erzeugt]. Dieses Ding hat mehr Kraft als die Kraft selbst, denn es überwindet alles Feinstoffliche und durchdringt alles Feste. Durch sie wurde die Welt geformt."

Es ist das Universelle Schöpferische Prinzip, die elektromagnetischen Kräfte des Lebens. Es ist eine Kraft, die töten oder lebendig machen kann! Außerdem gibt Max Heindel in seinem Buch *Rosicrucian Cosmo-Conception ein* Diagramm der drei Pfade, die von der Kundalini oder den ungenutzten Sexualkräften genommen werden. Er nennt sie rechts von der Wirbelsäule den Mystiker, links den Okkultisten und in der Mitte den Adepten. Sie alle führen zur Erleuchtung, d.h. zu Hellsichtigkeit, Hellhörigkeit und beeindruckender Lehre. Diese wurden in Form von mentalen Suggestionsprozessen von Dr. Felkin von Dr. Steiner erhalten und zusammen mit bestimmten Meditationen und Atemübungen Steiners an die Mitglieder der *Stella Matutina* weitergegeben, denen lediglich gesagt wurde, dass diese Prozesse ihre inneren Sinne erwecken würden. Jeder dieser drei Prozesse wurde mit einem der drei folgenden Namen versehen: Jakin, Boaz oder Macbenac, die für die Kundalini-Kräfte stehen, die drei Säulen, die in der gesamten Freimaurerei zu finden sind, die kabbalistischen Säulen der Barmherzigkeit, Strenge und Milde des Lebensbaums. Nach Dr. Wynn Westcott ist der kabbalistische Lebensbaum einfach die rabbinische Form der Vereinigung des schöpferischen Prinzips im Menschen mit dem Universellen Schöpferischen Prinzip außerhalb. Und wie Max Heindel erklärt:

„Es wird Wissen aus erster Hand über die überphysischen Bereiche vermitteln."

Die große Gefahr dieses Yoga, wie er von den westlichen und modernen *Illuminés* praktiziert wird, scheint also nicht nur in einer Berauschung des astralen Lichts zu bestehen, die Illusionen und Täuschungen, ja sogar Manie hervorruft, sondern auch in der ernsten Gefahr, dass ein stärkerer Geist, der auf der Astralebene arbeitet, von einem schwächeren und weniger informierten Geist Besitz ergreift und ihn für seine eigenen Zwecke einsetzt, wie im Fall dieser Meister und Älteren Brüder, die von den Führern dieser Kulte scheinbar als Vertrauenspersonen betrachtet werden. Wie Dion Fortune schreibt:

„Indem wir an die Meister denken, ziehen wir ihre Aufmerksamkeit auf uns, und es ist unglaublich leicht, eine magnetische Verbindung mit jenen herzustellen, die immer bereit sind, mehr zu geben als zu empfangen; und wenn jemand, nachdem er an die Meister gedacht und den Wunsch geäußert hat, als Schüler angenommen zu werden, feststellt, dass die Umstände seines Lebens beginnen, einen Sturm zu entfachen, wird er wissen, dass seine Bewerbung angenommen wurde und dass die Vorprüfungen begonnen haben."

Die Meister nehmen die Schüler niemals auf Vertrauen, sie prüfen sie, sie formen und bearbeiten sie, bis sie demütig und blind gehorchen und bereit sind, die ihnen zugedachte Aufgabe im großen Plan dieser „Übermenschen" zu erfüllen. Und so sehen wir, wie die westliche Welt von Führern in Yogakulten durchdrungen ist, die nur wenig weniger unwissend sind als die Männer und Frauen, die sie unterrichten würden, und die alle den Weg für die „Meister" bereiten, wer immer sie auch sein mögen.

OUSPENSKY

Nehmen wir zunächst den Russen P. D. Ouspensky, wie er in seinem Buch „Ein neues Modell des Universums" dargestellt wird. Was den Okkultismus betrifft, so enthält dieses Buch nichts wirklich Neues, denn es basiert weitgehend auf der Arbeit anderer Autoren, um zu zeigen, dass die meisten Religionen, Kulte und Okkultismus lediglich „pseudo" sind. Wie der Autor sagt: „Wenn wir feststellen, dass die Religion Jahrhunderte... hinter Wissenschaft und Philosophie zurückliegt, ist die wichtigste Schlussfolgerung, dass es sich um... Pseudoreligion handelt." Das einzig Wahre ist seiner Meinung nach die „Esoterik", womit offenbar Empfindungen und Lehren gemeint sind, die man durch Mystik erlangt, ausgelöst durch eine Form von Yoga. All dies ist mit seinen eigenen vagen Experimenten, Theorien und Gefühlen verwoben.

Er glaubt, dass die Welt von einem „inneren Kreis" kontrolliert wird. „Wahre Zivilisation", sagt er, „existiert nur in der Esoterik... Es ist der innere Kreis, der in der Tat der wahrhaft zivilisierte Teil der Menschheit ist." Hier ist seine Theorie über das Wachstum des inneren Kreises: Adam und Eva wurden aus dem großen Laboratorium der Natur hervorgebracht und erschienen auf der Erde; eine Zeit lang wurden sie von den Kräften unterstützt, die sie erschaffen hatten. Die Menschen waren zunächst unfähig, Fehler zu machen, und entwickelten sich daher schnell weiter, aber mit der Zeit glaubten sie, das Gute vom Bösen unterscheiden zu können und sich selbst zu lenken.

Dann begingen sie einen Fehler nach dem anderen, bis sie allmählich auf das Niveau zurückfielen, von dem sie aufgestiegen waren, „plus die erworbene Sünde"! Eine gewisse Anzahl machte keine Fehler und konnte alles Wissen, das für die Kultur wirklich wertvoll war, bewahren; diese wurden dann zum „inneren Kreis" (wir vermuten die Älteren Brüder der Großen Weißen Loge!). Dieser innere Kreis trat an die Stelle der Mächte, die die Menschen schufen. Ihre Religion ist die Esoterik; alle anderen sind daher „pseudo". Das sind die uninspirierten und uninspirierten Theorien von Ouspensky, die uns nicht einmal originell erscheinen!

Seine Kapitel über die Tarotkarten und die verschiedenen Formen des Yoga sind bereits bekannten Büchern entnommen. So erklärt er die Kräfte, die durch das erste *Raja-Yoga* gewonnen werden:

> „Dadurch erlangt der Mensch einen Zustand außergewöhnlicher Freiheit und Macht. Er kontrolliert nicht nur sich selbst, sondern *kann auch andere kontrollieren*. Er kann die Gedanken anderer Menschen lesen, ob sie sich in seiner Nähe oder in der Ferne befinden; *er kann ihnen seine eigenen Gedanken und Wünsche nahelegen und sie sich selbst unterordnen*. Er kann Hellsichtigkeit erlangen, er kann die Vergangenheit und die Zukunft kennen."

Karma-Yoga, was *Nicht-Anhaftung* bedeutet, „lehrt den Menschen ..., dass in Wirklichkeit nicht er es ist, der handelt, sondern nur eine Kraft, die durch ihn hindurchgeht." Er handelt selten „unabhängig, sondern in den meisten Fällen nur als Teil des einen oder anderen großen Ganzen" - zweifellos beherrscht von Kräften und Gesetzen, die oft vom „inneren Kreis" für ihre eigenen Zwecke in Bewegung gesetzt werden! *Hatha-Yoga* ist die Erlangung der Kontrolle über den Körper und die physische Natur des Menschen. „Indem Yogis lernen, ihren eigenen Körper zu beherrschen, lernen sie gleichzeitig, *das gesamte materielle Universum zu beherrschen"*, d.h. die Entwicklung des Willens und der Gedankenkraft. *Jnana-Yoga* verwendet die Methoden des *Raja-Yoga* und soll den Geist schulen und die grundlegenden Gesetze des Universums offenbaren. *Bhakti-Yoga* lehrt, wie man glaubt, betet und ein bestimmtes Heil erlangt; in ihm gibt es keine Unterschiede zwischen den Religionen.

Ouspensky besteht darauf, dass Yoga nur mit einem Lehrer praktiziert werden darf, und doch führt er offenbar auf eigene Faust mystische Experimente durch, die, wenn sie von einer unbekannten Gruppe kontrolliert würden, zu allem Möglichen führen könnten, von äußerer Suggestion bis hin zur Besessenheit. Er schreibt:

> „Bei den ersten Experimenten ... hatte ich das Gefühl, dass ich verschwinde, verschwinde, mich in ein Nichts verwandle ... in einem Fall war es das Alles, das mich verschlang, im anderen das Nichts ... bei den folgenden Experimenten begann dieselbe Empfindung des Verschwindens des „Ich" in mir ein Gefühl außerordentlicher Ruhe und Zuversicht hervorzurufen ... Wenn ich spürte, dass ich nicht existierte, wurde alles andere sehr einfach und leicht."

Dann begann er zu lehren! Dies ist allen okkulten Schulen gemein und bedeutet im Allgemeinen Kontrolle durch einen äußeren Einfluss. Außerdem ist, wie wir wissen, die so genannte Transmutation oder vielmehr Perversion der Sexualkraft die Grundlage für alle derartigen Experimente im Yoga. Wie er erklärt, wird die Sexualkraft für „die Entwicklung des Menschen in Richtung auf die Erlangung eines höheren Bewusstseins und die Erschließung seiner latenten Kräfte und Fähigkeiten" verwendet. Die Erklärung dieser letzteren Möglichkeit in Verbindung mit der Verwendung der Sexualkraft zu diesem Zweck bildet den Inhalt und die Bedeutung aller esoterischen Lehren."

Er spricht von Yogi Ramakrishna, der ein Bhakti-Yogi war und in den „achtziger Jahren" des letzten Jahrhunderts im Kloster Dakshineswar in der Nähe von Kalkutta lebte. „Er erkannte alle Religionen mit all ihren Dogmen, Sakramenten und Ritualen als gleichwertig an." Zwölf Jahre lang experimentierte er (der Yogi) auf dem Weg der Askese mit allen Religionen, und nach seinen eigenen Worten erreichte er in jeder die gleichen Ergebnisse der Ekstase, woraus er schloss, dass alle großen Religionen eins seien. Aber seine göttliche Mutter war die Große Mutter Natur!

und seine Ekstase bedeutete Vereinigung mit der Universellen Schöpferkraft!

Es ist interessant und aufschlussreich zu wissen, dass Swami Vivekananda, der 1893 nach Amerika reiste, um am „Parlament der Religionen" teilzunehmen, einer der Schüler Ramakrishnas war! In seinem Buch „*Mystik am russischen Hof*" sagt J. Bricaud: „Bestimmte Schriften von Dostoiewski, Tolstoi und Merejkowski haben dem westlichen Volk die geheime Natur der russischen Seele offenbart, die gequält und begierig nach dem Wunderbaren ist." Ist Ouspensky nicht auch eine dieser russischen Seelen, die sich nach dem Wunderbaren sehnt, wie seine Experimente und seine vagen, selbst herbeigeführten pseudo-mystischen Empfindungen zeigen, die er bei den Pyramiden, dem Taj Mahal usw. empfunden haben will? Ist es nicht dieser Pseudo-Mystizismus in ihren Werkzeugen, der von denen benötigt wird, die die Menschheit heimlich kontrollieren und beherrschen wollen?

Ouspensky war eine Zeit lang ein Schüler Gurdjieffs, jenes seltsamen Mannes, der eine Zeit lang in Fontainebleau eine außerordentliche Macht über viele und unterschiedliche Anhänger ausübte und der jetzt offenbar in New York ist. Es ist nicht verwunderlich, dass Amerika heute vom Krebsgeschwür dieser Kulte befallen ist, so dass selbst diejenigen, die ihr Land retten wollen, von „Älteren Brüdern" der einen oder anderen Art beherrscht werden oder von einem gefährlichen und falschen Mystizismus und Spiritismus durchdrungen sind.

VIVEKANANDA

In *The Confusion of Tongues*, 1929, berichtet Charles W. Ferguson über die große Swami- und Yogi-Invasion in Amerika während der letzten vierzig Jahre. Über Swami Vive kananda sagt er: „Er war der erste und größte Eiferer des Ostens, der die hinduistischen Mysterien in schmackhafter Form für den amerikanischen Konsum anbot." Im Jahr 1893 ging dieser Swami nach Amerika und wurde von seinen Anhängern ausgewählt, um sie beim Parlament der Religionen zu vertreten, das im September desselben Jahres in Chicago stattfand. Als er im Juli dort ankam, ließ er sich in einem der reichsten Hotels der Stadt nieder. Bald war sein Geld aufgebraucht, und da er keine Legitimation vorweisen konnte, wurde ihm mitgeteilt, dass man ihn bei der Eröffnung des Parlaments der Religionen nicht empfangen würde. Traurig und betrübt machte er sich auf den Weg nach Boston, und im Zug nahm sich eine freundliche Dame seiner an und machte ihr Haus zu seinem Hauptquartier. In Boston wurde er von den Harvard-Professoren aufgenommen, und als die Zeit gekommen war, wurde er mit den erforderlichen Zeugnissen bewaffnet nach Chicago geschickt, wo er schließlich seinen Weg zum Parlament der Religionen fand. Dort war er unter den verschiedenen Sekten und Kulten ein immenser Erfolg und gab allen Bewegungen, die die „Göttlichkeit des Menschen" predigten, großen Auftrieb; er wurde hochgelobt und hielt weit und breit Vorträge. In New York gründete er eine Vedanta-Gesellschaft, die sich ausbreitete und gut unterstützt wurde. Es war sein erklärtes Ziel, Ost und West zu vereinen und zu synthetisieren, aber was er vor allem tat, war, den Weg für eine Schar weniger bedeutender Persönlichkeiten zu bereiten, die seine Mission zweifellos weit über sein eigenes Endziel hinaus trugen. Er machte Amerika Indien bewusst und machte die Hindu-Philosophie populär.

In seiner Philosophie und seinen Lehren, wie sie in *The Life of Swami Vivekananda*, von seinen östlichen und westlichen Schülern, 1912-15, wiedergegeben sind, lehrt er in seinen Vorträgen über Raja-Yoga oder die Eroberung der inneren Natur, dass das Ziel des Lebens „darin besteht, diese Göttlichkeit im Innern zu manifestieren, indem man die innere und äußere Natur kontrolliert", und dass alle indischen Philosophien ein einziges Ziel haben, „nämlich die Befreiung der Seele [des „inneren Gottes"] durch Vollkommenheit". Weiter:

„Wenn der Yogi vollkommen wird, wird es nichts in der Natur geben, das nicht unter seiner Kontrolle steht. Wenn er den Göttern befiehlt zu kommen, werden sie auf sein Geheiß hin kommen. Alle Kräfte der Natur werden ihm wie Sklaven gehorchen, und wenn die Unwissenden diese Kräfte des Yogi sehen, werden sie sie Wunder nennen. Die Natur ist bereit, ihre Geheimnisse preiszugeben... durch Konzentration. Es gibt keine Grenze für die Kraft des menschlichen

Geistes. Je konzentrierter er ist, desto mehr Kraft wird auf einen Punkt gelenkt, und das ist das Geheimnis."

Wie Herr Ferguson bemerkt:

„Raja-Yoga lehnt das religiöse Motiv ab, schlägt aber dennoch vor, den Menschen zum König des Himmels und zum Ingenieur des Kosmos zu machen... Wenn wir nach Erfahrungsberichten urteilen, ist das, was diejenigen, die den Swamis und Yogis folgen, von der modernen Religion wollen, eine schnelle Linderung von Nervenschwäche und Frustration... und eine vorübergehende Befreiung von der faszinierenden, aber manchmal auch wahnsinnigen Welt, in der wir leben."

Dann gibt er kurz die acht Stufen des Raja-Yoga an, die zur vollen Einweihung führen und die unter einem inspirierten Lehrer praktiziert werden müssen: *Yama,* in dem der Schüler sich selbst meistert, vertrauensvoll und selbständig wird und sich dem hingibt, was er als Gott begreift; *Asana,* eine Reihe von Übungen und Haltungen, die darauf abzielen, den Körper vollständig dem Geist auszuliefern. *Pratyahara,* eine Methode, um den Geist unablässig in sich gehen zu lassen; *Dharana,* ein Prozess, durch den Konzentration erreicht wird; *Shyana* oder heilige Meditation über erhabene Ideen; und *Samadhi,* in dem sich der Einzelne schließlich zum vollständigen Überbewusstsein erhebt und in einem Reich lebt, in dem Beschwerden und Einschränkungen des Körpers keinen Einfluss auf ihn ausüben. Nochmals: „Wenn man hartnäckig beim Ritual des Atmens bleibt, wird die heilige Flüssigkeit der Kundalini [Sexualkraft], die ihren Sitz am Sitz der Wirbelsäule hat, erweckt ... dann wird das Buch des Wissens geöffnet. Dies wird durch die Kontrolle des *Prana* erreicht, der dualen Kräfte des Universums, die sich als Bewegung, Gravitation und Magnetismus im Kosmos und als Nervenströme und Gedankenkraft im Körper manifestieren.

YOGANANDA

Unter der Schar von Swamis und Yogis, die diese Kräfte durch die Amerikanisierung und Kommerzialisierung des Yoga ausgenutzt haben, ist oder war Swami Yogananda ( ) offensichtlich einer der erfolgreichsten. Er kam 1920 nach Amerika, um am Internationalen Kongress der Religionen in

Boston teilzunehmen, und sein erstes Zentrum wurde dort organisiert, aber später war der Hauptsitz im Mount Washington Centre of Yogoda and Sat-Sanga in Kalifornien. Yogoda bedeutet ein System, das „lehrt, alle Fähigkeiten und Kräfte zu harmonisieren, die für die Vervollkommnung von Geist, Körper und Seele wirken". Sat-Sanga bedeutet „Gemeinschaft mit der Wahrheit". Im Jahr 1929 zählte er 20.000 Schüler seines Systems, mit Zentren in acht führenden Städten und einer zweimonatlich erscheinenden Zeitschrift, dem *East-West Magazine*. Er möchte in der ganzen Welt „Wie man lebt"-Schulen einrichten.

Grob gesagt, besteht die Wissenschaft des Yogoda offenbar darin, die Wirbelsäule zu magnetisieren und diese im Körper gespeicherte und im Gehirn untergebrachte Elektrizität als Hauptkraftwerk zu nutzen, und schließlich soll sich Glückseligkeit über die Physis legen und die Freuden des Fleisches vergessen werden. Schließlich wird es als ein System der körperlichen Vervollkommnung für die „geschäftigen, aufstrebenden westlichen Völker" angepriesen und „benutzt den Willen, um die Körperbatterie mit dem kosmischen Lebensstrom wieder aufzuladen und so einen ermüdungsfreien Zustand zu erzeugen." Weiter:

> „Es beinhaltet auch die höchste Technik der Meditation und Konzentration durch die psycho-physiologischen Methoden, die von den großen Heiligen und Weisen Indiens gelehrt wurden. Wie man die Lebenskraft sieht und die kosmischen Schwingungen hört... Yogoda beschleunigt die Evolution des Menschen durch eine intelligente Zusammenarbeit mit dem kosmischen Gesetz. Es stellt sein ewiges Erbe wieder her und gibt ihm die Erkenntnis seiner selbst als *unsterbliche Lebensenergie*."

In England gibt es eine ganze Reihe von ausbeuterischen und bekehrenden Swamis und Yogis, und wir möchten betonen, dass eine solch grobe Form des östlichen Yoga, wenn sie auf die westliche Mentalität angewandt wird, ob in Form von indischen oder tibetischen Systemen oder der magischen Kabbala der Juden, lediglich zu einer hypnotischen Passivität oder Unausgeglichenheit führt, lediglich zu einer hypnotischen Passivität oder Unausgeglichenheit führt, durch eine Überladung des astralen Lichts, und zerstörerisch für die westliche Potenz und mentale Kraft ist, was dazu führen wird, dass die westlichen und christlichen Traditionen untergehen und die Nationen eine leichte Beute für die Herrschaft ihrer stets wachsamen und geheimen Feinde werden. Wir dürfen auch nie vergessen, dass diese kosmischen und vitalen Kräfte sowohl töten als auch lebendig machen können, sowohl körperlich als auch geistig, und in den Händen von ehrgeizigen und skrupellosen Männern, „Supermännern", „Älteren Brüdern" oder der ganzen Bandbreite derer, die diese Sekten und Kulte, die sich in das Leben der westlichen Welt eingefressen haben, astral kontrollieren, kann diese Yoga-Lehre eine tödliche Machtwaffe für böse Herrschaft oder Rache sein, unter dem Deckmantel der Seelenentwicklung oder religiösen Errungenschaft.

MEHER BABA

Eine andere, weniger mächtige, aber theatralischere Figur ist Shri Meher Baba, bekannt als „Der neue Messias". *John Bull* veröffentlichte *am 7.* Mai 1932 „nach einer gründlichen Untersuchung seiner Aktivitäten in den letzten Jahren" einige interessante Details darüber, wer er ist und wie er aus der Dunkelheit in die Öffentlichkeit gelangte, wobei er sich theatralischer Methoden bediente, die ihm einen gewissen Bekanntheitsgrad verliehen. Sein Agent für Europa und Amerika war ein Mann, der in den Kreisen der Illuminaten in England nicht unbekannt war, und es war auf seiner Farm in Südengland, wo sich eine Kolonie von etwa zwanzig Anhängern, Männer und Frauen, junge und alte, Weiße und Farbige, für einige Zeit niederließ, um durch Meher Babas Lehren „die größere Verwirklichung" zu erlangen. Paul Brunton erzählt uns in *A Search in Secret India*, dass „sein persönlicher Name Meher ist, aber er nennt sich selbst Sadguru Meher Baba. Sadguru bedeutet 'vollkommener Meister', während Baba einfach ein Begriff der Zuneigung ist, der bei einigen indischen Völkern gebräuchlich ist." Sein Vater ist Perser und Zoroastrier, und Meher Baba wurde 1894 in Poona geboren und führte ein normales Leben, bis er im Alter von etwa zwanzig Jahren mit „einer bekannten muhammedanischen Fakehändlerin, Hazrat BabaJan," in Kontakt kam, die seinen Geist in irgendeiner Weise aus dem

Gleichgewicht brachte. Manche glauben, dass er sich nie ganz davon erholt hat.

John Bull informiert uns, dass er bis zu seiner erst kürzlich erfolgten „Berufung" zum Messias seinen Lebensunterhalt mit dem Verkauf von einheimischem Schnaps in den Nebenstraßen von Nasik bestritt, wo er 1932 offenbar nur ein paar tausend Anhänger hatte ( ). Obwohl sein Ruhm in Indien nur begrenzt ist, sind viele seiner Anhänger wohlhabend, und er konnte große Summen aufbringen, die er zur Finanzierung verschiedener Werbemaßnahmen verwendete. Eines davon war ein Kino, das in Nasik gebaut werden sollte, aber aufgrund von Forderungen von Gläubigern und fehlender Mittel nie fertig gestellt wurde. Ein anderes war eine Schule in Ahmadnagar für Jungen verschiedener Kasten, Glaubensbekenntnisse und Rassen, die spirituell geschult werden sollten, um als seine „Botschafter" oder kleine Messiasse in allen Teilen der Welt zu wirken. Er versuchte sogar, durch einen Abgesandten europäische Jungen in diese Schule zu locken; endgültige Vereinbarungen wurden von seinem Agenten getroffen, aber die Behörden intervenierten, und die Jungen blieben zu Hause.

Was Meher Babas Kult betrifft, so handelt es sich um das so genannte Yoga, eine beschleunigende Methode, um an der Kundalini zu arbeiten und die latenten Sinne zu erwecken oder, wie es heißt, „jene Kräfte kennenzulernen, die, wenn sie befreit sind, den Schüler befähigen, größere Möglichkeiten in Übereinstimmung mit den inneren Gesetzen der Natur und des Lebens zu verwirklichen." Um diesen Prozess zu fördern, gab es Sonnenbäder, heftige körperliche Übungen an der frischen Luft, das Studium aller psychologischen Probleme und eine allgemeine Führung des einfachen Lebens unter Meher Babas Anweisungen. Man kann sich über solche Pilzköpfe lustig machen, über Gurus, die ihre relative Unwissenheit und Unfähigkeit als Lehrer durch spektakuläre Kunststücke verdecken, wie das „Schweigen", das Meher Baba sich selbst seit etlichen Jahren als Vorbereitung auf seine zukünftige mächtige Berufung auferlegt hat, wobei seine Sprachlosigkeit durch eine Buchstabentafel ersetzt wird, die er wie eine Schreibmaschine bedient, während ein Schüler seine Bedeutung und Lehren interpretiert. Er glaubt, dass es einen großen Krieg geben wird, und wenn dieser kommt, wird sich seine Zunge lösen, und er wird alle Völker lehren und führen und den Frieden bringen; bis dahin Schweigen!

Paul Brunton fügt seinem Bericht über „Der neue Messias" eine Anmerkung hinzu:

„Meher Baba ist inzwischen im Westen aufgetaucht, und ein westlicher Kult hat begonnen, sich um ihn zu scharen. Er verspricht immer noch dervolle Dinge, die geschehen werden, wenn er sein Schweigen bricht. Er hat mehrmals England besucht, hat eine Anhängerschaft in Frankreich, Spanien und der Türkei gewonnen und war zweimal in Persien. Er unternahm eine Theaterreise durch den amerikanischen Kontinent mit einem gemischten Gefolge aus Männern und Frauen. Als er in Hollywood ankam, wurde ihm ein königlicher Empfang bereitet: Mary Pickford bewirtete ihn in ihrem Haus, Tallulah Bankhead interessierte sich für ihn, und in Hollywoods größtem Hotel wurden ihm tausend führende Persönlichkeiten vorgestellt. In den Vereinigten Staaten wurde ein großes Stück Land erworben, um sein Hauptquartier im Westen zu errichten. In der Zwischenzeit ist er immer noch stumm, während er impulsiv auf Kurzbesuchen von Land zu Land reist. Endlich ist er ins Rampenlicht der Öffentlichkeit getreten.

Er fasst Meher Baba und seine Erfahrung mit der alten Fakir-Frau zusammen und sagt:

„Ich glaube, dass der jugendliche Meher durch diese unerwartete Erfahrung ziemlich aus dem Gleichgewicht geraten ist. Das war offensichtlich genug, als er in einen Zustand von Halb-Idiotie verfiel und sich wie ein menschlicher Roboter verhielt, aber es ist nicht so offensichtlich, jetzt, da er seine Vernunft wiedererlangt hat. Ich glaube nicht, dass er zur Normalität als Mensch zurückgekehrt ist. Für manche Menschen ist eine plötzliche Überdosis an Religion, yogischer Trance oder mystischer Ekstase genauso unausgewogen wie eine plötzliche Überdosis bestimmter Drogen..."

Wie wir jedoch wissen, birgt diese Pseudobefreiung, wie sie in all diesen modernen Gruppen praktiziert wird, unbestreitbare Gefahren - geistige, moralische und physische -, aber fanatische und vielleicht etwas hypnotisierte Enthusiasten sind immer bereit, auf ihrer Suche nach der Aufregung dessen, was sie spirituelle Erhebung nennen, Risiken einzugehen, was so oft in

Medialität endet, die von unbekannten Mächten für politische und subversive Zwecke ausgenutzt wird. Wir brauchen uns nur unter unseren so genannten Intellektuellen umzusehen, um dies zu erkennen. Amerika, wohin Meher Baba geht, um diesen Yogazwang zu verbreiten, ist vielleicht noch anfälliger als England für den Virus dieses Giftes, das wie ein Dopingmittel wirkt und die rastlose Sehnsucht einiger seiner Bürger nach psychischen Erfahrungen ausnutzt, die in diesem Land so oft ganz offen für rein materielle und kommerzielle Zwecke eingesetzt werden, oder vielleicht sogar, um subversive politische Pläne zu fördern.

Die moderne Begeisterung für den Illuminismus ist nicht weniger zersetzend und demoralisierend. Felix Guyot, offenbar ein Martinist, enthüllt in einem Buch über *Yoga für den Westen* einige gefährliche Methoden, die, wie er behauptet, zur Erleuchtung und zum Kontakt mit den Meistern führen, Methoden, die er seit über dreißig Jahren praktiziert und die merkwürdigerweise denen ähneln, die in der Stella Matutina und R.R. et A.C., der Anthroposophischen Gesellschaft usw. gelehrt werden, die Martinisten und Rosenkreuzer sind. Er sagt: „Die Menschheit bewegt sich rückwärts, wir stehen unter der Herrschaft der Bestie". Aber ist es nicht eher die Herrschaft des kabbalistischen Juden, der die Schlange oder die Sexualkraft in seinem System des Illuminismus benutzt?

Um auf die Kundalini oder die Sexualkraft einzuwirken und die Vereinigung mit diesen Meistern herbeizuführen, erklärt M. Guyot den Monoideismus oder die Konzentration mit gymnastischen, atmenden und psychischen Übungen, von denen einige äußerst und zugegebenermaßen gefährlich sind und zu Tod oder Besessenheit führen können. Er sagt:

„[Sexuelles Begehren] ist eine reiche Energiequelle, die, wenn sie richtig eingesetzt wird, im Bereich des Okkultismus sehr hilfreich sein kann... Wenn du die Kraftreserve, deren Quelle die Sexualorgane sind, kontrollierst und kontrollierst, wirst du in der Lage sein, sie auf das Ziel zu lenken, das du im Auge hast, und *sie für deine eigenen Zwecke zu nutzen...* und wenn die Zeit gekommen ist, auf einer anderen Ebene."

Um diesen Illuminismus voranzutreiben, müssen die Studenten „nicht nur ihren eigenen speziellen Hass auslöschen, sondern wirklich *die Fähigkeit des Hasses unterdrücken* ... zugunsten der Liebe." Dies ist vielleicht die eigentliche Ursache für so viel unnatürlichen und unausgewogenen Pazifismus, der besonders bei den Mitgliedern dieser Sekten zu beobachten ist.

Weiter:

> „Die Studenten müssen eine Religion annehmen, die sie während ihrer psychischen Ausbildung unterstützt und ihnen hilft [um ihnen den Auftrieb zu geben!] ... für den Moment geht es nicht darum, zu glauben, sondern so zu handeln, als ob man glaubt ... Die mythischen Wesenheiten der gewählten Religion werden eine beträchtliche praktische Rolle in den verschiedenen psychischen Übungen spielen ... Wir denken, die besten Religionen sind die jüdische Religion ligion, wie sie in der Kabbala dargelegt ist, die römisch-katholische Religion in ihrem esoterischen Aspekt, der Buddhismus und besonders der Hinduismus. Schließlich kann die Freimaurerei sehr gut den Platz einer Religion einnehmen, aber sie muss sich auf den Martinismus stützen, der ihre Quelle ist."

Es handelt sich um die illuminierte Freimaurerei wie in Frankreich 1789 und seitdem, und diese von Juden dominierte Freimaurerei war und ist die Quelle aller modernen Revolutionen.

Abstrakte Diagramme und Mantren zusammen mit Atemübungen sind seiner Meinung nach der Schlüssel zu übernormalen Erkenntnissen. So erklärt er diese gefährliche magische Praxis:

> „Wenn das Experiment erfolgreich ist ... werden Sie ein Kältegefühl in den Extremitäten verspüren, besonders in den Händen, und Sie werden leicht zittern. Gleichzeitig werden Sie eine Empfindung verspüren, die für diejenigen, die sie nicht erlebt haben, nicht erklärbar ist, *als ob eine fremde Wesenheit in Sie eindringen würde.*

> ... Sie werden dann feststellen, dass Ihnen sehr schnell eine Reihe von Bildern und danach Eingebungen in den Sinn kommen, die sich dadurch auszeichnen, dass es Ihnen so vorkommt, als seien nicht Sie es, der denkt, sondern als würden Ihnen die Dinge von einem anderen durch eine Art innere Erleuchtung offenbart."

Der Autor merkt an: „Dies ist die Inspiration der Pythoninnen des Altertums. Es ist der erste Grad der Ekstase. Durch verschiedene Verfahren versuchten die Rosenkreuzer und Martinisten, diese Ekstase herbeizuführen, und deshalb nannten sich die Martinisten die *Erleuchteten.*"

Der Autor verortet dies auf der Mentalebene und sagt: „Mittels Gedankenübertragung wirst du in der Lage sein, mit den Meistern zu kommunizieren, was eine große Hilfe bei der Vollendung deiner Einweihung (oder Erleuchtung) sein wird." Er behauptet, dass „der Experimentator nicht besessen ist". Dennoch ist er für eine gewisse Zeit besessen und wird auf der Astralebene kontrolliert, er wird geformt und behauen und empfängt die Kräfte und Anweisungen des Meisters, die schließlich seine gesamte Lebensanschauung bestimmen; oder wenn der Experimentator ein Führer einer Gruppe ist, ist das Ergebnis für die Mentalität vieler verheerend. Wiederum sagt M. Guyot : „Indem wir bestimmte Übungen besser beherrschen, kann es uns gelingen, andere Menschen unter denselben Einfluss zu bringen, das heißt, wir können unsere eigene spezielle Halluzination in eine kollektive Halluzination verwandeln. Das gilt sowohl für positive als auch für negative Halluzinationen." Hier haben wir es mit einer schrecklichen und gefährlichen Macht zu tun, der Massensuggestion, die oft eine mächtige Gruppe von hypnotisierten und fanatisierten Adepten und anderen hervorbringt, die den Weltplan einer unbekannten und unsichtbaren Gruppe von ehrgeizigen Mystikern und Okkultisten, selbst Fanatikern, ausarbeiten.

Von den Pythoninnen der antiken Mysterien lesen wir in *Dieu et les Dieux,* von des Mousseaux:

„Es scheint, dass sich die Unbescheidenheit des Phalluskultes sogar in das delphische Heiligtum des Apollo-Bacchus eingeschlichen hat, sogar in die Methode, die Priesterin [oder, wie man sie nannte, die Pythonin] mit ihrem Gott [dem schöpferischen Prinzip] in Verbindung zu bringen und die beiden zu vereinen, um die Göttlichkeit durch einen sterblichen Mund sprechen zu lassen... In diesem Tempel sitzt die Prophetin auf einem Dreifuß. Bald sträuben sich ihre Haare, ihre Augen rollen mit Blut und Flammen, ihre Muskeln verkrampfen sich, der Atem des Gottes belebt sie, und die Dämpfe aus der heiligen Höhle dringen durch das Dreibein in sie ein... Sie wird zur Wut erhoben... und oft ist die letzte ihrer prophetischen Bewegungen der Tod... Voraussagen ist für sie ein Schrecken..."

Es gibt eine amerikanische Gruppe, die ein auffälliges politisches Beispiel für diesen Illuminismus ist, Mitteilungen, die ihr Führer auf psychischem Wege von einem unbekannten „Älteren Bruder" erhalten hat, dessen Losung offenbar „Frieden" lautet. Hier und da in den Veröffentlichungen dieser Vereinigung, über die wir später noch sprechen werden, finden wir denselben Okkultismus - die Nutzung der Sexualkraft, Spekulationen über Reinkarnation und Karma sowie Botschaften und Anweisungen, die sie von ihrem Meister erhalten haben, für eine vermeintlich große politische Erneuerung.

Das folgende ist ein weiteres, religiöses Beispiel für dieselben Methoden der unsichtbaren Kontrolle. In der *Morning Post vom* 2. Februar 1931 erschien ein kurzer Bericht über eine Trance-Predigt, die im Fortune Theatre durch Mrs. Meurig Morris von ihrem Beherrscher gehalten wurde, der sich „Power" nannte. Für diejenigen, die irgendeine Kenntnis von illuminierten Sekten haben, ist das, was er sagte, absolut nichts Neues. Er erklärt sich folgendermaßen: „Denkt daran, dass ich, wie andere, die sich verändert haben, immer noch ein intelligentes Wesen bin." Das heißt, obwohl „regeneriert" oder erleuchtet, ist er immer noch ein Mensch aus Fleisch und Blut, wie alle Meister des Illuminismus, ob unsichtbar oder nicht.

Im Golden Dawn zum Beispiel waren die „Verborgenen Häuptlinge" „Große Adepten dieses Planeten, die noch im Körper des Fleisches sind". Und die mithraischen Sonnenmeister desselben Ordens sagten: „Die Meister der Weisheit sind sterbliche Menschen ... in deinem höheren Selbst [*Kether* des kabbalistischen Lebensbaums] wirst du meine Stimme hören; wenn du bereit bist, dieser Stimme der Stille zu gehorchen ... führe ich dich." Diese „Stimme im Innern" ist also nicht die eines Geistes und auch nicht göttlich, sondern lediglich die eines kontrollierenden „sterblichen Menschen", der von außen auf das Medium einwirkt, und sei es aus der Ferne - ein unbekannter illuminatus!

„Macht" erklärt weiter: Ich benutze sie auf diese Weise:

„Oben auf ihrem Kopf befindet sich eine große kegelförmige Form [Hypophyse!]. Durch diesen Kegel, der wie ein Durchgang [oder Trichter] aussieht, wird die Kraft ausgegossen. Ich kann mit dem Gehirn spielen und arbeiten und den ganzen Körper benutzen, wie ich will, während die Kontrolle stattfindet".

Das ist hypnotische Kontrolle oder Besessenheit und scheint in gewisser Weise der Methode zu ähneln, die von den R.R.- und A.C.-Meistern gelehrt und versucht wurde, als sie versuchten, dauerhafte Kontrolle über den Chief und den Orden zu erlangen. Ihnen zufolge erfolgt die Übertragung der durch Gedanken und Willenskraft in Bewegung gesetzten Kräfte von der mentalen Ebene oben auf die materielle Ebene unten in Form eines Doppelkegels oder einer Sanduhr; die Kraft von oben überträgt die Kraft durch den oberen Kegel und leitet sie mit Hilfe des unteren entlang des ätherischen Kommunikationsfadens an das passive und vorbereitete Medium unten weiter (siehe *Lichtträger der Finsternis*, S. 124 und 134). Diese Methode wurde von anderen Okkultisten auch mit der Wirkung einer Wasserspeier oder eines Wirbelsturms verglichen, der einen Strudel erzeugt, in den die Kräfte hinabstürzen.

Wieder sagt „Power": „Warum, so könnte man fragen, komme ich in dem Moment an, in dem die Hymne beginnt?" Nun ist bekannt, dass in illuminierten Sekten und im Yoga *Mantras* und *rhythmische Bewegungen,* wie die Vibration sogenannter göttlicher Namen und Formeln, die Eurhythmie Steiners und in anderen Gruppen speziell intonierte Hymnen verwendet werden, um die notwendigen Schwingungen zu erwecken und die wirbelnden Kräfte in Bewegung zu setzen, die die Kräfte des Meisters von oben anziehen und herabholen, die ätherische Verbindung herstellen und die Kräfte auf den vorbereiteten Brennpunkt konzentrieren - in diesem Fall Frau Meurig Morris. Wie wir gesehen haben, wird diese Methode auf religiöse, politische und erzieherische Gruppen angewandt, die alle dem Zweck der Subversion dienen.

„Power" ist also einer dieser verborgenen Meister, Männer, die Naturgesetze erforscht und mit ihnen experimentiert haben, die den meisten Menschen unbekannt sind, und die zu Adepten in der Manipulation dieser feineren geheimen Kräfte, der schöpferischen Kräfte des Universums, geworden sind, die ihr Wissen nutzen, um Macht über ihre Mitgeschöpfe zu erlangen, und die durch sie die Weltherrschaft anstreben. Zweifellos ist er ein „Älterer Bruder", der durch Frau Meurig Morris versucht, eine magnetische Kette religiöser Ideen zu schaffen, die für den Großen Plan notwendig sind.

Die folgende kuriose Information wird von René Guénon in seinem *Théosophisme* gegeben: Eliphas Levi, der 1875 verstorbene Okkultist und Martinist, hatte angekündigt, dass 1879 ein neues „Universelles Königreich", politisch und religiös, errichtet werden würde, und dass dieses Königreich „demjenigen gehören würde, der die Schlüssel des Ostens", d.h. die Schlüssel Salomons, besitzen würde, und dass diese Schlüssel „von der Nation, deren Leben und Aktivität am intelligentesten war", in Besitz genommen werden würden. Diese Vorhersage war in einem Manuskript enthalten, das sich im Besitz eines Okkultisten aus Marseille, eines Schülers von Eliphas Levi, dem Baron Spedalieri, befand, der es an Edward Maitland weitergab, der es wiederum an Dr. Wynn Westcott, den Obersten Magus der *Societas Rosicruciana in England,* Mitglied der *Theosophischen Gesellschaft* und einen der Gründer des *Golden Dawn,* weiterleitete. Letzterer veröffentlichte es schließlich 1896 unter dem Titel „The Magical Ritual of the *Sanctum Regnum".* Es heißt, Spedalieri sei Mitglied der „Großloge der Einsamen Brüder des Berges" gewesen, ein illuminierter Bruder des Alten Wiederhergestellten Ordens der Manichäer, „ein hohes Mitglied des Großen Orients" und auch ein „Hoher Illuminat der Martinisten". Der Drearri des Großorient ist bekanntlich die Universalfreimaurerei.

Nun, Eliphas Levi beschreibt in seinem Buch *Transzendentale Magie* dieses *Sanctum Regnum* als magische Allmacht, das Wissen und die Macht der Weisen, für die es einer durch Studium erleuchteten Intelligenz, eines unbeugsamen Mutes und eines unzerbrechlichen Willens bedarf, und schließlich einer Klugheit, die durch nichts verdorben oder berauscht werden kann. „Wissen, wagen, wollen, schweigen". Es ist das unsichtbare „Heilige Reich" über alle Völker und über alle Nationen. Das Pentagramm ist sein Leitstern, die Symbolik des Illuminismus, der Stern der Revolution. Sein Machtsymbol sind die ineinander verschlungenen Dreiecke, das Siegel Salomons, die sieben Kräfte, die durch die Kenntnis der magnetischen Ströme der Anziehung und Abstoßung in der gesamten Natur in all ihren Kombinationen eine vollständige magische Macht darstellen. Derjenige, der diese Macht besitzt und sie ausüben kann, hat „die Schlüssel des Ostens".

Das große Werk, das den Weg für die Errichtung des „Universellen Königreichs" bereiten soll, ist die Bildung der Magnetkette. Diese zu bilden, ist nach Eliphas Levi,

> „einen Strom von Ideen zu erzeugen, der Glauben erzeugt und eine große Anzahl von Willen in einen bestimmten Kreis aktiver Manifestation zieht. Eine gut geformte Kette ist wie ein Strudel, der alles aufsaugt und absorbiert... Diese Ströme anwenden und lenken zu können, bedeutet, Herr der Welt zu sein. Mit einer solchen Kraft bewaffnet, kannst du dich verehren lassen, die Menge wird glauben, dass du Gott bist."

Seit vielen Jahren sehen wir das heimtückische, krebsartige Wachstum dieser magnetischen Kette dieser Ideen, nicht nur in England, sondern in der ganzen Welt, größtenteils in Bewegung gesetzt von der unsichtbaren Macht, die durch diese vielen geheimen revolutionären Bewegungen wirkt, sogar durch solche, die scheinbar unschuldig und harmlos sind, die Religion, Ethik, Kunst, Literatur, Politik, Soziologie und Wirtschaft pervertieren, entwürdigen und zersetzen, um den Weg für das „Universelle Königreich" zu ebnen, politisch und religiös, das durch das Siegel Salomons, den hebräischen Talisman, regiert werden soll!

Wie M. Flavien Brenier in seinem Buch *Les Juifs et le Talmud*[3] bemerkt:

> „Man kann nicht umhin, die Ähnlichkeit zwischen den Lehren der Pharisäer, die fünfundzwanzig Jahrhunderte alt sind [von den Chaldäern von Babylon entlehnt], und denen, die in unseren Tagen von den Jüngern von Allan Kardec oder von Frau Blavatsky vertreten werden, zu bemerken. Der wichtigste Unterschied besteht

---

[3] *Les Juifs et le Talmud: Moral et Principes sociaux des Juifs*, veröffentlicht von Omnia Veritas Ltd, www.omnia-veritas.com.

darin, dass der Talmud die endgültige Segnung nur den Juden vorbehält, während die Spiritisten und Theosophen behaupten, dass alle Wesen sie erlangen werden."

Wie der Talmud sagt:

„Der Messias wird dem Juden das königliche Zepter geben, alle Völker werden ihm dienen, und alle Königreiche werden ihm untertan sein."

Rabbi Benamozegh schrieb in *Israël et l'humanité* über die kommende Macht der jüdischen magischen Kabbala:

„Ist es verwunderlich, dass das Judentum beschuldigt wurde, einen Zweig der Freimaurerei zu bilden? Sicher ist, dass die freimaurerische Theologie im Grunde nur Theosophie ist und der der Kabbala entspricht. Andererseits liefert ein gründliches Studium der rabbinischen Denkmäler der ersten Jahrhunderte der christlichen Ära zahlreiche Beweise dafür, dass die *Aggada* die volkstümliche Form einer vorbehaltenen Wissenschaft war, die durch die Methoden der Einweihung die auffälligsten Ähnlichkeiten mit der freimaurerischen Institution aufwies. Diejenigen, die sich die Mühe machen, die Verbindung zwischen dem Judentum und der philosophischen Freimaurerei, der Theosophie und den Mysterien im Allgemeinen sorgfältig zu untersuchen, werden, davon sind wir überzeugt, ein wenig von ihrer großartigen Verachtung für die Kabbala verlieren. Sie werden aufhören, mitleidig über den Gedanken zu lächeln, dass die kabbalistische Theologie bei den religiösen Umgestaltungen der Zukunft eine Rolle spielen könnte... Wir zögern nicht, zu wiederholen, dass diese Lehre, *die im Herzen des Judentums die semitischen und arischen Elemente zusammenführt*, auch den Schlüssel zum modernen religiösen Problem enthält."

KAPITEL XI

ALEISTER CROWLEY UND DIE
DIE GOLDENE DÄMMERUNG

Um noch einmal die *Anatomie der Revolution* zu zitieren, schreiben wir G.G.:

„Und so wie wir festgestellt haben, dass die Gruppe der deutschen, irischen, indischen, türkischen und ägyptischen Gesellschaften durch eine ineinandergreifende Mitgliedschaft miteinander verbunden ist, so stellen wir fest, dass auch diese arkanen Orden in ähnlicher Weise verbunden sind. Es ist hier nicht der Ort, um auf die Verzweigungen der seltsamen mystischen revolutionären Gesellschaften in Europa, Amerika und im Osten einzugehen. Ich werde mich nur auf den „Ordre Renove des Illuminati Germaniae" und den „Rose-Croix Esotérique" beziehen, die beide von Männern gegründet wurden, deren Namen entweder deutsch oder jüdisch sind. [Die letztgenannte Gesellschaft scheint der innere Ring des Ordens der Templer des Orients zu sein, der vor etwa einer Generation von einem anderen Mann mit einem deutschen Namen gegründet wurde. (Dr. Karl Kellner, 1895, und ab 1905 Theodor Reuss). Und mit diesem Ordo Templarum Orientis wird der berüchtigte Aleister Crowley in Verbindung gebracht, dessen Beziehungen zu deutschen und irischen Revolutionären während des Krieges die Aufmerksamkeit der Polizei der Vereinigten Staaten von Amerika auf sich zogen.

Am Ende seines Buches *Les Illuminés de Bavière*, 1915, spricht R. le Forestier von der Wiederbelebung des Illuminatenordens durch Leopold Engel. Er ist bezüglich des Datums eher unbestimmt, sagt aber, dass der Orden sein Zentrum in Berlin hatte und, wie vorgeschrieben, der Polizei gemeldet worden war. Er zitiert Engel mit den Worten:

„Sie kamen allmählich zu der Überzeugung, dass es möglich sei, den Adepten etwas Bestimmtes zu geben, um mit Hilfe der Theorien Weishaupts ein ideales Ziel zu erreichen."

Wir brauchen nicht zu wiederholen, was wir bereits über Aleister Crowley in *Light Bearers of Darkness* ,[4] geschrieben haben, außer dass wir ein paar Fakten nennen, die für das Verständnis des Folgenden notwendig sind. Er ist ein Mann mit vielen Pseudonymen, wie zum Beispiel: Graf Svareff, Graf Skellatt, Graf Skerrett, Edward Aleister, Lord Boleskine, Baron Rosenkreutz, Graf Macgregor, Graf Mac Gregor, Eerskine, Perdurabo Baphomet, Die Bestie, Therion und Thor Kimalehto.

Er wurde am 12. Oktober 1875 in Leamington geboren und war von 1895 bis 1898 Undergraduate in Cambridge. Im November 1898 wurde er Mitglied des „Ordens der Goldenen Morgenröte", wo er als Perdurabo bekannt war; aufgrund seines guten Rufs wurde ihm jedoch die Aufnahme in den Londoner Inneren Orden, den R.R. et A.C., verweigert. 1900 fungierte er als Abgesandter von Macgregor Mathers, dem Oberhaupt der Goldenen Morgenröte, der sich zu dieser Zeit in Paris aufhielt und Crowley nach London geschickt hatte, um die Rebellion niederzuschlagen, die dort aufgrund von Mathers' Arroganz entstanden war. Crowley scheiterte jedoch mit seiner Mission und wurde schließlich aus dem Londoner Tempel des Golden Dawn ausgeschlossen. Dennoch blieb er im Besitz aller Rituale und einiger MSS, und von 1909 bis 1913 veröffentlichte er diese Dokumente auf direkten Befehl der Geheimen Oberhäupter, wie er sagte, in seinem *Equinox,* „The Review of Scientific Illuminism", unter dem Titel „The Temple of Solomon the King". Diese Zeitschrift, mit diesen Ritualen als Lehrgrundlage, war auch das Organ seines Ordens der A.A., der „Atlantean Adepts" oder der Großen Weißen Bruderschaft, und eng damit verbunden waren sein „Ordo Templi Orientis" und seine „Mysteria Mystica Maxima". Seine Doktrin war: „Tu, was du willst, soll das ganze Gesetz sein; Liebe ist das Gesetz; Liebe unter dem Willen."

---

[4] Inquire Within, *Light Bearers of Darkness*, veröffentlicht von Omnia Veritas Ltd, www.omnia-veritas.com.

Wenn man die zehn Nummern von Band 1 seines *Equinox* durchgeht, *wird einem* klar, warum er als „Meister der Korruption" bezeichnet wird. Diese und viele seiner anderen Schriften sind ein seltsames Gemisch aus Sexismus, Mystik, Unanständigkeiten und Blasphemie. Und hinter all dieser Pseudo-Mystik verbergen sich subversive politische Aktivitäten. Im *Patriot* 19, Oktober 1922, schreibt eine anerkannte Autorität:

„Uns liegt zum Beispiel ein Manifest vor, das von der Nationalen Großloge und dem Mystischen Tempel Verita Mystica des Ordo Templi Orientis oder der Hermetischen Bruderschaft des Lichts herausgegeben wurde, datiert auf den 22. Januar 1917 in Ascona, Schweiz, und unterzeichnet von J. Adderley, dem Sekretär. Das Manifest gibt bekannt, dass der Hauptsitz der Bruderschaft „seit Beginn des Weltkrieges" in die Schweiz verlegt wurde. Das vorgebliche Ziel des Manifests ist es, den Krieg zu beenden und eine neue Gesellschaftsordnung zu errichten, die „auf dem Prinzip der Zusammenarbeit aller, auf dem gemeinsamen Besitz des Bodens und der Produktionsmittel durch alle" beruht. Zu diesem Zweck wird ein nationaler Kongress vorgeschlagen, der vom 15.th bis zum 25.th August in Ascona stattfinden soll, und es wird angekündigt, dass eine der Attraktionen eine Darstellung von Aleister Crowleys mystischem Gedicht „Das Schiff" sein soll. Aus dem Dokument geht auch hervor, dass ein weiteres Zentrum des 'O.T.O.' New York ist, und wir können davon ausgehen, dass Aleister Crowley dieses Zentrum während seines Kriegsbesuchs in den USA organisierte. Es ist zumindest sicher, dass er ab 1914 in Amerika tätig war.

Wir haben ein Exemplar von Crowleys Buch *Magick*, von Meister Therion, 1929, in unserem Besitz. Wir können nur einige Auszüge und Notizen wiedergeben, die die Natur des Inhalts und der Lehren zeigen.

Das Buch beginnt mit einer Hymne an Pan! Io Pan! Io Pan!, die die Essenz seines Glaubens auszudrücken scheint, denn sein ganzes Buch ist von gnostischen und sexuellen Bildern durchdrungen. Er schreibt: „Es gibt eine einzige Hauptdefinition für das Ziel aller magischen Rituale. Es ist die Vereinigung des Mikrokosmos mit dem Makrokosmos. Das höchste und vollständige Ritual ist daher die Anrufung des heiligen Schutzengels, oder, in der Sprache der Mystik, die Vereinigung mit Gott." Das heißt, die Kundalini zu wecken und sie mit dem

universellen magischen Agens zu vereinen! Und von diesem Gott
erklärt er:

> „Die Prüfung der Geister ist der wichtigste Zweig des gesamten
> Baumes der Magie. Ohne sie ist man im Dschungel der Täuschung
> verloren. Jeder Geist, bis hin zu Gott selbst, ist bereit, dich zu
> täuschen, wenn möglich, um sich wichtiger zu machen, als er ist.
>
> ... Denkt daran, dass der höchste aller Götter schließlich nur der
> Magus ist ... Denn die Götter sind die Feinde des Menschen; es ist
> die Natur, die der Mensch überwinden muss, bevor er in sein Reich
> eintreten kann.
>
> Der wahre Gott ist der Mensch. Im Menschen sind alle Dinge
> verborgen. Von diesen sind die Götter, die Natur, die Zeit, alle Kräfte
> des Universums rebellische Sklaven. Sie sind es, die die Menschen
> bekämpfen und besiegen müssen in der Macht und im Namen des
> Tieres, das ihnen nützt, des Titanen, des Magus, des Menschen,
> dessen Zahl sechshundertsechsundsechzig ist."

Die Macht der Bestie ist die universelle Erzeugung, das
universelle magnetische Mittel. Wenn er von der Eucharistie des
wissenschaftlichen Illuminismus spricht, sagt er:

> „Man nehme eine Substanz, die den ganzen Lauf der Natur
> symbolisiert, mache sie zu Gott und verzehre sie." [Der Magier wird
> von Gott erfüllt, von Gott genährt, von Gott berauscht. Nach und
> nach wird sein Körper durch die innere Lustration Gottes gereinigt;
> Tag für Tag wird sein sterblicher Körper, der seine irdischen
> Elemente abwirft, in Wahrheit zum Tempel des Heiligen Geistes.
> Tag für Tag wird die Materie durch den Geist ersetzt, das
> Menschliche durch das Göttliche; schließlich wird die Veränderung
> vollständig sein; Gott, manifestiert im Fleisch, wird sein Name
> sein."

Aber sein Gott ist nur das schöpferische Prinzip der Natur,
wiederum universelle Zeugungskräfte. Pan, Io Pan!

Er braucht konzentrierte Energie für seine magischen
Operationen, erklärt er:

> *Das Blut ist das Leben.* Diese einfache Aussage wird von den
> Hindus damit erklärt, dass das Blut der Hauptträger des vitalen
> Prana ist... Es war die Theorie der alten Magier, dass jedes
> Lebewesen ein Speicher von Energie ist, die in der Quantität
> entsprechend der Größe und Gesundheit des Tieres und in der

Qualität entsprechend seinem mentalen und moralischen Charakter variiert. Beim Tod des Tieres wird diese Energie plötzlich freigesetzt. [Das Tier sollte daher innerhalb des Kreises bzw. des Dreiecks getötet werden, damit seine Energie nicht entweichen kann. Es sollte ein Tier gewählt werden, dessen Wesen mit dem der Zeremonie übereinstimmt... Für das höchste spirituelle Wirken muss man also das Opfer wählen, das die größte und reinste Kraft enthält. Ein männliches Kind von vollkommener Unschuld und hoher Intelligenz ist das zufriedenstellendste und geeignetste Opfer... Diejenigen Magier, die gegen die Verwendung von Blut sind, haben versucht, es durch Weihrauch zu ersetzen... Aber das blutige Opfer ist zwar gefährlicher, aber wirksamer; und für fast alle Zwecke ist das Menschenopfer das beste. Der wahrhaft große Magier wird in der Lage sein, sein eigenes Blut zu verwenden, oder möglicherweise das eines Schülers, und das, ohne das physische Leben unwiderruflich zu opfern."

Er möchte uns offenbar glauben machen, dass der Große Krieg das notwendige blutige Opfer für die Einweihung eines „neuen Äons" war! Er schlussfolgert: „Das Tier sollte ins Herz gestochen oder seine Kehle durchgeschnitten werden, in jedem Fall mit dem Messer." Er verweist uns auf Frazers „Golden Bough" für praktische Details! Auf solche Details brauchen wir hier nicht einzugehen.

In Kapitel XI seines Buches *Magick* mit der Überschrift „Von unserer Herrin Babalon und der Bestie, auf der sie reitet", schreibt Crowley:

„Der Inhalt dieses Abschnitts, soweit er die Gottesmutter betrifft, ist zu wichtig und zu heilig, um gedruckt zu werden. Sie werden nur von Meister Therion in privaten Unterweisungen an ausgewählte Schüler weitergegeben."

Gegen Ende des Buches, Seite 345, Liber XV, gibt er das Ritual des O.T.O. (Ordo Templi Orientis), der katholischen oder universellen gnostischen Kirche, an. Das Glaubensbekenntnis lautet:

„Ich glaube an einen geheimen und unaussprechlichen Herrn und an einen Stern in der Gesellschaft der Sterne, aus dessen Feuer wir erschaffen wurden und zu dem wir zurückkehren werden, und an einen Vater des Lebens, Mysterium des Mysteriums, in seinem Namen Chaos, dem einzigen Stellvertreter der Sonne auf der Erde, und an eine Luft, die alles nährt, was atmet. Und ich glaube an eine Erde, die Mutter von uns allen, und an einen Schoß, in dem alle Menschen gezeugt werden und in dem sie ruhen werden, Geheimnis des Geheimnisses, in ihrem Namen Babalon. (Babylon, die große Mutter der götzendienerischen und abscheulichen Religionen der Erde). Und ich glaube an die Schlange und den Löwen, Mysterium des Mysteriums, mit seinem Namen Baphomet. [Nach Eliphas Levi ist der Löwe das himmlische (astrale) Feuer, während die Schlangen die elektrischen und magnetischen Ströme der Erde sind, der Geist des Samens.] Und ich glaube an die eine gnostische und katholische Kirche des Lichts, der Liebe und der Freiheit, deren Gesetz das Wort Thelima ist. Und ich glaube an die Gemeinschaft der Heiligen. Und ich glaube an das Wunder der Messe, denn Speise und Trank werden in uns täglich in geistige Substanz [Lebenskraft] umgewandelt. Und ich bekenne eine Taufe der Weisheit, durch die wir das Wunder der Menschwerdung vollbringen. [Allgemein tion. Und ich bekenne, dass mein Leben ein einziges, individuelles und ewiges ist, das war, ist und kommen wird. [Die universale magnetische Lebenskraft.]"

Die Priesterin tritt mit einem positiven Kind auf der rechten und einem negativen Kind auf der linken Seite ein und nachdem sie die Patene vor dem „Graal" auf dem Altar platziert hat - das ist die materielle Basis für die Operation und das astrale Licht oder die Lebenskraft, mit der es vereint werden soll - bewegt sie sich, gefolgt von den Kindern, „in einer schlangenartigen Weise, die dreieinhalb Kreise des Tempels umfasst ... und so zum Grab im Westen". Dies stellt die Erweckung der Kundalini-Schlange mit ihren dreieinhalb Windungen an der Basis der Wirbelsäule dar.

Die Priesterin wird vom Priester, der sie mit Wasser und Feuer weiht, auf dem Altar im Osten inthronisiert. Es gibt drei Stufen zum Altar. Auf der ersten Stufe spricht der Priester die Anrufung:

„O Sternenkreis ... nicht zu Dir können wir gelangen, wenn Dein Bild nicht Liebe ist. Darum rufen wir Dich an durch Samen, Wurzel und Stamm, Knospe und Blatt, Blüte und Frucht..."

Die Priesterin, völlig unbekleidet, antwortet:

„Aber mich zu lieben ist besser als alles andere... Legt die Flügel an und erweckt die gewundene Pracht in euch (Kundalini); kommt zu mir! Singt mir das schwärmerische Liebeslied!..."

Der Priester ruft auf der dritten Stufe an:

„Du, der du Eins bist, unser Herr im Universum, die Sonne, unser Herr in uns selbst, dessen Name Mysterium des Mysteriums ist... Öffne den Weg der Schöpfung und der Intelligenz zwischen uns und unserem Verstand... Lass dein Licht sich in unserem Blut kristallisieren und uns die Auferstehung erfüllen."

Die ganze Zeremonie ist eine sinnliche Anbetung der Großen Mutter Babalon in der Person der Priesterin, die ihre Lehre verkörpert: „Tu, was du willst, soll das ganze Gesetz sein. Liebe ist das Gesetz; Liebe unter dem Willen." Es endet mit dem Mystischen Mahl, der Weihe und Vollendung der Elemente, der Mystischen Hochzeit! Sie ist, um es vorsichtig auszudrücken, eine symbolische Darstellung der universellen Zeugung.

Was die „Gemeinschaft der Heiligen" betrifft, so sind es nach diesem Ritual diejenigen, die von Generation zu Generation diesen Herrn des Lebens und der Freude angebetet und den Menschen seine Herrlichkeit offenbart haben. Zu ihnen gehören unter vielen anderen: Lao-tze, Dionysos, Hermes, Pan, Priapus, Osiris, Melchisedeck, Amoun, Simon Magus, Manes, Pythagoras, Merlin, Roger Bacon, Christian Rosenkreutz, Paracelsus, Andrea, Robertus de Fluctibus, Adam Weishaupt, Goethe, Carl Kellner, Dr. Gerard Encausse (Papus), Theodor Reuss, und *Sir Aleister Crowley!* „Oh, Söhne des Löwen und der Schlange!... Möge ihre Essenz hier anwesend sein, kraftvoll, mächtig und väterlich, um dieses Fest zu vollenden!" So viel zu seiner Eucharistie!

Seinen Orden der A.A. - Atlantean Adepts - oder Großen Weißen Bruderschaft unterteilt er in drei Orden:

(1) Der S.S., das sind die Grade 8 = 3 bis I0 = I; (2) Der R.C. (Rosenkreuzer), das sind die Grade von 5 = 6 bis 7 = 4; (3) Der G.D. (Golden Dawn), das sind die Grade von 0 = 0 bis 4 = 7 mit einem Verbindungsglied (Portal?). Wie bereits erwähnt, ist sein Buch *777* größtenteils aus Korrespondenzen zusammengestellt, die aus den frühen kabbalistischen „Knowledge Lectures" des Golden Dawn stammen und auf den Baum des Lebens angewendet wurden. Außerdem hat er offenbar die frühen Rituale des Golden Dawn und das 5 = 6-Ritual des R.R. et A.C. an seine eigenen Vorstellungen angepasst. So drückt er seine Regeln aus:

„Alle Mitglieder müssen notwendigerweise in Übereinstimmung mit den Tatsachen der Natur arbeiten ... Sie müssen das Buch des Gesetzes als das Wort und den Buchstaben der Wahrheit und die einzige Lebensregel akzeptieren. Sie müssen die Autorität der Bestie 666 und der Scharlachroten Frau anerkennen, wie sie im Buch definiert ist, und ihren Willen als den Willen unseres gesamten Ordens akzeptieren. Sie müssen das gekrönte und siegreiche Kind als den Herrn des Äons anerkennen und sich bemühen, seine Herrschaft auf der Erde zu errichten. Sie müssen anerkennen, dass „das Wort des Gesetzes *Thelima* ist" und dass „Liebe das Gesetz ist, Liebe unter dem Willen". (Das ist die Universelle Gnostische Kirche, wie bereits beschrieben.)

Sein Orden „Mysteria Mystica Maxima" ist, so scheint es, für das Studium und die Praxis seiner eigenen Adaption des Raja-Yoga usw. bestimmt.

Es ist merkwürdig, in *The Inner Light* book service, Mai 1933, dem Organ von Dion Fortune's „Fraternity of Inner Light", folgende Aussage zu finden:

„Der Restbestand von Crowley's *Magick wird* immer weniger. Die Schrift ist verstreut worden, und ein Nachdruck ist daher unmöglich. Dieses Buch wird in ein paar Jahren einen sehr hohen Preis erzielen. Wir können erwähnen, dass es einen Nachdruck der berühmten 777 enthält, die aus den Tabellen der Korrespondenzen besteht." [Korrespondenzen für magische Beschwörungen und solche Operationen!]

Einige der Anhänger von Dion Fortune sind auf der Suche nach etwas wirklich Spirituellem; ist es das, womit sie sie füttert!

Was ist Magie? Papus, Dr. Gerard Encausse, Okkultist und Martinist, zeigt anhand von Dokumenten und Experimenten, „wie alle magischen Operationen wissenschaftliche Experimente sind, die mit Kräften durchgeführt werden, die noch wenig bekannt sind, aber in ihren Gesetzen den aktivsten physikalischen Kräften wie Magnetismus und Elektrizität ähneln." Er fügt hinzu: „Die Werke der Magie sind gefährlich." Drei Prinzipien sind für solche Arbeiten erforderlich: der menschliche Wille und die Intelligenz, das lenkende Prinzip; die materielle Grundlage, auf der er wirkt, das passive Prinzip; das Zwischenglied, durch das der Geist und der Wille auf die materielle Grundlage einwirken, die dynamische Lebenskraft, die vom Blut zu allen Organen getragen wird und auf das Nervensystem einwirkt, es ist das motorische oder Lebens-Prinzip. Es ist das OD der Juden, das astrale Licht der Martinisten, das magnetische Fluidum der Rosenkreuzer. Wie Eliphas Levi in seiner *Geschichte der Magie* erklärt: Es gibt ein natürliches zusammengesetztes Agens, eine Flüssigkeit, eine Kraft, ein Gefäß für Schwingungen und Bilder, durch dessen Vermittlung jeder Nervenapparat in geheimer Verbindung miteinander steht. Die Existenz dieser universellen magnetischen Lebenskraft und die Möglichkeit, sie zu nutzen, ist das große Geheimnis der praktischen Magie; sie ist der Zauberstab der Theurgie und der Schlüssel zur schwarzen Magie.

Es ist, so sagt er, eine blinde Kraft, die alles erwärmt, erleuchtet, magnetisiert, anzieht, abstößt, belebt, zerstört, gerinnt, trennt, zerbricht und verbindet unter dem Anstoß eines mächtigen Willens, einige zum großen Guten und andere zum großen Bösen. Es ist das Feuer, das Prometheus vom Himmel gestohlen hat, eine verzehrende Gefahr für diejenigen, die es in den Dienst ihrer Leidenschaften stellen. Wie Eliphas Levi erklärt: „Schwarze Magie kann als die Kunst definiert werden, in uns selbst und in anderen eine künstliche Manie hervorzurufen"; und indem sie durch eine Reihe fast unmöglicher Übungen auf das Nervensystem einwirkt, „wird es zu einer Art lebendigem galvanischem Pfahl, der fähig ist, das Licht, das berauscht oder zerstört, zu verdichten und kraftvoll zu projizieren." Es ist die Kraft, „die tötet und lebendig macht", die in allen illuminierten Sekten verwendet wird, deren Gott das schöpferische Prinzip ist, diese magnetische Lebenskraft in der ganzen Natur, die belebende Kraft, die ihr Christus ist; diese Kräfte werden daher als göttlich und spirituell bezeichnet, obwohl sie nur die Kräfte der Mutter Natur zur Schöpfung, Erhaltung und Zerstörung, zur universellen Erzeugung sind. Wie bereits gesagt, setzen alle sogenannten göttlichen oder barbarischen Namen, die in ihren Beschwörungen verwendet werden, lediglich Schwingungen in Gang, die diese verborgenen Kräfte im Menschen und im Universum erwecken und wiedererwecken, wie es für das angestrebte Ziel erforderlich ist, daher Crowleys *777. Die* meisten dieser Sekten und Orden sind in Wirklichkeit nur Kinderstuben, in denen ahnungslose Männer und Frauen zu passiven materiellen Instrumenten in den Händen der so genannten „Weißen Brüder" oder wahrhaftiger Schwarzmagier ausgebildet werden.

Paracelsus schreibt: „Die Chaldäer und Ägypter machten sich Bilder nach den Konstellationen der Sterne, und diese Bilder bewegten sich und sprachen, aber sie kannten nicht die Kräfte, die in ihnen wirkten. Solche Dinge werden durch den Glauben getan ... aber ein teuflischer Glaube, der von der Lust am Bösen unterstützt wird." Als modernes Beispiel für diese Geisterbeschwörung lesen wir in Letter on Occult Meditation, 1930, von Alice A. Bailey aus New York, Theosophin und Okkultistin:

> „Wie ihr wisst, fertigt der Meister ein kleines Bild des Probanden an, das in bestimmten unterirdischen Zentren im Himalaya aufbewahrt wird. Das Bild ist magnetisch mit dem Probanden verbunden und zeigt alle Schwankungen seiner Natur. Da es aus emotionaler und mentaler Materie besteht, pulsiert es mit jeder Schwingung dieser Körper. Es zeigt die vorherrschenden Farbtöne, und durch das Studium des Bildes kann der Meister den Fortschritt schnell einschätzen und beurteilen, wann der Proband in eine engere Beziehung zu aufgenommen werden kann. Der Meister sieht sich das Bild in bestimmten Abständen an, anfangs selten, weil die Fortschritte in den Anfangsstadien nicht so schnell sind, aber immer häufiger, wenn der Meditationsschüler leichter begreift und bewusster mitarbeitet. Wenn der Meister die Bilder betrachtet, arbeitet er mit ihnen und bewirkt durch sie bestimmte Ergebnisse ... zu bestimmten Zeiten wendet der Meister bestimmte Kontakte auf die Bilder an und stimuliert durch sie die Körper des Schülers. Es kommt der Zeitpunkt, an dem der Meister durch seine Inspektion des Bildes sieht, dass die erforderliche Schwingungsrate gehalten werden kann, dass die erforderlichen Auslöschungen vorgenommen wurden und eine bestimmte Farbtiefe erreicht wurde... Dann wird er ein akzeptierter Schüler."

Das ist die Lehre, die Mrs. Bailey von ihrem Meister der Großen Weißen Loge erhalten hat; sie liest sich äußerst schwarzmagisch und teuflisch! Adepten, die in diesen magischen Schulen ausgebildet werden, verlieren ihr „Ich" und werden zu bloßen Robotern, genau wie diese Bilder, und werden als leere Hülsen weggeworfen, wenn sie ihren bösen Lehrmeistern nicht mehr nützlich sind.

Das Studium der Geschichte und des Wirkens all dieser geheimen Sekten beweist die Wahrheit, und immer endete es in einer Perversion zum Zweck der Herrschaft, sei es individuell oder universell.

In *La Messe Noire*, 1924, schreibt J. Bricaud:

„Heute, da unsere Gesellschaft von der Erotik der mittelalterlichen Zauberei überschwemmt wird, haben die Worte Schwarze Messe ihre ursprüngliche Bedeutung verloren... Das mystische Element schwächte sich ab, es blieben nur Sadismus und Sensualismus übrig, die in den letzten Jahren zu einer vulgären Orgie, einer so genannten Wiederbelebung heidnischer Zeremonien, ausarteten, begleitet von unzüchtigen Szenen, erregt durch den Rhythmus libidinöser Poesie und den Rausch orientalischer Düfte."

Es ist umgekehrter Mystizismus, es ist eine Verleugnung Christi und, wie man sagt, eine Huldigung dessen, „dem Unrecht getan wurde, des alten Geächteten, der zu Unrecht aus dem Himmel vertrieben wurde." Luzifer! Wie Eliphas Levi ausruft:

„Luzifer - Lichtträger - welch seltsamer Name für den Geist der Finsternis! Er ist es, der das Licht trägt und doch die schwachen Seelen blendet."

Gilles de Rais, Marechal von Frankreich, Sire de Laval, Baron de Bretagne, war eines der schrecklichsten Beispiele für den magischen Gebrauch der Schwarzen Messe im Streben nach Reichtum usw. Bricaud schreibt über ihn:

„Bei diesen schrecklichen Szenen schien sich der Geist von Gilles zu verfinstern; wahre Wahnsinnsanfälle erfassten ihn. In dem Wunsch, um jeden Preis von Satan das Geheimnis des philosophischen Steins zu erhalten (um Gold zu gewinnen), opferte er auf Anraten seiner Magier Kinder, weihte sie dem Teufel, entnahm ihnen Blut und Hirn, um mächtige Philtres zu bilden, die die erwarteten Wunder bewirken sollten... In der Anklageschrift zu Beginn seines Prozesses wurde ihm vorgeworfen, bei seinen teuflischen Beschwörungen 140 Kinder geopfert zu haben... Das weltliche Gericht verhängte die Todesstrafe und die Beschlagnahme seiner Güter."

In London und anderswo, so wird uns berichtet, wird die Schwarze Messe immer noch aufgeführt, zweifellos in einer weniger erschreckenden Form, aber dennoch erotisch und bösartig, um neurotische und verdorbene Gemüter anzusprechen, die ihrerseits andere anstecken, die Vernunft der Nation heimtückisch infizieren und die Saat des Chaos und der Fäulnis säen, moralisch, physisch und mental. In der *Morning Post vom* 16. Januar 1931 erschien ein Interview mit Harry Price, dem Gründer und Direktor des National Laboratory for Psychical Research, unter dem Titel „Teufelsanbetung in London". Darin heißt es:

„Herr Price sprach aus eigener Erfahrung über die Praktiken, die er beschrieb, und behauptete neben einer Reihe anderer bemerkenswerter Behauptungen, dass schwarze Magie, Zauberei und Hexerei im London von heute in einem Ausmaß und mit einer Freiheit praktiziert werden, wie man sie sich im Mittelalter nicht vorstellen konnte. Die Professoren und Anführer der Kulte, zumeist Ausländer, bedienen sich derselben Formeln und Beschwörungen wie die mittelalterlichen Geisterbeschwörer. Die Kulte nehmen in einem solchen Tempo zu und ziehen das Interesse auf sich, dass sie bald solche Ausmaße annehmen werden, dass sie zu einer echten Bedrohung für die Moral und die Gesundheit der Nation werden... Die Zelebranten der Schwarzen Messe und der Teufelsanbetung praktizieren völlig ohne Gefahr von Konsequenzen, weil es kein bestehendes Gesetz gibt, nach dem ein Verfahren eingeleitet werden kann... „Das Interesse am Okkulten", fuhr Mr. Price fort, „breitet sich sprunghaft aus, und ich kann mit Sicherheit sagen, dass es heute in London mehr Anhänger der Schwarzen Künste gibt als jemals im Mittelalter. Sie versuchen durch Formen der schwarzen Magie, Ereignisse zu ordnen und Dinge geschehen zu lassen - sie versuchen, Tote auferstehen zu lassen oder Menschen zu verletzen, die sich in einiger Entfernung befinden; sie machen sogar Gebrauch von Wachspuppen und den Instrumenten des mittelalterlichen Zauberers. [Oder das magnetisierte Foto, das in der R.R. et A.C. „den Menschen hilft"!]

Mr. Price sprach von Versuchen, Metalle umzuwandeln. Mr. Prices Behauptungen wurden durch unwiderlegbare Beweise von Anwesenden gestützt, und in der *Morning Post vom* 19. Januar 1931 wurde ein Bericht über eine Schwarze Messe in Bloomsbury und ihren unvermeidlichen und abscheulichen Ausgang veröffentlicht. Der Autor stellte auch fest, dass Oxford und Cambridge und bestimmte Bezirke Londons von diesen Schurken der Schwarzen Kunst heimgesucht werden, die auf diese Weise mit den Sinnen ihrer Opfer durch eine Form von Massenhypnose spielen.

Es wird behauptet, dass nach der Beschlagnahme von Dokumenten und der Aufdeckung der Illuminaten von Weishaupt im Jahr 1786 das englische Parlament 1799 ein Gesetz verabschiedete, das alle Geheimgesellschaften mit Ausnahme der Freimaurerei verbot, und dass dieses Gesetz nie aufgehoben wurde!

Am Ende seines Buches über die Schwarze Messe, 1924, sagt J. Bricaud:

„Es ist sicher, wie wir gezeigt haben, dass die frevelhaften Zeremonien, die Szenen der Profanierung nicht verschwunden sind. Aber sie haben ihre ursprüngliche Bedeutung verloren und ihr psychologischer Aspekt ist nicht mehr derselbe. Heute setzen die Anhänger Satans ihre ganze Leidenschaft für das ein, was sie für den höchsten Ausdruck des Sakrilegs halten; sie geben sich vor einem verhöhnten Christus den sinnlichen Freuden hin, um ihn besser herausfordern zu können. Unter Ludwig XIV. war es noch die Regel, ein kleines Kind auf dem Altar zu opfern. Heute wird er nicht mehr mit Blut getränkt, sondern mit Schmutz beschmutzt. Die moderne Schwarze Messe ist kein echter Satanismus mehr. Sie ist nicht mehr die monströse Revolte des Geschöpfes gegen den Schöpfer, die verbrecherische Revolte des im Hass verlorenen Menschen gegen die göttliche Macht. Seine ekelhaften Saturnalien und seine Orgien gegen die Natur sind lediglich Sadismus."

In einer kleinen Broschüre, die von Dr. Wynn Westcott, dem Obersten Magus der *Societas Rosicruciana in Anglia*, zusammengestellt und von John M. Watkins, Cecil Court, London, 1916, herausgegeben wurde, finden wir so genannte „Daten zur Geschichte der Rosenkreuzer". Was uns vor allem interessiert, sind die folgenden Notizen über die Gründung der S.R.I.A. und später des Golden Dawn:

„1865 wurde die *Societas Rosicruciana in Anglia* von Robert Wentworth Little (der einige Rituale aus dem Lagerraum der Freimaurerhalle gerettet hatte) und Kenneth R. H. Mackenzie gegründet, der die rosenkreuzerische Einweihung in Österreich erhalten hatte, während er bei Graf Apponyi als englischer Tutor lebte, und der auch die Autorität hatte, eine englische freimaurerische Rosenkreuzergesellschaft zu gründen. 1866 wurde das Metropolitan College gegründet; R. W. Little wurde zum Supreme Magus gewählt...

„Frater R. W. Little starb 1878, und Dr. William Robert Woodman wurde Supreme Magus... 1880 wurde die Soc. Rosie. in den U.S.A. gegründet und anerkannt.

„1887 wurde mit Erlaubnis von S.D.A. ('Sapiens Dominabitur Astris'), einem kontinentalen Rosenkreuzer-Adepten, der Isis-Urania-Tempel der Hermetischen Studenten des G.D. (Golden Dawn) gegründet, um Unterricht in den mittelalterlichen okkulten Wissenschaften zu geben. Fratres M. E. V. (Magna est Veritas et Praevalebit - Dr. Woodman), Oberster Magus der S.R.I.A., mit S.A. (Sapere Aude - Dr. Wynn Westcott) und S.R.M.D. (S. Rioghail Mo Dhream Macgregor Mathers), wurden die Chiefs, und letzterer schrieb die Rituale in modernem Englisch aus alten Rosenkreuzer-MSS (Eigentum von Frater S.A.), ergänzt durch seine eigenen literarischen Forschungen. Frater D. D. C. F. (Deo Duce Comito Ferro-Mathers' inneres Motto) lieferte 1892 das Ritual eines Adeptengrades aus Materialien, die er von Frater L. E. T. (Dr. Thiesen von Lüttich, „Lux e Tenebres", nach Dr. Wynn Westcott), einem kontinentalen Adepten, erhalten hatte. Mehrere andere Tempel sind aus der Isis-Urania hervorgegangen, nämlich der Osiris-Tempel in Weston-super-Mare, der Horns-Tempel in Bradford, der Amen Ra-Tempel in Edinburgh und der Ahathoor-Tempel in Paris, der 1884 (1894) von F.E.R. (Fortiter) geweiht wurde. Frater S. A. (Dr. Wynn Westcott) trat 1897 aus der Vereinigung aus, und die englischen Tempel fielen bald darauf in den Schwebezustand (1900, als sich der Tempel in London gegen Mathers auflehnte)...

„Die wiederbelebten Rosenkreuzer-Logen auf dem europäischen Kontinent werden unter großer Geheimhaltung betrieben, und ihre Mitglieder bekennen sich nicht offen zu ihrer Aufnahme und Mitgliedschaft. Mehrere Zentren arbeiten aktiv unter Bedingungen, die aus früheren Jahrhunderten der Nützlichkeit stammen. Viele Gruppen der kontinentalen Rosenkreuzer studieren und lehren Theorien über das Leben und seine Pflichten und nehmen ihre Mitglieder durch Zeremonien und Rituale auf, sind aber, wie in früheren Zeiten, beiderlei Geschlechts und daher nicht unbedingt Freimaurer. Wie in den frühesten Zeiten die Rosenkreuzer nicht nur studierten, sondern auch umherzogen, um Gutes zu tun und Kranke zu heilen, so befassen sich die Fratres heute mit dem Studium und der Verabreichung von Medikamenten [wie z. B., Sie lehren und praktizieren auch die heilenden [auch magischen] Wirkungen des farbigen Lichts und kultivieren mentale Prozesse, von denen man glaubt, dass sie spirituelle Erleuchtung [Steiners Prozesse zur Erweckung der Kundalini] und erweiterte Kräfte der menschlichen Sinne, besonders in den Richtungen des Hellsehens und Hellhörens, hervorrufen. Ihre Lehre enthält nicht notwendigerweise irgendeine indische oder ägyptische Symbolik".

„Dr. Woodman starb 1891 in der Weihnachtswoche ... und Anfang 1892 wurde Dr. Wynn Westcott ... als Oberster Magus eingesetzt ..."

Im Jahr 1900 trennte sich der Londoner Tempel der Goldenen Morgenröte von Mathers, der damals als Oberhaupt anerkannt war. Zwei Jahre lang wurde er von einem ernannten Komitee geleitet, aber 1902 kehrte er zur Herrschaft von drei Oberhäuptern zurück, die wie folgt gewählt wurden: Dr. Felkin, Mr. Brodie Innis und Mr. Bullock. Im Jahr 1903 nahm diese Gruppe den Namen Stella Matutina an und wurde von denselben Häuptlingen geleitet. Im Jahr 1913 erhielten Dr. und Frau Felkin auf dem Kontinent einige höhere Grade und schlossen sich mit Dr. Steiner zusammen.

Weder Dr. Wynn Westcott noch Aleister Crowley hatten jemals irgendeine Verbindung mit der Stella Matutina, weder offiziell noch anderweitig. Der vorliegende Autor wurde 1908 in die Stella Matutina eingeweiht und 1916 zu einem der Ruling Chiefs der S.M. and R.R. et A.C. ernannt und hatte zu keiner Zeit etwas mit dem Golden Dawn oder Aleister Crowley zu tun.

KAPITEL XII

AMERIKANISCHE GRUPPEN

Wir finden viel über diese geheimnisvolle „Innere Regierung der Welt", die anscheinend Frau Besant und durch sie die Theosophische Gesellschaft, deren Oberhaupt sie war, beherrschte, in einem Buch, *Initiation Human and Solar,* 1933, von Frau Alice A. Bailey, Okkultistin und Theosophin, New York. Es wird von der Lucis Publishing Co. in New York herausgegeben und ist „To the Master K. H. (Koot Humi)" gewidmet. Dies ist derselbe „Koot Hoomi" wie bei Frau Blavatsky und Frau Besant! Über diese Meister schrieb Frau Besant in einer Broschüre, *The Masters, 1912*:

> „Ein Meister ist ein Begriff, der von Theosophen verwendet wird, um bestimmte menschliche Wesen zu bezeichnen, die ihre menschliche Evolution abgeschlossen haben, die menschliche Vollkommenheit erreicht haben ... das erreicht haben, was die Christen 'Erlösung' und die Hindus und Buddhisten 'Befreiung' nennen... Diejenigen, die in *The Occult World* von Herrn Sinnett M. (Morya) und K. H. (Koot Hoomi) genannt werden, waren die beiden Meister, die die Theosophische Gesellschaft gründeten, indem sie Oberst Olcott und H. P. Blavatsky, beide Schüler von M., Sie gaben Mr. Sinnett das Material, aus dem er seine berühmten Bücher schrieb, das oben genannte und den *Esoterischen Buddhismus,* der Tausenden im Westen das Licht der Theosophie brachte. H. P. Blavatsky hat erzählt, wie sie den Meister M. am Ufer des Serpentine traf, als sie 1851 London besuchte."

Wir fügen hinzu, um zu zeigen, wie in Wirklichkeit alle diese Gruppen, ob Theosophen oder Rosenkreuzer, unter einer finsteren Gruppe von Esoterikern verbunden sind, die fanatisch von der Idee der Weltherrschaft durchdrungen sind: Dr. Felkin, der verstorbene Leiter des R.R. et A.C., besaß eine schöne

Fotografie, die angeblich „Maitreya" darstellte und über seinem Schreibtisch hing, und seine Tochter hatte eine von „Koot Hoomi" in ihrem Zimmer; beide wurden von ihren Besitzern als „heilig" angesehen!

In ihrem Buch schreibt Mrs. Bailey, dass diese innere Regierung eine Hierarchie des Lichts, der Älteren Brüder, ist. Zuerst gibt es den König *Sanat Kumara, von dem* gesagt wird, dass er in Shamballa lebt, einem etwas mythischen oder vielleicht mystischen Zentrum in der Wüste Gobi; er ist der Herr der Welt und Initiator (der das schöpferische Prinzip repräsentiert) - und um ihn herum ist die Triade der Manifestation. Unter ihm, der das Licht oder die Energie für die Welt manifestiert, befindet sich diese Triade von Abteilungsleitern: (1) *Manu:* Rassenregierung, Gründung, Leitung und Auflösung von Rassentypen, Herstellung der für ihre Pläne erforderlichen Personen. Er visualisiert, was zu tun ist, und überträgt durch Klang die erforderliche schöpferische und zerstörerische Energie auf seine Assistenten. Es heißt, er lebe in Shigatse im Himalaya. (2) *Lord Maitreya:* Religion, Weltlehrer oder Christus, Initiator der Mysterien und Befreier. Es wird gesagt, dass er im Himalaya lebt. (3) *Manachohan:* Er manipuliert die Kräfte der Natur und bringt die Zivilisation nach Bedarf hervor.

Unter ihnen, sagt sie, wirken die Meister der (Großen Weißen) Loge, die die sieben Strahlen oder planetarischen Aspekte des Lichts repräsentieren. Diese halten als Regenten die Zügel der Regierung für Kontinente und Nationen in der Hand und lenken ihre Geschicke; sie beeindrucken und inspirieren Staatsmänner und Herrscher; sie gießen mentale Energie auf regierende Gruppen aus und bringen die gewünschten Ergebnisse, wo immer Kooperation und aufnahmefähige Intuition gefunden werden können. Sie sind: *Meister Jupiter:* lebt in den Nilgherry-Hügeln. Er hält die Zügel der Regierung Indiens und eines großen Teils der nördlichen Grenze in der Hand und muss Indien schließlich aus seinem gegenwärtigen Chaos und seiner Unruhe herausführen und seine verschiedenen Völker zu einer Synthese formen. *Meister Morya:* lebt in Shigatse, ist aber ein Rajput-Fürst. Er arbeitet in Verbindung mit vielen Organisationen esoterischer oder okkulter Art sowie mit den Politikern und

Staatsmännern der Welt und beeinflusst vor allem diejenigen mit internationalen Idealen. *Koot Humi:* lebt in Shigatse, ist aber ein Kaschmiri. Steht in der Warteschlange für den Weltlehrer der sechsten Wurzelrasse. Er wurde an einer britischen Universität ausgebildet und ist sehr belesen in aktueller Literatur. Er befasst sich mit der Belebung bestimmter großer Philosophien und ist an philanthropischen Organisationen interessiert. Sein Werk ist weitgehend Liebe - Erweckung der Idee der Brüderlichkeit. *Meister Jesus:* Er lebt in einem syrischen Körper irgendwo im Heiligen Land. Er arbeitet eher mit den Massen als mit Einzelpersonen; er bereitet in Europa und Amerika den Weg für das letztendliche Kommen des Weltlehrers. „Einige große Prälaten der anglikanischen und katholischen Kirche sind weise Agenten von ihm." *Meister Djwal Khul:* lebt in Shigatse, ist ein Tibeter und wird „Der Bote der Meister" genannt. Er besitzt ein tiefes Wissen über die Strahlen und die planetarischen und solaren Einflüsse und arbeitet mit Heilern, Wohlfahrtsverbänden und philanthropischen Weltbewegungen wie dem Roten Kreuz zusammen.

Meister Rakoczi: ist ein Ungar und lebt in den Karpaten. War bekannt als Comte de St. Germain, Roger Bacon und später Francis Bacon. Beschäftigt sich mit der okkulten Seite der Angelegenheiten in Europa, vor allem durch esoterische Rituale und Zeremonien, wobei er sich sehr für die Auswirkungen der Zeremonien der Freimaurer, der verschiedenen Bruderschaften und der Kirchen interessiert. Handelt praktisch in Amerika und Europa als Generaldirektor für die Ausführung der Pläne des Exekutivrates der Loge, der eine innere Gruppe von Meistern um die Drei Herren herum ist. *Meister Hilarion:* ist ein Kreter, lebt aber hauptsächlich in Ägypten. Er arbeitet mit denjenigen, die Intuition entwickeln, und seine Energie steht hinter der psychischen Forschung, und er hat die spiritistische Bewegung initiiert, und er hat alle höheren Hellseher unter Beobachtung. Es gibt zwei englische Meister; der eine lebt in Großbritannien und leitet die angelsächsische Rasse, steht hinter der Arbeiterbewegung in der ganzen Welt und leitet die aufkommende Demokratie. Der Schlüssel für die Zukunft liegt in der Zusammenarbeit, nicht im Wettbewerb; in der Verteilung, nicht in der Zentralisierung. *Meister Serapis:* wird der Ägypter genannt und verleiht der Musik, der Malerei und dem Drama Energie. *Meister P.:* Irisch, arbeitet unter Rakoczi in Nordamerika; arbeitet esoterisch mit Christian Science und New Thought; bildet Jünger für das Kommen des Christus gegen Mitte oder Ende dieses Jahrhunderts aus. Es wird erwartet, dass einige der Meister gegen Ende des Jahrhunderts unter die Menschen gehen werden.

Außerdem, so sagt sie, werden vor der Ankunft Anpassungen vorgenommen, *so dass an der Spitze aller großen Organisationen entweder ein Meister oder ein Eingeweihter zu finden sein wird,* wie auch an der Spitze bestimmter großer okkulter Gruppen der Freimaurer der Welt und der verschiedenen großen Abteilungen der Kirche, die sich auch unter vielen der großen Nationen befinden. Überall versammeln sie diejenigen, die in irgendeiner Weise dazu neigen, auf hohe Schwingungen zu reagieren, und versuchen, ihre Schwingungen *zu verstärken* und sie für den Zeitpunkt des Kommens fit zu machen. „Das Werk mag durch das eine oder andere Medium (Schüler oder Bewegung) geschehen, aber immer bleibt die Lebenskraft bestehen, die die Form zerschlägt, wo sie unzureichend ist, und sie nutzt, wenn sie für den unmittelbaren Bedarf ausreicht." Nach Belieben würden diese monströsen Meister ihre Macht nutzen, um zu formen und zu hacken, zu töten und lebendig zu machen!

Hat nicht der jüdische Schriftsteller Dr. Angelo Rappaport in seinem Buch „*Die Pioniere der russischen Revolution*" gesagt, dass „an der Spitze aller großen Organisationen entweder ein Meister oder ein Eingeweihter steht"?

„Es gab keine politische Organisation im weiten Reich, die nicht von den Juden beeinflusst oder geleitet wurde; die Sozialdemokraten, die revolutionären sozialistischen Parteien, die polnische sozialistische Partei, alle zählten Juden zu ihren Leitern; Plehve hatte vielleicht Recht, als er sagte, dass der Kampf um die politische Emanzipation in Russland und die Judenfrage praktisch identisch waren."

Was die erwartete Vollendung gegen Ende dieses Jahrhunderts anbelangt, so finden wir in *Cheiros Weltvorhersagen* einige bedeutende Aussagen, von denen wir nicht wissen, ob sie inspiriert sind oder nicht:

„Ab 1980 ... wird meiner Meinung nach die Wiederherstellung der Zwölf Stämme Israels als dominierende Macht in der Welt erfolgen.

... Ein anderer Gesetzgeber, wie Moses, wird sich erheben ... und so wird am Ende durch diese 'verachtete Rasse' der universelle Frieden hergestellt werden."

In allen erleuchteten Sekten ist das Mittel der Kommunikation mit ihren unbekannten Leitern anfangs immer Pseudo-Yoga in der einen oder anderen Form und später durch Formeln. In einem anderen ihrer Bücher, *Briefe über okkulte Meditation,* wirft sie ein interessantes Licht auf die Methoden und das Wesen der Weltsysteme dieser Meister. Dieses Buch ist „dem tibetischen Lehrer gewidmet, der diese Briefe schrieb und ihre Veröffentlichung genehmigte", 1922. Vieles ist Tarnung, um zu täuschen; und um sich selbst und die stets große Möglichkeit schädlicher Ergebnisse ihrer teuflischen Experimente mit Männern, Frauen und Nationen zu verbergen, reden sie viel von den Gefahren, die von „dunklen Brüdern", bösen Wesenheiten und Elementaren ausgehen! Es ist wahrscheinlicher, dass sie selbst „Dunkle Brüder" sind!

Durch dieses Pseudo-Yoga wird die Persönlichkeit des Schülers abwechselnd dem physischen, ätherischen, astralen und mentalen Körper entzogen, bis „der Mensch sich als Teil des Bewusstseins des Meisters erkennt... Der Meister interessiert sich für einen Menschen nur unter dem Gesichtspunkt seiner Nützlichkeit für die Gruppenseele und seiner Fähigkeit zu helfen." Die Kräfte, die benutzt und in Bewegung gesetzt werden, sind „die magnetischen Ströme des Universums, das vitale Fluidum, diese elektrischen Strahlen ... die in allen Formen gespeicherte latente Wärme." Man sagt uns, dass es zwei besondere Methoden gibt, diese Kräfte in Bewegung zu setzen, um die Einheit mit den Meistern zu erreichen. *Mantram - rhythmische* Klänge, Worte und Sätze, eine zwingende Kraft.

„Ein Mantram, wenn es richtig ausgesprochen wird, erzeugt in der Materie ein Vakuum, das einem Trichter ähnelt. Der Trichter bildet sich zwischen demjenigen, der es erklingen lässt, und demjenigen, der vom Klang erreicht wird. So entsteht ein direkter Kommunikationskanal ... [und wenn] eine gewisse Ähnlichkeit der Schwingung erreicht ist ... wird der Schüler zum Hüter eines Mantrams, mit dem er seinen Meister anrufen kann ... Es ist rein wissenschaftlich und basiert auf Schwingung und dem Wissen der Dynamik."

Sie ist destruktiv, indem sie Hindernisse beseitigt, und konstruktiv, indem sie das Reich der Macht der Meister aufbaut.

Rhythmische Bewegungen, die, je nach Rhythmus, „diejenigen, die sie anwenden, in Einklang mit bestimmten Kräften der Natur bringen ... und den rhythmischen Fluss der Kraft in bestimmte Richtungen für bestimmte Zwecke ermöglichen. Sie stimuliert die Sexualorgane und bewirkt Erleuchtung. Seine Wirkung ist gewaltig und kann in ihrem Radius weltweit sein. Außerdem wird uns gesagt, dass sie bei besonderen Anlässen wie folgt angewendet werden kann:

Politisch. - Es *wird* gesagt, dass die Zeit kommen wird, in der diejenigen, die die Nationen manipulieren, in den Versammlungen des Volkes sitzen und Recht und Gerechtigkeit verwalten, „all ihre Arbeit mit großen rhythmischen Zeremonien [rituellen Tänzen] beginnen werden" und sich mit *Manu* in Verbindung setzen, um seine Pläne und Absichten auszuführen. Nachdem der Trichter fertig ist, werden sie sich an die Arbeit machen, nachdem sie zwei Männer in ihrer Mitte platziert haben, die die Anweisungen des Meisters empfangen. Was ist mit dem Völkerbund?

Religiös. - Der Priester wird der Mittelpunkt sein, und nach einer angemessenen Zeremonie und einem angemessenen Rhythmus wird die vereinte Gemeinde der Übermittler von Kräften und Informationen von *Maitreya sein,* genau wie in der liberalen katholischen Kirche!

Pädagogisch. - Alle Universitäten und Schulen werden die Sitzungen mit dieser rhythmischen Zeremonie beginnen, bei der der Lehrer im Mittelpunkt steht und die die Schüler geistig und intuitiv anregt, inspiriert durch den Trichter von *Mahachohan.*

Hier haben wir offenbar eine Erklärung der Steinerschen Eurhythmie und des „Goetheanum-Sprachchors" aus Dornach; durch rhythmische Bewegung und Klang wird die Kundalini stimuliert, die Zentren belebt und das Vakuum geschaffen, durch das die erforderlichen Kräfte und Einflüsse von ihrem Meister gelenkt werden, die nicht nur auf die Ausführenden, sondern auf das gesamte Publikum einwirken und es für okkulte Zwecke verschmelzen und ausrichten. Magnetisiert den Saal und bereitet die Menschen auf die Erleuchtung vor!

„In all diesen drei Zweigen des Dienstes werden Sie feststellen, dass die Fähigkeit, mit Gruppen zu arbeiten, von größter Wichtigkeit ist... Das kann entweder eine Gruppe von Kirchenarbeitern unter den Orthodoxen sein; es kann in der sozialen Arbeit sein, wie in der Arbeiterbewegung oder in der politischen Arena; oder es kann in den entschiedeneren Pionierbewegungen der Welt sein, wie in der Theosophischen Gesellschaft, usw... Ich möchte dem einen Zweig der Bemühungen hinzufügen, der Sie vielleicht überraschen wird: . *Ich meine die Bewegung des Sowjets in Russland und all die aggressiven radikalen Körperschaften, die unter ihren Führern aufrichtig für die Verbesserung [sic] der Massen dienen."*

Dies sind also einige der Werkzeuge und ihre rhythmischen Methoden der schwarzen Magie, die von diesen geheimnisvollen Regisseuren mit ihren getarnten Lehren und getarnten Namen inspiriert wurden, die die Weltherrschaft anstreben, nicht durch die Verbesserung, sondern durch die Versklavung und den geistigen Tod der Menschheit.

Wie de Luchet treffend sagte:

„Wenn sich mehrere Menschen mit halben Qualitäten vermischen, mäßigen und verstärken sie sich gegenseitig ... die Schwachen geben den Stärkeren nach, die Geschicktesten nehmen von jedem, was er liefern kann. Einige sehen zu, während andere handeln, und dieses gewaltige Ensemble erreicht sein Ziel, was immer es auch sein mag... Nach diesem Prinzip wurde die Sekte der Illuminaten gegründet."

Die Illuminaten sind immer noch unter uns, beherrscht von der gleichen geheimnisvollen und unsichtbaren Macht im Hintergrund!

Maurice Joly lässt Machiavelli in seinem revolutionären Pamphlet, *Dialogues aux Enfers*, 1864, sagen: „Bevor man daran denkt, die öffentliche Meinung aller Völker tatsächlich zu lenken, muss man sie betäuben ... sie durch allerlei Bewegungen blenden; sie unmerklich in ihren Bahnen irreführen." Aus den Büchern von Frau A. Bailey haben wir die Grundlage der geheimen Weltregierung, ihre Arbeit und ihre Methode der rhythmischen Kontrolle aufgezeigt. Wir werden nun aus derselben Quelle die Errichtung einer weltweiten Kette von okkulten Schulen betrachten, mit denen sie allen Völkern ihren Willen aufzwingen will.

Über diese Bewegungen sagt ihr tibetischer Lehrer:

„Menschen in vielen zivilisierten Ländern werden überwacht, und es wird eine Methode der Stimulierung und Intensivierung angewandt, die den Großen selbst eine Fülle von Informationen zur Kenntnis bringen wird, die ihnen als Leitfaden für ihre künftigen Bemühungen um die Rasse dienen können. Besonders wird mit Menschen in Amerika, Australien, Indien, Russland, Schottland und Griechenland verfahren. Einige wenige in Belgien, Schweden und Österreich stehen ebenfalls unter Beobachtung ... Schulen wurden bereits gegründet ... wenn sie fest verankert sind, wenn sie reibungslos und mit öffentlicher Anerkennung arbeiten, und wenn die Welt der Menschen durch sie und ihre *subjektive* (astrale) Betonung etwas gefärbt wird, wenn sie Gelehrte, Arbeiter, Politiker, Wissenschaftler und Erziehungsleiter ausschließen, die ihrer Umgebung ihren Stempel aufdrücken, dann wird vielleicht ... die wahre okkulte Schule kommen.

... Diese subjektive Realität, die allgemein anerkannt wird, wird daher die Gründung einer Kette innerer Schulen erlauben ... die öffentlich anerkannt werden (es wird immer einen geheimen Teil geben) ... H.P.B. [Frau Blavatsky] legte den Grundstein der ersten Schule ... den Schlussstein ... Wenn alles, was möglich ist, getan wird, wenn der Große Herr mit Seinen Meistern kommt, wird das Werk einen noch größeren Auftrieb erhalten ... und eine Macht in der Welt werden." -

Und die ganze Idee dieses vorläufigen Plans besteht darin, die Körper der Menschen durch den so genannten 'Gott im Innern' zu kontrollieren und sie durch die Meister mit dieser zentralen Kontrolle in Shamballa zu verbinden. Die Himalaya-Bruderschaft [des Lichts] ist der Hauptkanal der Bemühungen, der Kraft und des Lichts ... und ist die einzige Schule, ohne Ausnahme, die die Arbeit und das Ergebnis der wahren okkulten Studenten im Westen kontrollieren sollte. Sie duldet keinen Rivalen.' Die okkulten Schulen werden dort angesiedelt sein, wo ein gewisser alter Mysterienmagnetismus verweilt.

Die nationalen Unterabteilungen werden sein: *Ägypten:* in Griechenland und Syrien die vorbereitenden Schulen und in Ägypten, viel später, die fortgeschrittene Schule, die tief okkult ist. *Vereinigte Staaten:* die vorbereitende Schule im südlichen Mittleren Westen und eine umfangreiche fortgeschrittene okkulte Schule in Kalifornien. *Lateinische Länder:* Südfrankreich: die vorbereitende Schule und in Italien eine weiterführende Schule. *Großbritannien:* die vorbereitende Schule in einem der magnetisierten Orte in Schottland oder Wales, und später, nachdem Irland seine inneren Probleme bereinigt hat, wird die fortgeschrittene Schule in einem seiner magnetisierten Orte sein, und zwar unter *Maitreya.* In *Schweden:* eine Vorbereitungsschule für nordische und deutsche Rassen. *Russland* könnte später der Sitz einer weiterführenden Schule sein. *Neuseeland: eine vorbereitende* Schule und später eine weiterführende Schule in Australien. *Japan:* eine vorbereitende Schule und ein höchst esoterischer Zweig in Westchina unter *Manu.* Derzeit keine in Südafrika und Südamerika. Vorbereitende Schulen sind im Begriff, gegründet zu werden , die fortgeschritteneren werden dem Kommen des Großen Herrn (1980) vorausgehen. Ein Anfang wird mit den Mitgliedern der verschiedenen okkulten Schulen gemacht werden, wie der esoterischen Sektion der Theosophischen Gesellschaft usw.; die Arbeit in Großbritannien, Amerika und Australien ist bereits im Gange. Die Arbeit in Großbritannien, Amerika und Australien hat bereits begonnen. Dieser Teil des Plans wurde zur Veröffentlichung freigegeben, um euch alle anzuspornen, mit größerer Anstrengung zu studieren und zu arbeiten. Wofür? für die Sklaverei unter diesen Meistern!

Die vorbereitenden Schulen sollten in der Nähe eines großen Zentrums oder einer Stadt liegen, vorzugsweise in der Nähe des Meeres oder einer Wasserfläche - Wasser ist ein Leiter der Kraft. Der Kontakt mit vielen und unterschiedlichen Menschen ist erforderlich, ebenso wie die geistige Schulung von außen. Die fortgeschrittenen Schulen sollten weit weg von den Menschen in isolierten Festungen in Bergregionen sein; dort müssen sie mit den Meistern und dem Zentrum in Shamballa in Verbindung stehen. Der vorbereitende Stab besteht aus dem Oberhaupt, einem akzeptierten Schüler, dem Brennpunkt, durch den die

Kräfte des Meisters fließen. Sechs Ausbilder, von denen mindestens einer hellsichtig ist, werden sich gegenseitig ergänzen, eine Miniaturausgabe der Hierarchie des Lichts. Dazu kommen drei Frauen, intuitive und gute Lehrerinnen. Unter ihnen werden andere sein, die sich um die emotionale, physische und mentale Ausrüstung der Schüler kümmern. Das Personal der fortgeschrittenen Schule wird aus einem eingeweihten Leiter bestehen, der unter dem Meister alleiniger Richter und Alleinherrscher sein wird. Ihm unterstehen zwei weitere Lehrer, anerkannte Schüler. Ihre Arbeit wird überwachend sein, denn alle Okkultisten sind „esoterische Autodidakten", d.h. sie werden von einem Meister angeleitet. Es wird viel Wert auf die so genannte Reinigung gelegt, physisch, emotional und mental, denn wenn der Körper nicht gereinigt und das Gehirn nicht beruhigt ist, würden die erschütternden Kräfte, die von den Meistern in ihren Experimenten übertragen werden, schwere physische und mentale Krankheiten verursachen, sogar solche, die immer im Gefolge dieser okkulten Schulen auftreten. Diese Läuterung wird durch Diäten und die Verwendung von farbigen Lichtern und Tönen durch die Meister erreicht, die erschütternd, beruhigend, anregend und anziehend wirken, bis die Einweihung oder hypnotische Kontrolle durch die Zentralmacht erreicht ist, denn „das große Gesetz der Anziehung zieht dich zu Ihm, und nichts kann dem Gesetz widerstehen" - die zwingende Kraft! Die Kontrolle ist so vollständig, dass das Werkzeug „sich nicht darum kümmert, ob es Freunde, Verwandte, Kinder, Popularität usw. verliert; es kümmert ihn nicht, wenn er im Dunkeln zu arbeiten scheint und sich des geringen Ergebnisses seiner Arbeit bewusst ist." Sein „persönliches Selbst" wird geopfert!

Wenn diese sogenannten Mysterien wiederhergestellt werden, werden ihre Hüter „die *Kirche und die Freimaurer"* sein! Das wurde zuerst 1922 geschrieben.

1934 schrieb Mrs. Bailey eine Broschüre mit dem Titel „*The Next Three Years"* *(Die nächsten drei Jahre), in der* sie behauptete, es handele sich um den Weltplan für die Erhebung der Menschheit durch die Verwirklichung der Göttlichkeit des Menschen unter der Führung einiger sogenannter „Älterer Brüder oder Übermenschen". Mrs. Bailey sagt: „Aus dem Wirrwarr von

Ideen, Theorien, Spekulationen, Religionen, Kirchen, Kulten, Sekten und Organisationen lassen sich zwei Hauptlinien des Denkens erkennen." Dies seien die „reaktionären Dogmatiker", die sich einem Propheten, einer Bibel oder einer Kirche beugen und schließlich zum Aussterben verurteilt sind. Die andere, die „subjektive Gruppe von intellektuellen Mystikern", die sich als Mitglieder der Universalkirche betrachten und dazu bestimmt sind, zu wachsen und stärker zu werden, bis sie die neue subjektive Religion bilden. Letztere sind offensichtlich nicht frei, da sie sich der Autorität dieser unbekannten Hierarchie der Älteren Brüder beugen, die die Welt durch die „Vereinigung der Anstrengungen in allen Bereichen des menschlichen Unternehmens, religiös, wissenschaftlich und wirtschaftlich", ordnen und beherrschen wollen.

Heute, schreibt sie, haben wir also

> „ein Bruch mit der alten Tradition, eine Auflehnung gegen die Autorität, eine Tendenz zur Selbstbestimmung und ein Umstürzen der alten Normen, der alten Schranken, des Denkens und der bisherigen Trennungen zwischen Rassen und Religionen. Wir befinden uns also in einem Zwischenstadium des Chaos und der Infragestellung, der Rebellion und der daraus resultierenden Freiheit."

Oder wie Lady Emily Lutyens, eine Anhängerin von Mrs. Besant, im *Herald of the Star vom* März 1927 schrieb:

> „Wir sind Zeugen der Geburt eines neuen Weltbewusstseins, einer Weltzivilisation... Alte Traditionen werden abgebrochen, alte Bräuche zerstört, alte Wahrzeichen weggefegt... Es muss Anarchie geben, bevor es Schöpfung geben kann."

So ebnen sie den Weg für das Neue Zeitalter, die neue Zivilisation, die neue Wissenschaft und die neue Religion des so genannten Illuminismus und der Intuition.

erklärt Frau Bailey:

> „Der Plan, wie er gegenwärtig wahrgenommen wird und für den die Weltwisser (unter den Älteren Brüdern) arbeiten, könnte wie folgt definiert werden: Es ist die Erzeugung einer subjektiven Synthese in der Menschheit und eines telepathischen Zusammenspiels, das schließlich die Zeit auslöschen wird ... es wird die Menschen allgegenwärtig ... und allwissend machen."

Das ist Illuminismus! Die Zeit, sagt sie, in der diese Älteren Brüder ihren Plan vollenden müssen, ist durch das Gesetz der Zyklen begrenzt, „wenn Kräfte, Einflüsse und Energien vorübergehend am Werk sind und die Weltenwisser sich diese zunutze zu machen suchen." Es ist das, was sie das Wassermannzeitalter nennen! „das astronomisch 2.500 Jahre dauern wird und das, wenn es richtig genutzt wird, die bewusste und intelligente Vereinigung der Menschheit herbeiführen und so die Manifestation dessen bewirken kann, was man „wissenschaftliche Brüderlichkeit" nennen könnte." Ihr Ziel ist es daher, den Familien-, National- und Rassenstolz zu brechen.

Jahrhundert seien sieben Gruppen gebildet worden, um eine synthetische Einheit zu schaffen: kulturelle, politische, religiöse, wissenschaftliche und später auch philosophische, psychologische und finanzielle. Diese sollten im Rahmen des hierarchischen Programms bestimmte vorbereitende Bedingungen schaffen. Die Philosophen, einschließlich der altasiatischen Philosophen, prägen das Denken, die Psychologen sprechen über die Triebe und Eigenschaften des Menschen und den Sinn seines Daseins. Die Finanziers kontrollieren und ordnen die Mittel, durch die der Mensch existiert, und „errichten eine Diktatur über alle Formen des Verkehrs, des Handels und des Austauschs... Ihr Werk ist mit Sicherheit geplant und gelenkt. Sie bewirken auf der Erde Auswirkungen, die sehr weitreichend sind." Alle diese Gruppen, sagt sie, arbeiten mit der Hierarchie zusammen und bauen für die Nachwelt. Diese Weltarbeiter

„sind notwendigerweise kultiviert und sehr belesen ... sie betrachten ihr Land und ihre politische Zugehörigkeit nicht als vorrangig. Sie sind in der Lage, langsam und stetig die öffentliche Meinung zu organisieren, die den Menschen schließlich von religiösem Sektierertum, nationaler Ausschließlichkeit und rassischer Voreingenommenheit befreien wird."

1934 bis 1936 sollen Testjahre sein. In der Politik, die Entwicklung eines internationalen Bewusstseins, die wirtschaftliche Synthese zwischen den Nationen.

„Die materiellen Belastungen, die Zerschlagung der alten politischen Parteien, der Umsturz der Handelsbeziehungen ... zeigen die Notwendigkeit, einen Geist der internationalen Abhängigkeit und der gegenseitigen Beziehungen zu schaffen, damit die Nationen politisch gezwungen werden zu erkennen, dass Isolation, Absonderung und die Pflege des nationalen Egoismus verschwinden müssen."

So entsteht die Bruderschaft der Nationen - ein *Weltföderationsstaat!* Des Weiteren fasst sie die folgenden Diktaturen zusammen: Die sowjetische *Diktatur des Proletariats*, „... hinter all den Fehlern und der Grausamkeit, hinter dem groben Materialismus liegen große Ideale [jüdisch!]"; die *Diktatur der rassischen Überlegenheit* in Deutschland; die *Diktatur des organisierten Geschäfts* in Amerika; die *Diktatur des Empire* in Großbritannien; Italien, die Türkei, usw., und alle diese nationalen Bewegungen, so Frau Bailey, stehen in Wirklichkeit unter dem treibenden Impuls der Ideen, die von der geheimen Hierarchie in die Köpfe der Menschen geworfen werden, aber aufgrund von Unwissenheit werden sie „verzerrt, selbstsüchtig angewandt und separat genutzt."

Außerdem wird der Weltglaube ab 1945 Gestalt annehmen, und sie erklärt: „*Die drei Worte Elektrizität, Licht und Leben drücken Göttlichkeit aus, und ihre Synthese ist Gott.*" Dies ist lediglich die Lebenskraft und ist reiner Pantheismus und Illuminismus. Wiederum sagt sie, die Wissenschaftler hätten sich zum Ziel gesetzt, das Bewusstsein des Menschen zu erweitern, seine verborgenen Sinne zu entfalten und seinen Horizont so zu erweitern, dass eine Synthese von Greifbarem und Ungreifbarem in Bildung, Wissenschaft und Psychologie stattfinde. Schließlich werden wir für die nächsten drei Jahre aufgefordert, Antagonismen, Antipathien, Hass und Rassenunterschiede fallen zu lassen und in Begriffen wie „eine Familie, ein Leben, meine Menschheit" zu denken. Ziel und Zweck ist die Vereinheitlichung und geistige Kontrolle durch die so genannte „Hierarchie der Übermenschen". Wer sind sie? Was ist mit den Träumen und Aktivitäten *der Alliance-israélite-universelle!* Ein solcher monströser Roboter zeichnet sich schon jetzt ab, aber der Traum ist zu phantastisch und zu fanatisch, um bei den westlichen Völkern Erfolg zu haben.

Theosophen sind nicht die einzigen, die von diesen mysteriösen „Älteren Brüdern" der Großen Weißen Loge beherrscht werden.

Im Gewölbe des neuseeländischen Tempels wurde am 10. Juli 1919 vom verstorbenen Oberhaupt, Dr. Felkin, eine Botschaft empfangen, die angeblich von „Christian Rosenkreutz", dem mythischen Oberhaupt der Rosenkreuzer, stammte, als Antwort auf ernste Zweifel, die einer der Ruling Chiefs des Londoner R.R. et A.C. über diese geheimnisvollen Brüder geäußert hatte:

„Die Brüder sind in der Tat die Älteren Brüder und die Boten des Herrn [des Lichts], aber sie sind weder unfehlbar noch gehören sie zur Gesellschaft der Götter. Sie sind in der Tat hochentwickelte Menschen, die darauf warten, dass die Fackel [des Illuminismus] in ihrer Mitte angezündet wird, aber sie gehören nicht zu denen, die ihr als Meister kennt, und es liegt nicht in ihrer Macht, die Fackel zu entzünden, noch zu sagen, an welchem Tag oder zu welcher Stunde die Flamme des Pfingstfestes [des Illuminismus] herabkommen wird."

Wir haben bereits den geheimen Weltplan dieser „Älteren Brüder" skizziert, wie er von Mrs. Bailey, einer ihrer treuesten Dienerinnen und Jüngerinnen, dargestellt wurde. Vor einiger Zeit erhielten wir ein Buch, das 1930 in Kanada veröffentlicht wurde und angeblich „Unsignierte Briefe eines Älteren Bruders" enthält, die von Januar bis Dezember 1929 an eine Gruppe, die unter ihm arbeitete, geschrieben wurden. Im Vorwort sagt er:

„Die ganze Erde steht an der Schwelle dessen, was ihr droht. Dieses Jahr 1930 und die unmittelbar darauf folgenden Jahre werden die Auflösung fast aller Dinge erleben, auf die sich Menschen und Nationen verlassen. Zuerst der Umsturz - dann das Schweigen - dann die *Wiederherstellung*. Denkt über diese Dinge nach."

In diesem Buch wird ein gewisses Licht auf diese Brüder geworfen, auf ihre Pläne und Methoden, unvorsichtige und vertrauensvolle Männer und Frauen in ihr finsteres und tödliches Netz des Illuminismus zu ziehen.

„Jeder Älteste Bruder ist ein ranghohes Mitglied der einen oder anderen der Zwölf Hierarchien [der Großen Weißen Loge und der zwölf Tierkreiszeichen]... Er hat kein Leben außerhalb von ihnen." Er kann „den Status der Jüngerschaft weder zulassen noch ablehnen".

Er schult die Studenten darin, das neue Wissen durch direkten Kontakt zu empfangen und Instrumente zur Orientierung der Menschheit zu schaffen.

Dieses Wissen, sagen die Älteren Brüder, ist auf die *Illuminaten* und Eingeweihten beschränkt, die nur wenige sind. Die bestehende Ordnung soll umgestürzt und zerstört werden, sie bereiten den Weg für die Wiederherstellung der Mysterien und des ihnen zugrunde liegenden Wissens, *indem sie die Gedankenströme der Welt verändern.* Die Tempelritter versammeln sich wieder", sagen sie, und „durch ihre Bemühungen werden die Reihen der Freimaurerei und anderer ähnlicher Orden eine große Renaissance erleben". Niemand darf in die Jüngerschaft eintreten und gleichzeitig einem okkulten Orden oder Lehrer die Treue halten, aber eine bestehende Mitgliedschaft in der Freimaurerei, in ko-freimaurerischen Bewegungen, Oddfellows oder ähnlichen brüderlichen Organisationen wird nicht ausgeschlossen. Unser Verbot gilt nur in den Fällen, in denen die religiöse oder spirituelle Lehre erklärtermaßen der Hauptzweck oder das Hauptwerk ist.

Die einzige moderne Autorität in Bezug auf die „Meister", die „wir voll und ganz unterstützen, ist H. P. Blavatsky". Diejenigen, die genannt worden sind

„sind Mitglieder einer auserwählten und mächtigen Gruppe... Wir müssen zuerst die verstreuten Mitglieder unseres Großen Ordens verbinden, zusammenführen... Später werden wir sie verbinden; durch ihre Bemühungen werden wir viele Bewegungen vereinigen und ihnen neues Wissen, Ziel und Richtung geben... Wir warten ganz klar darauf, dass sich der Sturm bricht, der den Boden für unsere eigenen Bemühungen frei machen wird... Vom Zentrum aus werden schließlich Licht, Wissen, Führung und schließlich die Herrschaft ausgehen... Diejenigen, die das Wissen haben und im Besitz des Plans sind, werden die Zügel in die Hand nehmen. An jenem Tag werden wir *die Standarte des Löwen und der Sonne aufstellen.*"

Wie Dr. Ranking sagte: „Während des Mittelalters war die Hauptstütze der gnostischen Körperschaften und der Hauptverwahrer dieses Wissens die Gesellschaft der Tempelritter." Und wir wissen bereits, was ihre Aufzeichnungen waren.

Das neue Wissen soll durch direkten Kontakt mit der Bruderschaft erlangt werden, wobei das Mittel der Liebe - Anziehung und Abstoßung - verwendet wird. Die sexuelle Kraft und Leidenschaft oder Liebe ist nicht nur ein Mittel, um Leben in dieser Welt zu schaffen, sie erzeugt auch Kräfte auf der psychischen Ebene, sie ist „ein magnetisches und kosmisches Phänomen", das das negative Instrument, den Schüler, und den ihn benutzenden, positiv leitenden Bruder anzieht und bindet. Es bedeutet eine Verschmelzung des dualen Bewusstseins, mental und emotional.

„Meistens arbeiten die Brüder auf den ätherischen und mentalen Ebenen des Bewusstseins: sie tragen keine physischen Körper, sie wirken indirekt durch den einen oder anderen ihrer eingestimmten Schüler, indem sie ihm klarere Ideen, Intuitionen und einen allgemeinen Wissensfundus geben, der weit über das hinausgeht, was er selbst besitzt."

Auf diese Weise werden viele Bücher geschrieben. Nicht alle Kanäle sind klar, und klare, persönliche Ideen schleichen sich ein.

„Wenn es irgendeine Hartnäckigkeit oder persönlichen Stolz oder Widerspenstigkeit gibt, dann wird dieser Schüler verworfen, das informierende Bewusstsein wird zurückgezogen, und ein anderer Kanal wird benutzt." Wenn der Bruder in einem physischen Körper arbeiten soll, wählt er die Abstammung und die Umgebung aus, und im Falle eines Misserfolgs werden zwei Körper vorbereitet, die etwa zur gleichen Zeit geboren wurden. „Er nimmt einen solchen Körper, damit der Geist und der Wille der Gruppe als Ganzes durch diese Persönlichkeit ausgedrückt werden kann." Wenn ein Körper versagt, wird er wie ein Schiff ohne Ruder in die Irre geführt! Durch diese teuflische Prostitution der Kräfte der Natur versuchen diese fanatischen Übermenschen, die Menschheit zu beherrschen und zu kontrollieren!

Anfang 1935 war Mrs. Bailey in diesem Land unterwegs, um für den geheimen Weltplan dieser Übermenschen zu werben, wie er in *The Next Three Years* dargelegt ist. Sie verteilte 25.000 Exemplare mit dem Ziel, „die öffentliche Meinung zu erziehen", und dem Versuch, eine definierte aktive Gruppe zu bilden, die

„eine notleidende Welt retten und der Menschheit Licht und Verständnis bringen kann". Ihr Ziel ist es, „den Menschen schließlich von religiösem Sektierertum, nationaler Ausschließlichkeit und rassischer Voreingenommenheit zu befreien", um einen Weltföderationsstaat und eine erleuchtete Weltreligion vorzubereiten! Um diese Idee voranzutreiben, wurde die Broschüre ins Französische, Deutsche, Italienische, Spanische und Rumänische übersetzt, aber es fehlten die Mittel für den Druck dieses Versuchs, Europa mit diesem amerikanischen Virus des verderblichen Illuminismus zu impfen, als ob Europa in der Vergangenheit und Gegenwart nicht schon genug unter dieser schrecklichen Geißel gelitten hätte, die so oft in einer verrückten, politischen, sozialen und pseudoreligiösen Besessenheit endet!

SILBERE SHIRTS

In den „Silberhemden" von Amerika haben wir ein Beispiel für die politischen Pläne dieser „Älteren Brüder", die eingeweiht und aufgebaut werden. Laut ihrer Zeitschrift *„Liberation", der* wir unsere Informationen entnommen haben, behaupten die Silberhemden von Amerika, eine protestantische, christliche Organisation mit einem konstruktiven Plan zu sein, um „die Vereinigten Staaten in eine wahre Demokratie zu verwandeln, die dem Diktat eines souveränen Volkes gehorcht". Eine Massenbewegung von Einheiten, „eine Christus-Demokratie, unter der die gesamte Nation in eine große Aktiengesellschaft mit ihren stimmberechtigten Bürgern, den gewöhnlichen Aktionären, verwandelt wurde.

Um dieses Projekt zu verwirklichen, wurde von William Dudley Pelley in Ashville, N.C., eine „Liga der Befreiung" gegründet, die sich auf Prophezeiungen und Inspirationen stützt, die er hellhörig über das „Hellseherei-Radio" von so genannten „Großen Seelen" aus den höheren Bereichen des Lebens erhielt, die erklärten, dass die sowjetische Herrschaft nur „ein Rädchen in ihrem Plan" sei, wie auch der Hitlerismus, und sie sprechen von „dem vorübergehenden Umsturz des Judentums". Der Führer ist ein unsichtbarer „Friedensfürst"! Unter der Schirmherrschaft dieser Liga gründete er das Galahad College in

Ashville, wo die folgenden Fächer für maximal 250 Studenten pro Jahr unterrichtet werden: *Ethische Geschichte* - von der Schöpfung über , die Zivilisationen und die Kultur von Lemuria, Maya, Atlantis, Ägypten bis hin zur jüdischen Dispersion und dem Heiligen Römischen Reich als Hintergrund für die heutige Zeit. *Public Stewardship* - „ein packender Kampf der Lichtkräfte gegen die dunklen Kohorten". *Spirituelle Eugenik* - Erläuterung der übersinnlichen Skripte von William Pelley und Schulung von Studenten, wie sie ähnliche Kommunikationen empfangen können. *Soziale Metapsychik* - Schulung *des Schülers*, die hellen und dunklen Faktoren in den „Großen Besessenheiten" der Geschichte zu erkennen und ähnliche Faktoren in den subversiven Bewegungen der Gegenwart zu erkennen und damit umzugehen. *Christliche Philosophie* - Neue Ökonomie, Banken und Geldausgabe als staatliche Aufgabe, öffentliche Versorgungseinrichtungen im Besitz der Allgemeinheit. *Pädagogische Therapie* - angewandte suggestive Therapie, Beseitigung von Armen und Kriminellen. *Kosmische Mathematik* - Verständnis der Gesetze der Schwingungen, individuell und in Gruppen. Hier haben wir offensichtlich ein super-amerikanisiertes College für die Ausbildung von Hellsehern!

William Pelley befürwortet die Entwicklung der übersinnlichen Sinne - Super-Sehen, Hellsehen; Super-Hören, Hellhören. Er erkannte diese Kräfte erstmals im Mai 1928 an sich selbst und sagt: „Ich habe meinen sterblichen Körper am helllichten Tag verlassen und bin 3.000 Meilen weit gereist und gesehen worden..." Er sagt weiter, dass er Nacht für Nacht auf die „Stimme unsichtbarer, aber lebendiger Lehrer" gehört hat, deren Lehren er einem Stenographen gegenüber wiederholte; ihr Lebensplan bietet eine völlige Veränderung des Denkens über Gott und das Leben nach dem Tod, sie glauben an das Durchlaufen von, sagen wir, 200 Körpern in 50.000 Jahren! Aus den höheren Bereichen des Lebens wurden in klaren, kompromisslosen Worten die folgenden Methoden gegeben, die notwendig sind, um diese latenten Sinne zu wecken:

„In dem Prozess, der Intimität genannt wird, gibt es einen Moment, in dem das dritte Auge des Geistes (Zirbeldrüse) geweckt oder geöffnet wird und ein enormer Ansturm von Selbstkraft buchstäblich in die Aura des anderen projiziert wird. Dieser Moment ist kostbar in den okkulten Phänomenen und kann ständig von Männern und Frauen erreicht werden, die sich auf die Verlockungen der Liebe einstimmen, ohne die devitalisierenden Auswirkungen der Leidenschaft."

Das heißt, die ungenutzten Sexualkräfte zu erwecken und zu pervertieren, um die erforderlichen psychischen Bedingungen zu schaffen.

Und die Lehrerin fährt fort:

„Für Personen mit rechtmäßigen Errungenschaften, die aufrichtig danach streben, sich in den verborgenen höheren Wahrheiten zu vervollkommnen, kommt eine Zeit, in der die Ausübung bestimmter Riten schlummernde Sinne erweckt und sie über das Bekannte hinaus und ins Unbekannte sehen.

... Eine der Fähigkeiten ... *sollte darin bestehen, den physikalischen Mechanismus nach Belieben ein- und auszuschalten,* um das perfekte Instrument zu sein."

Obwohl sie nominell geschützt sind, kann dies durchaus dazu führen, dass ein besessener Lehrer oder Mentor den freigewordenen Körper in Besitz nimmt, sozusagen! Als Anreiz wird ihnen gesagt, dass sie mit erweckten Sinnen „Männern und Frauen durch die Macht der Gedanken befehlen könnten, alles zu tun, was sie wollen. Sie könnten sogar heilen und Tote auferwecken...". Ungeheuer gefährliche Kräfte in den Händen böser Menschen, ob Meister oder Schüler!

Was ihr protestantisches Christentum betrifft, so könnte man es mit den frühen Gnostikern oder sogar den kabbalistischen Juden vergleichen, wie sie heute in vielen illuminierten Sekten zum Ausdruck kommen. Wie der Mentor von William Pelley sagt:

„Wir [als Christen] erfinden sozusagen die Christos-Idee, wir erkennen im Christus das schöpferische Prinzip, das in einer besonderen Ordnung des Avatar-Geistes abgesondert ist ... und eine bestimmte Mission für sich selbst und für die Menschenrasse erfüllt, die ebenfalls „Teil" seiner selbst ist ... Christus Jesus, der *Mensch,* und Christos-Lord, der heilige engelhafte Avatar-Geist, der auf die Erde gekommen ist, um das Gute [Licht] zu verkörpern, sind ebenso verschieden und getrennt".

als Erwachsener und Schulkind. Sie erklären weiter, dass das alte „Du" in jedem Menschen der Gottesgeist, der Gottesstoff, der Christos Magic Man, der individualisierte Logos, das fleischgewordene individuelle Wort ist. Dies ist einfach das schöpferische Prinzip in jedem, positiv und negativ, das gnostische Gut und Böse, Licht und Materie.

Auch hier gibt es ein Echo auf das manichäische „Phantom" Christus: „Die Juden als Volk haben Christus nicht gekreuzigt." Er wurde von bestimmten „abschreckenden und bösartigen Psychen" gekreuzigt, die sich in jüdischen Körpern inkarnierten, „um den Logos des Lichts zurückzuschlagen, den sie als in Jesus, dem Menschen, in Flammen aufgegangen erkannten... Es war Jesus, die *Avatar-Psyche* [erleuchtende Kraft], die sie auf böse Weise aus dem Weg räumen wollten."

William Pelley macht sich die Lehre der Großen Pyramide von Dr. Davidson zu eigen und erklärt, sie enthalte eine göttliche Offenbarung und sei der Schlüssel zu allen täglichen Ereignissen, und fragt:

„Wie kam es, dass zur Zeit der amerikanischen Revolution, als so gut wie nichts über die mathematische Interpretation des großen Monuments bekannt war, seine Symbolik in konkreter Genauigkeit auf dem Großen Siegel der Vereinigten Staaten verwendet wurde, was darauf hinweist, dass es die Aufgabe Amerikas war, die Herrschaft Christi auf Erden wiederherzustellen?"

Nun schrieb Charles Sotheran, New York, Freimaurer vieler Grade, Eingeweihter des Rosenkreuzes und anderer Geheimgesellschaften, am 11. Januar 1877 an Frau Blavatsky: „Im letzten Jahrhundert wurden die Vereinigten Staaten von der Tyrannei des Mutterlandes durch das Wirken von Geheimgesellschaften befreit, mehr als man sich gemeinhin vorstellt." War das Siegel der Vereinigten Staaten nicht die Inspiration dieser Geheimbünde?

Es ist merkwürdig, dass dasselbe Siegel mit der Freiheitsstatue als Symbole der „Neuen Ordnung der Zeitalter", der Rosenkreuzer und des Illuminismus, verwendet wird, deren Kopf Dr. Swinburne Clymer ist, offenbar unter der Leitung des mysteriösen Internationalen Geheimen Rates der Neun, der angeblich rosenkreuzerisch ist und sein Zentrum in Frankreich hat. Dr. Randolph, der ursprüngliche Gründer der Gruppe (1864), führt die Rosenkreuzer, eine große geheime Bruderschaft, auf die Sabäer zurück und bezeichnet sie als Begründer der „semitischen Zivilisation". William Pelley wettert vor allem gegen den Juden der internationalen Finanzwelt, aber verweist die übersinnliche Lehre seines Mentors vom Christos-Logos des Lichts nicht auf den sabäischen Urkult der Sterne und der Schlange, aus dem die „semitische Zivilisation" hervorgegangen ist? Er weiß nichts über seine psychischen Mentoren, außer dem, was sie ihm vermitteln wollen; könnte ihr Ziel nicht die Entchristlichung der Vereinigten Staaten und die Errichtung dieser „semitischen Zivilisation" sein, einer gnostischen sogenannten „Christus Demokratie", die von „unsichtbaren, aber lebendigen Lehrern" regiert und geleitet wird? Wie die *Jüdische Enzyklopädie* hervorhebt, war der Gnostizismus „jüdisch geprägt, lange bevor er christlich wurde".

Es wurde eine Broschüre herausgegeben, die eine allgemeine Vorstellung von der Doktrin dieser vorgeschlagenen „Christus-Demokratie" vermittelt und aus der wir einige Auszüge wiedergeben:

„Wissen Sie, dass es in dieser Nation Männer und Frauen gibt, die in der Lage sind, mit transzendentem Weitblick in die unmittelbare Zukunft zu blicken und eine vollständige Umwandlung unserer gegenwärtigen Institutionen in Richtung auf gesündere Verhältnisse genau zu erkennen? Das bedeutet im Klartext, dass sie sehen können, welche Verbesserungen in unserer politischen und wirtschaftlichen Ordnung aus der gegenwärtigen Zeit der Not und des Aufruhrs erwachsen werden.

„Sie sehen, dass sich diese Verbesserungen zwischen dem 31. Januar 1933 und dem 4. März 1945 herauskristallisieren, beides Daten, die in der Großen Pyramidenprophezeiung groß geschrieben sind. Sie sehen, dass in den Vereinigten Staaten eine echte Demokratie eingeführt wird, unter deren Bedingungen die folgenden Neuerungen durchgeführt werden sollen, ohne dass unsere Regierungsstruktur auch nur im Geringsten verändert wird:

„Eine *Christdemokratie*, in der die gesamte Nation in eine große Aktiengesellschaft verwandelt wurde, deren stimmberechtigte Bürger die gemeinsamen Aktionäre sind.

DIE SPUR DER SCHLANGE

„Eine *Christdemokratie*, in der die Stammaktionäre als eines der Prinzipien der Staatsbürgerschaft automatisch und unwiderruflich eine monatliche Dividende von 83,33 Dollar von der Gesellschaft erhalten, um ihren Lebensunterhalt zu sichern und sie für immer vor dem Hungertod zu bewahren, der mit der Arbeitslosigkeit einhergeht.

„Eine *Christdemokratie*, in der große Summen der dividendenzahlenden Vorzugsaktien des Großkonzerns an die Bürger ausgegeben werden, und zwar in unterschiedlichen Beträgen, von den niedrigsten bis zu den höchsten, um ihnen Anreize für Initiative, Fleiß, Ehrgeiz und Sparsamkeit zu geben - solche Aktien zahlen Dividenden zusätzlich zur Hungerdividende der gewöhnlichen Bürgeraktien, die nicht von räuberischen Gruppen oder Einzelpersonen gekauft, verkauft oder getauscht oder anderweitig manipuliert werden können.

„Eine *Christdemokratie*, in der die jährliche Produktion strikt durch die Konsumfähigkeit der gesamten Bürgerschaft und nicht durch ihre monetäre Kaufkraft geregelt wird.

„Eine *Christdemokratie*, in der Geld in Form von Währung als archaisch verworfen wird und alle Bürger ihre Geschäfte mit einer Art Scheck über eine Bundesbank abwickeln, wobei der Scheck nur einmal verwendet wird genau wie die Eilanweisungen der Gegenwart.

„Eine *Christdemokratie*, in der alle Rechte auf privates und persönliches Eigentum von der Regierung militant bewahrt und geschützt werden.

„Eine *Christus-Demokratie, in der es* keine Steuern für den Bürger mehr gibt, da die Besteuerung so archaisch ist wie die Währung. Eine *Christus-Demokratie, in der es* keine Mieten für die Nutzung von Wohneigentum mehr gibt, wobei Mieten so archaisch und räuberisch sind wie Währungssteuern und Zinsen, sondern durch ein System ersetzt werden, in dem jeder Bewohner, der für das Wohnen in einem Gebäude bezahlt, dieses Eigentum ganz oder teilweise kauft.

„Eine *Christdemokratie*, in der Zwangsvollstreckungen von Immobilien, gleich welcher Art, illegal sind.

„Eine *Christdemokratie*, in der alle Bürgerinnen und Bürger in einen föderalen öffentlichen Dienst eintreten, der auf der Grundlage der Effizienz rekonstruiert wird und in dem die Entlohnung entsprechend der Branche oder den Talenten eines Arbeitnehmers abgestuft ist.

„Eine *Christdemokratie*, in der alle Gesetze, unabhängig von ihrem Charakter, erst dann zum Gesetz werden können, wenn sie von 51 Prozent der Bürger, für die sie gelten, in einer privaten Abstimmung angenommen wurden.

„Eine *Christdemokratie*, in der unehrliche oder inkompetente Beamte durch eine 51-prozentige Abstimmung der Bürger in jedem Bezirk, in dem sie tätig sind, sofort abberufen werden können.

„Eine *Christdemokratie*, in der alle Abstimmungen, ob für oder gegen einen Amtsträger, per Post und nicht über das umständliche und archaische Wahllokal erfolgen.

„Eine *Christdemokratie*, in der alle Stimmen, die für oder gegen eine Person oder eine Maßnahme abgegeben werden, als öffentliches Eigentum aufbewahrt und in vollem Umfang veröffentlicht werden, so dass eine unehrliche Auszählung der Ergebnisse verhindert wird.

„Dies ist weder Sozialismus noch Kommunismus, sondern ein völlig anderes Prinzip der menschlichen Regierung, das 300.000 Jahre lang in Atlantis, über unzählige Generationen in Peru vor der Ankunft der Spanier und 2.500 Jahre lang in China vor dem Sturz der Mandschus Bestand hatte - Einzelheiten darüber werden von den modernen Bildungseinrichtungen, die durch Zuwendungen des gegenwärtigen räuberischen Elements im modernen barbarischen Staat unterstützt werden, rigoros unterdrückt und zensiert."

Das ist der Regierungsplan, den William Pelleys 'Elder Brother' unter einem geheimnisvollen 'Prince of Peace' vorschlägt.

Das folgende ist ein weiteres Beispiel für die Methoden dieser unsichtbaren Drahtzieher, die die Welt durch ausgebildete und psychisch entwickelte Männer und Frauen regieren wollen. Daran scheint die Psychical Research of America beteiligt zu sein.

Ein Freund in Amerika schickte uns ein kleines Buch mit dem Titel „*Let us in*", das angeblich Mitteilungen des 1910 verstorbenen Professors William James aus dem Jahr 1931 enthält. Jemand, der jahrelang in seiner Nähe gelebt hat, sagt jedoch, dass dieses Buch weder den lebenden noch den toten James repräsentiert! Nach dem Inhalt zu urteilen, kann man daraus schließen, dass sich hinter diesem Namen in Wirklichkeit einer dieser geheimnisvollen Meisterdenker verbirgt. In diesem Fall wurde eine Gruppe von zwei Männern und einer Frau (die Empfängerin) als Medium eingesetzt. Einer von ihnen war Bligh Bond, der damalige Herausgeber von *Psychic Research* für die American Society of Psychical Research, der den Spiritisten und Illuminés in diesem Land durch seine Glastonbury-Bücher *The Gate of Remembrance* und *The Hill of Vision* gut bekannt ist. In einer Notiz zu diesem Buch schreibt er: „Ihre unsichtbare Kontrolle (William James und seine Gruppe) über die Politik der *psychischen Forschung* hat sich mir im Laufe meiner täglichen Arbeit hier immer wieder eingeprägt." Einige Auszüge aus „*Let us in"* geben einen Eindruck von diesem geheimen Kommunikator und seinen Zielen, die er mit dieser Gruppe verfolgt, indem er Lehren erteilt, die, wenn sie veröffentlicht werden, die psychisch interessierte Öffentlichkeit orientieren und andere in sein Netz ziehen.

Ihr Gott ist der Gott der Freimaurerei, der Jahwe der Juden: „Das innere Geheimnis der Evolution besteht darin, dass Gott, das *Lebensprinzip*, aus dem Inneren seiner Schöpfung jeden Teil derselben entwickelt..." Von den manichäischen dualen Kräften, Licht und Dunkelheit, Gut und Böse, heißt es:

> „Es ist von größter Wichtigkeit, dass die Menschen auf der Erde sich der Existenz dieser beiden Lager voll bewusst werden und die Hilfe der [luziferischen] Lichtträger in Anspruch nehmen, deren Waffen die Liebe und das Leben sind ... Die Kräfte der Unwissenheit haben sich ebenfalls reinkarniert, und es ist dieser Krieg zwischen Finsternis und Licht, der jetzt vor uns liegt ... Die Substanz, die wir Liebe nennen, ist beständiger als Stahl ... Es gibt Gesetze, die mit ihrem Gebrauch verbunden sind."

Es ist die magnetische Flüssigkeit der Rosenkreuzer! „Es ist der Urstoff des Universums. Es ist Gott selbst, die Ultimate (Lebenskraft). Es wird durch Gedanken und Willen manipuliert."

Zur geistigen Heilung:

> „Durch Ihren Glauben an die Existenz dieser großen Ursubstanz sind Sie fähig und frei, sie einzusetzen. Ihr gesprochenes Wort oder Ihr klar formulierter Gedanke ist sozusagen der Draht, über den Sie die Kraft zu dem Bedürftigen leiten... Dann rufen Sie uns an!" Diese

magnetische Heilung bedeutet also, den Patienten mit diesen Meister-Geistwesen zu verbinden! Und das soll dazu dienen, sogenannte „eindringende Wesenheiten" zu entfernen, aber diese Kommunikatoren müssen selbst unter diesen Begriff fallen, denn sie sagen: „In Wirklichkeit geht es nicht darum, uns hereinzulassen; wir sind schon da, und wir wollen, dass ihr das wisst; wir sind schon da, im Guten wie im Bösen!"

Wieder zu politischen Zwecken:

> „Setzen Sie sich genau da hin, wo Sie sind, und richten Sie die Kraft Ihrer Gedanken direkt auf diesen weit entfernten und vielleicht mächtigen Anführer, indem Sie die Hilfe Ihrer eigenen besonderen psychischen Kräfte (Führer) anrufen, um Ihnen dabei zu helfen, die Gotteskraft über diese Person oder Personengruppe zu bringen!..."

mit ihren Plänen zu kooperieren oder ihnen zu widersprechen, je nachdem, wie es diesen Meistern passt! Damit eröffnet sich wieder ein Angriffspunkt für diese versteckten Manipulatoren! In ähnlicher Weise wurden die Mitglieder der R.R. et A.C. gelehrt, sich auf Russland in den Jahren 1917-18 zu konzentrieren!

Von Russland heißt es:

> „Das russische Problem ist von äußerster Wichtigkeit. Das ganze Universum ist nach dem Prinzip der Brennpunkte aufgebaut ... Russland ist der Ort, an dem im Einvernehmen mit Kräften, die außerhalb eurer gewöhnlichen Kenntnis liegen [!], ein Experiment gestartet wird, das die gesamte Menschheit einbeziehen soll. Dies ist seit Jahrhunderten vorausgesehen worden. *Die Ereignisse, die dazu führten, die Saat, aus der es hervorging, wurde vor Jahrhunderten gesät!"* - Das Judentum erhellen!

Was der Freimaurer de Luchet 1789 über den Illuminismus sagte, gilt auch heute noch:

> „Es gibt eine gewisse Anzahl von Menschen, die den höchsten Grad der Hochstapelei erreicht haben. Sie haben sich das Projekt ausgedacht, über die Meinungen zu herrschen und den menschlichen Geist zu erobern."

Der Korrespondent der *Morning Post* New York berichtete am 13. Mai 1935:

> „Eine redaktionelle Verteidigung eines in London veröffentlichten Berichts von Dr. Harold Cummins über ektoplasmische Fingerabdrücke hat die Amerikanische Gesellschaft für Psychische

Forschung veranlasst, Herrn Frederick A. Bond, den Herausgeber ihrer Zeitschrift, zu entlassen...

„Nach seiner Entlassung erhob Mr. Bond den Vorwurf, dass die Politik der Treuhänder von einer Gruppe bestimmt wurde, die „mehr oder weniger dazu verpflichtet war, ein bestimmtes Interesse zu unterstützen, nämlich die Medialität von Mrs. Crandon [„Margery"] und die Befürwortung ihres übernormalen Charakters." Dies ist das zweite Mal, dass sich amerikanische Psychokreise über „Margery" gespalten haben.

So viel zum Wert der von der Psychical Research Society durchgeführten Untersuchungen; sie driften so oft in nichts anderes ab als in spiritistische Séancen und Spielereien mit mediumistischen Phänomenen.

KAPITEL XIII

GEHEIME GESELLSCHAFTEN IN AMERIKA, TIBET UND CHINA

Der *A.M.O.R.C. - der Alte Mystische Orden vom Rosenkreuz* oder *Antiquae Arcanae Ordinis Rosae Rubeae et Aureae Crucis* - dessen Oberste Großloge sich heute in San José, Kalifornien, befindet, wurde von Dr. H. Spencer Lewis gegründet, der früher viele Jahre lang Präsident des New Yorker Instituts für psychische Forschung war. Es heißt, dass er 1909 nach Frankreich ging, wo der Oberste Rat der Rosenkreuzer Europas seinen Plänen zustimmte und die französische Jurisdiktion ermächtigte, sie zu unterstützen. Nach seiner Rückkehr nach Amerika wurde im April 1915 in New York City der Oberste Rat der Rosenkreuzer gegründet, und 1916 fand in Pittsburgh, Pennsylvania, ein nationaler Kongress statt, bei dem eine Satzung angenommen und der Orden gegründet wurde, der jetzt auf der Grundlage einer vom Internationalen Rat in Europa erhaltenen Charta arbeitet.

Sie behaupten, dass es „in den Vereinigten Staaten usw. in jeder wichtigen Stadt College-, Universitäts- und Logenzweige sowie Studiengruppen gibt" und dass die ausländische Jurisdiktion Großlogen „in England, Dänemark, Holland, Frankreich, Deutschland, Österreich, Russland, China, Japan, Ostindien, Australien, der Schweiz und Indien" umfasst. Das Kollegium des Ordens im Orient befindet sich in Indien. Sie haben auch ein Zentrum in London und offenbar einen Hauptsitz in Bristol. Ihre Zeitschrift heißt *The Rosicrucian Digest*.

Sie sagen, sie seien „in keiner Weise mit einer anderen Gesellschaft oder mit einem Kult oder einer Bewegung verbunden", aber es ist merkwürdig, die Ähnlichkeit des Namens mit dem des Inneren Ordens der Stella Matutina - Ordinis Rosae Rubeae et Aureae Crucis - zu bemerken, der auch ein Zentrum in Bristol hat! Darüber hinaus hat René Guénon mehrere Theosophen zu seinen Anhängern gezählt, und Mrs. Ella Wheeler Wilcox soll eine ihrer engsten Mitarbeiterinnen gewesen sein, und wir wissen, dass ihre Gedichte, z.b. „New Thought Pastels", auch verschiedentlich zitiert werden, um die Ideen der New Thought-Bewegung und der Rosenkreuzer-Kosmokonzeption von Max Heindel zu unterstützen. Aus Informationen, die wir 1930 aus Amerika erhielten, erfahren wir, dass die A.M.O.R.C. ihren Tempel in der Boylston Street, Boston, Massachusetts, hatte; der Imperator war Harve Spencer Lewis, Ph.D., F.R.C., Der Imperator war Harve Spencer Lewis, Ph.D., F.R.C., der auch Mitglied des Obersten Rates des R.C. der Welt, Legat des Ordens in Frankreich, geweihter Priester des Ashrama in Indien, Ehrenkonsular der „Corda Fratres" von Italien, Sri Sabhita, Große Weiße Loge, Tibet, Rex Universitatis Illuminati und Mitglied des Rosenkreuz-Kollegiums des Rosenkreuzerordens sein soll. Schließlich behaupten sie, die einzige Rosenkreuzer-Organisation in Amerika zu sein, die eingeladen wurde, an allen internationalen Kongressen oder Ratssitzungen teilzunehmen, die in jüngster Zeit in anderen Ländern abgehalten wurden.

Sie betrachten Ägypten als eine der frühen arkanen Schulen des Lichts, daher ihr Pamphlet, *The Light of Egypt,* von Sri Ramatherio, 1931, in dem sie uns sagen, dass ihr Symbol das Kreuz mit einer einzigen roten Rose in der Mitte ist: die Verwendung von mehr Rosen, sagen sie, ist nicht das alte Emblem. Die Steineriten und Max Heindel verwenden sieben! Der R.R. et A.C. hat eine in der Mitte des Kreuzes, das in zwölf, sieben und drei Blütenblätter unterteilt ist - der Tierkreis, die Planeten und die Elemente, ein Symbol des Universums - und in seinem Herzen ist wieder die Rose aus Rubin und das Kreuz des Lichts, das Ganze bedeutet den Menschen oder den Mikrokosmos, der am Kreuz des Illuminismus gekreuzigt ist, geopfert für die Ambitionen der Macht hinter dem Orden. Im eingetragenen Emblem des A.M.O.R.C. befindet sich über dem roten Kreuz des Opfers der hebräische Talisman der Macht, das

Siegel oder Siegel Salomons, die ineinander verschlungenen Dreiecke - wie oben so unten.

In den USA werben sie für ihren Orden, indem sie nationale Kongresse veranstalten und in Hunderten von Zeitungs- und Zeitschriftenartikeln die angebotenen Vorteile herausstellen.

In diesem Land versprechen sie in ganzseitigen Zeitschriftenanzeigen persönliche Macht, Erfolg, Gesundheit und Wohlstand, die durch „Versöhnung mit den kosmischen Schöpferkräften und inspirierende Führung" erreicht werden sollen. Sie behaupten, nicht konfessionell gebunden zu sein, ohne Einschränkung der Rasse oder des Geschlechts, und sie glauben an die universelle Brüderlichkeit, wie die meisten anderen Sekten dieser Art auch. Außerdem behaupten sie, die einzige Rosenkreuzer-Bewegung auf der ganzen Welt zu sein, die als Einheit agiert.

Eine ihrer Methoden, um diese Einheit zu erreichen, ist eine Art privater Fernunterricht, für Studien und Experimente zur Entwicklung der psychischen Zentren und der Aura, und auch Methoden zur Anwendung des Gesetzes des Dreiecks, einschließlich Atemübungen, Schwingungen, Gedankenformen, Rhythmus, Methoden und Experimente zum Empfang der kosmischen Erleuchtung, die alle in täglichen Angelegenheiten angewendet und getestet werden sollen! Es wird vorgeschlagen, einen Teil jedes Donnerstagabends für diese Experimente und Konzentrationen zu reservieren, „denn dies ist die Rosenkreuzer-Nacht in der ganzen Welt, und sie bedeutet größere Macht durch die vielen Menschen, die so eingestimmt sind." Und in dieser universellen und internationalen Vereinigung bietet der A.M.O.R.C. seinen Mitgliedern die Verbindung mit den Meistergeistern der Naturgesetze an - den Brüdern vom Rosenkreuz.

Sie sprechen vom Drang des kosmischen Geistes, von der stillen kleinen Stimme, die sie Intuition nennen, aber ist es nicht eher die Stimme der internationalen Meisterdenker, die unter dem Deckmantel der „Rettung der Zivilisation" versuchen, sie zu pervertieren und die Welt durch die vereinigten und orientierten

Dummköpfe all dieser unendlich erleuchteten Gesellschaften zu beherrschen?

BUND DER EINGEWEIHTEN

Eine weitere Rosenkreuzergruppe ist die Geheime Schule, Konföderation der Eingeweihten, die die Philosophical Publishing Company, Beverly Hall, Pennsylvania, USA, nutzt. Letztere soll die Humanitäre Gesellschaft abgelöst haben, die 1864 unter dem Namen Rosenkreuzerhilfe von Dr. Paschal Beverly Randolph - einem Freund Lincolns - gegründet wurde, der angeblich auch den wahren amerikanischen Rosenkreuzerorden 1852 ins Leben rief. Das Illuminaten-Rosenkreuz-College wurde 1774 in den Vereinigten Staaten gegründet.

Der derzeitige Leiter der Philosophical Publishing Company ist R. Swinburne Clymer, M.D., Nachfahre von George Clymer, der die Unabhängigkeitserklärung unterzeichnete; er praktiziert in Philadelphia, hält Vorlesungen an verschiedenen medizinischen Hochschulen, ist jetzt etwa neunundfünfzig Jahre alt und ein Freimaurer 32nd Grades. Im Jahr 1932 war er Oberster Großmeister des Ordens Söhne von Isis und Osiris - 38 Grad, unterstützt das Kollegium des Heiligen Grals und die Neue Kirche der Erleuchtung. Alle drei Bewegungen sind in Man-Isis, der Neuen Ordnung der Zeitalter, enthalten. Man-Isis lehrt die Entwicklung des alten Feuers, den Funken des kosmischen Christus, die dualen schöpferischen Kräfte im Menschen, die eine Vergöttlichung herbeiführen; sie begrüßen das Kommen des Großmeisters Johannes als Vorläufer des Apollonius von Tyana, und die Essener stellen für sie die Große Weiße Loge (jüdisch!) dar. Sie bekennen sich zur esoterischen Seite aller Religionen.

Dr. Clymer hat viele Bücher über die Rosenkreuzer und ihre Lehren geschrieben, und zumindest einige davon wurden von dem geheimnisvollen Internationalen Geheimen Rat der Neun, der anscheinend den Bund der Eingeweihten leitet, uneingeschränkt gebilligt. Wir haben die folgende Nachricht vom 5. Februar 1932, die angeblich von diesem Rat in Bezug auf die Zulassung von Aspiranten herausgegeben wurde:

„Dies ist das Neue Zeitalter, und das Werk der spirituellen und mystischen Bruderschaften muss in der ganzen Welt wiederhergestellt werden, damit alle Völker das Gesetz lehren und dadurch in die Lage versetzt werden, es zur allgemeinen Verbesserung als einziges Mittel zur Rettung der Menschheit anzuwenden ... Wir, der Rat der Neun, haben Ihre Organisation als eine der ältesten in Amerika ausgewählt, um diese Arbeit zu unterstützen. Dies muss in einer Weise geschehen, dass von persönlichem Eigennutz keine Rede sein kann. Dürfen wir vorschlagen, dass Sie als Ihre Methode die des vorchristlichen Essener Ordens wählen, in dem Jesus ausgebildet wurde [...] ... in gutem Glauben alle Studenten annehmen, die sich bewerben, auf einer absolut freiwilligen Basis, sie in der alten Weise unterrichten und diesen Studenten erlauben, Sie auf einer Austauschbasis zu entschädigen? ..."

(unterzeichnet) COMTE M. DE ST. VINCENT, Erster Bevollmächtigter des Rates der Neun der Bruderschaften der Welt.

Es wird gesagt, dass Dr. Randolphs Schriften „die geheime Schule in Frankreich eindeutig festlegen". Außerdem erklärt er so „autoritativ" die Rosenkreuzer:

„Viele, wenn auch keineswegs alle, Alchemisten und hermetischen Philosophen waren Gefolgsleute der großen Geheimen Bruderschaft, die seit den frühesten Zeiten gedieh ... die Mitglieder dieser mystischen Vereinigung waren die alten Weisen, die in Chaldäa blühten, lange bevor einer von ihnen seine heimatlichen Ebenen verließ und auf fremdem Boden den hebräischen Bund gründete. Sie waren das ursprüngliche Volk von Saba, die Sabäer, die den Weisen von Chaldäa lange Zeit vorausgingen. Sie waren es, die die semitische Zivilisation begründeten... Aus dieser großen Bruderschaft gingen Brahma, Buddha, Lotze, Zoroaster, die Gnostiker, die Essener hervor, und dort predigte Jesus, der selbst ein Essener war, die heilige Lehre von der Quelle des Lichts... Sie waren es, die als erste die Bedeutung des Feuers entdeckten... Was auch immer an transzendentem Licht jetzt die Welt erhellt, stammt von den Fackeln, die sie an der Quelle entzündeten, von der alles Licht auf jenen mystischen Berg [der Einweihung] strömte... Es gibt nichts Ursprüngliches in der Thaumaturgie, Theologie, Philosophie, Psychologie und Ontologie, aber sie gaben es der Welt..."

Die Rosenkreuzer sind also Erleuchtete der magischen Kabbala der Juden, die an den Wassern von Babylon geboren wurde!

Wie Dr. Clymer in seiner *Philosophie des Feuers* zitiert:

„Es gibt in der Natur eine höchst mächtige Kraft, durch die ein einziger Mensch, der sie besitzt und zu lenken weiß, das ganze Gesicht der Welt revolutionieren und verändern kann. Diese Kraft war schon den Alten bekannt, und das Geheimnis ist im Besitz der Geheimschulen der Gegenwart. Sie ist ein universelles Mittel, dessen oberstes Gesetz das Gleichgewicht ist; und wenn die Wissenschaft nur lernt, sie zu beherrschen, wird es möglich sein, einen Gedanken in einem Augenblick um die Welt zu schicken; zu heilen oder zu töten in der Ferne; unseren Worten universellen Erfolg zu geben und sie überall widerhallen zu lassen."

Es ist immer die gleiche Erklärung;

„Es gibt ein Lebensprinzip, ein universelles Mittel, in dem zwei Naturen und ein doppelter Strom von Liebe und Zorn sind. Diese umgebende Flüssigkeit durchdringt alles ... die Schlange, die ihren eigenen Schwanz verschlingt.

... Mit diesem elektromagnetischen Äther, diesem vitalen und leuchtenden Kalorik, der sich in jedem Menschen entwickeln kann, waren die Alten und die Alchemisten vertraut ... In der Ruhe ist er für keinen menschlichen Sinn wahrnehmbar; gestört oder in Bewegung, kann niemand seine Wirkungsweise erklären, außer dem Eingeweihten, und ihn als 'Fluidum' zu bezeichnen und von seinen 'Strömen' zu sprechen, ist nichts anderes, als ein tiefes Geheimnis unter einer Wolke von Worten zu verschleiern."

Wie die Juden von Alexandria lehrt Dr. Clymer, dass die heiligen Bücher aller Religionen, einschließlich derjenigen der Juden und der Christen, nichts anderes sind als Gleichnisse und Allegorien der Geheimlehren des inneren Geheimnisses, der „Schöpfung oder Evolution der Welten und des Menschen". In der Geheimlehre gab es nicht einen Christus für die ganze Welt, sondern einen potentiellen Christus in jedem Menschen". Das ist ein erleuchteter Mensch, das Pentagramm!

Zu den griechisch-jüdischen Literaturfälschungen der jüdischen Schule von Alexandria bemerkt Silvestre de Sacy in Saint-Croix' Buch über die *Mysterien des Heidentums*, 1817:

„Wenn manche Schriftsteller von heute trotz ihrer großen Gelehrsamkeit diesen Betrügereien auf den Leim zu gehen scheinen, so darf man nicht vergessen, daß oft das Heidentum in dem Maße zunimmt, wie die Achtung vor der geoffenbarten Religion abnimmt, und daß diejenigen, die in der Mythologie und dem Glauben der Griechen die grundlegenden Dogmen einer aufgeklärten und geistigen Religion oder ein System subtiler und transzendenter Philosophie sehen, in Wirklichkeit oft diejenigen sind, die im Alten und Neuen Testament nur eine für die Kindheit gemachte Mythologie sehen, in der Mythologie und dem Glauben der Griechen die grundlegenden Dogmen einer aufgeklärten und spirituellen Religion oder ein System subtiler und transzendenter Philosophie finden, in Wirklichkeit oft diejenigen sind, die im Alten und Neuen Testament nur eine Mythologie sehen, die für die Kindheit der Gesellschaft geschaffen wurde und nur für einfache und grobe Menschen geeignet ist.'„

JULIA SETON

Eine weitere dieser entchristlichenden Illuminatengruppen ist „The Modern Church" und ihre Schule des Illuminismus, die angeblich 1905 von Dr. Julia Seton gegründet wurde, um den Weg für die „Neue Zivilisation" zu bereiten. Sie nennt sich selbst eine internationale Dozentin für die U.S.A., Europa und Australien. Sie sagt uns, dass die

„Die „Neue Kirche" ... wird aus allen Nationen, allen Rassen, allen Völkern, allen Glaubensbekenntnissen in das Eine Leben, das in allen ist [universelle Lebenskraft], erlöst ... und zeigt sich in Widerstandslosigkeit, Liebe, Dienst und Anbetung ... Die Illuminatenschule ist die moderne Schule der höheren Psychologie und Mystik, in der alte und okkulte Weisheit offenbart wird. Sie lehrt neue Methoden der sozialen, ethischen, industriellen, religiösen, internationalen und nationalen Freiheit. Die Lehre ist dabei, die Welt zu vereinheitlichen und alles Denken in einen einzigen großen universellen Impuls zu überführen."

Wieder schreibt sie: „Der New-Age-Gedanke fragt: „Was ist Gott?", und die Antwort ist:

„Gott ist der kosmische Geist, der sich in allem und durch alles als eine unaufhörliche, unfehlbare Intelligenz manifestiert; die ganze Natur ist der Körper Gottes und manifestiert sich als ein vollkommener Schöpfungsplan... Alle Dinge gehen neugeboren aus dem kosmischen Geist hervor, alle Dinge kehren wiedergeboren zu ihm zurück. Der *kosmische Geist wartet darauf, dass auf ihn eingewirkt wird, und der Mensch ist der Handelnde...* Er kann nicht anders, als nach der Art der Intelligenz, die ihm befiehlt, hervorzubringen... Der Mensch ist der höchste Ausdruck des kosmischen Geistes in Form auf der Erde. Er ist weder ein Teil Gottes noch eine Schöpfung Gottes; er ist die universelle Intelligenz oder der kosmische Geist selbst..."

Dass es sich hierbei nicht um eine neue Religion handelt, wird jeder Student der alten pantheistischen Glaubensbekenntnisse erkennen. Wie M. Flavien Brenier in *„Les Juifs et la Talmud"* sagt:

„Nun war die vorherrschende philosophische Lehre unter den gelehrten Chaldäern ... der absolute Pantheismus ..., der als eine Art Atem der Natur identifiziert wurde, ungeschaffen und ewig; Gott ging von der Welt aus, nicht die Welt von Gott ... Ideen, die sie [die hermetische Freimaurerei] von den Alchemisten des Mittelalters geerbt haben, die sie von den kabbalistischen Juden übernommen hatten."

Hier haben wir den verstandlosen Verstand, den blinden Gott von Dr. Julia Setons „Moderner Kirche", der darauf wartet, dass der Mensch auf ihn einwirkt! So sehen wir, wie die negativ illuminierte „Neue Zivilisation" zu einem großen universellen Impuls vereinheitlicht wird, der von den Meistergeistern der „Großen Weißen Loge" unter dem Namen für Höhere Psychologie und Mystik in Bewegung gesetzt wird. Es ist eine luziferische Perversion, eine Besessenheit.

ROERICH

Ein weiterer Zerstörer der westlichen Zivilisation ist Nicholas Roerich und sein Credo der „Neuen Zeit".

1925 schrieb Serge Whitman im *Vorwort*:

„Wir, die wir die Wege der internationalen Verständigung und die Struktur des universellen Friedens suchen, müssen Roerich als Apostel und Wegbereiter der neuen Welt aller Nationen betrachten."

Nicholas Roerich, ein Russe, der eine Zeit lang in Amerika lebte, ist ein weltbekannter Maler, Philosoph und Wissenschaftler. Er war Sekretär der Gesellschaft zur Förderung der Künste in Russland und Leiter ihrer Schule. Er organisierte und koordinierte den einheimischen und neuen Impuls in der Malerei, der Musik, dem Drama und dem Tanz, und seine Arbeit wurde von Männern wie Andriev, Gorki, Mestrovic, Zuloaga, Tagore und anderen, die das *Neue* repräsentierten, geschätzt. Später wurde er eingeladen, seine Bilder in Amerika auszustellen, und dort setzte er seine Arbeit fort, indem er die Künste vereinte, um die Menschen zu vereinen. Zu diesem Zweck gründete er den Corona Mundi, der schließlich 1922 die Form des Internationalen Kunstzentrums des Roerich-Museums in New York annahm.

Im Jahr 1929 schenkte er der amerikanischen Nation das Roerich-Museum, das 734 seiner eigenen Gemälde enthielt. Zum Roerich-Museum gehören außerdem: das Master Institute, 1921, zur Vermittlung seiner neuen Ideale in allen Künsten; die Roerich Museum Press, 1925, zur Verbreitung der Ideale der Neuen Ära durch die Veröffentlichung von Büchern; sowie das Urusvati, Himalaya-Forschungsinstitut, 1928, für wissenschaftliche Forschung in Medizin, Botanik, Biologie, Geologie, Astrophysik, Archäologie usw. Zweigstellen und Gruppen der Roerich-Gesellschaft wurden in Europa, Asien, Afrika, Süd- und Mittelamerika sowie in den Vereinigten Staaten gegründet.

Von 1924 bis 1928 leitete er eine Expedition, die durch Indien, Tibet, Turkestan und Sibirien führte. Sein Tagebuch über diese Wanderungen ist in seinem Buch *Altai Himalaya* enthalten, das mit vielen Reproduktionen seiner mystischen Gemälde illustriert ist. In seinem anderen Buch, *Heart of Asia,* Part II, Shambhala - gibt er einen Bericht darüber, was diese Neue Ära seiner Meinung nach bedeuten wird. Es ist der Schlüssel zu seiner Arbeit und Philosophie und seinem daraus resultierenden Einfluss auf die Welt. Ein paar Auszüge sollen dies verdeutlichen:

„In der grenzenlosen Wüste der mongolischen Gobi klingt das Wort Shambhala, oder das geheimnisvolle Kalapa der Hindus, wie das realistischste Symbol der großen Zukunft... Im Tempel des Ghum-Klosters, nicht weit von der nepalesischen Grenze entfernt, sieht man anstelle der üblichen zentralen Buddha-Figur ein riesiges Bild des Buddha Maitreya, des kommenden Erlösers und Herrschers der Menschheit [wahrscheinliches Datum 1936]... Die Lehre von Shambhala ist eine wahre Lehre des Lebens. Wie in den hinduistischen Yogas weist diese Lehre auf die Nutzung der feinsten

DIE SPUR DER SCHLANGE

Energien hin, die den Makrokosmos [das Universum] erfüllen und die sich ebenso kraftvoll in unserem Mikrokosmos [dem Menschen] manifestieren ... [sie drückt] nicht nur ein messianisches Glaubensbekenntnis aus, sondern eine Neue Ära mächtig herannahender Energien und Möglichkeiten ... Die Epoche von Shambhala wird von einem großen evolutionären Impuls begleitet sein ... Die Lebenslehre der Mahatmas des Himalaya spricht eindeutig davon ... Das, was noch vor kurzem allgemein als Lehre von Willenskraft und Konzentration bekannt war, wurde nun durch Agni Yoga zu einem System der Beherrschung der uns umgebenden Energien weiterentwickelt. Durch eine Erweiterung des Bewusstseins und eine Schulung von Geist und Körper, ohne uns von den Bedingungen der Gegenwart zu isolieren, baut dieser synthetische Yoga eine glückliche Zukunft für die Menschheit auf...

„Agni Yoga lehrt: Verstehe die große Bedeutung der psychischen Energie - des menschlichen Denkens und Bewusstseins - als die großen schöpferischen Faktoren... Die Menschen haben vergessen, dass jede Energie, die einmal in Bewegung gesetzt wurde, eine Eigendynamik erzeugt. Es ist fast unmöglich, diese Dynamik zu stoppen; deshalb setzt jede Manifestation psychischer Energie ihren Einfluss durch die Dynamik manchmal über eine lange Zeit fort. Man mag seinen Gedanken bereits geändert haben, aber die Wirkung der vorherigen Übertragung wird dennoch den Raum durchdringen. Darin liegt die Macht der psychischen Energie... [um für diese psychische Energie empfänglich zu sein, müssen die Nervenzentren des Menschen entwickelt werden]. Das Zentrum des dritten Auges [Zirbeldrüse] wirkt in Koordination mit dem Kelch [Herz oder Gefühlswissen] und mit der Kundalini [Sexualkraft]. Diese Triade charakterisiert am besten die Aktivitätsbasis der kommenden Epoche. (Das heißt pervertiert die Sexualkraft, um eine Erleuchtung herbeizuführen und negative Empfänglichkeit zu induzieren!]...

„Während der Entwicklung der Zentren wird die Menschheit unverständliche Symptome verspüren, die die Wissenschaft in ihrer Unwissenheit den unzusammenhängendsten Krankheiten zuschreiben wird. Deshalb ist die Zeit gekommen, das Buch der Beobachtungen über die Feuer des Lebens zu schreiben... Ärzte vernachlässigen nicht!"

Man könnte sich fragen, wie viele der heutigen geistigen, moralischen und körperlichen Übel auf die psychischen Praktiken dieser unzähligen esoterischen und illuminierten Kulte zurückzuführen sind, die tatsächlich einen großen Teil der modernen Menschheit besessen machen! Es ist die Herstellung eines monströsen Roboters, der von teuflischen, aber unbekannten Fanatikern und Wahnsinnigen in Bewegung gesetzt wird!

Obwohl Roerich geschrieben hat: „Die Entwicklung des neuen Zeitalters ruht auf dem Eckstein des Wissens und der Schönheit", aber er sagt, es sei das Wissen und die Pracht von Shambhala! Und der Geist von Roerichs gesamter Arbeit wurde von Claude Bragdon in seiner Einführung zu *Altai Himalaya* als die Suche nach „der verborgenen Wahrheit, der nicht enthüllten Schönheit, dem *verlorenen Wort*" beschrieben. Das ist *I.N.R.I. - Igne Natura Renovatur integra* - Die ganze Natur wird durch das Feuer erneuert. Das Feuer der universellen Generation! Die Macht der Schlange!

So soll die neue Welt mittels dieser kosmischen und psychischen Energien vereinheitlicht werden, was zweifellos in der Weltherrschaft und der Kontrolle durch eine sehr mächtige und positive Gruppe gipfeln würde, die allen anderen in der Entwicklung der Willenskraft und der intensiven Konzentration überlegen ist, die über ein tiefes Wissen über die Gesetze dieser Energien sowie über die menschliche Natur und ihre Schwächen verfügt und diese Energien nutzt, um negativ entwickelte Männer und Frauen vorzubereiten und zu beherrschen - eine wahrhaft glückliche Zukunft für die versklavte Menschheit!

TIBETISCHE INITIATION

In ihrem Buch *Isis Unveiled* schrieb Frau Blavatsky:

> „Das astrale und siderische Licht, wie es von den Alchemisten und Eliphas Levi in seinem *Dogme et Rituel de la Haute Magie* erklärt wird, und unter dem Namen 'Akasa' oder Lebensprinzip, war diese alles durchdringende Kraft den Gymnosophen, Hindu-Magiern und Adepten aller Länder vor Tausenden von Jahren bekannt; Sie ist *ihnen* immer noch bekannt und wird von den tibetischen Lamas, Fakiren, Thaumaturgen aller Nationalitäten und sogar von vielen hinduistischen „Jongleuren" benutzt."„

Außerdem glauben alle Theosophen, die ihre Lehren ganz oder teilweise aus den Schriften von Frau Blavatsky ableiten, dass ihre Meister entweder in Tibet leben oder mit einer mächtigen Hierarchie dort verbunden sind.

In *Tibet's Great Yogi Milarepa*, herausgegeben mit einer Einführung von W. Y. Evans Wentz, wird uns gesagt, dass es „in ganz Tibet und bis nach Nepal, Bhutan, Sikkim, Kaschmir und Teilen der Mongolei drei Hauptschulen der buddhistischen Philosophie gibt". In Tibet sind die Anhänger dieser Schulen: (1) Die Gelbmützen oder Gelug-pas, die etablierte Kirche des nördlichen Buddhismus, die durch ihr geistiges Oberhaupt, den Dalai Lama, sowohl geistige als auch weltliche Macht ausübt. (2) Die Kargyutpas oder „Anhänger der Apostolischen Sukzession". Das ist die Übertragung der „Göttlichen Gnade" von den Buddhas durch ihren Höchsten Guru Dorje-Chang auf die Linie der himmlischen Gurus und von dort auf den Apostolischen Guru auf der Erde und von ihm auf jeden untergeordneten Guru und von diesen durch die Mystische Einweihung auf jeden Neophyten. Es ist eine wahrhaft magnetische Kette. (3) Die Rotmützen oder Adi-Yoga-Schule, die unreformierte Kirche. Die Gelbmützen erkennen die Überlegenheit der Rotmützen in allen Fragen an, die mehr oder weniger mit Magie und den okkulten Wissenschaften zu tun haben.

Dann gibt es noch die Bons, bekannt als Black Caps, überlebende Mönchsorden der primitiven vorbuddhistischen Religion. Evans Wentz vergleicht die Kargyutpas auch mit den so genannten christlichen Gnostikern und sagt, dass nach einigen gnostischen Schulen „Gott der Vater mystisch der Urmensch, der *Anthropos* oder I.A.O. (das Lebensprinzip) war, vergleichbar mit dem Adi-Buddha der Kargyutpas und anderer Sekten des nördlichen Buddhismus". In beiden Glaubensrichtungen hängt die Befreiung von den eigenen Anstrengungen ab; es gibt Ähnlichkeiten in der Einweihungszeremonie, und beide verwenden Mantras; beide personifizieren das weibliche Prinzip in der Natur als „Weisheit", beide glauben an Wiedergeburt. Für die Großen Yogis gibt es eine Familie, eine Nation - die Menschheit!

Was die mystische Einweihung betrifft, so gibt uns Frau A. David-Neel in ihrem Buch „*Einweihungen und Eingeweihte in Tibet*" viele aufschlussreiche Details, die die große Ähnlichkeit der Methoden und Glaubensvorstellungen der lamaistischen Sekten mit denen der vielen gnostischen und kabbalistischen Sekten von heute zeigen. In Tibet hat sich die Idee eines höchsten persönlichen Gottes, eines ewigen allmächtigen Wesens, des Schöpfers der Welt, nie durchgesetzt; sie betrachten nichts anderes als das Gesetz von Ursache und Wirkung mit seinen mannigfaltigen Kombinationen. Unter dem Namen der esoterischen oder mystischen Methoden verstehen die Lamaisten in Wirklichkeit eine positive psychische Schulung, und die Erlösung [Befreiung] ist eine mühsame und wissenschaftliche Errungenschaft. Die tibetische Einweihung oder „angkur" ist vor allem die Übertragung einer Macht, einer Kraft, durch eine Art psychischen Prozess, um dem Eingeweihten die Fähigkeit zu vermitteln, eine bestimmte Handlung auszuführen oder bestimmte Übungen zu praktizieren, die dazu dienen, verschiedene physische oder intellektuelle Fähigkeiten zu entwickeln. Es gibt drei Arten von Lehren, Methoden und Einweihungen: exoterische, esoterische und mystische.

Exoterisch gesehen gibt es mächtige Wesen oder „Yidams", die, wie es heißt, diejenigen schützen, die sie verehren. Esoterisch werden diese „Yidama" als okkulte Kräfte dargestellt, und Mystiker betrachten sie als Manifestationen der Energie, die Körper und Geist innewohnt. Mystische Einweihungen haben daher einen psychischen Charakter. Die Theorie besagt, dass die Energie, die vom Meister oder von anderen okkulten Quellen ausgeht, auf den Schüler übertragen werden kann, der in der Lage ist, sie aus den psychischen Wellen, in die er während der Feier der Angkur-Riten getaucht wird, „abzuziehen". Dem Schüler wird die Möglichkeit geboten, „sich mit Macht auszustatten".

Durch Meditation entwickeln die Meister in ihren Schülern bestimmte psychische Fähigkeiten durch Telepathie oder symbolische Gesten, eine starke Form der Suggestion, die Ideen erweckt. Vor einem mystischen Angkur verweilt der einweihende Lama je nach dem zu verleihenden Grad einige Tage oder mehrere Monate lang in einem Zustand tiefer Konzentration, oder wie Frau David-Neel es ausdrückt: „Der Lama speichert sich mit psychischer Energie, so wie ein Akkumulator sich mit Elektrizität speichert."

Nach der Einweihung zieht sich der Aspirant zurück und bereitet sich geistig und körperlich darauf vor, die Kraft zu empfangen, die auf ihn übertragen werden wird. Er regelt seine religiösen Praktiken, sein Essen und seinen Schlaf nach den Anweisungen seines Meisters. „Er bemüht sich auch, seinen Geist von jeglichem Denken zu befreien, damit keine geistige oder körperliche Aktivität stattfindet und somit ein Hindernis für den Energiestrom bildet, der in ihn hineingegossen werden soll." Ein gewisses Maß an Geschicklichkeit bei der Ausübung des Yoga, vor allem die Beherrschung der Atemkunst, ist für den Erfolg notwendig. Der Kandidat des „Kurzen Weges" wird, wenn er um Aufnahme als Schüler bittet, an die Risiken erinnert, die er eingeht, nämlich gefährliche Krankheiten, Wahnsinn und bestimmte okkulte Ereignisse, die zum Tod führen können. Wenn man bedenkt, welche Kräfte eingesetzt werden, ist dies verständlich. Der Schüler muss Vertrauen in seinen einweihenden Meister und in die Wirksamkeit des von ihm verliehenen Angkur haben.

Man kann daher die Gefahren erkennen, denen der Adept bei diesen hohen mystischen und psychischen Einweihungen ausgesetzt ist, die allen gnostischen und kabbalistischen Sekten gemeinsam sind, vor allem wenn man sich daran erinnert, dass in all diesen modernen Sekten der einweihende Adept und Lehrer selbst nur ein Vermittler ist, der ausgerichtet und kontrolliert wird und die Befehle einer unbekannten und ehrgeizigen Hierarchie von Übermenschen ausführt, die, wie Frau A. Bailey aus New York berichtet, die Nationen durch solche Werkzeuge beherrschen würden. A. A. Bailey aus New York berichtet, die Nationen durch solche Werkzeuge beherrschen wollen, die so geformt sind, dass sie ihre verschiedenen Posten besetzen, Lichtträger der Finsternis, die die Völker dazu bringen, geistigen, religiösen, nationalen und rassischen Selbstmord zu begehen, um einer monströsen Neuen Ära, einer neuen Zivilisation, einer neuen subjektiven Religion Platz zu machen.

GEHEIME GESELLSCHAFTEN IN CHINA

In *Les Sociétés Secrètes en Chine*, 1933, zeigt Oberstleutnant B. Favre, wie alt diese chinesischen Geheimgesellschaften sind und wie ihre Methoden und Organisationen in vielerlei Hinsicht denen in Europa und anderswo ähneln, und vor allem, wie sich ihr Einfluss während der Aufstände des achtzehnten und neunzehnten Jahrhunderts manifestierte turies. Er erklärt, dass die Entdeckungen, die in den letzten zwanzig Jahren in Turkestan, China, der Mongolei, Persien und Afghanistan gemacht wurden, eine engere Verbindung zwischen den alten Völkern offenbaren, als bisher angenommen wurde. Das Geheimnis dieser Gesellschaften verschleiere ihre Arbeit, und ein kompliziertes Ritual, magische und religiöse Praktiken sowie Einweihungszeremonien schafften unter den durch einen Eid gebundenen Mitgliedern die notwendige Atmosphäre, um große Begeisterung zu wecken. „Das Volk zu führen heißt, die Leidenschaften in den Dienst einer Idee zu stellen". In China stützen sich diese politischen Geheimgesellschaften vor allem auf den Taoismus und den Konfuzianismus, und der Familien- und Klan-Gedanke wird genutzt, um die Mitglieder zusammenzuhalten.

Er erzählt uns, dass die Han-Dynastie eine der glanzvollsten in der chinesischen Geschichte war; immense Eroberungen brachten das Reich in Kontakt mit fernen Völkern, kultureller Austausch von größter Bedeutung wurde etabliert, und während dieser Periode, in der sich Leidenschaften aller Art in extremer Weise zeigten, blühten Geheimgesellschaften auf. Nach dem Fall der Han erreichte der Buddhismus eine beträchtliche Entwicklung, und unter den zehn großen buddhistischen Schulen oder Sekten, die in China entstanden, war eine der ältesten der *Lotus*, bekannt als Amidismus, der im vierten Jahrhundert in China gegründet wurde. Es handelte sich nicht um einen primitiven Buddhismus, der seine Götter möglicherweise aus Persien oder Syrien erhielt; später wurde er *Lotusblanc* genannt und war eine Religion der Liebe, des Mitleids und der naiven Hingabe, die China und Japan eroberte und bis heute stark ist.

Später, unter dem Namen „Association of the Lotus Blanc", hörte sie auf, eine religiöse Bruderschaft zu sein. Jahrhundert, immer noch buddhistisch, verbrannte die Sekte Parfüm, praktizierte Wahrsagerei, benutzte Pentakel und war vor allem messianisch eingestellt; sie kündigte die Inkarnation von Maitreya an, dem zukünftigen Buddha, der so oft zu verschiedenen Zeitpunkten erwartet wurde. Hier stellt der Autor die wahrscheinliche Verbindung zwischen dem Namen Maitreya, dem persischen Mithra, und dem Mi che ho, dem manichäischen Messias, fest. Der *Lotus Blanc*, der am Sturz der Yuan- und der Ming-Dynastie mitgewirkt hatte, musste beim Sturz der Tsing-Dynastie helfen. Der „Nuage Blanc", der manchmal mit dem Lotus Blanc verwechselt wird ( ), war laut Pater Wieger mit dem Manichäismus behaftet; sein Oberhaupt pflegte Philanthropie und Vegetarismus, rief Geister an und seine Adepten heirateten nicht und weigerten sich wie die Manichäer, sich fortzupflanzen. Jahrhundert übten die Zugehörigkeiten des Lotus Blanc beträchtlichen Einfluss auf die geschichtlichen Ereignisse in China aus, und sie bestehen auch heute noch.

Die *Triade* oder Hong ist eine Vereinigung, die in China und in den chinesischen Kolonien Sonde, Straits Settlements und Indochina unter verschiedenen Namen bekannt ist; ihr Ursprung ist unbekannt, aber sie taucht mit Sicherheit erstmals 1787 auf. Es ist wahrscheinlich, so der Autor, dass die Hong (Triade) zu Beginn des 18. Jahrhunderts gebildet wurde, da sie von 1749 bis 1832 in mehreren offiziellen Erlassen im Zusammenhang mit aufrührerischen Bewegungen, an denen sie beteiligt war, erwähnt wurde. Die Chinesen glauben an Okkultismus und Magie; für sie ist es eine wissenschaftliche Disziplin, ein philosophisches und praktisches System, das es ihnen erlaubt, über das Vernünftige hinauszugehen und die Kräfte, die sie umgeben, zu beherrschen; es hat seine Gesetze und seine Logik. Ihr oberster Offizier oder „Ehrwürdiger" war als „Älterer Bruder" bekannt. Es gibt auch viele offensichtliche Verbindungen zwischen der Triade und der Freimaurerei: Beide praktizieren Brüderlichkeit und streben die moralische Vervollkommnung der Menschheit an. Sie haben die gleiche Vorstellung vom Universum, die sich in der chinesischen Dualität - Yin und Yang - und in der Freimaurerei in den Säulen Jakin und Boaz zeigt. Beide sehen das „Licht", und eine gewisse

Anzahl von Symbolen und Riten ist beiden gemeinsam; das Zeichen des Feuers in Hong ist auch freimaurerisch. Man könnte fragen, ob sie nicht beide sabäistischen Ursprungs sind. Nach Konfuzius wird Chang-ti, das universelle Prinzip der Existenz, sowohl unter dem allgemeinen Emblem des sichtbaren Firmaments als auch unter den besonderen Symbolen von Sonne, Mond und Erde dargestellt.

Die politischen Aktivitäten der Triade wurden in den Jahren vor der Revolution von 1911 intensiviert. Diese Geheimbünde waren drei Jahrhunderte lang abwechselnd im revolutionären Bereich und in verschiedenen Formen der Räuberei tätig. So erklärt Sun Yat-sen, warum sich die Nationalisten von Anfang an dieser Ansammlung von Männern bedienten, Vagabunden ohne Familie; die Nationalisten konnten ihre Ideen nicht mehr der Elite anvertrauen, sondern mussten sie in ein Gefäß von abstoßendem Aussehen, die Hong-men, stecken, das niemand im Traum durchsuchen würde. Diese Ideen wurden nach der Tradition der Geheimbünde mündlich weitergegeben und geheim gehalten. Sun Yatsen erkannte, dass er sie nach dem Sturz der Tsing nicht mehr gefahrlos nutzen konnte. Das Überleben der Triade muss daher unter den roten oder nicht roten Banden gesucht werden, die sich nach den Bürgerkriegen in den meisten Provinzen tummelten und sich dunklen Taten widmeten.

Zu diesen Banditen und ihren Gesellschaften zitiert der Autor einen offenen Brief aus einer Tientsiner Zeitschrift, *Ta pong pao*, vom 4. November 1930, der den Titel „Briganten in der Region K'ouang p'ing" trägt. Darin heißt es, dass nach dem Fall der Ming-Dynastie, als der Aufstand darauf abzielte, die Tsing zu stürzen, um die Ming wiederherzustellen, Geheimgesellschaften diese Vagabunden oder Banditen in der Gesellschaft der Ko-lao houei, den „Alten Brüdern", zusammenfassten. Die meisten Kapitäne von Dschunken und Sampans sind Banditen angeschlossen, und die angeschlossenen Mitglieder müssen eng zusammenhalten, die Gerechtigkeit beachten, einer strengen Disziplin unterliegen; wer säumig ist, muss streng verurteilt werden; alle sind gleich und dürfen sich nicht der Ausschweifung und dem Raub hingeben. Sie huldigen den Ahnen der Dynastien; wenn sie ihre eigenen Häuser betreten, müssen sie den Himmel, die Erde, Sonne, Mond und Sterne, die Heiligen, die Meister der drei Lehren und der fünf Elemente verehren. Sie benutzen eine Geheimsprache und erkennen sich gegenseitig an Fragen, die sie stellen und beantworten, wenn es nötig ist.

Daher fügt Oberst Favre hinzu:

„Diese Männer in diesen Vereinigungen haben ein Statut, ein Ritual; aber die mystischen Gewohnheiten sind verschwunden; das Ritual ist demokratisiert, es bleibt religiös und moralisch. Aber es hat etwas Paradoxes an sich, denn diese Banden leben von Grausamkeit und Plünderung".

Dasselbe scheinbare Paradoxon findet sich bei den modernen Geheimgesellschaften in Europa und Amerika; oberflächlich betrachtet erscheinen sie als religiöse und moralische Einrichtungen, aber unter allem steckt der ewige Schrei der Revolte:

„Alles, ja, alles muss zerstört werden, denn alles muss erneuert werden".

KAPITEL XIV

DIE SYNARCHIE VON AGARTHA

MARCEL LALLEMAND schreibt in *Anmerkungen zum Okkultismus:* „Unter dem Einfluss der Theosophie wird der Okkultismus mit Visionen von Bibliotheken verbunden, die in den Höhlen des Himalaya vergraben sind." Seit vielen Jahren wird in einigen dieser Geheimgesellschaften viel über die geheimnisvolle Hierarchie und die unterirdischen Bibliotheken von Agartha geschrieben. Nach der Lektüre von *Mission de l'Inde en Europe, Mission de l'Europe en Asie,* die 1886 von Saint-Yves d'Alveydre verfasst wurde, kommen wir zu dem Schluss, dass es sich um eine mehr oder weniger symbolische Hierarchie handelt, dass Agartha keinem bestimmten Land, keiner bestimmten Nation angehört, sondern universell ist; dass es sich bei der Hierarchie offensichtlich um eine Gruppe von kabbalistischen und gnostischen Magiern und Eingeweihten handelt, die mit der jüdischen Schule von Alexandria in Verbindung stehen und durch die Vereinigung zahlreicher jüdisch-christlicher Sekten versuchen, die westliche Welt zu beherrschen und heimlich zu regieren und schließlich den Osten mit dem Westen zu vereinen; dass die geheimnisvollen unterirdischen Bibliotheken aller Wahrscheinlichkeit nach lediglich aus den so genannten „Akasha-Aufzeichnungen" bestehen, wobei akasa für Äther steht, in dem nach Ansicht dieser Eingeweihten alle vergangenen, gegenwärtigen und zukünftigen Weltereignisse eingeprägt sind. Daher behaupten sie, den Äther anzapfen zu können und das Wesen und die Anfänge des prähistorischen Menschen und der alten Zivilisationen wiederzuerlangen, wie zum Beispiel ihre mystischen Berichte über die lemurische und atlantische Epoche.

Über diese alten Epochen Lemuria und Atlantis schreibt Edouard Schure in *Von der Sphinx zum Christus*: „Dr. Rudolf Steiner, ausgestattet mit esoterischem Wissen und hochentwickelter Hellsichtigkeit, hat uns viele neue und verblüffende Einblicke in die physische und psychische Konstitution der Atlanter in Bezug auf die frühere und spätere menschliche Evolution gegeben."

Es besteht jedoch der begründete Verdacht, dass Steiners Hellsichtigkeit mehr oder weniger die Gedankenformen seiner mächtigen Meister waren, die ihn als Instrument benutzten, um die Mysterien wiederherzustellen und die westliche Welt zu erleuchten. Darüber hinaus basieren seine Lehren über die Entwicklung der Welt und des Menschen vollständig auf diesen besagten Visionen der primären, lemurischen und atlantischen Epochen, und das Ergebnis ist wie ein schrecklicher Albtraum, der völlig antichristlich ist und nach altem Sabeismus riecht, der mit dem pervertierten Christentum der hellenisierten Juden von Alexandria vermischt ist.

Schuré, Max Heindel und Steiner selbst in seinem *Umriss der okkulten Wissenschaft* erläutern alle dieses mythologische Geheimnis. Die frühen Lemurianer werden als augenlose, geistlose, dampfende Zwitterwesen beschrieben, die von planetarischen Göttern beherrscht, von Engeln geführt und von luziferischen Geistern unterstützt wurden. Später wurden die Geschlechter getrennt, was zu furchtbaren sexuellen Störungen führte, und schließlich wurde Lemuria unter Wasser gesetzt. Nach Schure bewahrten die Priester des alten Ägypten die Überlieferung eines riesigen Kontinents, der einst einen großen Teil des Atlantischen Ozeans von Afrika über Europa bis Amerika einnahm, und einer mächtigen Zivilisation, die in einer prähistorischen Katastrophe unterging. Die Priester behaupteten, sie durch eine weit zurückliegende Verbindung von den Atlantern selbst erhalten zu haben; diese wiederum erzählten Solon von der Überlieferung, und Platon schrieb sie mit Anleihen bei ihm in seinem Dialog, dem *Timaios*, auf. Die ganze Überlieferung ist eine große Legende, obwohl es wissenschaftliche Beweise dafür gibt, dass ein solcher Kontinent wahrscheinlich existiert hat. Ein Teil der Lemurier, so heißt es, überlebte und siedelte sich in Atlantis an, das, wie Schuré erklärt, ein tropisches Eden mit einer primitiven Menschheit war; dann folgte eine lange Periode von Kriegen, gefolgt von einer Föderation eingeweihter Könige und schließlich Dekadenz und eine Herrschaft der schwarzen Magie, und der Kontinent wurde allmählich von unterirdischen Feuern zerrissen und zerstört.

Diese primitiven Menschen, so Schuré, waren mächtige Hellseher: „Sein funkelndes, schlangenartiges Auge schien durch die Erde und die Rinde der Bäume zu sehen und die Seelen der Tiere zu durchdringen. Sein Ohr konnte das Gras wachsen und die Ameisen laufen hören"; sie verbrachten ihre Nächte mit astralen Träumen und Visionen und glaubten, mit den Göttern in Kontakt zu treten und sich mit ihnen zu unterhalten. Wiederum sagt Steiner, dass die atlantischen Könige geistige Führer in Menschengestalt hatten, „Boten der Götter" (Ältere Brüder), die tatsächlich durch die Könige die Menschen regierten. Wie er erklärt, standen diese Führer unter luziferischem Einfluss, nutzten ihn aber nach und nach, um sich vom Irrtum zu befreien, indem sie Eingeweihte des Sonnen-Christus-Wesens wurden - sie wurden *Illuminés!* Sie vermittelten den Jüngern die Mysterien und wurden tatsächlich zu Christus-Orakeln. Die Materie in Form von Ahriman kam und der Intellekt wurde geboren und die Götter traten aus der Mitte der Menschen zurück. In der späteren atlantischen Evolution mussten die Mysterien geheim gehalten werden, damit das Wissen um die Beherrschung und Lenkung der Naturkräfte nicht für böse und sinnliche Zwecke missbraucht werden konnte.

Dann wurden laut Steiner Europa, Asien, Afrika usw. von den Nachfahren von Atlantis kolonisiert, und mit ihnen kamen die Eingeweihten der Orakelmysterien. Yarker stellt in seinen *Arkanen Schulen* fest: „Als die Insel Atlantis unterging, wurde ein Pass geraubt, der die Wüste Gobi entwässerte ... Tibet hat viele Einzelheiten der Kriege dieses verlorenen Atlantis bewahrt und macht die Kultivierung ... der schwarzen Magie für dessen Zerstörung verantwortlich." Weiter zitiert er das *Popul-Vuk*, oder *Buch des Azurschleiers*, der Mexikaner, das uns sagt, dass diese Atlanter eine Rasse waren, die „alle Dinge durch Intuition kannte", und wiederholt die Anklage der schwarzen Magie. Yarker fügt hinzu: „Dieses Buch allegorisiert und personifiziert die Kräfte der Natur". Daraus könnte man schließen, dass ein Großteil der Legende von Atlantis auch eine Allegorie ist, die die geheimen und wahrnehmbaren Kräfte der Natur personifiziert, wie sie in allen Mythologien zu finden sind. Und auf diesem aus dem Astrallicht gewebten Netz hat Steiner einen Großteil seiner okkulten Wissenschaft und des christlichen Illuminismus aufgebaut.

Zur Unterstützung unserer Meinung über das Wesen von Agartha zitieren wir aus dem oben genannten Buch von Saint-Yves d'Alveydre. Er erklärt, dass „der Name Agartha bedeutet, dass sie nicht mit Gewalt genommen werden kann und der Anarchie unzugänglich ist." An sich, sagt er, ist es eine trinitarische Einheit und Synarchie von Judenchristen, im Gegensatz zu „allgemeiner Regierung durch rohe Gewalt, d.h. militärische Eroberung, politische Tyrannei, sektiererische Intoleranz und koloniale Raffgier". Überall sieht es heute so aus, als würde versucht, die Welt durch eine solche synarchische Hierarchie der Menschen zu regieren, politisch, religiös und wirtschaftlich.

Er fährt fort:

> „Es genügt zu wissen, dass Agartha in bestimmten Regionen des Himalaya inmitten von zweiundzwanzig Tempeln, die die zweiundzwanzig Arkana des Hermes (die kabbalistischen Schlüssel der Tarotkarten) und die zweiundzwanzig Buchstaben bestimmter heiliger Alphabete (u.a. Griechisch und Hebräisch) darstellen, den mystischen *Nullpunkt*, das Unentdeckbare, bildet. Der Nullpunkt, das heißt, alles oder nichts, alles durch harmonische Einheit, nichts ohne sie, alles durch Synarchie, nichts durch Anarchie."

Die Null ist der *Narr* dieser hermetischen Arkana, dessen Symbol die Luft ist und der sich auf einem der Pfade befindet, die die Sephiroth der Höchsten Schöpferischen Triade an der Spitze des kabbalistischen Lebensbaums vereinen. Er repräsentiert den Idealismus, der seinen Halt in der materiellen Welt verloren hat; metaphorisch gesprochen, befindet er sich in der Luft!

> „Das heilige Territorium von Agartha ist unabhängig, synarchisch organisiert und besteht aus einer Bevölkerung, die auf die Zahl von fast 20 Millionen Seelen ansteigt." Das sind Yogis, Adepten und Eingeweihte, die überall auf der Welt Yoga praktizieren, ob im Osten oder im Westen, und die auf der

Astralebene durch das magnetische Lebensprinzip vereint sind, das alle Völker und die ganze Natur durchdringt." Agartha ist ein getreues Abbild des ewigen Wortes in der ganzen Schöpfung". Sein Symbol ist das Dreieck des Feuers, die Manifestation des schöpferischen Prinzips." Der höchste Kreis, der dem mystischen Zentrum am nächsten ist, besteht aus zwölf Mitgliedern. Letztere stehen für die höchste Einweihung und entsprechen unter anderem der zodiakalen Zone. Bei der Feier ihrer magischen Mysterien tragen sie die Symbole der Tierkreiszeichen und auch bestimmte hierarchische Buchstaben". Sie repräsentieren auch die zwölf Stämme Israels.

„Diese Bibliotheken, die die wahre Substanz aller alten Künste und Wissenschaften enthalten, die 556 Jahrhunderte zurückreichen, sind allen profanen Augen und allen Angriffen unzugänglich ... Allein auf besitzt der Oberste Papst mit seinen Hauptbeisitzern das vollständige Wissen über den heiligen Katalog dieser planetarischen Bibliothek."

Er allein besitzt den Schlüssel, um sie zu öffnen, und das Wissen um den Inhalt dieses „kosmischen Buches". Daher gebe es Grund, diese Bibliotheken als „Akasha-Aufzeichnungen" zu bezeichnen, die mit Hilfe von hermetischen und kabbalistischen magischen Symbolen und Formeln geöffnet und gelesen werden können. Weiter sagt er, dass die Priester und Gelehrten, wenn sie in diesen alten und universellen Bund einträten, wo auch immer das Grab einer verschwundenen Zivilisation zu finden sei, „nicht nur die Erde ihre Geheimnisse preisgeben würde", sondern dass diese Männer den goldenen Schlüssel für den Zugang hätten und vollständiges Wissen über sie erlangen würden. „An Ort und Stelle würden sie das Altertum Ägyptens, Äthiopiens, Chaldäas, Syriens, Armeniens, Persiens, Thrakiens, des Kaukasus und sogar der Hochebene von Hochtartaren fromm wieder aufbauen." Durch den Illuminismus würde alles bekannt werden, vom höchsten Himmel bis zum zentralen Feuer der Erde. Es gäbe kein intellektuelles, moralisches oder physisches Übel, für das die Vereinigung des Menschen mit der Gottheit nicht ein gewisses Heilmittel bringen könnte. Es ist ein Werk der Magie, so wie Agartha selbst.

„Um schließlich vom öffentlichen Recht von heute zum synarchischen Bündnis von morgen überzugehen, wird es uns genügen, dass die Umstände es einem souveränen Papst erlauben, sich an die Spitze des gesamten sozialen jüdisch-christlichen Körpers zu stellen, seine Autorität und seinen synthetischen Geist aufzurichten und, unterstützt vom Gewissen aller Völker, die auf die Stimme der Wahrheit hören, die Regierungen zum Gesetz der Intelligenz und der Liebe aufzurufen, das sie wieder vereinen und neu ordnen soll."

Dann scheinen wir zu einem Völkerbund zu kommen:

„Zum ersten Mal werden die europäischen Staaten ohne Gefahr in der Lage sein, unter der Garantie dieser großen intellektuellen und schiedsrichterlichen Autorität, die vom öffentlichen Gewissen Europas unterstützt wird, eine allgemeine Regierung der Gerechtigkeit und nicht der diplomatischen List und des militärischen Antagonismus zu inthronisieren. Zum ersten Mal werden unter der doppelten Garantie dieser beiden höchsten Räte, der Lehrautorität und dieser Macht der Gerechtigkeit, Kaiser, Könige, oder Präsidenten von Republiken, die einen integralen Bestandteil der letzteren bilden, in der Lage sein, die jüdisch-christlichen Nationen zu einer großen Wirtschaftsversammlung zusammenzurufen. Auf diese Weise kann sich die Synarchie unter dem Banner des europäischen souveränen Papstes *excathedra* vollziehen und allen Judenchristen ohne Ausschluss von Sekten, Universitäten oder Völkern zugänglich werden. Diese supranationale Neuordnung ist der mögliche Eckpfeiler des gesamten europäischen Sozialstaates.

... Diese heilige, friedliche, synarchische Autorität, fünfundfünfzigtausend Jahre alt, die Wissenschaft und Religion vereint, alle Kulte, alle Universitäten, alle Nationen segnet, die gesamte Menschheit und den Himmel in ein und derselben Intelligenz, in ein und derselben Liebe umfasst... In der Tat ist es kein gewöhnliches Werk, und kein Jahrhundert kann es ohne die Hilfe von Eingeweihten höchsten Grades vollbringen, dieses synthetische Werk, das in Alexandria unter dem unsichtbaren Atem Christi vollendet wurde; obwohl die Epopten, die, sichtbar oder unsichtbar, diesem synthetischen Werk vorstanden, unter den Augen und der Hand des Cäsarismus die Esoterik unter der Exoterik, das israelitische Christentum unter dem hellenischen Christentum verbergen mussten... Das hellenistische Christentum umfasste also nominell oder real alle Grade, die den Einweihungen der antiken

Universitäten, der jüdischen Kabbala, von Chaldäa, Ägypten, Thrakien usw. entsprachen.

... Im gesamten Altertum bezeichnete das Gesetz die Wissenschaft der natürlichen, menschlichen und göttlichen Dinge."

Er spricht weiter von

„Die kosmischen Mysterien, wie sie nicht nur von den jüdisch-christlichen Kabbalisten verehrt werden, wie sie im Geheimen praktiziert werden, nicht nur von den eigentlichen Jüngern Johannes des Täufers und bestimmten esoterischen Schulen von Kairo, Sinai, Arabien, sondern auch wie sie von den Weisen von Agartha wissenschaftlich erklärt werden."

Wieder erklärt er: „Dieser Geist ist immer der des universellen Bündnisses aller Glieder der Menschheit, der der unauflöslichen Vereinigung von Wissenschaft und Religion in ihrer ganzen Universalität." Nun wissen wir, dass es Steiners Mission war, wie er selbst sagte: „Wissenschaft und Religion miteinander zu verbinden. Gott in die Wissenschaft und die Natur in die Religion zu bringen, und so Kunst und Leben neu zu befruchten." Agartha war es auch, „der zu Beginn der Neuzeit durch die Judenchristen überall die Tausende von Vereinigungen erneuerte, die heute unter dem Namen Freimaurerei entstanden sind." Wie Schuré schrieb: „Die Tradition des esoterischen Christentums ist, genau genommen, direkt und ununterbrochen mit dem berühmten und geheimnisvollen Manes verbunden, dem Gründer des Manichäismus, der im vierten Jahrhundert in Persien lebte." Diese Sekte entstand unter dem Einfluss der jüdischen Schule von Alexandria.

Wie Mazzini, der rief: Verbinden! Vereinigen! Verbündet euch! war der Schrei von Saint-Yves d'Alveydre:

„Synarchie! Synarchie! Synarchie! So rettet eure Diademe, eure Universitäten, eure Kronen, eure Republiken, alles, was euch gehört, alles, einschließlich dessen, was in der Revolution von 1789 in ihren sozialen Verheißungen legitimiert war, das allein die Synarchie des Judentums und des Christentums erhalten und vollenden kann. Vereinigt euch in diesem Gesetz, die lehrenden Körperschaften, die kirchlichen und die laikalen, die juristischen und die wirtschaftlichen Körperschaften."

Einmal mehr entspricht dies Steiners Lehre, denn sein „dreifacher Staat" ist das Wirtschaftsleben, die öffentlichen Rechte, das geistige und spirituelle Leben - Religion, Lehre, Kunst usw.!

Zusammengefasst:

„Diese heilige Agartha, die ich euch in diesem Buch offenbart habe, ist *per se* antisektiererisch, und weit davon entfernt, ihren Einfluss auf Asien zu nutzen, um eine europäische Synarchie zu verhindern, wartet sie nur auf eine Geste von euch in diesem Sinne, um euch allmählich die brüderliche Gemeinschaft aller Wissenschaften, aller Künste zu geben, die sie unter dem Geheimnis der Mysterien verbirgt, deren Bezeichnung in den Texten unserer bewundernswerten jüdisch-christlichen Religion enthalten ist... So werden die Judenchristen der Verheißung und mit ihnen die anderen menschlichen Gemeinschaften, endlich von neuem durch das synarchische Gesetz vereint, oben in den Wolken, umgeben von Engeln, Geistern und Seelen der Heiligen, den glorreichen Leib Christi sehen und hinter der solaren Aureole seines Hauptes das Dreieck des Feuers, das den heiligen Namen Jod, Er, Vau, Er [das Tetragrammaton der Juden und der gnostische Sonnenchrist!]."

Und stehen wir heute nicht bald unter dem dreifachen Gesetz einer solchen geheimen Synarchie? *Religionen* - der Schrei nach Vereinigung von Sekten und Kulten unter der Propaganda der New Yorker Theosophin, Mrs. Alice A. Bailey, unter ihrem tibetischen Meister und der Hierarchie der Übermenschen - eine Familie, eine Menschheit, ein Leben? Auch in dem früheren „Parlament der Religionen" in Chicago. *Wirtschaft* - die heimtückische P.E.P. - Politische Wirtschaftsplanung - von Israel Moses Sieff, die dieses Land so fest im Griff hat und in offensichtlicher Partnerschaft mit G. D. H. Coles Principles of Economic Planning steht, das unter dem Banner des Zionismus und der Freimaurerei erschienen ist! *Internationale Politik - der* jüdisch-freimaurerische Völkerbund!

1869 schrieb der Chevalier Gougenot des Mousseaux in seinem Buch *Le Juif, Le Judaïsme et La Judaïsation des Peuples Chrétiens:*

„Die antireligiösen, vor allem aber antichristlichen Bestrebungen, die die gegenwärtige Epoche kennzeichnen, haben einen Charakter der Konzentration und *Universalität*, der den Stempel des Juden, des obersten Förderers der Vereinigung der Völker, trägt, weil er das kosmopolitische Volk *schlechthin* ist; weil der Jude mit der Lizenz des *libre-pensée* die von ihm messianisch genannte Epoche vorbereitet - den Tag seines universellen Triumphs... Der Charakter der *Universalität* wird in *L'Alliance-israélite-universelle*, in der *Universellen Vereinigung der Freimaurerei, zum* Ausdruck kommen..."

Zur Untermauerung der obigen Ausführungen zitieren wir aus der *Jüdischen Welt* vom 9. und 16. Februar 1883:

„Die Zerstreuung der Juden hat sie zu einem kosmopolitischen Volk gemacht. Sie sind das einzige kosmopolitische Volk, und in dieser Eigenschaft müssen sie als Lösungsmittel für nationale und rassische Unterschiede fungieren und tun dies auch. Das große Ideal des Judentums besteht nicht darin, dass sich die Juden eines Tages in irgendeiner Art und Weise zusammenrotten dürfen, wenn schon nicht aus Stammesgründen, so doch auf jeden Fall aus separatistischen Gründen; sondern dass die ganze Welt von den jüdischen Lehren durchdrungen wird und dass in einer Universellen Bruderschaft der Nationen - in der Tat einem größeren Judentum - alle getrennten Rassen und Religionen verschwinden sollen.

... Die neue Verfassung des [jüdischen] Board of Deputies markiert eine Epoche in der Geschichte dieser wichtigen Institution... Die wirkliche Bedeutung der neuen Verfassung liegt darin, ... dass sie einen Mechanismus bereitstellt, der die Juden Englands in die Lage versetzt, zusammenzuarbeiten, wenn es die Gelegenheit erfordert - dass sie, kurz gesagt, die Juden des ganzen Reiches organisiert und ihre geballte Kraft in Notfällen verfügbar macht."

Und vor diesen kabbalistischen Sekten in Ost und West erhob des Mousseaux 1869 eine Stimme der Warnung, die nicht beachtet wurde:

„Es wird eines schönen Abends eine jener gewaltigen Krisen ausbrechen, die die Erde erschüttern werden und die die okkulten Gesellschaften seit langem für die christliche Gesellschaft vorbereitet haben, und dann werden vielleicht plötzlich am hellen Tage, in der ganzen Welt, alle Milizen, alle brüderlichen und unbekannten Sekten der Kabbala erscheinen. Die Unwissenheit, die Sorglosigkeit, in der wir leben, über ihre finstere Existenz, ihre Verwandtschaft und ihre unermesslichen Verzweigungen wird sie keineswegs daran hindern, sich gegenseitig zu erkennen, und unter dem Banner eines wie auch immer gearteten universellen

Bündnisses werden sie sich, einander den Friedenskuss gebend, beeilen, sich unter einem Oberhaupt zu versammeln..."

Das oben erwähnte Buch von Gougenot des Mousseaux wurde 1869 veröffentlicht und wurde sofort aufgekauft und verschwand bis auf einige wenige Exemplare vollständig! Erst zehn Jahre nach seinem mysteriösen Tod durfte 1886 eine zweite Auflage veröffentlicht werden, die schließlich in Umlauf kam.

Dies sind also die Ergebnisse unserer weiteren Untersuchungen über die vielen geheimen und okkulten Gesellschaften von gestern und heute, wie sie im *Patriot* von 1930 bis 1935 veröffentlicht wurden. Alles scheint darauf hinzudeuten, dass der kabbalistische und revolutionäre Jude als Meistergeist hinter ihnen steht und sie als Schachfiguren in seinem großen Spiel und seiner weltweiten Verschwörung benutzt, die nicht nur den christlichen Glauben, sondern die gesamten Traditionen der westlichen Zivilisation zersetzen und zerstören würde. Seine Waffe der Kontrolle und des Angriffs ist das Dreieck des Feuers, diese magnetischen Kräfte des Lebens, die sowohl töten als auch lebendig machen können, und durch die er behauptet, die Völker zu befreien und zu erleuchten, nur um sie umso sicherer unter einem unbekannten und fremden Herrscher zu binden, zu vereinen und zu versklaven. Um dieses finstere Spiel voranzutreiben, verführt und blendet er sie mit den alten Schlagwörtern: „Erkenne dich selbst" und „Ihr werdet wie Götter sein". Das ist Illuminismus oder die so genannte Befreiung des Menschen - frei, um seine Freiheit nicht für sich selbst zu nutzen, sondern um die Pläne der großen Verschwörung und ihres obersten Pontifex zu erfüllen!

Andere Titel

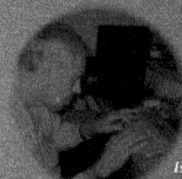

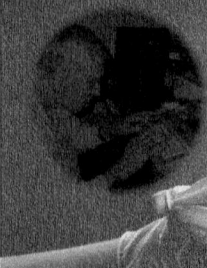

OMNIA VERITAS
OMNIA VERITAS LTD PRÄSENTIERT:
DIE ROTHSCHILD-DYNASTIE
von John Coleman
Historische Ereignisse werden oft durch eine "verborgene Hand" verursacht...
JOHN COLEMAN
DIE ROTHSCHILD DYNASTIE

OMNIA VERITAS
OMNIA VERITAS LTD PRÄSENTIERT:
FREIMAUREREI
von A bis Z
John Coleman
Im 21. Jahrhundert ist die Freimaurerei weniger ein Geheimbund als eine "Gesellschaft der Geheimnisse" geworden.
Dieses Buch erklärt, was Freimaurerei ist
JOHN COLEMAN
FREIMAUREREI
von A bis Z

OMNIA VERITAS
OMNIA VERITAS LTD PRÄSENTIERT:
JENSEITS der
VERSCHWÖRUNG
DIE UNSICHTBARE
WELTREGIERUNG
ENTLARVEN
von John Coleman
Alle großen historischen Ereignisse werden im Geheimen von Männern geplant, die sich mit absoluter Diskretion umgeben
Hochorganisierte Gruppen haben immer einen Vorteil gegenüber den Bürgern
JOHN COLEMAN
JENSEITS der VERSCHWÖRUNG